BIBLIOTHEK ULLSTEIN

> 1691 – 1723

Die Memoiren des Herzogs von Saint-Simon

**VOLLSTÄNDIGE AUSGABE IN 4 BÄNDEN
ZUSAMMEN 1427 SEITEN**

**HERAUSGEGEBEN UND ÜBERSETZT VON
SIGRID VON MASSENBACH**

ERSTER BAND
1691–1704

ZWEITER BAND
1705–1709

DRITTER BAND
1710–1715

VIERTER BAND
1715–1723

ZEITTAFEL UND
BIOGRAPHISCHES PERSONENREGISTER

> BIBLIOTHEK ULLSTEIN

BAND IV

Die Memoiren des Herzogs von Saint-Simon
1715 - 1723

Übersetzt und herausgegeben von
Sigrid von Massenbach

BIBLIOTHEK ULLSTEIN

BIBLIOTHEK ULLSTEIN
Ullstein Buch Nr. 26217
im Verlag Ullstein GmbH, Frankfurt/M – Berlin

Ungekürzte Ausgabe in vier Bänden

Umschlag- und Kassettengestaltung:
Theodor Bayer-Eynck unter Verwendung
eines Gemäldes von Jean-Baptiste Pater,
© Archiv für Kunst und Geschichte, Berlin
Idee für die Bildrückenkonzeption:
Monika Handschuch
Alle Rechte vorbehalten
Französischer Originaltitel: ›Memoires‹
© 1977 by Verlag Ullstein GmbH, Frankfurt/M – Berlin
Printed in Germany 1991
Verlag Ullstein GmbH, Frankfurt/M – Berlin
Druck und Verarbeitung: Ebner Ulm
ISBN 3 548 26217 1

Oktober 1991

Die Deutsche Bibliothek – CIP-Einheitsaufnahme

Saint-Simon, Louis de Rouvroy Duc de:
[Die Memoiren]
Die Memoiren des Herzogs von Saint-Simon / übers. und hrsg.
von Sigrid von Massenbach. – Ungekürzte Ausg. in 4 Bd. –
Frankfurt/M; Berlin: Ullstein.
Einheitssacht.: Mémoires <dt.>
ISBN 3-548-26218-X
Ungekürzte Ausg. in 4 Bd.
Bd. 4. 1715–1723. – 1991
(Ullstein-Buch; Nr. 26217: Bibliothek Ullstein)
ISBN 3-548-26217-1
NE: GT

Inhalt

Testament Ludwigs XIV. samt Zusatz vom Parlament in Paris verworfen. – Orléans ist Regent mit allen Vollmachten. 9

Teilamnestie. – Ernennung der Präsidenten der verschiedenen Ressort-Räte. 16

Zusammensetzung des Regentschaftsrates. – Sturz von Desmaretz. 23

Saint-Simon bewirkt das Ausscheiden des jüngeren Pontchartrain. 26

Einführung der Opernbälle gegen Entgelt. – Orléans residiert mit Vorliebe in Paris. – Schwäche des Regenten: sein früherer Widerpart La Feuillade zum Gesandten in Rom ernannt. 29

(1716). – Tod Cavoyes. – Unsitte der Duelle. – Skandalöses Verhältnis der Duchesse de Berry mit Rions. – Tageslauf des Regenten. – Zügellose Soupers. – Liebschaften. 32

Der Duc de Noailles im Regentschaftsrat wenig beliebt. – Tod der Duchesse de Béthune. – Porträt. – Laws Bankprojekte. – Voltaire. 43

Aktivitäten der Hugenotten in Frankreich. – Der Duc de Brancas. 50

(1717). – Die Frage der kirchlichen Konstitution vor dem Regentschaftsrat. – Tod des Kanzlers Voysin. – Pläne zum Abriß von Marly vereitelt. 55

Orléans' Haltung zur Konstitution. 59

Kauf eines riesigen Diamanten für den König. – Besuch des Zaren in Frankreich. 61

Aufstand in Martinique. – Coursons Machtmißbrauch im Languedoc. – Saint-Simon stellt seine Kinder bei Hofe vor. 70

(1718). – Die Indische Handelsgesellschaft. – Reform der Salzsteuer scheitert. – Zwistigkeiten zwischen Regent und Parlament. – Kanzler Daguesseau und der Duc de Noailles des Amtes enthoben. 76

Saint-Simons Verhältnis zu Orléans. – Orléans' Mätressen. – Buch des Abbé de Saint-Pierre führt zu dessen Ausschluß aus der Académie française. 85

Alberoni heimlicher Herrscher in Spanien. – Orléans liefert sich Dubois aus. – Verhältnis Frankreich–England. 91

Drohende Wolken am innenpolitischen Horizont. 96

Das Throngericht vor dem gedemütigten Parlament. – Die Bastarde gehen ihrer Rechte verlustig, einzig der Comte de Toulouse behält – für seine Person, nicht für seine Nachkommen – seine Privilegien. – Der Duc du Maine als Erzieher des jungen Königs abgelöst durch Monsieur le Duc. 98

Saint-Simon fällt die heikle Aufgabe zu, der Duchesse d'Orléans, selbst Bastard-Tochter Ludwigs XIV., diese Beschlüsse zu übermitteln. 112

Der Abbé Dubois legt es auf einen Bruch mit Spanien an. – Der Duc und die Duchesse du Maine Haupt einer Verschwörung im Verein mit Spanien. – Ihre Verhaftung. 117

(1719). – Schmähschriften gegen den Regenten. 126

Skandal um die Duchesse de Berry. – Tod der Mme. de Maintenon. 129

Die Duchesse de Berry heiratet heimlich ihren Liebhaber Rions und stirbt kurz darauf. 138

Regentschaftsrat zur Bedeutungslosigkeit herabgesunken. – Die Mississippi-Aktien. – Die Geschwister Tencin und ihre Rolle bei der »Bekehrung« Laws. – Verhältnis Saint-Simons zu Fleury. 144

Alberonis Sturz in Spanien. – Verhältnis des Regenten zu dem jungen König und dessen Erzieher. 151

(1720). – Law statt d'Argenson Generalkontrolleur der Finanzen. – Drohender Zusammenbruch. – Die Brüder Paris. 157

Dubois Erzbischof von Cambrai. – Graf Horn nach einem Mord öffentlich gerädert. 163

Zwangsaushebungen zur Bevölkerung des Mississippi. – Abwertung von Aktien und Banknoten. – Börsengeschäfte. 167

Tod Dangeaus. – Porträt. – Seine Memoiren. – Laws heimliches Verschwinden. – Porträt. 174

(1721). – Aufdeckung des Finanzschwindels im Regentschaftsrat. – Monsieur le Duc und der Duc d'Orléans schieben sich gegenseitig die Schuld am Verschwinden Laws zu. 178

Plan der Verheiratung des jungen Königs mit der Infantin von Spanien und der Tochter des Duc d'Orléans mit dem Prinzen von Asturien. 184

Saint-Simon als offizieller Brautwerber in Spanien. 187

Der Eskorial. 193

(1722). – Launisches Benehmen der jungen Prinzessin von Asturien. 198

Besichtigung des Buen Retiro in Madrid. – Das ehemalige Gefängnis Franz I. – Toledo. – Aranjuez. 203

Rückreise Saint-Simons nach Frankreich. 207

Der König läßt sich in Versailles nieder. – Verbannung des Kardinals de Noailles. – Skandalöser Auftritt zwischen Villeroy und Dubois führt zu Villeroys Verhaftung. – Der Duc d'Orléans ernennt den Kardinal Dubois zum Premierminister. 211

Pléneuf und seine Frau. – Die Tochter heiratet den Marquis de Prye, wird die Mätresse von Monsieur le Duc, was Dubois sich zunutze macht, um bestimmte Leute zu stürzen. 223

Tod von Madame. – Porträt. 228

(1723). – Verändertes Verhältnis Saint-Simons zum Duc d'Orléans. – Erkrankung und Tod Dubois'. 231

Tod des Duc d'Aumont. – Gesundheitszustand des Regenten gibt zur Besorgnis Anlaß. – Zukunftsperspektiven. – Tod des Duc de Lauzun. – Porträt. 235

Rascher Tod des Duc d'Orléans. – Monsieur le Duc zum Premierminister ernannt. – Beileidsbesuche. – Abschließende Bemerkungen zu den Memoiren. 252

Gonzague Truc: Saint-Simon im Spiegel der Kritik (Zur Rezeptionsgeschichte der Memoiren von Saint-Simon) 262

Zeittafel 291

Biographisches Personenregister 294

Editorisches Prinzip 337

Testament Ludwigs XIV. samt Zusatz vom Parlamant in Paris verworfen. – Orléans ist Regent mit allen Vollmachten.

Der Tod des Königs überraschte die Trägheit des Duc d'Orléans, als käme dieses Ereignis ganz von ungefähr. Er war, seit ich ihn verlassen hatte, mit seinen Überlegungen um nichts weitergediehen. Er hatte keinen der Entschlüsse gefaßt, die er hinsichtlich der Regierungsgeschäfte und hinsichtlich der Auswahl hätte treffen müssen; nun wurde er überschwemmt von all den Befehlen, die er zu erteilen, und den Anordnungen, die er zu geben hatte, so daß sich meine Voraussage, er würde in den ersten Tagen keinerlei Zeit finden, irgendeinen klaren Gedanken zu fassen, als völlig richtig erwies.

Ich erfuhr die Nachricht vom Tode des Königs, als ich erwachte. Alsbald begab ich mich zu dem neuen Monarchen, um ihm meine Aufwartung zu machen. Der erste Strom war schon vorübergerauscht, und ich fand mich fast ganz allein dort. Dann ging ich zum Duc d'Orléans, dessen Gemächer so voller Menschen waren, daß keine Stecknadel mehr zu Boden fallen konnte. Ich nahm ihn beiseite, zog mich mit ihm in sein Arbeitszimmer zurück und machte einen letzten Versuch wegen der Einberufung der Generalstände, es war indessen vergebens.

Um die Essenszeit ging ich wieder zum Duc d'Orléans, der zu dieser Stunde weniger belagert wurde; er gestand mir, er habe noch keine Liste entworfen und noch, abgesehen von jenen Männern, die ich vorgeschlagen hatte, keine Auswahl getroffen, auch habe er noch keinen endgültigen Entschluß gefaßt. Es war jetzt nicht der rechte Zeitpunkt, zu zürnen und Vorwürfe zu machen. Ich ließ es dabei bewenden, die Achseln zu zucken und ihn zu ermahnen, zumindest gegen alle Forderungen sowie gegen die Minister auf der Hut zu sein. Ich versicherte mich abermals, daß mit der Zusammenstellung der neuen Regierung Pontchartrain und Desmaretz tatsächlich kaltgestellt würden. Dann kam ich auf das Testament und das Kodizill zu sprechen und fragte ihn, wie er sich dazu im Parlament zu verhalten gedächte, wohin wir uns am nächsten Tage begeben würden und wo dann die Lektüre dieser beiden Dokumente erfolgen sollte. Der Herzog war in seinem Arbeitszimmer und unter vier Augen der entschlossenste Mensch von der Welt, anderenorts aber durchaus nicht. Er versprach mir wahre Wunder, ich rief ihm noch einmal die Wichtigkeit des Ganzen ins Gedächtnis und erinnerte ihn, was alles für ihn auf dem Spiel stünde. Fast zwei Stunden war ich bei ihm, verweilte anschließend noch einen Augenblick bei der Duchesse d'Orléans, die sich hinter ihre Bettvorhänge zurückgezogen hatte und von einer Menge schweigender Frauen umgeben war. Dann aß ich zu Hause mit Leuten, die mich bereits erwarteten, zu Mittag, um mich alsbald nach Paris zu begeben. Es war schon spät, und ich war schon im Aufbruch, als der Duc d'Orléans mich abermals zu sich rief, mich und einige Herzöge, die bei mir anwesend waren. So kam ich erst gegen zehn Uhr abends nach Paris.

Fast alle Herzöge fanden sich in der Früh zwischen fünf und sechs Uhr beim Erzbischof von Reims ein, und kurz nach sieben Uhr fuhren wir dann zusammen mit unserem ganzen Gefolge geradenwegs zum Parlament.

Eine Viertelstunde nach uns erschienen die Bastarde. Der Duc du Maine barst fast vor Freude; dieser Ausdruck ist stark, aber man kann sein Verhalten nicht anders bezeichnen. Hinter strahlender Zufriedenheit spürte man Verwegenheit und Selbstvertrauen, aber kaum etwas von Höflichkeit. Er grüßte nach rechts und links, durchbohrte jeden mit seinen Blicken. Kaum hatte er den Saal betreten, nickte er dem Ersten Präsidenten mit Siegermiene zu, ein Ausdruck, der sich deutlich im Antlitz des Präsidenten widerspiegelte. Die Pairs grüßte er mit Ernst, man könnte fast sagen mit Ehrerbietung, die umständliche Art seiner Verneigung vor ihnen war sehr beredt. Sein Kopf blieb, selbst als er sich wieder aufrichtete, gesenkt; so schwer lastet das Gewicht der Missetaten sogar an Tagen, wo man seines Triumphes sicher ist. Ich folgte ihm mit den Blicken und bemerkte, daß die Pairs seinen Gruß nur knapp erwiderten. Was seinen Bruder anlangt, so war er wie immer kühl und zurückhaltend. Wir hatten uns kaum gesetzt, als Monsieur le Duc und einen Augenblick später der Duc d'Orléans eintraten.

Die Deputation ließ nicht lange auf sich warten; sie brachte das Testament und übergab es samt dem Kodizill dem Ersten Präsidenten, der beide Schriftstücke, ohne sie aus den Händen zu lassen, dem Duc d'Orléans vorlegte; dann gingen die Dokumente von Hand zu Hand, von dem Oberpräsidenten bis zum Parlamentsrat Dreux, der sie laut und vernehmlich vorlas. Man kann sich denken, mit welcher Aufmerksamkeit alle zuhörten und wie sich Augen und Ohren dem Vortragenden zuwandten. Trotz seiner Freude machte der Duc du Maine einen gequälten Eindruck; es war immerhin eine schwere Operation, die er jetzt durchzustehen hatte. Der Duc d'Orléans trug gelassene Aufmerksamkeit zur Schau. Ich gehe nicht auf die beiden Dokumente ein, in denen von nichts anderem die Rede ist als von der Größe und der Macht der Bastarde, von Mme. de Maintenon und Saint-Cyr, von dem Erzieher des Königs und von den Bestimmungen über den Regentschaftsrat, was alles darauf hinauslief, den Duc d'Orléans jeder Macht zu berauben und ihn ganz und gar den grenzenlosen Machtbefugnissen des Duc du Maine auszuliefern. Je länger die Lesung dauerte, desto deutlicher machte sich eine Verdüsterung und eine Art Empörung auf allen Gesichtern bemerkbar, eine Empörung, die sich bei der Verlesung des Kodizills allmählich in eine Art stummer Gärung verwandelte. Dem Duc du Maine entging das nicht, und er wurde sichtlich blasser. Seine Blicke wanderten im Kreise umher, die meinigen jedoch hefteten sich fest auf ihn, wobei ich nicht weniger aufmerksam zuhörte und mich ab und an von der gefaßten Haltung des Duc d'Orléans überzeugte.

Als die Lesung beendet war, ergriff der Duc d'Orléans das Wort: mit seinen Augen die Versammlung überfliegend, nahm er seinen Hut ab und setzte ihn wieder auf, gedachte mit einem kurzen Wort der Anerkennung und der Trauer des verstorbenen Königs; dann erklärte er mit lauter Stimme, daß er alles billige, was die mit der Erziehung des jungen Königs beauftragten Personen betreffe, daß er aber im Hinblick auf die Verfügungen der Staatsregierung in seiner Auffassung von der abweiche, die sich im Text und im Kodizill fände; daß er Mühe habe, sie mit dem zu vereinen, was ihm der König in den letzten Tagen seines Lebens gesagt habe, und mit den Zusicherungen, die er ihm öffentlich gemacht habe, nämlich, daß er, sein Neffe, nichts in dem Testament fände, womit er nicht zufrieden sein könne; auch habe der König selbst seitdem immer schon bei allen zu gebenden Anordnungen nach ihm gesandt und seine Minister zur Durchführung an ihn verwiesen. Der Regentschaftsrat sei jedoch so ausgewählt und seine, des Herzogs, Autorität durch das Testament in einer Weise geschmälert, daß ihm nicht einmal mehr ein Schatten von Macht verbliebe. Dieser Zugriff auf sein angeborenes Recht, auf seine Bindung an den König, seine Liebe und Treue zum Staat sei mit der Erhaltung seiner Ehre nicht zu vereinen, er erhoffe sich Einsicht bei allen, die zugegen seien, daß seine Regentschaft als uneingeschränkt und unabhängig erklärt werden müsse und daß die Wahl des Regentschaftsrates, dem er das Mitspracherecht in Regierungsangelegenheiten keineswegs streitig mache, ihm überlassen bleibe, weil er nur mit Leuten beratschlagen könne, die nicht nur von der Öffentlichkeit anerkannt wären, sondern auch sein Vertrauen besäßen.

Diese kurze Rede schien Eindruck zu machen. Der Duc du Maine wollte das Wort ergreifen, aber als er den Hut abnahm, beugte sich der Duc d'Orléans vor und erklärte ihm in trockenem Ton: »Monsieur, Sie werden reden, wenn Sie an der Reihe sind.« Nun entwickelten sich die Dinge ganz so, wie der Duc d'Orléans es wünschte. Die Befugnisse und die Zusammensetzung des Regentschaftsrates, wie das Testament sie vorgesehen, wurden für ungültig erklärt. Als Regent des Königreiches sollte der Duc d'Orléans den Regentschaftsrat selber auswählen, und er wurde mit aller Autorität der Regentschaft belehnt. Der Beifall war so groß, daß der Duc du Maine keinen Einwand mehr zu erheben wagte; er hielt sich zurück, um dann das Kodizill verteidigen zu können, denn falls dieses in Kraft bliebe, hätte es in der Tat von selbst all das zunichte gemacht, was der Duc d'Orléans soeben errungen hatte.

Nach einer kurzen Pause ergriff der Duc d'Orléans abermals das Wort und drückte sein Erstaunen darüber aus, daß die Bestimmungen des Testamentes jenen, die sie eingeflößt hatten, noch nicht genug waren, daß sie, nicht zufrieden damit, sich als Herren des Staates eingesetzt zu haben, überdies noch solch befremdende Klauseln für notwendig erachtet hätten, deren es bedurfte, um die Person des Königs, den Hof und Paris in ihre Hand zu bekommen. Er fügte hinzu, daß, wenn seine Ehre verletzt wäre, die Gesetze und Regeln es noch mehr seien, und sie würden es durch die Bestimmungen des Kodizills in noch viel höherem Maße, denn das Kodizill gewährleiste weder seiner Freiheit noch seinem Leben Sicherheit und brächte die Person des Königs in absolute Abhängigkeit desjenigen, der es gewagt hatte, die Schwäche des sterbenden Königs für sich auszunutzen. Er schloß mit der Erklärung, daß es ihm unmöglich sei, die Regentschaft unter solchen Bedingungen auszuüben, daß er jedoch nicht zweifle, die Weisheit der Versammlung werde dieses unhaltbare Kodizill für nichtig erklären, ein Kodizill, dessen Verfügungen Frankreich in das größte und unwiederbringlichste Unheil stürzen würde. Während der Prinz sprach, stimmte ihm die Versammlung schweigend zu.

Nun ergriff der Duc du Maine, der abwechselnd rot und blaß geworden, das Wort, das ihm jetzt auch zugestanden wurde. Er sagte, daß ihm die Erziehung und folglich auch die Person des Königs anvertraut worden sei, es sei also ganz natürlich, daß er, falls er aller Autorität über den zivilen und militärischen Hofstaat beraubt werde, auch nicht mehr die Verantwortung für die Person des Königs tragen werde, dann rühmte er sich seiner so allbekannten Ergebenheit für den verstorbenen König, der in ihn sein ganzes Vertrauen gesetzt habe. Hier widersprach ihm der Duc d'Orléans. Der Duc du Maine suchte seine Behauptung abzumildern durch ein Lob des Marschalls de Villeroy, der ihm beigegeben und der nach ihm im selben Amt dasselbe Vertrauen genösse. Der Duc d'Orléans entgegnete, es sei doch befremdend, daß man nicht das ganze Vertrauen in erster Stelle in ihn gesetzt habe, und noch befremdender sei es, daß er mit dem jungen König nur umgehen solle unter der Autorität und in der Abhängigkeit jener, die sich zu absoluten Herren des Hofes und durch die Garderegimenter sogar zu Herren von Paris gemacht hätten.

Der Wortwechsel erhitzte sich, man schnitt einander das Wort ab, und allmählich wurde die Auseinandersetzung beinahe unanständig. Als sich das Getöse gelegt hatte, erklärte der Duc d'Orléans, daß es schon zu spät sei, um das Parlament noch länger aufzuhalten, es sei bereits Mittagszeit und man wolle die Sitzung sofort nach Tisch wieder aufnehmen. Er fügte noch hinzu, daß er es für angebracht halte, Monsieur le Duc in den Regentschaftsrat zu berufen und ihm den Vorsitz zu übertragen; da das Parlament ihm das Recht zugebilligt habe, das ihm aufgrund seiner Herkunft und in seiner Eigenschaft als Regent zustehe, wolle er dann auch dem Parlament erklären, wie er die künftige Regierung zu gestalten gedächte; schon jetzt aber wolle er sich als Regent die Einsicht und Weisheit des Parlamentes zunutze machen, dem er fortan sein altes Einspracherecht zurückgebe: diesen Worten folgte allgemeiner, rauschender Beifall, und alsbald wurde die Sitzung aufgehoben.

Wir kehrten kurz vor vier Uhr ins Parlament zurück. Nachdem der Duc d'Orléans eingetroffen und sich der bei dem Gefolge unvermeidliche Lärm gelegt hatte, erklärte er, man solle die Verhandlung dort, wo sie am Morgen stehengeblieben, wieder aufnehmen: er müsse dem Gerichtshof erklären, daß er mit dem Duc du Maine in nichts übereinstimme, überdies müsse er dem Parlament die ungeheuren Klauseln eines Kodizills vor Augen führen, das man dem sterbenden König entrissen habe; diese Klauseln seien noch befremdender als das Testament, das der Gerichtshof doch für nichtig erklärt habe. Das Parlament werde verstehen, welche unvermeidlichen Folgen sich aus einer so bedenklichen Neuerung ergeben mußten, er stelle das Urteil darüber der Einsicht und der Billigkeit des hohen Gerichtshofes anheim, seiner Weisheit und seiner Vaterlandsliebe.

Der Duc du Maine, der in dunklen Hinterzimmern so fürchterlich war, wirkte hier vor der Öffentlichkeit höchst jämmerlich. Er sah aus wie ein zum Tode Verurteilter, und er, der sonst stets eine frische Gesichtsfarbe hatte, war nun totenblaß. Er antwortete mit leiser, kaum vernehmbarer Stimme, und seine Miene war ebenso ehrerbietig, ebenso demütig, wie sie am Vormittag dreist und anmaßend gewesen. Ohne ihn weiter anzuhören, stimmte man indessen ab; das Kodizill wurde einmütig verworfen. Das war genauso verfrüht, wie es die Nichtigkeitserklärung am Vormittag gewesen; beides geschah aus einer Aufwallung plötzlichen Unmutes. Ehe man abstimmte, mußten noch die Anwälte der Krone zu Wort kommen; daher hatte der Erste Präsident noch nicht zur Abstimmung aufgefordert. Daguesseau und der Generalstaatsanwalt Fleury ergriffen also das Wort; ihre Anträge lauteten beide zugunsten des Duc d'Orléans. Nachdem sie gesprochen hatten, versuchte der Duc du Maine, der sich ganz verlassen sah, sein letztes Mittel auszuspielen. Mit mehr Energie, als man ihm zugetraut und als er bisher bewiesen, aber dennoch mit Mäßigung erklärte er, daß er, wenn er nun aller ihm durch das Kodizill zugestandenen Autorität beraubt würde, darum bäte, auch der Verantwortung für den König enthoben zu werden; lediglich die Oberaufsicht für dessen Erziehung wolle er beibehalten. »Das steht Ihnen frei«, entgegnete der Duc d'Orléans, »mehr will man gar nicht von Ihnen.« Darauf ließ der Erste Präsident, der ebenso niedergeschlagen war wie der Duc du Maine, zur Abstimmung schreiten.

Jeder stimmte für den Antrag, und das Urteil fiel dergestalt aus, daß dem Duc du Maine keinerlei Macht mehr verblieb, vielmehr wurde alle Machtbefugnis wieder ganz in die Hand des Regenten gegeben.

Während der Abstimmung und des weiteren Verlaufs der Sitzung verharrte der Duc du Maine mehr tot als lebendig, völlig reglos mit niedergeschlagenen Augen. Sein Sohn und sein Bruder gaben keinerlei Zeichen der Anteilnahme. Das Urteil erweckte, als es bekannt wurde, bei der Menge, die dichtgedrängt vor dem Sitzungssaal wartete, und bei all den Leuten, die sich im Palais aufhielten, großen Beifall. Nachdem wieder Ruhe eingetreten, dankte der Regent dem Gerichtshof in kurzen, würdigen Worten; er beteuerte, daß er seine Machtbefugnis nur zum Wohle des Staates gebrauchen wolle, und fügte hinzu, daß es nun an der Zeit sei, dem Parlament zu erklären, welche Einrichtungen er zur Verwaltung des Staates für notwendig erachte. Er gedächte außer dem Regentschaftsrat, durch den in letzter Instanz alle Staatsgeschäfte entschieden werden, noch einige Gremien zu errichten: eines für die auswärtigen Angelegenheiten, eines für den Krieg, eines für die Marine, eines für die Finanzgeschäfte, eines für die Kirchenverwaltung und eines für die inneren Angelegenheiten; für die beiden letzten Gremien beabsichtige er Mitglieder des Parlamentes zu wählen, damit sie ihn mit ihren Kenntnissen bei der Polizeiorganisation und der Jurisprudenz und bei den Fragen, die die Freiheiten der gallikanischen Kirche beträfen, beistehen könnten. Nun brach die Beamtenschaft in Beifall aus, und die Menge stimmte zu. Mit einem kurzen Kompliment für den Regenten, der sich erhob, schloß der Erste Präsident die erste Sitzung.

Der Duc d'Orléans begab sich geradenwegs nach Versailles, weil es schon spät war und weil er den König, ehe dieser zu Bett ging, noch sehen wollte, um ihm über die Vorgänge des Tages zu berichten. Er nahm dort die etwas gekünstelten Glückwünsche jenes alten Liebespaares entgegen und ging danach zu Madame. Sie kam auf ihn zu, küßte ihn voller Freude und sagte nach den ersten teilnehmenden Fragen, sie habe keinen anderen Wunsch, als daß er zum Wohle des Staates und zu seinem eigenen Wohle eine gute und weise Regierung führen möge; bitten wolle sie ihn nur um eine einzige Sache, die überdies zu seinem eigenen Heil und zu seiner Ehre gereiche, sie verlange, daß er ihr auf dieses Versprechen sein Wort gebe; sie bitte ihn, niemals zu irgend etwas, und wäre es noch so geringfügig, den Abbé Dubois zu verwenden, der sei der übelste Schurke, der schamloseste und abgefeimteste Spitzbube der Welt, wofür sie tausend und abertausend Beweise habe; er würde, wenn man ihm einmal den kleinen Finger reichte, gleich alles nehmen und würde, wenn es nur in seinem eigenen Interesse läge, den Regenten wie den Staat ohne Bedenken verschachern. Sie sagte noch ganz andere Sachen gegen Dubois und bedrängte ihren Sohn so hart, daß er ihr versprach, Dubois niemals zu verwenden.

Ich kam eine Stunde später nach Versailles, ging zuerst zur Duchesse de Berry; der Duc d'Orléans war gerade bei ihr gewesen, und sie war freudetrunken. Dann besuchte ich die Duchesse d'Orléans, die sich, wie mir schien, die größte Mühe gab, einen heiteren Eindruck zu erwecken. Unter dem Vorwand, daß ich der Ruhe bedürfe, vermied ich es, auf Einzelheiten einzugehen. Das hatte seine Gründe. Am anderen Morgen erfuhr ich von dem abgeforderten und gegebenen Versprechen, der gänzlichen Ausschließung des Abbé Dubois. Man wird noch früh genug sehen, daß Versprechen des Duc d'Orléans immer nur Worte waren, das heißt, Töne, die in der Luft verklingen.

*Teilamnestie. – Ernennung der Präsidenten der verschiedenen
Ressort-Räte.*

Am Freitag, dem 6. September, trug der Kardinal de Rohan das Herz des Königs, von nur wenigen Leuten begleitet und unter geringem Pomp, in das Ordenshaus der Jesuiten; außer dem für das Zeremoniell unerläßlichen Personal sah man nur sechs Vertreter des Hofes, die bei der Feierlichkeit zugegen waren. Ich, der ich nach dem Vorbild meines Vaters nie in meinem Leben versäumt habe, am Todestage Ludwigs XIII. (der nun schon zweiundfünfzig Jahre her ist) in Saint-Denis zu erscheinen, und der ich dort nie eine Menschenseele erblickt habe, ich habe keine Ursache, eine so prompte Undankbarkeit anzuprangern.

An eben jenem Tage beging der Regent eine Handlung, die sehr verdienstvoll gewesen wäre, sofern sie im Hinblick auf Gott geschehen wäre, so jedoch war sie sehr beklagenswert, weil die Frömmigkeit daran keinen Anteil hatte und weil er mehr Selbstachtung hätte bezeugen müssen und nicht so offenkundig hätte beweisen dürfen, daß es erlaubt sei, ihn mit der größten Unverfrorenheit auf die hartnäckigste und grausamste Weise zu verfolgen und anzugreifen. Um acht Uhr früh besuchte er Mme. de Maintenon in Saint-Cyr. Er blieb fast eine Stunde bei dieser Feindin, die ihm nach dem Leben getrachtet und die ihm noch letztlich, durch die unglaublichen Verfügungen des Testamentes und des Kodizills an Händen und Füßen gebunden, dem Duc du Maine hatte ausliefern wollen. Der Regent versicherte ihr bei diesem Besuch, daß ihr die viertausend Francs, die der König ihr monatlich zukommen ließ, weitergezahlt würden und daß sie, wenn sie mehr haben wollte, es nur zu sagen brauche. Er versprach ihr seinen vollen Schutz für Saint-Cyr, deren sämtliche Klassen er beim Fortgehen besichtigte. Nun muß man wissen, daß außer der Domäne Maintenon und den übrigen Anwesen dieser berühmten Unheilsfee auch noch die Anstalt von Saint-Cyr, die ihr mehr als vierhunderttausend Livres Rente abwarf, seit ihrer Einrichtung verpflichtet war, Mme. de Maintenon, wenn sie sich dorthin zurückziehen wollte, bei sich aufzunehmen und ihr in allem wie ihrer einzigen Oberin zu gehorchen sowie sie und ihr ganzes Gefolge, ihre Dienerschaft und ihren Hausstand zu unterhalten, was denn auch bis zum Tode der Mme. de Maintenon pünktlichst ausgeführt wurde. So bedurfte sie dieser großzügigen Weiterzahlung einer Pension von achtundvierzigtausend Livres gar nicht. Es hätte schon ausgereicht, wenn der Regent so gnädig gewesen wäre zu vergessen, daß sie noch auf Erden weilte, und ihre Ruhe in Saint-Cyr nicht zu stören.

Einen Tag nach der Ankunft des Königs in Vincennes arbeitete der Regent den ganzen Vormittag mit den Staatssekretären, die er beauftragt hatte, ihm die Liste aller Gefangenen vorzulegen, die auf eine *lettre de cachet* hin verhaftet worden waren. Die meisten dieser Gefängnisstrafen und Ausweisungen waren im Zusammenhang mit dem Jansenismus oder der Konstitution verhängt worden; viele davon aus Gründen, die nur dem verstorbenen König und den Ministern, die sie hatten verhängen lassen, bekannt waren; oft genug wußte man die Gründe gar nicht oder hatte sie längst vergessen. Der Regent gab allen Verbannten und Gefangenen, ausgenommen jenen, die für ein wirkliches Verbrechen oder wegen staatsfeindlicher Handlungen verhaftet worden waren, die Freiheit wieder, und er erntete für diesen Akt der Gerechtigkeit und Menschlichkeit unzählige Segnungen. Es ereigneten sich hierbei höchst sonderbare und zuweilen eigentümliche Geschichten, Ursache genug, das Unglück der Gefangenen sowie die Tyrannei des letzten Königs und dessen Minister zu beklagen. Unter jenen, die in der Bastille gefangen saßen, befand sich einer, der seit fünfunddreißig Jahren dort eingekerkert war. Er wurde, als er aus seiner Heimat Italien kommend in Paris eintraf, verhaftet. Man hat nie erfahren, warum er eingesperrt war, und er ist wie die meisten anderen niemals verhört worden. Man überzeugte sich, daß ein Mißverständnis vorlag. Als man ihm seine Freiheit verkündete, fragte er traurig, was er denn mit ihr anfangen solle; er sagte, er besitze keinen Sou, kenne in Paris keine Menschenseele, ja nicht einmal eine einzige Straße, habe überhaupt niemanden in Frankreich, seine Verwandten in Italien seien vermutlich schon lange tot und seine Besitztümer wahrscheinlich verteilt worden, da man so lange von ihm nichts mehr gehört, er wisse nicht, was nun aus ihm werden solle. Er bat für den Rest seiner Tage mit Kost und Logis in der Bastille bleiben zu dürfen. Das wurde ihm samt der Freiheit, die er sich wünschte, gewährt. Alle jene, die aus dem Gefängnis geholt wurden, wo der Haß der Minister, der Jesuiten oder der Häupter der Konstitution sie hatte einkerkern lassen, sahen derart jammervoll aus, daß all das, was sie, als sie wieder in Freiheit waren, von den Grausamkeiten erzählten, durchaus glaubhaft erschien. Am gleichen Tag hielt der Regent eine Ratssitzung mit den Ministern des verstorbenen Königs, wobei er auch den Duc du Maine und den Comte de Toulouse zuließ.

Der Duc d'Orléans, der, wie man seinerzeit gesehen hat, seine Auswahl vor dem Tod des Königs mit freiem Kopf hätte treffen können, um sie jetzt nur noch bekanntzugeben, hatte in dieser Frage nichts entschieden und vielleicht noch gar nicht darüber nachgedacht, obwohl ich ihn oft daran erinnert hatte. Er sah sich also beim Tode des Königs von diesen so lange sich ankündigenden Ereignissen überrascht und wurde, wie ich vorausgesagt, von tausend zu erledigenden Kleinigkeiten, zu erteilenden Befehlen und zu regelnden Dingen überschwemmt. Gleichzeitig wurde er von Leuten belagert, die in diese Gremien, die er dem Parlament angekündigt hatte, eintreten wollten. Es waren Leute darunter, die durch ihren Stand für den Regentschaftsrat unerläßlich waren, und gerade diese waren ihm, dem Regenten, feindlich oder verdächtig. Er mußte also durch Hinzuziehen anderer Männer einen Ausgleich schaffen, was um so wichtiger war, weil aus diesem Regentschaftsrat alle weiteren Gremien hervorgehen und alle Staats- und Regierungsgeschäfte in ihn einmünden sollten und weil hier mit Stimmenmehrheit entschieden werden sollte. Daher dauerte es so ungeheuer lange, bis der Regentschaftsrat zustande kam. Die unpassende Zusammensetzung und Bildung dieser ganzen neuen Regierung geht auf den Ehrgeiz, die List und die ausdauernden Machenschaften des Duc de Noailles zurück, der nichts verabsäumte, um die größte Unordnung in der Ökonomie der Distrikte und dem Funktionieren der Gremien zu stiften, um sie durch das Gemisch und Durcheinander der Sachgebiete und die Schwierigkeit der Ausführung in sich selbst lächerlich, ja sogar verabscheuenswert zu machen und sie also früher oder später zu Fall zu bringen, damit er als Premierminister übrigbliebe. Seit den ersten Tagen unseres Aufenthaltes in Paris, das heißt seit der König in Vincennes weilte, war zwischen dem Duc d'Orléans und mir von den Gremien die Rede. Das ging, was die Auswahl betraf, nicht ohne leichte Vorwürfe meinerseits ab. Er äußerte Zweifel an der Besetzung des Präsidentenpostens des Finanzrates, obwohl er diese Stelle wie gesagt bereits vor dem Tode des Königs dem Duc de Noailles versprochen hatte. Ich wußte übrigens inzwischen genau, was ich persönlich von diesem aalglatten Mann zu halten hatte: aber ich glaubte dem Staat sowie meinem ersten Entwurf mehr Rücksicht zu schulden als meiner Person. Überdies glaubte ich, daß er, der seit zwei Jahren von Desmaretz über alles ins Bild gesetzt worden war, durchaus befähigt sei, aus eigenem Antrieb gute Arbeit zu leisten. Ich bestärkte also den Duc d'Orléans in seinem Entschluß, Noailles diesen Posten zu geben. Gleichzeitig steifte ich ihm weiterhin den Rücken gegen die Angriffe, die sich gegen den Kardinal de Noailles erhoben. Die Kardinäle de Rohan und de Bissy, der Nuntius Bentivoglio und die übrigen Häupter der Konstitution waren aufs äußerste beunruhigt über die Behandlung, die dem Kardinal de Noailles seit dem Tod des Königs zuteil wurde. Sie starben vor Entsetzen bei der Vorstellung, ihn an der Spitze der Kirchenverwaltung zu sehen; sie boten alles auf, um das zu verhindern, sie flehten alle Welt um Hilfe an, sie ersuchten bei einflußreichen Leuten um Schutz für die Religion und für die gute Sache. Als sich eines Abends eine ziemlich große, aber erlesene Gesellschaft beim Duc d'Orléans versammelt hatte, sah ich den Duc de Noailles in einem Gespräch mit Canillac, sie beratschlagten und warfen dabei ab und zu einen Blick auf mich. Plötzlich kam Canillac zu mir und nahm mich beiseite. Er wollte mich darauf aufmerksam machen, wie gefährlich es sei, die Ernennung des Kardinals de Noailles zum Chef des Gewissensrates oder der kirchlichen Angelegenheiten – denn dieses Gremium hatte diese beiden Namen – weiter aufzuschieben. Er wies auf die Bemühungen und Intrigen der Gegenpartei hin und auf die Zwangslage, in die der Duc d'Orléans geraten würde, falls er dem Papst Zeit ließe, ihm ein freundliches Breve zu übermitteln, durch das er ihn gleichsam wie um eine Gnade bat, den Kardinal nicht an die Spitze dieses Gremiums zu stellen. Diese Überlegung leuchtete mir ein; ich gab Canillac zu, daß keine Zeit zu verlieren sei; er empfahl mir, sofort mit dem Regenten darüber zu sprechen. Wenige Augenblicke später tat ich es. Ich machte ihm Angst vor der Zwangslage, in die er geriete, wenn er entweder den Papst in aller Form vor den Kopf stoßen oder aber ihm die Möglichkeiten geben müsse, sich mit allen gefährlichen Folgen, die daraus entstünden, in die französische Innenpolitik einzumischen. Ich schlug ihm nun vor, er solle, um jede Heuchelei zu vermeiden, den Duc und den Kardinal de Noailles gleichzeitig ernennen, den Duc de Noailles sofort zu sich rufen, die Ernennungen laut und vernehmlich in Gegenwart aller bekanntgeben und ihn damit beauftragen, zu seinem Onkel zu gehen und ihm dies zu übermitteln. Der Regent schwankte noch; ich drängte ihn, und ich hatte Erfolg; er rief den Duc de Noailles und gab die Ernennungen bekannt. Noailles erschien mir ebenso überrascht wie erfreut, sprach in seinem eigenen und seines Onkels Namen seinen Dank aus. Am nächsten Tage erfuhr es die ganze Stadt, und die Freude und der Beifall darüber schienen allgemein zu sein; um so größer waren die Trauer und der Zorn der ehemals so aufgeblähten und siegesgewissen, nun aber in ihrer Zahl so geminderten Gegenpartei. Die Dankesbezeigungen des Kardinals de Noailles beim Regenten vervollständigten anderntags das Ganze, es war auch die höchste Zeit. Man erfuhr, daß der Papst das Bittgesuch beschlossen hatte. Er wandelte es in einen immerhin recht sanften Klagebrief, auf den der Regent in ebenso sanftem Ton antwortete, aber was die Sache betrifft, mit großer Festigkeit und gewürzt mit Komplimenten und Ehrbezeigungen.

Man erkannte damals die Gewalt der weltlichen Macht in kirchlichen Fragen klar und deutlich und sah sehr wohl das fadenscheinige Gewebe dieses Mäntelchens aus Religion, das soviel Ehrgeiz, so viele Kabalen, Umtriebe und Gemeinheiten zudeckte. Diese »gute Sache«, von der unter dem verstorbenen König der Glaube und alle Religion abzuhängen schien, diese Konstitution, die das Evangelium verdunkelt hatte, das im Vergleich zu ihm wenig galt – und was ich hier vorbringe, ist keine Übertreibung –, geriet mit einem Schlag in eine neue Situation, als die Partei der Ungläubigen, der Aufrührer, Schismatiker, der geächteten und verfolgten Häretiker auf der Bildfläche erschien, deren in tiefste Ungnade gefallenen Oberhäupter vor ihrer Absetzung gestanden hatten und deren Mitglieder, der offensten Verfolgung ausgesetzt, ins Exil verstreut, in Gefängnisse und Verliese geworfen waren, ohne daß sie eine Zuflucht hätten finden können für den Fall, daß sich Gerechtigkeit und Menschlichkeit vergeblich für sie einsetzten, und ohne daß es irgendeinem regulären Gerichtshof gestattet gewesen wäre, auch nur die Kenntnis ihrer Sache zu billigen. Es bedurfte nach dem Tode des Königs nur dieses großen Donnerschlages bei der Rückkehr des Kardinals de Noailles und seines Anhanges, um die Vertreter der Konstitution zu zerschmettern, auf ihre Stirn die Niedertracht ihres Ehrgeizes, ihrer Komplotte, ihrer Gewalttaten zu schreiben; ihre Konstitution als Religionsschändung, als Feindin der rechten Lehre, der Heiligen Schrift und der Kirchenväter hinzustellen, ihre Sache als hassenswerteste und für Religion und Staat gefährlichste zu demaskieren. Ich hüte mich hier wohl, irgend etwas entscheiden zu wollen: mein weltlicher Stand und die rein historische Sicht meiner Memoiren lassen das nicht zu. Doch berichte ich mit größter Genauigkeit über die allgemeine Meinung jenseits der weltlichen und geistlichen Gesellschaft zu Lebzeiten und nach dem Tode des Königs, und ich halte mich um so lieber dabei auf, als die Tatsache – abgesehen davon, daß sie zu markant ist, um verschwiegen zu werden – mit letzter Deutlichkeit beweist, wie sehr man in Sachen der öffentlichen Meinung und der Religion darauf achten muß, was der

Hof offen unterstützt, so weit sogar, daß er seine ganze Autorität und seine ganze Ehre dafür einsetzt und all seine Macht und Gewalttätigkeit dabei entfaltet, und was man also mit der großen Menge anfängt, wenn während so vieler Jahre auf der einen Seite Gnadenerweise, Duldsamkeit, Wohltaten aller Art und jegliche Hoffnung stehen, auf der anderen Verfolgung, Leugnung der Gerechtigkeit, radikale Ausschließung von allem, Gefängnisse, Verliese und Ausbürgerung, ohne daß auch nur eine Stimme gehört werden kann, ohne daß irgendeine Autorität sich der Gefahr auszusetzen wagt und ohne daß der leiseste Zweifel und Argwohn weniger bedeutet als ein unverzeihliches Verbrechen.

Nachdem diese Frage geregelt, schien es am eiligsten zu sein, den Finanzrat aufzustellen. Der Marschall de Villeroy blieb dessen Chef, aber ganz so wie in der Zeit des verstorbenen Königs, ohne sich direkt in die Geschäfte einzumischen. Noailles maßte sich unter dem Titel des Präsidenten alle Autorität an.

Bald danach wurde der Marschall d'Huxelles, mit dem der Regent schon gearbeitet hatte, zum Chef des Rates der Auswärtigen Angelegenheiten ernannt.

Villars, zweiter Marschall Frankreichs, wurde Chef des Kriegsrates.

Der Marinerat war leicht zusammenzustellen. Der Comte de Toulouse als Admiral wurde dessen Chef; der Marschall d'Estrées wurde Präsident, in seiner Eigenschaft als General der Galeeren trat der Marschall de Tessé dem Rat bei.

Das Präsidium des Rates der Inneren Angelegenheiten wurde dem Marschall d'Harcourt angeboten; er lehnte, zum Teil aus Gesundheitsgründen, ab. Ich sah niemanden außer d'Antin, den man an die Spitze dieses Rates hätte stellen können: ich schlug ihn vor, bekam aber abschlägigen Bescheid. D'Antin war der einzige Mensch, dem der Duc d'Orléans, so wenig Arg er selbst gegen seine tödlichsten Feinde hegte, noch immer etwas nachtrug, und auch der einzige, dem gegenüber dieser Prinz, den Tugend sonst so wenig kümmerte, seine Achtung nicht überwinden konnte.

Seit d'Antin Herzog war, hatte er begonnen, sich an mich heranzupirschen. Der Dauphin und die Dauphine (der Duc und die Duchesse de Bourgogne), der Duc de Chevreuse und der Duc de Beauvillier sowie der Marschall de Boufflers hatten das Zeitliche gesegnet, von Monseigneur und der Kabale von Meudon fand sich keine Spur mehr; die Ehe der Duchesse de Berry war erloschen; sie war Witwe, und auch Madame la Duchesse war es seit langem. Mit dem Verschwinden der Personen und der Anlässe war meine Distanzierung von d'Antin hinfällig geworden. Sein Unrat stach mir zwar noch immer in die Nase, aber ich konnte die Perlen, die darin verstreut lagen, nicht übersehen, und ich wußte niemanden von Rang, der befähigter gewesen wäre, diesen Posten auszufüllen. D'Antin besaß im übrigen zuviel Verstand und zuwenig Mut, als daß er sich hätte gegen den Regenten aufhetzen lassen; auch kannte er M. und Mme. du Maine zu genau, um sich ernstlich mit ihnen zu verbinden; er stand zudem völlig auf seiten von Madame la Duchesse, die jene beiden unbedingt verabscheute. Durch eben diese Relation war er geeignet, eine Beziehung zwischen dem Regenten und Monsieur le Duc herzustellen, und das Vertrauen, das dieser jugendliche Prinz in ihn setzte, würde fortbestehen, wenn jener in das Alter käme, in dem man mit ihm rechnen müßte, und es würde bald soweit sein; schließlich und endlich gab mir d'Antins Höflingsgesinnung und die ihm zur zweiten Natur gewordene Beflissenheit volle Sicherheit. Alle diese Gründe bestimmten mich, mich hartnäckig für ihn einzusetzen. Der Widerstand des Regenten hielt noch über vierzehn Tage an, dann gab er, wenn auch übler Laune, nach; d'Antin wurde zum Chef des Rates für Innere Angelegenheiten, aber sosehr er sich abmühte, sosehr er sich drehte und wand, nie kam er mit dem Duc d'Orléans in ein gutes Verhältnis.

Zusammensetzung des Regentschaftsrates. – Sturz von Desmaretz.

Der Regentschaftsrat war also folgendermaßen zusammengesetzt: der Duc d'Orléans, Monsieur le Duc, der Comte de Toulouse, der Kanzler Voysin, ich, da ich mich ja auch nennen muß, die Marschälle de Villeroy, d'Harcourt, de Bezons, der ehemalige Bischof von Troyes und Torcy als Stimmberechtigte, dazu La Vrillière als Protokollträger und Pontchartrain, alle beide ohne Stimme.

Jene, die Bericht erstatteten, waren der Erzbischof von Bordeaux, die Marschälle de Villars, d'Estrées und d'Huxelles, die Herzöge de Noailles und d'Antin. Man sieht also, auf welche und wie viele Freunde, Feinde oder neutrale Männer der Duc d'Orléans rechnen konnte. Dennoch blieb dieser Rat fast immer ruhig, und der Regent war hier Herr über alles. Auf diese Weise blieb Desmaretz der einzige Minister des verstorbenen Königs, der nun durch einen kurzen Brief des Duc d'Orléans verabschiedet wurde.

Der Regent stand zu Monsieur le Duc in freundschaftlicher, zum Duc du Maine in kalter, höflicher, zum Comte de Toulouse in etwas näherer, aber auch kühler Beziehung. Er glaubte den Marschall de Villeroy durch Achtungsbezeigungen, Auszeichnungen, ja sogar höchst gefährliche Vertrauensbeweise gewinnen zu können; er glaubte, ihn zurückführen oder zumindest durch d'Effiat, seinen alten Freund, und durch den ihm gleichfalls befreundeten Bischof von Troyes seine Bosheiten und Ausbrüche dämpfen zu können; doch ersterer hatte sich an den Duc du Maine verkauft, und der andere, der einen Eiertanz vollführte, wagte sich kaum vor. Der Marschall genoß alle möglichen Begünstigungen, aber er rühmte sich, dadurch in keiner Weise beeinflußt zu werden. Man muß das erwähnen, da es sich später noch mißlich bemerkbar machen wird. Was d'Harcourt anlangt, so erlaubte es ihm sein Gesundheitszustand nicht, eine große Rolle zu spielen; Voysin hatte sich völlig unmöglich gemacht; Villars und d'Huxelles spielten nur jämmerliche Rollen; d'Estrées galt sehr wenig, und d'Antin fiel ebenfalls kaum ins Gewicht; der Kardinal de Noailles hatte genug damit zu tun, sich gegen die listigen Chefs der Konstitution zu verteidigen. Die entscheidende Rolle fiel dem Duc de Noailles zu; Monsieur le Duc war noch zu jung, der Duc du Maine verharrte schweigsam, düster und völlig unergründlich, höflich bis ehrerbietig, wenn er Gesellschaft empfangen mußte, der Comte de Toulouse, kühl und gelassen, soweit er es mit seinen neuen Pflichten vereinbaren konnte, blieb seinem alten Lebensstil treu.

Desmaretz fiel aus allen Wolken. Seine ungeheure Selbstzufriedenheit hatte ihn in der Illusion gewiegt, daß man ihn als Chef des Finanzrats unmöglich entbehren könne. Er war ein enger Freund des Marschalls de Villeroy und überdies mit d'Effiat befreundet. Er rechnete also fest mit diesen beiden Gewährsmännern, was ihn jedoch vollends verblüffte und empörte, war die Tatsache, den Duc de Noailles nun an seiner Stelle zu sehen, ihn, den er, als er aus Spanien zurückkam und nicht ein noch aus wußte, bei sich aufgenommen hatte, ihn, den er zu seinem Jünger und Schüler im Finanzwesen gemacht und dem zuliebe er sein ganzes Ungestüm unterdrückt und gemäßigt hatte. Noailles dachte nicht einmal daran, auch nur die mindeste Rücksicht auf ihn zu nehmen, und man wird noch sehen, wie weit er seine Undankbarkeit gegen ihn trieb.

Der Duc d'Orléans jedoch ließ Desmaretz, gedrängt von d'Effiat und dem Marschall de Villeroy, 350000 Livres auszahlen.

Mme. Desmaretz, die im Schatten ihres Mannes auf eigene Rechnung eine Menge Schachergeschäfte betrieben hatte, stürzte mit ihm.

Ein gewisser La Fontaine, der in Senonches, nahe bei La Ferté, wo ich ihn gesehen habe, lange Zeit Steuereinnehmer von Monsieur le Prince gewesen, war den beiden Desmaretz während ihres Exils gefällig gewesen, hatte also auch mit ihnen sein Glück gemacht und sich zum Schatzmeister des Garderegiments erklären lassen. Er war der Vertrauensmann der Mme. Desmaretz. Sie ließ ihn tagtäglich Schachergeschäfte treiben und das Geld, das sie daraus zog, anlegen und verwalten. Alles das kehrte sich bei der Enthebung des Postens um, sie behauptete, bestohlen worden zu sein. Sie war ganz durcheinander.

In diesem Zustand bekam sie die Blattern, darüber wurde sie vollends närrisch, und niemand hat sie mehr gesehen, obwohl sie noch etliche Jahre gelebt hat.

So starben Mme. Voysin und Mme. Desmaretz, die beiden Rivalinnen um die Gunst der Mme. de Maintenon, die eine verzweifelt, die

Gunst verloren zu haben und durch ihre Rivalin ersetzt worden zu sein, die andere verrückt geworden über den Verlust ihrer Stellung und ihres Sondergötzen.

Saint-Simon bewirkt das Ausscheiden des jüngeren Pontchartrain.

Am Freitag, dem 25. Oktober, wurde in Saint-Denis das feierliche Requiem für den verstorbenen König abgehalten; alles vollzog sich in solchem Durcheinander und in einer Art und Weise, die so weit entfernt war von den Trauerfeierlichkeiten für Ludwig XIII. und Heinrich IV. und all ihren Vorgängern, daß ich mir die Darstellung spare.

Im Hinblick auf die Trauerfeierlichkeiten für den verstorbenen König beachtete der Duc d'Orléans keinerlei Ordnung und keinerlei Regel. Es dauerte nicht lange, bis man gewahr wurde, daß er es sich sowohl in allgemeinen wie in besonderen Angelegenheiten zur Politik gemacht hatte, Streitigkeiten entstehen zu lassen, und schon bald entschlüpfte ihm sein Lieblingsausspruch gleichsam als bewundernswertes Axiom in praxi: *Divide et regna.*

Pontchartrain lebte, geschützt durch die Achtung, die sein Vater genoß, und durch die Freundschaft der d'Effiats und Bezons, in ruhiger Sicherheit, klammerte sich fest an die unfruchtbaren Überbleibsel seines nunmehr nutzlos gewordenen Postens. Er versäumte keinen Regentschaftsrat, wo er, zur Stummheit verurteilt, von niemandem beachtet und angesprochen wurde und nichts weiter zu tun hatte, als die Kerzen zu stutzen. Jeder wunderte sich über die jämmerliche Rolle, die er spielte, und über die Unempfindlichkeit, die ihn im Zustand solcher Demütigung und so weit entfernt von der Verwegenheit und Unverschämtheit seiner Glanzzeiten dergestalt sich selbst überleben ließ. Jeder wünschte, daß er endgültig davongejagt würde, und machte sich kein Gewissen daraus, ihn das spüren zu lassen. Auch der Duc d'Orléans verwunderte sich über Pontchartrains Beharrlichkeit, aber er dachte nicht daran, ihn wegzuschicken. Bis ich mich, dieser schier endlosen Toleranz überdrüssig, entschloß, etwas zu unternehmen.

Am Sonntag, dem 3. November, begab ich mich vor dem Regentschaftsrat, der am Morgen stattfinden sollte, zum Duc d'Orléans nach

Vincennes und fragte ihn, ob es nicht für den Regentschaftsrat besser wäre, diese lächerliche Komödie zu beenden. Der Regent gab das zu, kam aber dann auf den Vater zu sprechen und gestand mir, daß er nicht den Mut habe, dem alten Mann solch ein Ungemach anzutun. Ich erwiderte ihm, wenn er einverstanden sei, könne ich ihm die Möglichkeit bieten, den Sohn auf eine Weise davonzujagen, daß der Vater ihm noch zu Dank verpflichtet wäre. Höchst überrascht fragte mich der Regent, wie ich das bewerkstelligen wolle, darauf schlug ich ihm vor, Pontchartrain zu befehlen, augenblicklich ohne viel Federlesens sein Amt als Staatssekretär niederzulegen, um dieses dann sofort an Maurepas, seinen ältesten Sohn, zu übertragen, der war noch keine fünfzehn Jahre alt, also gar nicht in der Lage, das wenige, was davon übrigblieb, zu übernehmen; in Wirklichkeit könne man La Vrillière damit beauftragen, den das keine halbe Stunde in der Woche kosten würde.

Am anderen Morgen um halb neun Uhr früh schickte ich den in einen versiegelten Umschlag gesteckten Brief des Duc d'Orléans in Pontchartrains Kanzlei und ließ ihm ausrichten, daß ich unmittelbar darauf selber zu ihm käme. Ich wollte nicht persönlich der Überbringer des Briefes sein, und ich ließ ihm eigens eine halbe Stunde Zeit. Als ich zu ihm ging, begegnete ich La Vrillière, der gerade herauskam. Wir blieben stehen, er stieg zu mir in die Karosse, wo ich ihn fragte, was es zu bedeuten habe, daß er so rasch wieder zurückkäme. Er schilderte mir die Bestürzung und Trauer des Vaters, der zugab, daß sein Sohn diese Ungnade verdiene und daß die seinem Enkel erwiesene Gnade sehr groß sei, aber schließlich sei er Vater, und er sähe seinen Sohn verloren, ganz ohne alle Bitternis habe er ausgerufen, ich hätte ihm angekündigt, daß ich seinen Sohn zugrunde richten würde; darauf habe er, La Vrillière, durch diese Klagen gepeinigt, sich, als er sah, daß ich noch nicht erschien, entschlossen, wegzugehen. »Sehr ungelegen«, sagte ich ihm. »Sie werden sofort mit mir zurückkommen.«

Wir begaben uns zum Kanzler, der allein in seinem Arbeitszimmer auf und ab ging; sobald er meiner ansichtig wurde, rief er aus: »Ah, das sind Ihre Schläge, ich kenne Ihre Hand; Sie jagen meinen Sohn fort, und Sie retten meinen Enkel aus Zuneigung zu mir und zu seiner Mutter; Sie haben mir mehrfach angekündigt, daß Sie meinen Sohn ausschalten würden.« – »Ja es ist wahr, das habe ich Ihnen zu Lebzeiten des verstorbenen Königs und lange vor seinem Tod versprochen, ich habe Sie nicht getäuscht, ich halte Wort, und ich tue sogar mehr, als ich versprochen habe, denn Ihre Familie ist gerettet, Ihr Enkel ist untergebracht, kann es einen größeren Trost, eine größere Anerkennung, eine größere Auszeichnung für Sie geben?« – »Ach ja«, antwortete er mir, »und ich weiß, daß ich es Ihrer Freundschaft verdanke.« Er umarmte mich und fügte dann hinzu: »Aber ich bin Vater, und obwohl ich meinen Sohn nur allzu gut kenne, durchbohrt es mir das Herz, ihn so gänzlich ausgebootet zu sehen.« Rührung überkam ihn, Tränen rannen ihm aus den Augen, dann dachte er wieder an seinen Enkel.

Als er sich ein wenig beruhigt hatte, gab ich ihm zu bedenken, daß dies nur seiner Familie zum Heile gereiche, da sein Sohn unmöglich noch länger durchgehalten hätte und es, nach seinem Sturz, niemandem eingefallen wäre, sein Amt an einen Menschen im Alter seines Sohnes, und schon gar nicht dem Sohn dessen, den man wegjagte, weiterzugeben. Er stimmte mir zu und umarmte mich nochmals zärtlich. »Glauben Sie mir, Sie werden sich trösten als Vater, Großvater und Familienvater, und Sie werden mir Dank wissen.« Er umarmte mich abermals und meinte, er wolle seinem Enkel mitteilen, wie sehr er mir verpflichtet sei, und ihm einschärfen, dies niemals zu vergessen.

Währenddessen erschien der Abbé de Thésut. Nun sah der Kanzler auf die Uhr, dann wandte er sich zu mir und sagte: »Ich habe meinen armen Sohn holen lassen, er wird bald kommen. Er wird sich wohl im klaren darüber sein, daß der Schlag, der ihn traf, von Ihnen geführt wurde. Ersparen Sie ihm den Kummer, den es ihm bereiten würde, Sie in diesem Augenblick hier zu sehen.« Wiederum umarmte er mich, während er meinte: »Sie sind ein schrecklicher Mensch, aber dennoch muß ich Sie lieben, ich kann es nicht ändern.« – »Wahrhaftig«, erwiderte ich, »Sie schulden mir diese Freundschaft, und Sie sollten nicht an der meinigen zweifeln.« Dann ging ich fort, ließ ihn allein mit La Vrillière und dem Abbé de Thésut, in deren Gegenwart die Abdankung unterzeichnet werden sollte.

Diese Neuigkeit erregte zunächst in Paris und in den Provinzen große Freude.

Einführung der Opernbälle gegen Entgelt. – Orléans residiert mit Vorliebe in Paris. – Schwäche des Regenten: sein früherer Widerpart La Feuillade zum Gesandten in Rom ernannt.

Der Chevalier de Bouillon, der, seit der Sohn des Comte d'Auvergne gestorben war, den Namen Prince d'Auvergne angenommen hatte, schlug dem Regenten vor, dreimal in der Woche einen öffentlichen Ball in der Oper zu veranstalten, zu dem man, ob maskiert oder unmaskiert, Eintritt bezahlen mußte und wo die Logen demjenigen, der den Saal nicht betreten wollte, die Annehmlichkeit böten, dem Ball zusehen zu können. Man glaubte, ein öffentlicher Ball unter Bewachung, wie es die Oper an den Tagen dieser Veranstaltung war, sei gegen Zwischenfälle gesicherter und würde diesen kleinen Bällen in den Kneipen von Paris, wo dergleichen öfters vorkam, ein Ende bereiten. Also wurden die Opernbälle eröffnet – mit großem Zulauf und der Wirkung, die man sich davon versprach. Der Urheber zog sechstausend Livres Pension aus dem Unternehmen, und man baute eine sinnig erfundene und leicht und rasch zu bedienende Maschine, um das Orchester zu bedecken und Bühne und Parkett auf dieselbe Ebene zu bringen. Das Unglück war, daß sich das Ganze im Palais Royal abspielte und der Duc d'Orléans nur einen Schritt zu tun brauchte, um sich nach seinen Soupers in einem oft genug recht unerfreulichen Zustand dort zu zeigen. Der Duc de Noailles, der ihm den Hof machen wollte, ging von Anfang an hin, und zwar derart betrunken, daß es kaum eine Unanständigkeit gab, die er nicht beging.

Der Duc d'Orléans war des Aufenthaltes in Vincennes sehr überdrüssig: er wollte den König in Paris haben. Ich hatte alles, was ich konnte, getan, damit man nach Versailles zurückkehrte. Dort war der Hof unter sich, fern von dieser ganzen Gesellschaft, die Paris nur verließ, um eine Landpartie zu machen. Jeder, der Regierungsgeschäfte zu erledigen hatte, konnte hier binnen einer Stunde alle Leute treffen, die er sehen mußte, anstatt wie in Paris zehnmal zu denselben gehen und durch alle Viertel streifen zu müssen. Denjenigen, die Ämter zu verwalten hatten, blieben die Ablenkungen und der Zeitverlust, die sich in Paris ergaben, in Versailles erspart, aber was ich für den größten Vorteil erachtete, war, daß man fern vom Tumult des Parlamentes, der Markthallen, dem Pariser Volksgetümmel nicht den Fährlichkeiten der Minorität ausgesetzt war, wie sie Ludwig XIV. zu erdulden gehabt hatte. Ich war also bestrebt, den Duc d'Orléans von den unheilvollen Kumpanen zu entfernen, mit denen er alle Abende tafelte, ihm den Zustand zu ersparen, in dem er sich häufig auf den Opernbällen zu zeigen pflegte, sowie den Zeitverlust, den ihn fast all diese Veranstaltungen kosteten. Aber eben dieses Treiben band ihn an Paris, und es gab kein Mittel, ihn davon abzubringen. Er ließ sogar eine große Ärzteversammlung einberufen, um mit ihrer Hilfe den König nach Paris zu bringen, aber die Ärzte des Hofes wie der Stadt waren der Ansicht, daß man den König nicht eher fortbringen dürfte, bis die ersten Fröste die Luft gereinigt hätten und die recht gefährliche Blatternepidemie, die damals in Paris herrschte, zum Ersticken gebracht worden wäre.

Die Schwäche des Duc d'Orléans bestätigte sich in dieser Zeit durch eine Nachgiebigkeit, die ihm besonders schadete, weil die Öffentlichkeit davon erfuhr und weil dadurch die Einstellung vieler Leute ihm gegenüber ungünstig beeinflußt wurde. Ich habe seinerzeit gesagt, daß niemand den Duc d'Orléans so sehr und auf so grausame Weise beleidigt hatte wie La Feuillade. Ich habe erzählt, wie dieser sich in Turin benommen, welch verleumderische Reden er beim Tode des Dauphin und der Dauphine gehalten hat und daß er der einzige war, über den der Duc d'Orléans sich bei dieser Gelegenheit so sehr geärgert hatte, daß er ihn tatsächlich verprügeln wollte, was ich nur mit großer Mühe verhindern konnte. La Feuillade mit seiner Falschheit, seiner Philosophenmaske, seiner epikureischen Moral, mit seiner gegenüber Gunstbezeigungen bis zur Würdelosigkeit gehenden Niedrigkeit und seinem unerträglichen Dünkel im Glück, La Feuillade hatte nicht geahnt, daß der Duc d'Orléans einmal die Herrschaft übernehmen würde. Er war also untröstlich, daß der Tod des Königs ihn lediglich von einer Ungnade erlöste – die seit Turin niemand hatte zu beheben vermocht –, um nun aufgrund seiner sinnlosen Übeltaten in ein noch tieferes Elend zu fallen. Er war verzweifelt, keinen Ausweg finden zu können, als sich wie mit dem Zauberstab seine Lage augenblicks völlig veränderte. Ich habe berichtet, daß sein ausschweifendes Leben sowie andere Umstände ihn eng mit Canillac verbanden, der ihm um so herzlicher zugetan war, da sein Stolz sich geschmeichelt fühlte durch die Überlegenheit, die La Feuillade ihm über sich einräumte. Eben dieser Stolz sowie die Freundschaft trieben Canillac dazu, das Vertrauen des Duc d'Orléans so sehr zu mißbrauchen, daß es fast an Verrat grenzte, und dies einzig, um dem Ehrgeiz La Feuillades neuen Auftrieb zu geben. Canillac kannte den Duc d'Orléans nur allzu genau, mit pathetischer Schönrednerei und dem autoritären Ton stellte er La Feuillade dem Regenten in einem ganz neuen Licht dar, so daß dieser die Gelegenheit, die Canillac ihm bot, fast wie ein Geschenk ansah; La Feuillade, von dem allenthalben gemunkelt wurde, es sei allerlei von ihm zu fürchten und zu hoffen, La Feuillade wurde zum Gesandten in Rom ernannt.

(1716). – Tod Cavoyes. – Unsitte der Duelle. – Skandalöses Verhältnis der Duchesse de Berry mit Rions. – Tageslauf des Regenten. – Zügellose Soupers. – Liebschaften.

In jener Zeit starb Cavoye. Ich habe über ihn und seine Frau genug gesagt, so daß ich jetzt nichts mehr hinzuzufügen brauche. Cavoye ohne Hof war ein Fisch auf dem Trockenen, deshalb konnte er es nicht mehr lange durchhalten. Wenn schon Romane nur selten so etwas erfinden wie das Verhalten seiner Frau ihm gegenüber, so dürfte es diesen Schriftstellern schwerfallen, den Mut darzustellen, zu dem ihre so standhafte Liebe zu ihrem Gemahl sie befähigte, die Geduld, ihm während seiner langen Krankheit sowie in seiner Todesstunde beizustehen; auch das Grabmal, das sie ihm bereitete und bis zu ihrem eigenen Tode treu hütete, findet sich in keinem Roman. Ihr weiteres Leben war geprägt von Trauer.

Niemals schlief sie anderswo in dem Haus, in dem sie ihren geliebten Gemahl verloren hatte, niemals verließ sie es, außer um in der Kapelle von Saint-Sulpice, in der er begraben lag, zweimal täglich zu beten. Niemals wollte sie andere Menschen sehen als jene, die sie während der Krankheit ihres Gemahls oder an dessen Todestag das letzte Mal gesehen hatte. Sie widmete sich nur noch guten Werken, die fast alle in Beziehung zum Seelenheil des Verstorbenen standen, und rieb sich dergestalt binnen weniger Jahre körperlich völlig auf, ohne jemals schwach zu werden und ohne jemals auch nur im geringsten nachzugeben. Eine solche stets von Religion getragene gleichbleibende ununterbrochene Hingabe ist wohl doch ein einzigartiges, Ehrfurcht gebietendes Beispiel.

Es gab, wie gesagt, außer dem Opernball noch viele Bälle in Paris, und bei einem dieser letzten kam es zu einem Streit zwischen dem Duc de Richelieu und dem Comte de Gace, dem ältesten Sohn des Marschalls de Matignon. Sie zogen blank, schlugen sich in der Rue de Richelieu und verwundeten einander leicht. Das Parlament, der Schwäche des Regenten sowie des Elends der Herzöge gewiß (welch letzteren es niemals verzieh, daß sie nicht seine sämtlichen Usurpationen mit voller Ehrerbietung hingenommen hatten), hoffte aus den Zeitumständen und diesem Abenteuer einen Nutzen zu ziehen und leitete ohne Feststellungsklage, wie es an sich Ordnung und Rechtsbrauch ist, eine Untersuchung ein. Der Duc de Richelieu erhielt eine Aufforderung, sich binnen vierzehn Tagen in der Concierge einzufinden. Noch ehe die vierzehn Tage vorüber waren, steckte der Duc d'Orléans beide in die Bastille. Alle beide bekamen viel Besuche, und der ganze vorgebliche, von M. und Mme. du Maine aufgehetzte Adel vermerkte es sehr übel, daß die Herzöge, wenn sie die beiden Gefangenen in der Bastille besuchten, ihren Degen behalten durften, während sie selber genötigt waren, den ihren vor der Tür zu lassen. Wie üblich großes Getöse. Aber abgesehen von diesem Getöse erfolgte nichts weiter, außer daß der Regent, der wußte, was vor sich ging, so entgegenkommend war, feststellen zu lassen, was es mit diesem Brauch auf sich habe; es erwies sich, daß alles seine Richtigkeit hatte, worüber dieser vorgebliche Adel sich bitter beklagte.

Zur gleichen Zeit, als sich der Streit zwischen dem Duc de Richelieu und dem Comte de Gacé ereignete, kam es bei einem der Soupers des Prince de Conti in Paris zwischen zwei betrunkenen jungen Leuten zu einem kindischen Wortgefecht, dem weder sie selber noch irgend jemand sonst Beachtung geschenkt hätten, und die Bosheit der Gäste, die durch das Beispiel des Gastgebers aufgehetzt waren, der den beiden am anderen Morgen erklärte, sie hätten am Abend zuvor eine Affäre gehabt und man behaupte, man müsse sie miteinander versöhnen. Einer war Jonzac, der andere Villette. Monsieur le Duc, der vermeiden wollte, daß die Marschälle Frankreichs sich in eine Angelegenheit einmischten, die sich bei dem Prince de Conti ereignet hatte, ließ die jungen Leute zwei Tage später holen und versöhnte sie miteinander. Aber diejenigen, die aus einer Mücke einen Elefanten gemacht hatten, beschimpften die beiden hernach derart, daß die Familien sich einmischten und die Burschen für entehrt erklärten, wenn sie sich nicht schlügen. Die beiden wollten gar nicht, aber schließlich schlugen sie sich ganz wacker und zeigten damit, daß sie nur Widerstand geleistet hatten, weil sie gar nicht wußten, warum sie sich schlagen sollten. Beide wurden verwundet, und beide verschwanden alsbald. Das war die Frucht der effektiven Straflosigkeit jenes ersten Duells, das bei hellichtem Tag auf dem Quai des Tuileries zwischen zwei Männern stattgefunden hatte, die gar nicht verdienten, daß man sie schonte, und aus diesem straflos gebliebenen Duell ergaben sich nun fortwährend weitere. Die Angelegenheit, von der ich soeben gesprochen habe, war zu bekannt geworden und zog sich zu lange hin, als daß sie hätte vertuscht werden können. Das Parlament schritt ein, Villette verließ Frankreich und starb bald darauf in Ungarn. Jonzac verbarg sich lange Zeit und erschien erst wieder, als er ganz sicher war, daß sich aus der Affäre keine üblen Folgen für ihn ergaben.

Nach einigen flüchtigen Abenteuern hatte sich die Duchesse de Berry in Rions verliebt. Er war der jüngste Sohn aus dem Hause Aydie, weder schön noch klug, ein fetter, pausbäckiger, bleichgesichtiger Bursche, der soviel Pocken im Gesicht hatte, daß er einem Abszeß nicht unähnlich sah. Er hatte immerhin schöne Zähne, doch niemals hätte er sich träumen lassen, einmal eine solche Leidenschaft zu entfachen, die im Nu aufflammte und die unablässig fortdauerte, ohne indes gelegentliche Seitensprünge zu verhindern. Er besaß keinerlei Vermögen, aber eine Menge Brüder und Schwestern, die gleichfalls nichts hatten. M. de Pons und Mme. de Pons, *dame d'atour* der Duchesse de Berry, gehörten zu seiner Verwandtschaft und stammten aus derselben Provinz. Sie ließen den jungen Mann, der Dragonerleutnant war, kommen und versuchten, etwas aus ihm zu machen. Kaum war er auf der Bildfläche erschienen, als die Leidenschaft ausbrach und er zum Herrn des Luxembourg wurde. M. de Lauzun, dessen Großneffe er war, lachte sich ins Fäustchen. Er war entzückt: er glaubte sich selbst wieder ins Luxembourg der Grande Mademoiselle versetzt zu sehen; er gab seinem Neffen die nötigen Verhaltensmaßregeln. Rions war sanft, von Natur aus höflich und respektvoll, gut geartet und ein ehrbarer Bursche. Bald bekam er die Macht seiner Reize zu spüren, Reize, die freilich nur die unbegreiflich verdorbene Phantasie einer Prinzessin zu fesseln vermochten. Er mißbrauchte jedoch diese Gunst gegen niemanden und war wegen seiner freundlichen Umgangsform allgemein beliebt; die Duchesse de Berry allerdings behandelte er genauso, wie Lauzun Mademoiselle behandelt hatte. Bald sah man ihn in den reichsten Gewändern, mit den schönsten Spitzen geschmückt, er wurde mit Geldgeschenken, mit Schächtelchen, Geschmeide und Edelsteinen ausgestattet. Er machte sich kostbar; er gefiel sich darin, seiner Prinzessin Anlaß zur Eifersucht zu geben und seinerseits noch eifersüchtiger zu erscheinen. So brachte er sie oft zum Weinen. Allmählich hatte er sie soweit, daß sie nicht einmal die gleichgültigsten Dinge ohne seine Erlaubnis zu unternehmen wagte. War sie bereit, in die Oper zu gehen, befahl er ihr zu bleiben, dann wieder zwang er sie gegen ihren Willen, dorthin zu gehen. Er nötigte sie, zu Damen, die sie gar nicht leiden konnte oder auf die sie eifersüchtig war, freundlich zu sein, und unfreundlich zu Leuten, die ihr gefielen und auf die eifersüchtig zu sein er vorgab. Nicht einmal in der Wahl ihres Schmuckes hatte sie die geringste Freiheit; es machte ihm Vergnügen, sie, wenn sie fertig angezogen war, den Kopfputz wieder ändern oder sogar die Kleider wechseln zu lassen, und zwar so häufig und so unverhohlen, daß er sie daran gewöhnt hatte, des Abends schon bei ihm nachfragen zu lassen, welchen Schmuck und welche Beschäftigung er für den nächsten Tag anordne. Doch am anderen Morgen änderte er wieder alles, und die Prinzessin weinte dann um so mehr. Schließlich war sie dazu gekommen, ihm, während sie sich ankleidete, vertraute Diener zu schicken – denn er wohnte ganz in der Nähe des Luxembourg –, um Erkundigung einzuholen, welches Kleid sie anziehen, welche Schärpen und welchen Schmuck sie anlegen sollte. Doch um was es sich auch handelte, fast immer veranlaßte er sie das zu tragen, was sie am wenigsten tragen wollte. Wenn sie es zuweilen wagte, sich die geringste Kleinigkeit ohne seine Einwilligung herauszunehmen, behandelte er sie wie eine Magd, und sie schwamm ganze Tage in Tränen. Diese sonst so dünkelhafte Prinzessin, die sich darin gefiel, den maßlosesten Stolz an den Tag zu legen, sie, die mit niemandem außer mit Prinzen von Geblüt zu essen geruhte, erniedrigte sich derart, daß sie mit ihm und den obskursten Leuten große Gastmähler veranstaltete. Ein Jesuit, der Pater Riglet, den sie von Kindheit auf kannte und der sich immer gut mit ihr gestellt hatte, war auch bei diesen privaten Gelagen zugegen, ohne daß er sich dessen schämte oder daß die Duchesse de Berry darüber in Verlegenheit geraten wäre. Mme. de Mouchy, von der ich bereits gesprochen, war die Vertraute all dieser absonderlichen Veranstaltungen. Sie und Rions luden die Gäste ein und bestimmten die Termine. Oft versöhnte die Mouchy die Prinzessin mit ihrem Liebhaber, und sie, die Mouchy, wurde dann besser behandelt als die Prinzessin, ohne daß diese genauer hinzusehen wagte aus Furcht vor einer Szene, durch die sie eines so unschätzbaren Geliebten und einer so notwendigen Vertrauten verlustig gegangen wäre.

Dieses Leben spielte sich in aller Öffentlichkeit ab: jeder im Luxembourg wandte sich an M. de Rions, der seinerseits darauf bedacht war, mit jedem dort im besten Einvernehmen zu leben, und dies mit einem gewissen Respekt, den er allerdings seiner herrlichen Prinzessin nicht einmal in der Öffentlichkeit zukommen ließ. Er gab ihr vor aller Welt derart brüske Antworten, daß die Zuschauer die Augen niederschlugen und daß die Duchesse de Berry, obwohl sie ihrer hemmungslosen Leidenschaft für ihn auch in Gegenwart der Gesellschaft keinerlei Zwang auferlegte, des öfteren zu erröten pflegte.

Das eigentümliche ist, daß sie sich trotz dieses Lebenswandels einige

35

Gemächer bei den Karmeliterinnen im Faubourg Saint-Germain eingerichtet hatte, wo sie zuweilen des Nachmittags und bei großen Feiertagen auch über Nacht und sogar einige Tage hintereinander verweilte. Sie nahm immer nur zwei oder selten einmal drei Damen dorthin mit, aber keinerlei Dienerschaft; sie aß das, was das Kloster zubereitete, wohnte tagsüber und auch oft des Nachts jedem Gottesdienst bei, verharrte auch lange Zeit außerhalb der Gottesdienste im Gebet und hielt gewissenhaft die vorgeschriebenen Fasten ein. Zwei sehr kluge Karmeliterinnen, die viel Weltkenntnis besaßen, hatten den Auftrag, sich um sie zu kümmern und ihr Gesellschaft zu leisten. Eine von ihnen war sehr schön, die andere war einmal schön gewesen, beide waren noch ziemlich jung, aber beide fromme und heiligmäßige Nonnen, die dieses Amt nur wider ihren Willen übernommen hatten. Als sie etwas vertrauter mit ihr geworden, sprachen sie freier mit der Prinzessin und erklärten, daß, wenn sie nur das von ihr wüßten, was sie sähen, sie sie wie eine Heilige bewundern würden, aber da sie vernommen hätten, welch anstößiges Leben sie in der Öffentlichkeit führe, vermöchten sie nicht zu begreifen, weshalb sie zu ihnen ins Kloster käme. Die Duchesse de Berry lachte nur und ärgerte sich durchaus nicht darüber. Zuweilen lasen ihr die beiden Nonnen die Leviten, nannten ihr Menschen und Dinge beim Namen und ermahnten sie, ihre skandalösen Gewohnheiten aufzugeben. Aber die Duchesse de Berry lebte weiterhin, wie sie es gewohnt war, abwechselnd im Luxembourg und bei den Karmeliterinnen, und versetzte die Gesellschaft in Verwunderung über diesen Kontrast, wiewohl die Ausschweifungen schließlich mehr und mehr überwogen.

Die Duchesse de Berry zahlte ihrem Vater die Härten, die sie von Rions zu erdulden hatte, mit Zins und Zinseszins heim, ohne daß seine Zuneigung, seine Nachgiebigkeit ihr gegenüber, ja man muß schon sagen seine Unterwürfigkeit und die Furcht, die er vor ihr hatte, deshalb auch nur im geringsten abnahmen. Er war zwar sehr ungehalten über die in aller Öffentlichkeit ausgeübte Herrschaft Rions' und über das Ärgernis, das seine Tochter erregte; aber wenn wieder einmal eine der ebenso rüden wie lächerlichen Szenen zwischen dem Liebhaber und der Prinzessin zum allgemeinen Gesprächsthema geworden war und der Duc d'Orléans es wagte, den beiden Vorhaltungen zu machen, wurde er wie ein Neger behandelt, ein paar Tage links liegengelassen und daran gehindert, sich wieder mit ihr auszusöhnen. Normalerweise sahen Vater und Tochter sich tagtäglich, zumeist im Luxembourg.

Es ist nun an der Zeit, ein wenig über die öffentlichen und privaten Beschäftigungen des Regenten zu sprechen, über sein Verhalten, seinen

Tageslauf, seine abendlichen Gesellschaften. Alle Vormittage waren den Staatsgeschäften gewidmet, und für jedes waren ein bestimmter Tag und eine bestimmte Stunde vorgesehen. Schon bevor er sich ankleidete, begann er mit der Arbeit, empfing Leute, während er Toilette machte. Mit den Audienzen, die er vorher und nachher erteilte, verlor er viel Zeit. Dann erschienen die Männer, die unmittelbar mit den Staatsgeschäften beauftragt waren, und nahmen ihn hintereinander bis zwei Uhr mittags in Anspruch. Die Chefs der einzelnen Gremien, erst La Vrillière, bald danach Le Blanc, den er für Spionagefälle einsetzte, dann jene Männer, mit denen er an der Verfassung arbeitete; unverhofft erschienen auch andere, oft Torcy wegen der Postfragen, manchmal der Marschall de Villeroy, um sich aufzuspielen; einmal in der Woche die ausländischen Gesandten und zuweilen die Räte. An Sonn- und Feiertagen pflegte er in seiner Privatkapelle die Messe zu hören. In den ersten Zeiten der Regentschaft erhob er sich früh am Morgen, doch ließ sein Eifer bald nach, und er stand zu unregelmäßigen Zeiten auf, je nachdem, wann er schlafen gegangen war. Zwischen zwei oder halb drei Uhr mittags nahm er eine Schokolade zu sich, während er mit allen Anwesenden plauderte; das dauerte solange, wie es ihm beliebte, aber kaum länger als eine halbe Stunde. Dann ging er in seine Gemächer, gab dort etlichen Damen und Herren Audienz, besuchte alsdann die Duchesse d'Orléans, arbeitete hernach noch mit einem einzelnen oder ging in den Regentschaftsrat. Zuweilen machte er auch dem König, den er stets mit Respekt behandelte, seine Aufwartung. Nach dem Regentschaftsrat, das heißt ab fünf Uhr nachmittags war, sofern nichts Besonderes vorlag, von Staatsgeschäften nicht mehr die Rede: dann begab er sich in die Oper oder, wenn er nicht schon vor seiner Schokolade dort gewesen, ins Luxembourg, oder aber er suchte die Duchesse d'Orléans auf, bei der er manchmal zu Abend aß. Zuweilen verließ er das Palais durch die Hintertür, durch die er auch die Gesellschaft hereinkommen ließ, oder er fuhr bei schönem Wetter nach Saint-Cloud oder sonst irgendwohin aufs Land, um dort zu Abend zu essen. Wenn Madame in Paris war, besuchte er sie, ehe sie zur Messe ging, einen kurzen Augenblick; weilte sie in Saint-Cloud, so machte er ihr dort seine Aufwartung und erwies ihr jederzeit stets viel Aufmerksamkeit und Ehrerbietung.

Seine Soupers verliefen stets in eigentümlicher Gesellschaft, da waren seine Mätressen, ab und an eine Tänzerin der Oper, häufig die Duchesse de Berry, überdies ein Dutzend Männer, bald diese, bald jene, die er ganz einfach als seine Roués zu bezeichnen pflegte, dazu gehörte Broglio, der älteste Bruder des verstorbenen Herzogs und Marschalls von

Frankreich, Nocé, vier oder fünf Offiziere, der Duc de Brancas, Biron und Canillac, einige liederliche junge Leute, einige Damen von zweifelhafter Tugend, die jedoch zur Gesellschaft gehörten, einige noch unbekannte, junge Leute, die sich durch ihren Witz und ihre Ausschweifung hervortaten. Die erlesene Mahlzeit wurde im Erdgeschoß in besonderen Räumen zubereitet, Besteck und Geschirr waren sämtlich aus Silber; die Gäste selbst legten oft in der Küche mit Hand an. Bei diesen Zusammenkünften wurde jedermann, die Minister und die nächsten Angehörigen genauso wie jeder andere, mit einer geradezu zügellosen Freiheit durchgehechelt, die vergangenen und gegenwärtigen Liebeshändel bei Hofe und in der Stadt, die alten Affären und Zwistigkeiten, die Lächerlichkeiten, kurz nichts und niemand wurde verschont; der Duc d'Orléans stand dabei hinter den anderen nicht zurück: in Wahrheit aber machte diese Schandmaulerei keinerlei Eindruck auf ihn. Man trank Unmengen, man ereiferte sich; man gefiel sich in den unflätigsten Reden und wüstesten Gottlosigkeiten, und wenn man genug Getöse veranstaltet hatte und vollends trunken war, ging man schlafen, um am nächsten Tag wieder von vorne anzufangen. Sobald die abendlichen Gäste eingetroffen waren, wurde alles derart verbarrikadiert, daß es unmöglich gewesen wäre, irgendwie zum Regenten vorzudringen; nicht nur mit irgendwelchen privaten Angelegenheiten, sondern auch mit Dingen, die den Staat und den Regenten hätten gefährden können. Diese Abschließung dauerte bis in die Morgenstunden; der Regent verlor dergestalt beträchtliche Zeit im vertrauten Kreise, bei Vergnügungen und Ausschweifungen. Was jedoch höchst erstaunlich bleibt ist die Tatsache, daß selbst bei vollkommener Trunkenheit weder seine Mätressen noch die Duchesse de Berry, noch seine Roués jemals etwas, und sei es auch nur das geringste, die Regierung oder die Regierungsgeschäfte Betreffende hätten von ihm erfahren können. Er lebte ganz öffentlich mit Mme. de Parabère und lebte zur selben Zeit auch mit anderen, und er ergötzte sich an der Eifersucht und an dem Zorn dieser Frauen, dennoch stand er mit ihnen allen gut; aber dieses öffentliche Serail sowie die wüsten und gottlosen Reden waren allgemein bekannt und erregten ungeheures Ärgernis.

Die Fastenzeit hatte begonnen, und ich sah für Ostern einen entsetzlichen Skandal, wenn nicht gar eine Blasphemie voraus, die den Skandal noch verschlimmert hätte. Das bestimmte mich dazu, mit dem Duc d'Orléans zu sprechen, obwohl ich über seinen Lebenswandel schon lange Schweigen bewahrte, weil ich in diesem Punkt jede Hoffnung aufgegeben hatte. Ich erklärte ihm also, daß mir der Engpaß, in den er zu

Ostern geraten könne, in puncto Religion genauso fürchterlich erschiene wie ärgerlich in puncto Gesellschaft, die zwar ihrerseits sehr wohl zum Bösen geneigt ist, es aber bei anderen und vornehmlich bei ihren Herren für tadelnswert hält, so daß ich mich gegen meine Gewohnheit und gegen meinen Entschluß nicht enthalten könne, ihm alle Folgen vor Augen zu führen, wobei ich mich, was die Gesellschaft anlangt, des längeren verbreitete, denn von Religion war er ohnehin himmelweit entfernt. Er hörte mir geduldig zu, fragte dann voller Unruhe, was ich ihm denn vorzuschlagen hätte. Da sagte ich ihm, er möge wenigstens daran denken, das Übermaß der üblen Nachrede und der Empörung abzumildern; was auch leicht zu bewerkstelligen sei, er brauche nur die letzten fünf Tage der Karwoche, den Ostersonntag und Ostermontag in Villers-Cotterets zu verbringen, weder Damen noch Roués dorthin mitzunehmen, sondern sechs oder sieben ehrbare Leute, mit denen er plaudern, spielen und spazierengehen könne; auch könne er trotz der Fastenzeit dort reichlich tafeln, allerdings ohne gottlose Reden bei Tisch und ohne die Mahlzeiten endlos auszudehnen. Am Karfreitag solle er die stille Messe und am Ostersonntag das Hochamt besuchen, mehr würde ich gar nicht von ihm verlangen. Ich machte mich anheischig, ihn, wenn er wolle, auf dieser Reise zu begleiten und ihm die meine, die ich alljährlich um die Osterzeit zu machen pflegte, zu opfern; ich gab ihm zu bedenken, daß dieses Verhalten bei höhergestellten Personen, die sich zu Ostern von ihrer Umgebung belästigt fühlten, durchaus nichts Ungewöhnliches sei und daß die Staatsgeschäfte während dieser Tage, da doch alles ruhe, nicht in Mitleidenschaft gezogen würden; außerdem sei Villers-Cotterets nahe, der Ort sei schön, er sei seit Jahren nicht dort gewesen, und es sei angebracht, daß er wieder einmal nach dem Rechten sehe.

Er nahm meinen Vorschlag freudig auf und fühlte sich offensichtlich erleichtert, denn er hatte nicht recht gewußt, was ich ihm vorschlagen wollte. Er fand den Plan keineswegs beschwerlich, sondern angenehm, und dankte mir sehr, daß ich an diesen Ausweg gedacht und daß ich ihn begleiten wolle. Wir überlegten, wen er noch mitnehmen könnte, die Auswahl war rasch getroffen, und damit war die Angelegenheit zunächst erledigt. Wir glaubten beide, daß man vorher nichts darüber verlauten lassen solle und daß es genüge, wenn er in der Karwoche seine Anweisungen gäbe. Wir kamen noch ein- oder zweimal darauf zu sprechen, und er war tatsächlich davon überzeugt, daß diese Reise ratsam sei und daß er sie machen müsse. Das Unglück war, daß er seine Entschlüsse nur selten ausführte; wegen der zahlreichen Schurken, von denen er umgeben war und die nicht das geringste Interesse daran hatten, entweder weil sie ihm gefallen oder weil sie ihn in der Nähe halten wollten oder aus noch schändlicheren Gründen. So war es auch diesmal. Als ich ein oder zwei Tage vor der Karwoche noch einmal auf diese Reise zu sprechen kam, fand ich einen verlegenen, gehemmten, mißmutigen Mann, der mir überhaupt keine Antworten gab. Da wußte ich, was die Glocke geschlagen hatte; ich verdoppelte meine Bemühungen, ich erinnerte ihn an die Zusage, die er mir gegeben, kurz, ich raffte alle meine Kräfte zusammen, um ihm das Verdammenswerte eines Sakrilegs vor Augen zu stellen, den ganzen Abscheu der Welt vor ihm, alles, was diese zu sagen berechtigt wäre, und wie sich selbst die am freiesten Denkenden die Mäuler zerreißen würden und wie weit er durch solch entsetzliche Handlungsweise alle Wohlmeinenden von sich entfernen würde. Ich hatte gut reden, ich stieß nur auf Schweigen und trostlose Verdrossenheit, er machte ein paar nichtige Ausflüchte, kurzum, bei dem ersten Wort, das er über seinen Plan hatte verlauten lassen, waren seine Mätressen und die Roués in Aufruhr geraten; sie fürchteten, der Prinz könne sich daran gewöhnen, mit ehrbaren Leuten umzugehen, und sie bei seiner Rückkehr gar nicht mehr oder nicht mehr wie bisher als einzige zulassen. Als ich mich verabschiedete, um nach Hause zu gehen, beschwor ich ihn, sich wenigstens in den vier letzten Tagen der Karwoche im Zaum zu halten und kein unsinniges Sakrileg zu begehen. Ich zog mich nach La Ferté zurück in der Hoffnung, wenigstens das Schlimmste abgewendet zu haben. Zu meinem Kummer vernahm ich dann dort, er sei, nachdem er die letzten Tage der Karwoche auf zwar verborgene, aber doch recht fragwürdige Weise verbracht hatte, an Ostern in Saint-Eustache zum Hochamt und auch zur Kommunion gegangen. Ach! Es war die letzte heilige Kommunion dieses unglückseligen Prinzen, die noch dazu im Hinblick auf die Gesellschaft so verlief, wie ich es vorausgesehen hatte.

Ich habe verschiedentlich die Charaktere der Personen beschrieben, die im folgenden Kapitel eine Rolle spielen werden. An diese Charaktere muß man sich nunmehr erinnern, so zum Beispiel an den Duc de Noailles, an Canillac, den Abbé Dubois, Nocé, d'Effiat, Stair und sogar Rémond und schließlich den Marschall d'Huxelles. Stair, der englische Gesandte, hatte gegen Ende 1715 seine Zeit nicht müßig in Paris verbracht; er knüpfte eine für seine Absichten in der Zukunft nützlichen Verbindungen; die unbedeutenden, die er keineswegs verschmähte, führten ihn zu den wichtigeren.

Rémond war ein niedriger Intrigant, ein Salongelehrter, ein Ausbund liederlichen Lebenswandels und zu allen Diensten bereit, sofern er an der Intrige teilhaben und sich etwas davon versprechen konnte; dieser Bursche war sehr schlau und hatte sich durch seine Schöngeistelei und raffinierte Ausschweifung in die Gesellschaft eingeschmuggelt, er kannte sie genau und verband sich schon frühzeitig mit dem Abbé Dubois, der aus allem etwas zu machen verstand, und mit Canillac. Durch seine Kriecherei und Lobhudeleien gewannen beide den Abbé für sich, insbesondere durch Intrige, den Marquis durch den gleichen Hang zur inferioren Päderastie und durch stete Bewunderung seiner Klugheit und seines Könnens. Es entzückte ihn, sich ungebeten einmischen zu können; er rühmte ihnen gegenüber Stairs überlegene Geistigkeit; und Stair gegenüber den Nutzen, den ihm beide beim Duc d'Orléans bringen konnten; er machte jedem wechselweise Avancen, wie wenn er damit beauftragt sei, und das gelang ihm so gut, daß sie tatsächlich miteinander in Kontakt kamen, zuerst aus Höflichkeit, aus gegenseitiger Achtung, die aber bald in den Austausch politischer Nachrichten überging.

Canillac besaß trotz all seines Verstandes sehr wenig praktischen Sinn. Ein brillanter Kopf, der verblüffte, weil er besonders gut Lächerlichkeiten bloßstellen konnte, ersetzte bei ihm die Urteilskraft; ein ständiger Redefluß, den eine Leidenschaft – der Neid mehr als jede andere – dauernd unterhielt, überschwemmte sein Denken und verfälschte es fast immer. Stair, der von Rémond ins Bild gesetzt worden war, ließ es nie an Achtungsbeweisen und Bestechungsgeldern fehlen; das war die Schwäche Canillacs. Stairs stete Lobssprüche machten ihn gefügig; es war zu verlockend, einen Gesandten sich vor ihm beugen und eine kühne Persönlichkeit sich vor ihm demütigen zu sehen; er seinerseits bewunderte Stairs Geist, Fähigkeit und Übersicht; der offene Zwist Stairs mit der ganzen Regierung des verstorbenen Königs bedeutete eine weitere mächtige Verlockung für Canillac, der alle Leute von Ansehen und in hoher Stellung haßte, sowohl den König selber wie all jene, die von ihm solche Stellungen erhalten hatten. Stair ging sehr umsichtig vor, um Canillac bei Laune zu halten und ihn zu verführen, bald sah Canillac alles nur aus dessen Blickwinkel. Es war Canillacs Wunsch, daß Stairs Beziehungen zum Duc de Noailles sich zu einer ebenso engen Beziehung entwickelten wie seine eigene zu Stair. Noailles, der ihn auf dieselbe Weise gewonnen hatte, die auch Stair so gut bei ihm gelungen war, hatte es sich zum Leitsatz gemacht, ihm nie zu widersprechen und ihn immer zu bewundern; so war die Bekanntschaft bald geschlossen, und von da war es nicht mehr weit bis zu politischen Gesprächen.

Was den Abbé Dubois anlangt, so war die Verbindung rasch hergestellt, da er sie ebensosehr wünschte wie Stair. Das Triumvirat Noailles, Canillac, Dubois bestand wie gesagt schon am Ende der Regierungszeit des verstorbenen Königs. Um seine eigenen verborgenen Absichten zu fördern, verabscheute Dubois nichts, um Canillac in seiner törichten Voreingenommenheit zu bekräftigen und den Duc de Noailles auch auf diese Linie zu bringen. Dieser, der stets auf Neuigkeiten begierig war und der mit dem Duc d'Orléans darin übereinstimmte, daß er sich durch gewundene Wege verlocken ließ, hatte guten Grund, vielleicht sogar deren zwei, auf das Angebot einzugehen.

Doch wie dem auch sei, Noailles wurde mit Stair lange vor seinen beiden Freunden handelseinig, und sie überredeten den Duc d'Orléans, sich in diesem Punkt von einer ganz persönlichen, folglich von einer verurteilenden Maxime leiten zu lassen. Diese Maxime besagte, daß König Georg ein Usurpator der englischen Krone sei und daß, falls unserem König ein Unglück zustoßen sollte, der Duc d'Orléans ein Usurpator der französischen Krone würde; also gäbe es bei beiden Herrschern ein übereinstimmendes Interesse und einen Grund, sich miteinander gut zu stellen, sich so zu verhalten, daß eine gegenseitige Garantie ihrer Krone gesichert war; wodurch – so fügten die beiden hinzu – der französische Regent alles gewönne, während der Engländer, der bereits im Besitz der Krone sei, so gut wie nichts zu gewinnen hätte, zumal er es nur mit einem Thronprätendenten zu tun habe, der ohne Besitz, ohne Anerkennung und ohne Hilfe sei, wohingegen der Duc d'Orléans gegebenenfalls einen bereits etablierten, mächtigen König von Frankreich als Mitbewerber haben würde.

Der Duc d'Orléans schluckte dieses Gift, das ihm mit soviel Geschick von Leuten dargeboten wurde, auf deren Geist, Fähigkeit und persönliche Anhänglichkeit er bauen zu können glaubte, die ihm allerdings in der Folge sehr deutlich bewiesen, daß ihr Denken falsch, ihre Fähigkeiten gleich Null und ihre Anhänglichkeit nutzlos und einzig auf sich selbst bezogen war. Der Duc d'Orléans besaß nur allzuviel Scharfsinn, um diese Falle wahrzunehmen; es bleibt ein Wunder, daß er dennoch darauf hereinfiel: was ihn verlockte, war die raffinierte, gewundene Politik, keineswegs die Herrschsucht.

Der Duc de Noailles im Regentschaftsrat wenig beliebt. – Tod der Duchesse de Béthune. – Porträt. – Laws Bankprojekte. – Voltaire.

Eines Tages kam der Duc de Noailles unter dem Vorwand einer eiligen Finanzangelegenheit in den Regentschaftsrat, der gerade erst begonnen hatte. Er ließ dem Regenten melden, er bitte um Einlaß, und er wurde eingelassen. Ich erhob mich, weil jeder sich erhob; er setzte sich neben mich und begann darzulegen, was ihn herführte, es war etwas Belangloses. Als er zu Ende geredet hatte, sagte ich dem Comte de Toulouse, der an meiner anderen Seite saß, ins Ohr, der Duc de Noailles habe nur einen Vorwand benutzt, um sich in den Regentschaftsrat einzuschleichen. »Das glaube ich auch«, antwortete mir lächelnd der Comte de Toulouse. »Nun gut«, entgegnete ich, »wir werden ja sehen, lassen Sie mich nur machen.« Als alles, was die Finanzen betraf, erledigt war, blieb der Duc de Noailles noch immer, und nach einer kurzen Pause sah der Duc d'Orléans den Marschall d'Huxelles an und sagte: »Monseigneur, fahren wir fort.« Statt des Marschalls las der Bischof von Troyes die Depeschen vor, weil er eine deutliche Aussprache hatte. Doch beim zweiten Wort schon unterbrach ich ihn: »Warten Sie bitte einen Augenblick, der Duc de Noailles ist noch anwesend.« Der Bischof von Troyes schwieg, und alle Blicke wandten sich dem Duc de Noailles zu, der nach einm kurzen Schweigen dem Bischof von Troyes und den Regenten ansah, mir jählings den Rücken kehrte und grußlos davonging. Ich sah den Comte de Toulouse an, er lachte. Der Duc d'Orléans verzog keine Miene, und die ganze Gesellschaft lachte oder lächelte gleichfalls. Ich sprach später mit dem Regenten darüber, der es nicht wagte, mein Verhalten zu tadeln. Ich warf ihm seine Schwäche vor und fragte ihn, ob man, um dem Regentschaftsrat beizutreten, nur unter einem Vorwand hereinzukommen und die Frechheit zu haben brauche, einfach dazubleiben.

Ein andermal ging es um Finanzfragen, und der Duc de Noailles, der seinem Rang entsprechend immer neben mir saß, begann sich des längeren auszulassen über die Dreistigkeit, verbotene Stoffe zu kaufen und zu tragen, und über den Schaden, den man damit den inländischen Manufakturen zufüge; er ereiferte sich mit besonderer Emphase über den Mißbrauch, bedruckte Baumwollstoffe zu tragen, eine, wie er meinte, gegen alle Regeln der Vernunft verbreitete Mode, die von den vornehmsten Damen angenommen und von allen anderen nachgeahmt würde, die mit der empörendsten Mißachtung der Verbote allesamt diese Stoffe öffentlich und ungestraft trügen. Es müsse, so schloß er voller Beredsamkeit, endlich ein Weg gefunden werden, um einem derart um sich greifenden und schädlichen Übel zu steuern, wobei er es jedoch vermied, eine entsprechende Maßnahme vorzuschlagen, offensichtlich wollte er den Haß des schönen Geschlechts nicht auf sich ziehen. Man diskutierte darüber, oder vielmehr man schwätzte, ohne viel mehr als Worte zu machen. Als ich an die Reihe kam, lobte ich den Eifer, mit dem der Duc de Noailles bemüht war, die französischen Manufakturen zu stützen, und die Unsitte, verbotene Stoffe zu tragen, zu unterbinden. Besonders betonte ich die Unsitte, Kattun zu tragen, und bestätigte vollkommen das, was der Duc de Noailles gesagt hatte. Mit Ernst und Würde wies ich auf die Notwendigkeit hin, eine derart verbreitete Mode auszurotten, das könne freilich nur mit einer den Bedürfnissen entsprechenden Härte durchgeführt werden, um so ein Exempel für alle zu statuieren; ich sei also der Meinung, daß nach erneuten Verboten die Duchesse d'Orléans und Madame la Duchesse vor den Pranger gestellt werden müßten, sobald sie Kattun trügen. Die ernste Einleitung und der sarkastische Schluß hatten ein ungeheures Gelächter zur Folge und stürzten den Duc de Noailles in eine Verwirrung, die er bis zur Aufhebung der Sitzung nicht verbergen konnte. Er verließ den Regentschaftsrat offensichtlich erzürnt.

Ich versäumte auch sonst keine Gelegenheit, mich und die anderen auf seine Kosten zu amüsieren, woran er sich nur schwer gewöhnen konnte. Der Comte de Toulouse und ich stellten fest, daß er sich, wenn er im Finanzrat Bericht erstattete, niemals auf Akten bezog, obwohl ihm das die Sache sehr erleichtert hätte. Er hatte also die Möglichkeit – ohne Widerspruch fürchten zu müssen –, alles, was er wollte, sagen zu können; wir beschlossen, diesen Mißbrauch nicht länger zu dulden. Bei der nächsten Finanzratssitzung unterbrach ich den Duc de Noailles und fragte ihn, wo die Unterlagen seien zu der Angelegenheit, die er vortrug. Er stotterte, wurde ärgerlich und wußte nichts Rechtes zu antworten. Ich sah die Umsitzenden an, dann den Regenten und sagte, mich an jenen wendend, es sei bei allem Vertrauen mißlich, nur nach mündlichem Bericht urteilen zu müssen und ich für meinen Teil hätte gute Gründe, nicht vertrauensselig zu sein. Der Duc de Noailles wurde flammend rot und wollte etwas erwidern. Ich unterbrach ihn abermals und meinte, daß ich nur etwas vorschlüge, was bei allen Gerichten Brauch sei und was im übrigen nur zur Entlastung und zur Erleichterung des Berichterstatters dienen könne. Er murmelte noch irgend etwas vor sich hin, ich sah den Regenten an und zuckte ganz betont mit den Achseln. Der Comte de Toulouse meinte, er sehe keine Schwierigkeit darin, die Unterlagen beizubringen. Darauf schwieg Noailles, zog den Kopf ein, fuhr mit seinem Bericht fort, den er so weit als möglich abkürzte, und erschien beim folgenden Finanzrat mit einer großen Aktentasche. Zu seinem Unheil zwang ihn, wie gesagt, sein Rang, immer neben mir zu sitzen. Als er zu sprechen anfangen wollte, fragte ich: »Und die Unterlagen?« – »Da ist die Aktentasche.« – »Die Tasche sehe ich wohl, aber keine Akten, legen Sie doch alle, die sich auf die Angelegenheit beziehen, auf den Tisch.« Er öffnete wütend seine Tasche, entnahm ihr die entsprechenden Unterlagen, legte sie vor sich auf dem Tisch; während er berichtete, blätterte ich darin und machte mich so zu seinem »Evangelisten«. Man kann sich keinen verwirrteren Menschen vorstellen, dabei immer bestrebt, es sich nicht merken zu lassen, denn all das brachte ihn aus der Fassung. Oft genug habe ich ihn in den Unterlagen den Beweis suchen lassen für das, was er darlegte, denn aus Mißtrauen gegen ihn las ich leise mit, zuweilen diktierte ich ihm auch den Entschluß, den man gefaßt hatte, und zwang ihn also vor dem ganzen Regentschaftsrat, nach meinem Diktat zu schreiben, damit er das wegließ, was er zugefügt, oder das hinzufügte, was er ausgelassen. Bei dieser Gelegenheit drang ihm die Wut aus allen Poren. Noailles war im Regentschaftsrat weder beliebt noch geschätzt.

Hoch betagt starb in Paris die Duchesse de Béthune. Sie war die Tochter des Oberintendanten Foucquet und Mutter des Duc de Charost, eine tugendhafte, verdienstvolle Frau, nicht gerade geistreich; – sie hatte stets sehr zurückgezogen gelebt und sich nur selten bei Hofe blicken lassen. Man hat seinerzeit vernommen, wie das Unglück ihres Vaters zur soliden Grundlage für den Aufstieg ihres Ehemanns wurde und wie der Quietismus ihren Sohn zum Hauptmann der Leibgarde werden ließ. Sie lebte von frühester Jugend an in dieser Lehre und ging im trauten Verein mit dem Duc de Noailles jede Woche auf den Montmartre, um dort die Vorträge eines M. Bertau anzuhören. Bertau war der Führer der kleinen Herde, die sich dort versammelte und die er leitete. Sie und der Duc de Noailles waren noch sehr jung, gleichviel erregten ihre regelmäßigen gemeinschaftlichen Ausflüge keinerlei Ärgernis. Diese Versammlungen wurden immer umfangreicher und machten von sich reden; die Lehre erschien zumindest sehr verdächtig, man verbot die Versammlungen, und der Doktor Bertau wurde streng überwacht. Noailles, der sah, daß dieses Gewitter vom Hofe ausging, glaubte sich nicht zum Märtyrer bestimmt. Er brachte seine Devotion auf ein menschlicheres Maß und ließ die kleine Herde, zu deren besonders erwählten Lämmern er gezählt hatte, auf immer im Stich. Mme. de Béthune blieb der Lehre und dem Doktor treu, dergestalt daß sie etliche Jahre später, als eben jene Lehre mit mehr Aufwand und Glanz durch Mme. Guyon wieder in Mode kam, auch die beiden Frauen miteinander verband. Mme. de Béthune wurde zur meistgeschätzten und liebsten Jüngerin der Mme. Guyon und somit auch zur engen Freundin des Erzbischofs von Cambrai, zur Freundin von M. und Mme. de Chevreuse, der Beauvilliers sowie der Herzoginnen de Guiche und de Mortemart. Sie alle waren durch keinen Sturm von ihrer Prophetin und ihrem Patriarchen zu trennen, was den Charosts zum Glück verhalf; denn das hauptsächlich durch Colbert verursachte Unglück des Vaters der Mme. de Béthune, ebenso wie das Unglück ihrer Prophetin, die diese Tochter Foucquets mit den Töchtern Colberts – der jenen vernichtet hatte – bekannt machte, bewirkten, was die Charosts nun sind, ohne daß die Duchesse de Béthune auch nur jemals ihren Betsaal verlassen hätte.

Ein Schotte, ich weiß nicht welcher Herkunft, ein großer Spieler und Kombinator, der in den verschiedenen Ländern, in denen er sich aufgehalten, schwer reich geworden, war in den letzten Lebenstagen des verstorbenen Königs nach Frankreich gekommen. Er hieß Law; aber als er bekannt geworden war, gewöhnte man sich so sehr daran, ihn Las zu nennen, daß sein Name Law ganz in Vergessenheit geriet. Man erzählte dem Duc d'Orléans von ihm und sagte, er sei ein Mann, der sich gründlich im Bankwesen und Handel, in Geldgeschäften und Finanzfragen auskenne; der Duc d'Orléans wurde neugierig und wollte ihn kennenlernen. Er unterhielt sich mehrmals mit ihm und war von diesen Gesprächen so befriedigt, daß er ihn Desmaretz empfahl als einen Mann, dessen Einsichten er sich zunutze machen könnte. Ich erinnere mich auch, daß mir der Duc d'Orléans schon damals von Law erzählte. Er sah ihn dann nur noch von Zeit zu Zeit, aber nachdem der erste Andrang der Geschäfte, die auf den Tod des Königs folgten, vorüber war, erschien Law, der im Palais Royal einige subalterne Beamte kennengelernt hatte und in loser Beziehung zum Abbé Dubois stand, abermals bei dem Regenten und legte ihm sein Finanzprogramm vor. Der

Regent ließ ihn mit dem Duc de Noailles, Rouillé und Amelot zusammenarbeiten. Die beiden ersteren hatten Angst, daß ein Spitzel des Regenten in ihre Verwaltung eindringen könne, so daß Law lange Zeit als Außenseiter behandelt, aber immer vom Duc d'Orléans unterstützt wurde. Schließlich gefiel Laws Bankprojekt dem Regenten so gut, daß er es verwirklicht sehen wollte. Er sprach mit den entscheidenden Finanzmännern, bei denen er jedoch auf großen Widerstand stieß. Als er seine Entscheidung getroffen hatte, ließ er eine Sitzung von Finanz- und Handelsfachleuten einberufen, vor der Law den ganzen Plan einer zu gründenden Bank darlegte. Man hörte ihm geduldig zu, einige, die bereits wußten, daß der Regent so gut wie entschieden war, stimmten zu, aber die große Mehrzahl war dagegen. Law ließ sich nicht abschrecken. Man nahm die Widerstrebenden ein wenig ins Gebet, berief kurz darauf die gleiche Sitzung ein, und Law legte in Gegenwart des Regenten seinen Plan abermals dar. Diesmal widersprachen nur wenige und auch nur mit schwachen Argumenten.

Nachdem das Bankprojekt soweit gediehen, mußte es dem Regentschaftsrat vorgelegt werden. Der Duc d'Orléans nahm sich die Mühe, jedes Mitglied des Rates einzeln zu unterrichten und jedem freundlich zu verstehen zu geben, er wünsche, daß diese Bank auf keinerlei Ablehnung stoße. Er sprach auch mit mir darüber, nun mußte ich wohl oder übel antworten. Ich verbarg ihm weder meine Unwissenheit noch meinen Widerwillen gegen jede Art von Finanzsachen, gab indes zu, daß mir der Plan, so wie er ihn mir erklärt habe, gut zu sein scheine, da sich das Geld durch die Banknoten – ohne neue Steuererhebungen, ohne Unkosten und ohne irgend jemandem Schaden zuzufügen – plötzlich verdopple und leichter zirkulieren könne. Aber dieser Vorteil sei von zwei Nachteilen begleitet: einerseits bedürfe die Leitung der Bank hinlänglicher Vorausschau und Weisheit, um nicht mehr Banknoten auszugeben als Deckung vorhanden, damit man immer zahlungskräftig bleibe und jederzeit alle, die für ihre Noten Geld haben wollten, auszahlen könne; andererseits könne eine Sache, die für eine Republik oder auch in einer Monarchie, wo die Finanzen gänzlich in Händen des Volkes lägen, wie zum Beispiel in England, sehr passend und vorzüglich ist, unter Umständen in einer absoluten Monarchie wie eben in Frankreich höchst verderblich sein, da hier die Bedürfnisse eines zur Unzeit begonnenen und schlecht geführten Krieges oder die Habgier eines Premierministers, eines Favoriten, einer Mätresse, die sinnlosen Ausgaben, der Luxus, die Freigebigkeit eines Königs eine Bank bald erschöpfen und alle Noteninhaber ruinieren und mithin das Königreich zum Sturz bringen könne. Der Duc d'Orléans gab das zu, hielt mir jedoch entgegen, daß ein König ein so großes und entscheidendes Interesse daran haben würde, daß er niemals einen Minister, eine Mätresse oder einen Favoriten an die Bank rühren lassen würde, so daß dieser entscheidende Nachteil niemals zu fürchten sei.

Kurze Zeit später, um das gleich zu erzählen, sollte ich auf Wunsch des Duc d'Orléans Law kennenlernen, damit er mir seine Pläne erkläre. Er bat mich darum wie um eine Gefälligkeit. Law kam also zu mir, und obwohl er manch Fremdländisches in seinem Gebaren, seiner Ausdrucksweise und seinem Akzent hatte, verstand er es, sich in wohlgesetzter Rede mit viel Klarheit und Deutlichkeit zu äußern. Er berichtete mir ausführlich über seine Bank, die in der Tat an sich eine ausgezeichnete Sache war, aber für ein anderes Land mit einem weniger nachgiebigen Fürsten als dem Regenten.

Law hatte mir auf diese beiden Einwände keine andere Antwort gegeben als der Regent, was mich allerdings wenig befriedigte. Da jedoch die Angelegenheit beschlossen war, ging es nur darum, die Bank gut zu lenken, und eben das war das Hauptthema unseres Gespräches. Ich gab ihm, so gut ich es konnte, zu verstehen, wie wichtig es sei, nicht zuviel Nachgiebigkeit zu zeigen, das könnte bei einem so guten, so leutseligen, so mitteilsamen, so von Gesellschaft belagerten Regenten leicht ausgenützt werden. Ich ließ das, was ich ihm zu verstehen geben wollte, nur durchblicken und verharrte vor allem auf der Notwendigkeit, immer imstande zu sein, jedem Inhaber von Banknoten jederzeit sein Geld auszahlen zu können, wenn er darum bäte, davon hänge der Kredit oder der Ruin der Bank ab. Law bat im Weggehen, sich noch einige Male mit mir unterhalten zu dürfen. Wir machten miteinander aus, daß er jeden Dienstag um 10 Uhr zu mir kommen sollte und daß die Tür, so lange er da wäre, für jeden anderen geschlossen bliebe. Und von nun an bis zu seinem endgültigen Scheitern erschien er pünktlich jeden Dienstag bei mir. Unser Gespräch dauerte eineinhalb, oft auch zwei Stunden, er war emsig bemüht, mir die Vorteile zu erklären, die Frankreich aus seiner Bank ziehen könne.

Ich begriff bald, weshalb ihm soviel daran gelegen war, mich zu besuchen, er hatte keineswegs die Absicht, einen geschickten Finanzmann aus mir zu machen; als kluger und umsichtiger Mann dachte er vielmehr daran, mit jemandem aus der engsten Umgebung des Regenten in Beziehung zu treten, jemand, der wie ich dessen Vertrauen im vollsten Maße besaß und der schon seit langem mit dem größten Freimut zu ihm über Menschen und Dinge zu sprechen pflegte. Law wollte meine

Freundschaft erwerben, sich von mir über die wirklichen Qualitäten jener Persönlichkeiten, die er selbst nur flüchtig zu sehen bekam, unterrichten lassen, überdies hoffte er, bei den Widrigkeiten, die er erdulden mußte, Aussprachemöglichkeiten zu finden und ein paar Auskünfte zu erhalten über die Männer, mit denen er ständig zu tun hatte. Da die Bank nun einmal gegründet war und prächtig gedieh, fand ich es ratsam, das Unternehmen zu stützen. Ich ging auf die Pläne ein, die Law mir auseinandersetzte. Bald sprachen wir wie vertraute Freunde miteinander, was ich niemals zu bereuen hatte.

Arouet, dessen Vater zeit seines Lebens der Notar meines Vaters und später auch mein eigener gewesen, war, weil er ausgesprochen schamlose und satirische Verse verfaßt hatte, verbannt und nach Tulle geschickt worden. Ich würde eine solche Bagatelle nicht weiter erwähnen, wenn dieser unter dem Namen Voltaire zum großen Dichter und Akademiemitglied gewordene Arouet nicht aufgrund einiger tragischer Ereignisse in der »République des lettres« eine große und in bestimmten Gesellschaftskreisen eine recht beträchtliche Rolle gespielt hätte.

Aktivitäten der Hugenotten in Frankreich. – Der Duc de Brancas.

Von den Hugenotten, die in Frankreich geblieben oder wieder zurückgekehrt waren, hatten die meisten heuchlerischerweise abgeschworen und machten sich jetzt diese im Vergleich zu der des verstorbenen Königs geradezu freiheitliche Epoche zunutze. Sie versammelten sich zunächst heimlich und in geringer Anzahl; als sie sahen, daß man nicht weiter darauf achtete, faßten sie Mut, und bald fanden neue, umfangreiche Versammlungen in Poitou, Saintonge, Guyenne und Languedoc statt. Man hielt sogar eine recht zahlreiche in Guyenne ab, wo ein Prediger den Leuten auf freiem Feld ins Gewissen redete. Sie waren unbewaffnet und zerstreuten sich alsbald wieder, aber ganz in der Nähe ihrer Versammlungsstätte fand man zwei dicht mit Gewehren, Pistolen und Bajonetten beladene Karren.

Auch am äußersten Ende des Faubourg St. Antoine wurden kleinere nächtliche Versammlungen abgehalten. Der Regent erzählte mir davon und kam bei dieser Gelegenheit auf all die Widersprüche und Unstimmigkeiten zu sprechen, mit denen die Hugenotten-Edikte des verstorbenen Königs angefüllt seien, derart daß man sich niemals auf sie beziehen könne wegen der Unmöglichkeit, sie in Einklang zu bringen. Dann tadelte er die Grausamkeit, mit der der König die Hugenotten behandelt hatte, und meinte, die Widerrufung des Edikts von Nantes sei ein schwerwiegender Fehler gewesen. Er bejammerte den unermeßlichen Schaden, den der Staat dadurch genommen hatte und noch immer nahm, klagte über die Entvölkerung, die Beeinträchtigung des Handels und über den Haß, den dieses Vorgehen bei allen Völkern Europas entflammt hatte. Eine von den Hugenotten so sehr erhoffte Rückberufung, meinte er schließlich, müsse zweifellos eine beträchtliche Bevölkerungszunahme und einen merklichen Aufschwung in Handel und Wandel herbeiführen. Auch glaube er, wie er mir sagte, mit einem solchen Schritt den Seemächten zu schmeicheln und ihnen den größten Freundschaftsbeweis zu erbringen, vor allem aber war er überzeugt, auf diese Weise das Königreich in kurzer Zeit wieder beleben, bereichern und zu neuer Blüte bringen zu können.

Schon bei den ersten Worten des Regenten ahnte ich, auf was seine Rede abzielte; er hatte ganz offensichtlich den Wunsch, die Hugenotten wieder ins Land zu rufen, da er sich jedoch über das Wagnis und die Folgen eines solchen Entschlusses im klaren war, suchte er Bundesgenossen, wenn nicht gar Rückendeckung zu finden. Ich machte mir dieses begrüßenswerte und vernünftige Zaudern zunutze und meinte, ich wolle von allen religiösen Einwänden absehen und in einer Sprache mit ihm reden, die ihm verständlicher sei: ich erinnerte ihn an all die Wirrnisse und die Bürgerkriege, die die Hugenotten von Heinrich II. bis zu Ludwig XIII. in Frankreich heraufbeschworen hatten, erinnerte ihn an all das Elend und das vergossene Blut und an die Tatsache, daß im Schatten der Hugenotten sich die Liga gebildet hatte, die Heinrich IV. beinahe die Krone gekostet hätte. Schließlich bat ich ihn flehentlich, er möge genau die Vorteile und auch die Nachteile abwägen, die ein solcher Schritt nach sich zöge, und die unabsehbaren Gefahren in Betracht ziehen, die alsbald entstehen würden; denn diese Menschen, dieses Geld, dieser Handel, mit denen er Frankreich zu bereichern gedächte, seien feindliche Mächte, diese Menschen und dieser Handel seien dem Königreich verderblich; und das Entgegenkommen, das die protestantischen Mächte in diesem Schritt sähen, würde letzten Endes nur auf einer unverzeihlichen Fahrlässigkeit beruhen, durch die jene für immer zu Schiedsrichtern und Herren der außen- und innenpolitischen Haltung Frankreichs würden. Da mehr als dreißig Jahre vergangen seien, meinte ich abschließend, seit der verstorbene König diese Fehlentscheidung getroffen habe – wobei der Fehler mehr in der Ausführung als in der Sache selber läge –, da Europa sich inzwischen an diesen Zustand gewöhnt habe und die Protestanten keine ernsthaften Hoffnungen mehr hegten, sei es ratsamer, sich den nun einmal entstandenen Frieden und die Ruhe zunutze zu machen. Diesen bündigen Gründen hatte der Regent nichts Gleichwertiges entgegenzusetzen, und seit diesem Tag dachte man nicht mehr daran, die Hugenotten zurückzuberufen.

Für die Gunst, die man dem Duc de Valentinois gewährt hatte, zeigte der Duc de Brancas-Villars dasselbe Interesse wie sein ihm gleichgearteter Sohn. Der Vater war ein leichtfertiger Mensch ohne Bosheit und ohne Güte, ohne Haß, ohne Folgerichtigkeit und ohne Ziel, außer daß er mühelos Geld raffen wollte, um es sofort zu vergeuden und sich zu vergnügen. Mit jedem, der nichts weiter mit ihm zu tun hatte und an dem er keinen Anteil nahm, liebenswürdig, unterhaltend und anregend, voller geistreicher Einfälle, von einer bezaubernden, zuweilen närrischen Einbildungskraft, die sich nichts versagte, die ganz ursprünglich war und oft von geradezu verbüffender Naivität. Er wurde sich selbst gerecht, um sich volle Freiheit zuzugestehen, den anderen gerecht zu werden, aber ohne Ehrgeiz und völlig neidlos. Seine schmutzige und wüste Sittenlosigkeit hatte ihn von fast allen ehrbaren Leuten getrennt, und obwohl er sich durch seine phantastischen Launen hier und dort in der Gesellschaft, die ihn ohnehin meist empfangen hatte, wieder einfand, zog ihn sein Hang in die niederen Sphären bald wieder in die Dunkelheit seiner Unvernunft zurück, wo er dann Jahre verharrte, ohne sich jemals blicken zu lassen. Obwohl die Liederlichkeit seines Lebens anderer Art war als die des Duc d'Orléans, hatte dieser immer besonderen Gefallen an ihm gefunden und hatte ihn, als er Regent geworden, weiter zu seinen Soupers und in seinen engsten Vertrautenkreis zugelassen. Brancas schonte ihn dennoch nicht mehr als alle anderen. Er sagte von ihm, er regiere und führe seine Geschäfte wie ein Eulenspiegel, und als ein Mann aus der Provinz, der behauptete, daß er, Brancas, alles vermöchte, ihn übermäßig drängte, etwas für ihn zu bewirken, erwiderte Brancas voller Ungeduld: »Nun ja, Monsieur, es ist wahr, da Sie es wissen, will ich es nicht abstreiten, der Duc d'Orléans überschüttet mich mit Gunstbezeigungen und bewilligt mir alles, um was ich ihn bitte; aber das Unglück ist, daß er beim Regenten so wenig Kredit genießt, ach, so jämmerlich wenig, daß Sie erstaunt wären; deshalb kann man über diesen Weg nichts erhoffen.«

Freiwillig gestand Brancas dem Regenten, daß er kein Geheimnis bewahren könne, er solle sich also hüten, ihm etwas anzuvertrauen, auch habe er keinerlei Verständnis für politische Fragen, die ihn nur langweilten, er wolle nichts anderes, als sich zerstreuen und amüsieren. Gerade dies machte dem Duc d'Orléans den Umgang mit Brancas so angenehm, daß er ihn gar nicht oft genug in seinen privaten Zirkel und bei seinen Soupers sehen konnte. Dort äußerte Brancas über sich selbst und über die anderen mit Treffsicherheit und beißendem Witz alles, was ihm gerade durch den Kopf ging, und diese Bonmots wurden von den Tischgästen weitergereicht, die sich auf Kosten dessen, den es gerade anging, darüber vergnügten.

Sein Sohn, der Duc de Villars-Brancas, und seine Frau lebten ohne die geringste gegenseitige Achtung (die sie in der Tat auch nicht haben konnten) sehr gut miteinander, bei dem Zugeständnis vollkommener beiderseitiger Freiheit, von der sie mit derselben Schonungslosigkeit

Gebrauch machten wie der Gemahl, der das trefflich fand und der sich in Gegenwart anderer Leute, manchmal sogar in ihrer Anwesenheit, ganz ungeniert darüber zu äußern pflegte, wobei beide nicht die geringste Verlegenheit empfanden. Aber sie war bösartig, dreist, anmaßend wie eben ein Unrat ihrer Sorte, ehrgeizig, verschlagen, intrigant und noch weit abstoßender als ihr Gemahl; alle beide von niedriger Gesinnung, wendig, kriecherisch und, um ihre Absichten zu erreichen, zu allem bereit; nichts war ihnen heilig, nur ihr Erfolg, sie kannten weder Zuneigung noch Dankbarkeit, weder Scham noch Schande, dabei erschienen sie nach außen sanft, höflich, zuvorkommend, mit tadellosen Umgangsformen und dem Gehaben der großen Welt. In der allerletzten Lebenszeit des Königs witterten sie den Leichengeruch, sie begriffen, daß sich die Beziehungen zwischen dem Duc d'Orléans und dem Duc du Maine sowie die zwischen den Prinzen von Geblüt und den Bastarden nicht besonders freundlich und angenehm gestalten würden. Sie begannen also vorsichtig zu intrigieren und allerlei ins Werk zu setzen, um von Monsieur le Duc und von Madame la Duchesse wohl aufgenommen zu werden, und sobald sie sich dessen sicher glaubten, machten sie es wie die Ratten und verließen das sinkende Schiff, um sich einen besseren Schlupfwinkel zu suchen; genauso verhielten sich diese zweibeinigen Ratten, ohne daß sie von M. oder Mme. du Maine auch nur die mindeste Kränkung erfahren hätten. Die Prinzen und meist noch mehr die Prinzessinnen können sich mühelos vergnügen mit Leuten, die sie verachten; die Gewohnheit, die niedrige Liebedienerei, die man ihnen entgegenbringt, gesellt sich hier häufig zu milder Nachsicht; darauf rechnete der Duc de Villars-Brancas, um sich bei Madame la Duchesse und deren Umgebung einzuschmeicheln, und wurde so einer der Stammgäste ihres Hauses, wie er es zuvor bei M. und Mme. du Maine gewesen, die nie wieder etwas von ihm zu hören bekamen.

Die Villars-Brancas, die ständig mit ihrem Vater in Streit gelegen hatten, waren nun aus denselben Gründen, die sie das Lager hatten wechseln lassen, ihm gegenüber nachgiebiger geworden. Sie vereinten sich wieder mit dem festen Vorsatz, sich dem beengten Zustand, der sie von allem ausschloß, zu entwinden, und zwar durch eine im Parlament eingetragene neue Herzogswürde. Da Sohn und Tochter zuwenig Achtung genossen, versuchten sie den Vater in Bewegung zu setzen. Dieser fühlte wohl, daß sein Einfluß nicht schwer genug wog, als daß er so etwas von sich aus und ohne Hilfe hätte einfädeln können. Schon lange hatten die gleichen absonderlichen Neigungen ihn an Canillac und das Palais Royal gebunden, wo beide sich zu Zeiten des verstorbenen

Königs häufig trafen. Brancas wandte sich also an jenen und sprach ganz offen mit ihm. Canillac erwiderte nichts auf das Drängen, mit dem Brancas seine Hilfe erbat, seine Bindung an ihn war mehr Gewohnheit. Er brauchte Weihrauch, Unterwürfigkeit und stete Bewunderung seines lehrhaft politisch-satirischen und sentenziösen Geschwätzes sowie seiner Außenseitermoral, dazu aber konnten sich die Lebhaftigkeit und der Freimut Brancas' nicht bequemen. Schließlich merkte er, daß Canillac ihn an der Nase herumführte. In seinem Zorn hielt er nicht mit bissigen Bemerkungen zurück, mit denen er den Duc d'Orléans und seine Roués des Abends höchlichst amüsierte. Eines Tages meinte er in Gegenwart Canillacs zu dessen besserwisserischem Geschwätz, Canillac leide, so wie die Frauen zuweilen Blut verlören, an einem fortwährenden Moralverlust. Die Gesellschaft lachte, und der Duc d'Orléans gleichfalls, Canillac wurde wütend, warf dem anderen seine Leichtfertigkeit vor und seine Unfähigkeit zu Geschäften; er sei, rief er, nichts anderes als ein Wiederkäuer, ein Klatschweib. »Das ist wahr«, entgegnete Brancas lachend, »aber der Unterschied zwischen dir und mir ist, daß ich wenigstens ein lustiger Wiederkäuer bin, du aber bist nur ein trauriger Wiederkäuer! Ich bitte die Gesellschaft als Zeuge.« Darauf brachen der Duc d'Orléans und alle Anwesenden in schallendes Gelächter aus, und Canillac geriet in solchen Zorn, daß er ihm aus den Augen sprang und ihm den Mund verklebte. Diese Szene hat er dem Duc de Brancas, der ihn alle Tage aufs neue in Verlegenheit brachte, niemals verziehen. Mit dergleichen Methoden kam Brancas natürlich nicht weiter; er mußte seinem Sohn und seiner Schwiegertochter eingestehen, wie es ihm mit Canillac ergangen war, und sich anderswohin wenden.

(1717). – Die Frage der kirchlichen Konstitution vor dem Regentschaftsrat. – Tod des Kanzlers Voysin. – Pläne zum Abriß von Marly vereitelt.

Obwohl die Angelegenheit der Konstitution aus Gründen, die ich dargelegt habe, in diesen Memoiren nicht behandelt wird, gibt es einige Tatsachen, die nur mir bekannt sind und die hier untergebracht werden müssen, weil ich annehme, daß sie sonst überhaupt nicht erwähnt werden. Obwohl diese Angelegenheit im Kabinett des Regenten von d'Effiat, vom Ersten Präsidenten, von den Kronanwälten des Königs, von verschiedenen Prälaten, vom Abbé Dubois und vom Marschall d'Huxelles bearbeitet wurde, kam man zuweilen auch im Regentschaftsrat darauf zu sprechen. Der Bischof von Troyes äußerte sich nunmehr stets zugunsten der Konstitution und der Ansprüche Roms; aus Reue offenbar, weil er sein Leben lang dagegen gewesen war. Er legte dem Nuntius Bentivoglio über alles genaue Rechenschaft ab. Ich weiß nicht, was er sich bei seinem Alter davon versprach. An einem der ersten Januartage dieses Jahres kam man also im Regentschaftsrat auf die Konstitution zu sprechen. Mir fiel auf, wie bestrebt man war, blinde, widerspruchslose Unterwerfung zu fordern, und ich bemerkte, daß die Befürworter des uneingeschränkten Gehorsams stetig zunahmen. Ich vertrat eine andere Meinung als der Bischof von Troyes; er ereiferte sich; wir diskutierten miteinander; er verrannte sich derart in seine Vorstellung, daß ich ihm brüsk erwiderte, mir sei klar, daß die Konstitution binnen kurzem auf der ganzen Linie den Sieg davontragen würde, denn ich sähe schon, wie sie mehr und mehr dahin tendiere, zum Dogma und Glaubensartikel zu werden. Alsbald schrie der Bischof von Troyes auf, bezichtigte mich der Verleumdung und meinte, daß ich immer über das Ziel hinausschösse, dann verbreitete er sich des längeren, um zu beweisen, daß die Konstitution niemals Dogma noch Regel, noch Glaubensartikel werden könne, daß in Rom niemand dergleichen im Sinn gehabt habe und daß der Kardinal Tolmoai, der sein Leben lang Jesuit gewesen, nur höhnisch gelacht habe, wenn man diesen Punkt berührt hätte.

Als er sich genügend ausgelassen hatte, ließ ich den Blick über die Anwesenden schweifen und sagte: »Messieurs, bemerken Sie, daß ich Sie alle zusammen und jeden Einzelnen insbesondere zum Zeugen nehme für das, was ich über das Schicksal der Konstitution voraussagte, sowie für das, was der Bischof von Troyes darauf erwidert hat, daß sie nämlich niemals als Dogma oder Glaubensartikel vorgeschlagen werden könne, und erlauben Sie mir, daß ich, wenn die Konstitution schließlich doch Erfolg gehabt haben wird – was, wie ich Ihnen wiederhole, bald der Fall sein wird –, Sie an das erinnere, was sich heute ereignet hat.«

Am Vorabend von Mariä Lichtmeß aßen wir zu mehreren bei Louville zu Abend; kurz nachdem man das Obst aufgetragen hatte, flüsterte man dem Staatsrat Saint-Contest etwas ins Ohr, worauf dieser sofort vom Tisch aufstand. Er blieb nur kurz fort, aber er schien so erfüllt von etwas, das mitzuteilen er uns versprach, daß wir es eilig hatten, die Tafel aufzuheben. Als wir uns um das Feuer versammelt hatten, verkündete er uns die Neuigkeit. Der Kanzler Voysin, der sich, während er mit seiner Familie zu Abend aß, noch ganz wohl befand, war plötzlich vom Schlag getroffen worden und wie tot auf Mme. Lamoignon hingesunken, man gab ihm nicht mehr als zwei Stunden. In der Tat lebte er auch nicht länger und kam auch nicht wieder zu Bewußtsein. Ich habe genug über ihn berichtet, so daß ich nichts hinzuzufügen brauche.

Der Duc de Noailles, der schon am Abend oder in der Nacht benachrichtigt worden war, sah nun eine günstige Gelegenheit, um dem Posten des Premierministers – nach wie vor das teuerste Ziel seiner Wünsche – näherzurücken. Er war von jeher mit dem Generalstaatsanwalt Daguesseau befreundet, und er hätte keinen ihm passenderen Kanzler finden können. Er war davon überzeugt, diesen sanften, unentschlossenen Geist beherrschen zu können; einen Menschen, der sich inmitten des Gelärmes und der Kabalen wie ein Blinder fühlen und sich glücklich schätzen würde, wenn ein Führer wie der Duc de Noailles sich bereit zeigte, ihn zu leiten. Ganz erfüllt von diesem übrigens ganz richtigen Gedanken, begab er sich zum Duc d'Orléans, als dieser gerade aus dem Bett stieg. Noailles hieß die wenigen Diener, die anwesend waren, hinausgehen, teilte dem Duc d'Orléans den Tod des Kanzlers mit und forderte ihm in einem Überraschungsmanöver dessen Amt für Daguesseau ab.

Es fällt mir ein, daß ich etwas vergessen habe, an das zu erinnern sich doch lohnt. Als wir uns eines Nachmittags in den Regentschaftsrat begaben, nahm mich der Marschall de Villars beiseite und fragte, ob ich wüßte, daß man Marly zerstören wolle; ich sagte nein, ich hatte in der Tat nichts davon gehört, und ich fügte hinzu, daß ich es nicht glauben könne. »Sie billigen es also nicht«, erwiderte der Marschall. Ich versicherte ihm, daß ich weit davon entfernt war. Er wiederholte mir, daß die Zerstörung beschlossen sei, er wisse es genau, und wenn ich es verhindern wolle, so dürfe ich keinen Augenblick verlieren. Ich antwortete, ich würde, sobald man Platz nähme, unverzüglich mit dem Duc d'Orléans darüber sprechen. »Ja, unverzüglich«, entgegnete der Marschall lebhaft, »sprechen Sie auf der Stelle mit ihm, denn der Befehl zur Zerstörung ist vielleicht schon ergangen.« Da man bereits Platz genommen hatte, näherte ich mich dem Duc d'Orléans von rückwärts und sagte ihm, ohne einen Namen zu nennen, was ich soeben vernommen hatte. Ich bat ihn flehentlich, dieses Unternehmen aufzuschieben, bis ich mit ihm gesprochen hätte, ich würde ihn nach dem Regentschaftsrat im Palais aufsuchen. Er stotterte ein wenig, als sei er verärgert, sich ertappt zu sehen, erklärte sich aber dennoch bereit, auf mich zu warten. Ich teilte das im Vorbeigehen dem Marschall de Villars mit und begab mich dann ins Palais Royal zum Duc d'Orléans, der die Sache auch keineswegs abstritt. Ich erklärte ihm, ich wolle ihn gar nicht erst fragen, wer ihm diesen verderblichen Ratschlag gegeben habe. Er wollte mir nun den Beweis erbringen, daß das sehr ratsam sei wegen der Ersparnis der Unterhaltskosten und des Gewinns, den man aus dem Verkauf der Wasserleitung, der Baumaterialien und vieler anderer Dinge ziehen könne; hinzu komme die mißliche Lage des Ortes, wo der König, da er noch zu jung sei, die nächsten Jahre doch nicht hinziehen könne, überdies besitze er so viele andere schöne Schlösser, die man mit einigem Aufwand erhalten müsse, von denen aber keines zerstört werden dürfe. Ich entgegnete ihm, daß man ihm da Gründe dargelegt habe, die wohl für einen Privatmann Gültigkeit hätten, dessen Verhalten jedoch in nichts mit dem des Vormunds eines Königs von Frankreich verglichen werden könne; man müsse die Ausgaben für die Unterhaltung Marlys als Notwendigkeit zugestehen und sich überdies den Profit, den man aus solchem Verkauf ziehen könne, aus dem Kopf schlagen, da sich ein solcher Gewinn doch nur in Vergeudung und Rauch auflösen würde. Nicht all die kleinlichen Einwände gelte es zu beachten, man müsse vielmehr bedenken, wieviel Millionen in diese alte Kloake gesteckt worden seien, um aus ihr einen Feenpalast zu machen, der durch seine Anlage und die Schönheit seiner Fontänen etwas Einzigartiges in Europa darstelle, einzigartig auch durch den Ruf, den der verstorbene König ihm verliehen habe. Es sei dies eine Sehenswürdigkeit für die Fremden jedes Standes, die nach

Frankreich kämen, und die Zerstörung würde sich in ganz Europa herumsprechen; zu dem Tadel, den man ernten würde, stünden diese kleinlichen Ersparnisse in keinem Verhältnis. Ganz Frankreich würde empört sein, sich eines solch erlesenen Schmuckes beraubt zu sehen; auch dürften weder er noch ich sich gegenüber diesem von dem verstorbenen König so zärtlich geliebten Bau als unempfindlich erweisen; er müsse alles vermeiden, das Gedächtnis des Verstorbenen zu beleidigen, der durch soviel glanzvolle Jahre, soviel heroisch ertragene Rückschläge und die unerhoffte Gnade, glücklich aus ihnen hervorgegangen zu sein, die ganze Welt in der Verehrung seiner Person zurückgelassen habe. Schließlich könne man damit rechnen, daß sich alle Unzufriedenen, ja sogar alle Neutralen mit den Vertretern des einstigen Hofes zusammenschlössen, um Zeter und Mord zu schreien; und daß sich der Duc du Maine, Mme. de Ventadour und der Marschall de Villeroy ein Vergnügen daraus machen würden, ihm solches Vorgehen bei dem jungen König als Verbrechen anzukreiden.

Ich merkte, daß er über all das noch nicht im mindesten nachgedacht hatte. Er gab zu, daß ich recht hätte, und versprach mir, daß Marly nicht angerührt würde, sondern weiter erhalten bliebe, und er dankte mir, ihn vor diesem Fehlgriff bewahrt zu haben. »Gestehen Sie«, sagte ich zu ihm, »daß der König im Jenseits recht erstaunt wäre, wenn er erführe, daß der Duc de Noailles Ihnen die Zerstörung Marlys empfohlen hat und daß ich es war, der Sie daran gehindert hat.« – »Wahrhaftig«, erwiderte er lebhaft, »was den König betrifft, so würde er das niemals zu glauben vermögen.«

Orléans' Haltung zur Konstitution.

Ich kannte die Schwäche des Regenten und wußte, daß er sich etwas darauf zugute tat, sich in keiner Weise um religiöse Streitigkeiten zu kümmern. Ich sah ihn in diesem Punkt sowie in vielen anderen gänzlich seinen Feinden ausgeliefert: den Jesuiten, die er fürchtete, dem Marschall de Villeroy, der seit seiner frühesten Jugend auf ihm lastete und der sich trotz seiner völligen Unwissenheit für die Konstitution einsetzte, um so mit seiner Dankbarkeit gegen den verstorbenen König und gegen Mme. de Maintenon zu prunken; dem Chevalier d'Effiat, der seinerseits M. du Maine und dem Ersten Präsidenten ausgeliefert war; der Dummheit Bezons'; dem Abbé Dubois, der im Untergrund bereits an den Kardinalspurpur dachte und sich die Wege in Rom zu ebnen bestrebt war; schließlich den Machenschaften des Kardinals de Rohan, dem Zorn des Kardinals de Bissy und der Ruchlosigkeit etlicher Kardinäle; und zu guter Letzt jener gefallenen Zeder, dem unglückseligen Bischof von Troyes, den die Rückkehr in die Gesellschaft bis in die Eingeweide verseucht hatte, ohne jede Ursache und entgegen den Ansichten, die er bis zu seinem Eintritt in den Regentschaftsrat sein Leben lang verteidigt hatte. Gegengewichte gab es keine.

Der Kardinal de Noailles besaß zuviel Rechtschaffenheit, war zu fromm, zu einfältig und zu aufrichtig; die Reihe der Bischöfe, die ebenso wie er dachten, lichtete sich mittels der Ränke und Bedrohungen täglich mehr. Sie blieben zusammen, sie hatten weder Einspruchsrecht noch Stimme, sie vertrauten und opferten sich Gott, sie konnten nicht begreifen, daß aus einer Frage der Lehre und der Religion eine Sache der Künsteleien, Verstellungen und Machenschaften wurde.

Der Kanzler, der langsam, schüchtern, behutsam war, kannte den Hof und die Gesellschaft nur oberflächlich, immer gehemmt und immer im Zweifel, abwägend, zögernd und zurückgehalten durch das Gepolter der einen sowie durch das sanfte und hinterhältige Gebaren der anderen, außerstande, sich gegen die ersteren auf die Dauer zu halten oder jemals die anderen beizeiten aufzuspüren, nur mäßig unterstützt von dem Generalstaatsanwalt.

Kauf eines riesigen Diamanten für den König. – Besuch des Zaren in Frankreich.

Dank einem ungewöhnlichen Glücksfall war es einem Beamten der Diamantenminen des Großmoguls gelungen, einen Diamanten von außerordentlicher Größe zu entwenden, sich in den Anus zu stecken und, was das erstaunlichste ist, die Küste zu erreichen und sich einzuschiffen, ohne den Maßnahmen unterzogen zu werden, die man bei fast allen Passagieren, die sich nicht durch ihren Namen oder ihr Amt ausweisen können, anzuwenden pflegt; man verabreichte ihnen nämlich ein Klistier und ein Abführmittel, damit sie das, was sie möglicherweise verschluckt oder in den Anus gesteckt haben, wieder von sich gaben. Er stellte sich offenbar so geschickt an, daß man gar nicht darauf kam, er könne etwas mit den Diamantenminen oder dem Edelsteinhandel zu tun haben. Zu guter Letzt langte er samt seinem Diamanten in Europa an, er zeigte ihn mehreren Fürsten, denen der Stein allen zu teuer war, dann brachte er ihn nach England, wo der König ihn zwar bewunderte, sich aber zum Ankauf nicht entschließen konnte. Man verfertigte in England aus Kristall ein Modell des Steines und schickte den Mann mit dem Diamanten und dem täuschend ähnlichen Modell zu Law, der daraufhin dem Regenten vorschlug, diesen Edelstein für den König zu erwerben. Doch der Preis schreckte den Regenten, so daß er den Ankauf ablehnte. Law, der in vielen Dingen großzügig dachte, kam ganz bestürzt zu mir und zeigte mir das Modell. Ich war wie er der Ansicht, daß es der Größe eines Königs von Frankreich nicht anstünde, sich bei einem Unikat von unschätzbarem Wert durch den Preis abschrecken zu lassen; gerade weil die anderen Potentaten gezögert hätten, dürfe man sich dieses Objekt nicht entgehen lassen. Law, der entzückt war, mich dergestalt reden zu hören, bat mich, mit dem Duc d'Orléans zu sprechen. Der Zustand der Finanzen war für den Regenten das Hauphindernis. Er fürchtete, man würde ihn tadeln, wenn er eine so beachtliche Geldausgabe tätigte, während man nur mühsam die dringendsten Erfordernisse bestreiten und so viele Leute im Elend lebten. Ich lobe diese Einstellung, aber ich gab ihm zu bedenken, daß der bedeutendste König Europas nicht wie ein schlichter Privatmann handeln dürfe, für den es freilich sträflich sei, wenn er hunderttausend Francs auswürfe, um sich mit einem schönen Diamanten zu schmücken, während er seine Gläubiger nicht bezahlen könne; man müsse die Ehre der Krone beachten und dürfe die einzige solche Gelegenheit, einen unschätzbaren Edelstein, der alle übrigen in Europa überstrahle, zu erwerben, nicht vorübergehen lassen; das wäre ein Ruhm für seine Regentschaft, der stets fortdauern würde, während die Finanzlage durch eine solche Ersparnis nicht wesentlich verbessert würde und die Belastung am Ende kaum spürbar wäre. Kurzum, ich verließ den Duc d'Orléans nicht eher, als bis ich die Zusicherung erhalten hatte, daß er den Diamanten kaufen würde. Law hatte, schon ehe er mit mir sprach, den Händler auf die Unmöglichkeit hingewiesen, seinen Diamanten zu dem von ihm erhofften Preis zu verkaufen, und ihn so auf die Summe von zwei Millionen herabgedrückt. Der Handel wurde also abgeschlossen, man bezahlte die Zinsen für die zwei Millionen, bis man ihm das Kapital auszahlen konnte, und überließ ihm bis zur völligen Tilgung der Schuld Edelsteine im Wert von zwei Millionen als Pfand. Der Duc d'Orléans war angenehm überrascht, als er sah, daß das Publikum eine so schöne und einzigartige Erwerbung freudig billigte. Man nannte diesen Diamanten den »Regenten«. Er hat die Größe einer Reine-Claude Pflaume, ist nahezu rund, ganz fleckenlos, vollkommen weiß, von reinstem Wasser und wiegt über fünfhundert Karat. Ich beglückwünschte mich sehr, den Regenten zu einem so glanzvollen Einkauf bewogen zu haben.

Zar Peter der Große hat sich nicht nur in Rußland, sondern in ganz Europa und Asien einen so großen Namen gemacht, daß ich einen so berühmten, nur den größten Männern des Altertums vergleichbaren Fürsten nicht weiter vorzustellen brauche. Die Frankreichreise dieses ungewöhnlichen Fürsten erschien mir indes bis in alle Einzelheiten erwähnenswert. Man weiß etliches über diesen Monarchen, über seine verschiedenen Reisen nach Holland, Deutschland, Wien, England und etliche nördliche Länder. Man weiß auch, daß er in den letzten Jahren des verstorbenen Königs nach Frankreich kommen wollte und daß der König ihn höflich abwies. Da dieses Hindernis nun nicht mehr bestand, wollte er seine Neugier befriedigen und ließ dem Regenten durch seinen Gesandten in Frankreich, den Fürsten Kurakin, sagen, daß er die Niederlande zu verlassen und nach Frankreich zu kommen gedächte, um den König zu besuchen.

Obwohl der Regent gern auf diesen Besuch verzichtet hätte, gab es keinen Ausweg, und man mußte so tun, als ob man sich freue. Die bevorstehenden Unkosten waren erschreckend hoch, und ebenso groß war die Verwirrung gegenüber einem so mächtigen und so aufgeklärten Fürsten, der gleichwohl von Launen und einem Rest barbarischer Sitten nicht ganz frei war; dazu ein großes Gefolge von Leuten, deren Gehabe ganz anders war als das der übrigen Menschen in den europäischen Ländern; sie alle waren sehr heikel und sehr eigensinnig in dem, was sie als ihre Ansprüche anmeldeten.

Kurakin stammte aus einem Zweig des alten Geschlechts der Jagellonen, die lange Zeit die Kronen Polens, Dänemarks, Norwegens und Schwedens getragen hatten. Er war ein hochgewachsener, gut aussehender junger Mann, war sehr stolz auf seine Herkunft, sehr geistreich, weltgewandt und über alles auf dem laufenden. Er sprach leidlich die französische sowie mehrere andere Sprachen, er hatte mehrere Reisen unternommen, in der Armee Dienst getan und war dann als Gesandter an verschiedenen Höfen gewesen; dennoch merkte man ihm noch immer den Russen an, und ein ungeheurer Geiz beeinträchtigte seine mannigfachen Begabungen recht merklich. Der Zar und er hatten Schwestern geheiratet; die Zarin war dann verstoßen und in ein Kloster gesteckt worden, doch ohne daß Kurakin von dieser Ungnade betroffen worden wäre. Er kannte seinen Herrn sehr genau und genoß dessen Achtung und ganzes Vertrauen. Zuletzt war er drei Jahre in Rom Gesandter gewesen und von dort als Gesandter nach Paris gekommen.

Als man dem Regenten mitteilte, daß der Zar auf dem Seewege anlangen würde, schickte er die Equipagen des Königs, Pferde, Karossen, dazu den Kammerherrn Liboy nach Dünkirchen, um dort den Zaren zu erwarten, die ganzen Kosten der Reise bis nach Paris zu bestreiten und ihm überall die gleichen Ehren wie dem König selbst zu erweisen. Der Zar hatte hundert Tage für seine Reise angesetzt, man richtete die Gemächer der Königinmutter im Louvre für ihn her, gleichzeitig jedoch ließ man das Palais de Lesdiguières für ihn und sein Gefolge möblieren, da man nicht wußte, ob er nicht lieber zusammen mit seinen Leuten in einem Privathaus als im Louvre wohnen wollte. Das Palais de Lesdiguières war sehr schön und sehr geräumig, es gehörte dem Marschall de Villeroy, der, weil ihm die Entfernung zu groß war, in den Tuilerien wohnte, so daß das Haus leer stand. Man richtete es mit den prächtigsten Möbeln des Königs vollkommen neu ein.

Der Zar kam am Freitag, dem 7. Mai, mittags in Beaumont an. Tessé, der ihn begrüßte, als er aus der Karosse stieg, wurde zur Mittagstafel gebeten und geleitete ihn noch am gleichen Tage nach Paris. Um 9 Uhr abends kam der Zar im Louvre an, er betrat die Gemächer der Königinmutter, doch er fand sie zu prunkvoll ausstaffiert, stieg alsbald wieder in den Wagen und fuhr ins Palais de Lesdiguières, wo er bleiben wollte. Da er auch hier die für ihn bestimmten Räume zu prunkvoll fand, ließ er in einem Ankleidezimmer sein Feldbett aufschlagen. Der Marschall de Tessé, der die Honneurs machen und ihn stets begleiten sollte, hatte oft die größte Mühe, ihm zu folgen. Die ungeheure Neugierde, mit der der Zar bestrebt war, alles, was die Regierung, den Handel, den Unterricht und die Polizei betraf, zu besichtigen, erregte Staunen, und seine Neugierde machte tatsächlich vor nichts halt. Jede seiner Äußerungen bewies die Weite seines Blickfelds, eine strenge Folgerichtigkeit, viel Verständnis und Einsicht. Auf verblüffende Weise verband er die höchste und stolzeste Majestät mit der erlesensten Höflichkeit. Aus dieser Freiheit entsprang eine Vertraulichkeit im Umgangston, gleichviel war er geprägt von der alten Barbarei seines Landes, die bewirkte, daß sein Benehmen oft jäh und überstürzt, seine Willensäußerungen undurchsichtig erschienen, ohne daß er den geringsten Zwang oder Widerspruch dulden wollte. Wenn er zu Tisch saß, ging es nicht immer sehr schicklich zu, und erst recht nicht, wenn die Mahlzeit beendet war. Der Wunsch, alles nach Belieben besichtigen zu können, ohne selber ein Schauspiel zu geben, die Gewohnheit unbeschränkter Freiheit bewog ihn, häufig Mietkutschen, ja sogar Fiaker zu nehmen oder irgendeinen Wagen, der gerade dastand und der Leuten gehörte, die ihn besuchen wollten und die er gar nicht kannte. Da sprang er einfach hinein und ließ sich in die Stadt oder in die Umgebung fahren. Eben das erlebte Mme. de Matignon, die gekommen war, um Maulaffen feilzuhalten; er nahm ihren Wagen, fuhr nach Boulogne und anderen Orten, und sie war erstaunt, plötzlich zu Fuß gehen zu müssen. Der Marschall de Tessé, dem er auf diese Weise entwischte, war stets gezwungen, hinter ihm herzufahren, wobei er ihn oft genug nirgends aufspüren konnte.

Der Zar war ein großgewachsener, sehr wohlgestalter, ziemlich magerer Mann, mit einem runden Gesicht, hoher Stirn und schönen Augenbrauen; die Nase war kurz, die Lippen wulstig, der Teint dunkel. Er hatte schöne schwarze, lebhafte Augen, der Blick war majestätisch und, wenn er wollte, huldvoll, im allgemeinen aber streng und wild, und ab und an, wiewohl nicht sehr häufig, ging ein Zucken über sein Antlitz, das die Umgebung erschrecken ließ; das dauerte nur ganz kurz. Sein ganzer Gesichtsausdruck offenbarte Geist, Nachdenklichkeit und Größe, auch ermangelte er nicht einer gewissen Anmut. Er trug eine runde, braune und gepuderte Perücke, die kaum bis zu den Schultern reichte, einen braunen Überrock mit goldenen Knöpfen, eine Weste, kurze Hosen, keine Handschuhe und keine Manschetten, den Ordensstern über dem Gewand und das Band darunter. Oft war sein Rock vollkommen aufgeknöpft, der Hut lag stets auf dem Tisch, er trug ihn niemals, selbst nicht im Freien, auf dem Kopf. So schlecht und so ungenügend auch seine Aufmachung sein mochte, man konnte schwerlich die ihm angeborene Größe verkennen. Unfaßbar, was er bei seinen Hauptmahlzeiten aß und trank, ganz zu schweigen, was er an Bier, Limonade und anderen Getränken zu sich nahm, und sein Gefolge trank noch viel mehr: ein oder zwei Flaschen Bier, ebensoviel Wein, wenn nicht mehr, hinterher Liköre, nach der Mahlzeit etlichen Branntwein, das war das übliche. Sein Gefolge aß noch mehr, und alle saßen von 11 Uhr morgens bis 8 Uhr abends bei Tisch. Solange es nur dabei blieb, ereignete sich nichts weiter.

Der Fürst Kurakin kam täglich ins Palais Lesdiguières, aber er blieb in seinem Hause wohnen. Der Zar verstand sehr gut Französisch, und ich glaube, er hätte es auch sprechen können, wenn er gewollt hätte; aber aus Stolz hatte er stets einen Dolmetscher bei sich; im Latein und in etlichen anderen Sprachen vermochte er sich recht gut auszudrücken. Er hatte eine Garde des Königs im Haus, von der er jedoch im Freien niemals begleitet sein wollte. So neugierig er auch war, wollte er nicht eher das Palais Lesdiguières verlassen noch irgendein Lebenszeichen von sich geben, ehe er nicht den Besuch des Königs empfangen hätte.

Einen Tag nach seiner Ankunft besuchte der Regent den Zaren. Der Monarch kam aus seinem Gemach, ging dem Regenten einige Schritte entgegen, umarmte ihn mit dem Ausdruck huldvoller Herablassung, wies auf die Tür seines Gemaches, wandte sich ohne irgendeine Höflichkeitsbezeigung um und ging hinein. Der Regent folgte ihm, und der Fürst Kurakin kam ihm nach, um beiden als Dolmetscher zu dienen. Sie setzten sich in zwei einander gegenüberstehende Lehnsessel, der Zar nahm den Ehrenplatz ein. Das Gespräch dauerte ungefähr eine Stunde, ohne daß nur ein Wort von Politik geredet wurde, dann verließ der Zar das Gemach, der Regent folgte ihm, machte eine tiefe Verbeugung, die nur leichthin erwidert wurde, und verließ ihn an derselben Stelle, wo er ihn beim Hereingehen getroffen hatte.

Am Montag, dem 10. Mai, machte der König dem Zaren einen Besuch, der ihn am Wagenschlag empfing, ihn aus seiner Karosse aussteigen sah und zur Linken des Königs mit ihm bis in das Zimmer ging, wo zwei vollkommen gleiche Lehnsessel standen. Der König setzte sich in den zur Rechten, der Zar in den zur Linken. Fürst Kurakin machte den Dolmetscher. Voll Staunen sah man, wie der Zar den König unter die Arme faßte, ihn bis zu seinem Gesicht emporhob und ihn dann so in der Luft schwebend küßte, ohne daß der König trotz seiner Jugend, und obwohl er ja gar nicht darauf vorbereitet war, auch nur den geringsten Schrecken empfand. Man war gerührt über die Liebenswürdigkeiten und den Ausdruck der Zärtlichkeit, mit dem der Zar den König behandelte, über die natürliche Höflichkeit, die dennoch nicht der Größe entbehrte. Er betonte die Gleichheit des Ranges nur wie einer, dem sein Alter eine gewisse Überlegenheit verleiht; all das war sehr deutlich spürbar. Er lobte den König sehr, der schien davon entzückt, und der Zar umarmte ihn noch etliche Male, worauf der König ihm eine sehr hübsche, kurze Begrüßungsrede hielt. Der Duc du Maine, der Marschall de Villeroy und alle vornehmen Anwesenden trugen zur Unterhaltung bei. Das Zusammensein währte eine knappe Viertelstunde. Der Zar begleitete den König, so wie er es beim Empfang getan, und sah zu, wie dieser in den Wagen stieg.

Am Dienstag, dem 11. Mai, machte der Zar dem König einen Gegenbesuch. Er wurde vom König ebenfalls am Wagenschlag empfangen und auf dieselbe Weise begleitet, wobei er stets zur Rechten des Königs ging. Man hatte, ehe der Zar den König besuchte, das ganze Zeremoniell festgelegt. Der Zar erwies dem König die gleichen Freundlichkeiten und die gleiche Zuneigung, und sein Besuch dauerte nicht länger als der des Königs bei ihm; aber die Menschenmenge überraschte ihn sehr. Er hatte bereits um 8 Uhr morgens die Place des Victoires und de Vendôme aufgesucht, und am anderen Morgen besichtigte er das Observatorium, die Gobelinmanufaktur und den Botanischen Garten. Überall war er eifrig bestrebt, alles genauestens zu prüfen und viele Fragen zu stellen.

Am Donnerstag, dem 13. Mai, nahm er ein Klistier und versäumte nicht, am Nachmittag mehrere namhafte Handwerker aufzusuchen; am Freitag, dem 14., besichtigte er schon um 6 Uhr morgens in der großen Galerie des Louvre die Reliefpläne sämtlicher königlichen Festungen, wobei ihm Asfeld und seine Ingenieure die nötigen Erklärungen gaben. Auch der Marschall de Villeroy fand sich zu diesem Zweck mit einigen Generalleutnants ein. Der Zar beugte sich lange Zeit über all jene Pläne. Er besuchte alsdann etliche Gebäudeteile des Louvre und ging danach in den Tuileriengarten, nachdem man alle Leute hinausgeschickt hatte. Man arbeitete damals an einer Drehbrücke, er studierte das Unternehmen genau und verweilte dort lange Zeit. Am Nachmittag besuchte er im Palais Royal Madame, sie hatte ihm durch ihren *chevalier d'honneur* Grüße zukommen lassen; dort holte ihn der Duc d'Orléans ab, um ihn in die Oper zu begleiten. Sie nahmen beide in der großen Loge Platz. Bald darauf fragte der Zar, ob er kein Bier bekommen könne. Man brachte auf einem Tablett einen großen Humpen. Der Regent erhob sich, nahm den Humpen und überreichte ihn dem Zaren, der mit einer höflichen Verbeugung und mit einem Lächeln den Humpen ohne weitere Umstände ergriff, ihn austrank und wieder auf das Tablett, das der Regent noch immer in Händen hielt, zurückstellte. Dann nahm der Regent einen Teller, auf dem eine Serviette lag, die er dem Zaren hinreichte, der diese, ohne sich zu erheben, benutzte, genau wie er es mit dem Bier getan hatte; das war ein höchst erstaunlicher Anblick.

Während des vierten Aktes begab sich der Zar zum Abendessen, er wollte indes nicht zulassen, daß auch der Regent die Loge verließ. Am anderen Tag, am Samstag, nahm er einen Mietwagen und besichtigte eine Menge Neuigkeiten bei den Handwerksbetrieben.

Am Pfingstsonntag, dem 16. Mai, ging er ins Invalidenhotel, wo er alles in Augenschein nehmen und alles nachprüfen wollte. Im Speisesaal kostete er die Suppe der Soldaten, probierte ihren Wein, trank auf ihre Gesundheit, schlug ihnen auf die Schultern und nannte sie Kameraden, er bewunderte die Kirche, die Apotheke, die Krankenabteilung und schien über die Ordnung des Hauses sehr entzückt.

Am Montag, dem 17. Mai, besuchte er Meudon, wo er die Pferde des Königs bereitstehen fand, damit er die Gärten und den Park nach Belieben besichtigen konnte.

Am Dienstag, dem 18. Mai, holte ihn der Marschall d'Estrées und brachte ihn im Wagen in sein Haus in Issy, wo er ihm ein Diner veranstaltete und ihn für den Rest des Tages mit allerlei Sehenswürdigkeiten unterhielt, indem er ihm allerlei Dinge zeigte, die die Marine betrafen. Um die Prinzen und Prinzessinnen von Geblüt kümmerte sich der Zar ebensowenig wie um die ersten Standesherren des Hofes. Er hatte es sehr übel vermerkt, daß die Prinzen von Geblüt ihn nicht eher besuchen wollten, ehe er nicht die Prinzessinnen besucht habe, was er hochfahrend ablehnte.

Am Samstag, dem 22., weilte er in Bercy bei Pajot, dem Direktor der Post, in dessen Haus sich alle möglichen Raritäten und Seltsamkeiten, naturwissenschaftlicher sowie mechanischer Art, befinden. Er hielt sich den ganzen Tag dort auf und bewunderte etliche schöne Maschinen.

Am Dienstag, dem 25., lustwandelte er durch die Gärten von Versailles; er war schon am frühen Morgen auf den Kanälen umhergefahren und besichtigte nun ganz Versailles, Trianon und die Menagerie. Sein Gefolge war im Schloß untergebracht und hatte auch Freudenmädchen bei sich, die man in den Gemächern schlafen ließ, die Mme. de Maintenon innegehabt hatte, unmittelbar neben dem Raum, in dem der Zar nächtigte. Blouin, der Gouverneur von Versailles, war äußerst entrüstet, diesen Tempel der Prüderie dergestalt entweiht zu sehen, wiewohl die gealterte Göttin wohl weniger entrüstet gewesen wäre; sich irgendeinen Zwang anzutun, kam weder dem Zaren noch seinen Leuten auch nur in den Sinn.

Die Unkosten für den Aufenthalt des Zaren betrugen sechshundert Taler täglich, obwohl er schon zu Beginn seines Aufenthaltes seine Tafel sehr hatte einschränken lassen. Er schien einen Augenblick geneigt, die Zarin, die er sehr liebte, nach Paris kommen zu lassen, doch bald traf er eine andere Entscheidung, er schlug ihr vor, nach Aachen oder nach Spa zu kommen, ganz wie sie wolle. Dort solle sie Bäder nehmen und ihn erwarten. Am Sonntag, den 30. Mai, aß er in Petit-Bourg bei d'Antin zu Mittag, der ihn dann am Nachmittag nach Fontainebleau geleitete, wo er andertags an einer Parforcejagd teilnahm, die der Comte de Toulouse zu seinen Ehren veranstaltete. Fontainebleau gefiel ihm recht wenig, und aus der Jagd, bei der er fast vom Pferd gefallen war, machte er sich gar nichts. Er fand diese Betätigung, die er gar nicht kannte, zu gewaltsam.

Am Freitag, dem 11. Juni, begab er sich nach Saint-Cyr, wo er das ganze Haus besichtigte und die Schülerinnen in ihren Klassenzimmern aufsuchte. Man empfing ihn dort mit königlichen Ehren. Er wollte auch Mme. de Maintenon sehen, die sich jedoch, diese Neugierde voraussehend, ins Bett gelegt und dessen Vorhänge, mit Ausnahme von einem einzigen, fest zugezogen hatte. Der Zar betrat ihr Zimmer, öffnete alsbald die Fenstervorhänge und dann die Vorhänge des Bettes, betrachtete Mme. de Maintenon ausgiebig, sagte aber kein einziges Wort, auch sie ließ kein Wort verlauten, und ohne auch nur die leiseste Verbeugung zu machen, ging er wieder von dannen. Ich erfuhr, daß sie darüber sehr erstaunt und beleidigt gewesen war, aber der König lebte eben nicht mehr.

Am Dienstag, dem 15. Juni, kam der Zar nach Paris zurück; da ich an diesem Tag mit dem Duc d'Orléans arbeitete, beendigte ich die Arbeit nach einer halben Stunde, er zeigte sich sehr überrascht und wollte mich zurückhalten. Ich sagte ihm, daß ich stets die Ehre hätte, ihn anzutreffen, aber nicht den Zaren, der wieder wegginge und den ich noch gar nicht gesehen hätte. Ich wolle mich jetzt zu d'Antin begeben, um dort nach Belieben Maulaffen feilzuhalten. Niemand hatte dort Eintritt außer den Gästen, einigen Damen, die Madame la Duchesse begleiteten, sowie deren Töchter, die ebenfalls Maulaffen feilhalten wollten. Ich ging in den Garten, wo der Zar umherwandelte. Der Marschall de Tessé, der mich von weitem sah, kam zu mir, bereit, mich dem Zaren vorzustellen. Ich bat ihn, davon abzusehen und in Gegenwart des Zaren gar nicht auf mich zu achten, weil ich ihn ganz nach Belieben betrachten wolle, vor ihm hergehen und ihn erwarten, wie es sich ergebe; um ihn recht anschauen zu können, was mir nicht mehr möglich sei, wenn ich ihm vorgestellt worden wäre. Ich bat ihn, auch d'Antin davon zu verständigen, und nach dieser Vorsichtsmaßnahme befriedigte ich meine Neugier nach Gutdünken. Ich fand den Zaren sehr gesprächig, aber stets im Ton des Herrn. Er betrat ein Kabinett, wo d'Antin ihm verschiedene Pläne und einige Seltsamkeiten zeigte, über die er viele Fragen stellte.

Fast eine Stunde blieb ich bei d'Antin, wich dem Zaren nicht von der Seite und beobachtete ihn unaufhörlich. Schließlich bemerkte ich, daß ihm das auffiel; das bewog mich, zurückhaltender zu sein aus Furcht, er könne fragen, wer ich sei.

Am Freitag, dem 18. Juni, begab sich der Regent in den frühen Morgenstunden in den Palais de Lesdiguières, um dem Zaren adieu zu sagen.

Am Sonntag, dem 20. Juni, reiste der Zar ab, er fuhr geradenwegs nach Spa, wo ihn die Zarin erwartete. Er wollte von niemandem und nicht einmal bis an die Tore von Paris begleitet werden. Der Luxus, den er allenthalben vorfand, hatte ihn sehr überrascht; beim Abschied zeigte er sich gerührt über den König und über Frankreich; er sehe, meinte er, mit Schmerzen voraus, daß dieser Luxus Frankreich in Kürze zugrunde richten würde, er äußerte sich höchst anerkennend über die Art, mit der er empfangen worden war, über alles, was er gesehen, und über die Freiheit, die man ihm zugestanden hatte, auch tat er den Wunsch kund, sich eng mit dem König von Frankreich zu verbinden, dem aber standen die Absichten des Abbé Dubois und stand England im Wege, was man noch oft und mit gutem Grund zu bereuen hatte.

Aufstand in Martinique. – Coursons Machtmißbrauch im Languedoc. – Saint-Simon stellt seine Kinder bei Hofe vor.

In Martinique ereignete sich ein so seltsamer und so vorzüglich geplanter Aufstand, daß man ihn wohl als einzigartig bezeichnen kann. Der Generalkapitän der Inseln war Varenne in der Nachfolge Phélypeaux', der inzwischen als Gesandter in Turin weilte. Intendant war Ricouart. Beide lebten in großer Eintracht und machten große Geschäfte in Martinique. Die Einwohner jedoch wurden von ihnen mißhandelt und unterdrückt; sie beklagten sich zu verschiedenen Malen, aber vergebens. Als sie schließlich der Tyrannei und der Ausbeutung überdrüssig waren und keine Hoffnung auf gerechte Behandlung mehr sahen, griffen sie zur Selbsthilfe. Der kluge und trotz der vielen Mitwisser insgeheim entworfene Plan wurde in aller Ruhe und Gelassenheit durchgeführt. Eines Morgens erschienen sie ganz überraschend in den Wohnungen der beiden Herren, fesselten diese, siegelten ihre Papiere und ihre Wertsachen, warfen beide, ohne irgend jemandem etwas zu leide zu tun, in ein Schiff, das zufällig gerade nach Frankreich abgehen sollte. Überdies gaben sie dem Kapitän einen an den Hof gerichteten Brief mit, in dem sie ihre Treue und ihren Gehorsam bekundeten, für ihr Vorgehen um Verzeihung baten, die vielen nutzlosen Klagen, die sie bereits geführt hatten, in Erinnerung brachten und sich entschuldigten ob der unabdingbaren Notwendigkeit, in welche sie durch die vollkommene Unmöglichkeit, diese grausamen Quälereien noch ferner zu ertragen, versetzt worden seien. Nur schwer kann man sich das Erstaunen dieser beiden Herren vorstellen, als sie sich plötzlich derart eingeschifft sahen, ihren Zorn unterwegs und ihre Scham bei ihrer Ankunft. Das Vorgehen der Inselbewohner konnte wegen der Überraschung, die es verursachte, weder gebilligt noch mißbilligt werden; doch war ihr Verhalten, während sie die Ankunft eines anderen Generalkapitäns erwarteten, so friedfertig und unterwürfig, daß man ihnen Lob nicht verweigern konnte. Varenne und Ricouart wagten sich kaum mehr zu zeigen, und man murrte mit gutem Grund, daß sie so leichten Kaufs davongekommen waren. Für ihre Nachfolger auf der Insel war der Vorfall eine gute Lehre, und die Bewohner von Martinique erhielten keinen Verweis, weil man sich im stillen schämte, daß man sie nicht angehört und somit zur Selbsthilfe genötigt hatte.

Courson, der Sohn von Bâville, war der Indendant oder vielmehr der König des Languedoc; er glich seinem Vater in nichts. Mehr als einmal war er in seiner Intendantur in Rouen und in der Normandie um Haaresbreite gesteinigt worden, so verhaßt hatte er sich gemacht; man mußte ihn also absetzen, aber der Einfluß seines Vaters rettete ihn und bewirkte, daß man ihn als Intendanten nach Bordeaux schickte. Er war körperlich und geistig ein grober Klotz, brutal und unverschämt, auch hatte er keine reinen Hände, sowenig wie seine Sekretäre, die alle Arbeit für ihn taten, denn er war gänzlich unfähig und viel zu faul. Unter anderen tyrannischen Maßnahmen ließ er in Périgueux nach eigenem Gutdünken und ohne irgendeinen Regierungsbeschluß hohe Steuern erheben, und als er sah, daß man mit der Bezahlung zögerte, erhöhte er die Auflagen und ließ am Ende die Schöffen und andere angesehene und reiche Bürger ins Gefängnis werfen. Er trieb es derart, daß sie, um sich zu beklagen, Abordnungen nach Paris schickten, die, nachdem sie mehr als zwei Monate vergebens in den Vorzimmern des Duc de Noailles herumsitzen mußten, dann bei allen Mitgliedern des Regentschaftsrates einzeln vorsprachen.

Der Comte de Toulouse, der ein ausgesprochenes Rechtsgefühl besaß und der ihre Klagen angehört hatte, war über diese Verweigerung empört und sprach mit mir darüber. Ich war ebenso entrüstet wie er. Ich sagte ihm, wir würden diese Sache schon in Ordnung bringen, wenn er mich unterstützen würde. Ich erzählte dem Duc d'Orléans von der Sache, von dem er kaum etwas wußte. Ich wies ihn auf die Notwendigkeit hin, sich bei Klagen dieser Art Klarheit zu verschaffen, sprach von der Ungerechtigkeit, die Abgesandten aus Périgueux auf dem Pflaster von Paris herumlungern zu lassen, um sie mürbe zu machen, anstatt sie anzuhören, und wies auf die Grausamkeit hin, ehrbare Bürger im Kerker schmachten zu lassen, ohne daß sie wüßten, weshalb noch auf wessen Befehl sie dort seien. Er stimmte mir zu und versprach mir, mit dem Duc de Noailles über die Angelegenheit zu reden. Bei der ersten Sitzung des Finanzrates beriet ich mich mit dem Comte de Toulouse, und wir fragten den Duc de Noailles, wann er die Klage der Leute aus Périgueux zu behandeln gedächte; in keiner Weise darauf gefaßt, wollte er uns mit Redensarten abspeisen. Ich sagte ihm, lange genug hätten die einen nun im Kerker geschmachtet und die anderen sich in Paris aufgehalten; es sei eine Schande, man könne es nicht länger mehr mit ansehen. Der Comte de Toulouse sprach gleichfalls in scharfem Ton. Da erschien der Duc d'Orléans, und jeder nahm seinen Platz ein. Als der Duc de Noailles seine Aktentasche öffnete, sagte ich ganz laut zum Duc d'Orléans, der Comte de Toulouse und ich hätten den Duc de Noailles gefragt, wann er die Périgueux-Affäre behandeln wolle; es schien mir, daß die Ehre des Regentschaftsrates es erheische, diese Leute nicht mehr länger warten zu lassen. Der Duc d'Orléans erklärte, daß er auch dieser Ansicht sei. Nun faselte der Duc de Noailles etwas von Überlastung und Zeitmangel usw. Ich unterbrach ihn und sagte ihm, man müsse die Affäre von Périgueux behandeln, er habe Zeit genug gehabt, um zu verhindern, daß ein Teil der Leute sich in Paris zugrunde richte und ein anderer im Kerker verschmachte, ohne zu wissen warum. Der Duc d'Orléans ergriff das Wort, redete im gleichen Sinne und befahl dem Duc de Noailles, sich vorzubereiten, um in acht Tagen über diesen Fall Bericht zu erstatten. Mit immer erneuten Ausreden schob er es abermals über drei Wochen hinaus, schließlich erklärte ich dem Duc d'Orléans, man treibe öffentlich Spott mit ihm, es sei dies die sichtlichste und schreiendste Rechtsverweigerung. Bei der nächsten Regentschaftsratssitzung erklärte der Duc d'Orléans dem Duc de Noailles, er wolle nun nicht länger mehr warten, die Sache müsse binnen kurzem behandelt werden, aber es entspannen sich weitere Ränke. Die Sitzung fand an einem Dienstagnachmittag statt. Da der Duc d'Orléans an diesem Tage häufig in die Oper ging, pflegte er den Regentschaftsrat meist abzukürzen; darauf bauend, behandelte der Duc de Noailles fortwährend andere Fragen, um die Sitzung hinauszuziehen. Ich saß zwischen dem Comte de Toulouse und ihm; jedesmal wenn ein Thema abgeschlossen war, fragte ich ihn: »Und die Angelegenheit von Périgueux?« – »Später«, antwortete er und begann wiederum einen anderen Fall darzulegen. Schließlich begriff ich seine Absicht. Als er seine Aktentasche ausgeleert hatte, war es fünf Uhr. Er sammelte seine Papiere wieder zusammen, schloß die Tasche und sagte zum Duc d'Orléans, da sei zwar noch die Angelegenheit von Périgueux, die er vortragen solle, aber das sei eine lange und verwickelte Geschichte, und der Regent wolle jetzt zweifellos in die Oper gehen, man könne also die Angelegenheit bis zu Beginn der nächsten Sitzung aufschieben; und ohne auch nur eine Antwort abzuwarten, erhob er sich, stieß seinen Stuhl beiseite und wandte sich zum Gehen. Ich ergriff ihn am Arm: »Nur langsam«, meinte ich, »man muß doch erst einmal wissen, was seiner Königlichen Hoheit beliebt.« – »Monsieur«, sagte ich zum Duc d'Orléans, indes ich den Duc de Noailles weiter am Ärmel festhielt, »ist Ihnen heute sehr viel am Besuch der Oper gelegen?« – »Aber nein«, entgegnete er, »man kann die Angelegenheit von Périgueux sehr wohl noch behandeln.« – »Aber ohne sie übers Knie zu brechen«, erwiderte ich. »Gewiß«, meinte der Duc d'Orléans, wobei er Monsieur le Duc ansah, der ihm zulächelte. »Ihnen ist doch auch nicht soviel an der Oper gelegen?« – »Nein, Monsieur, besprechen wir ruhig diesen Fall«, antwortete Monsieur le Duc. »Also fangen Sie noch einmal an«, sagte ich in entschiedenem Ton zum Duc de Noailles, wobei ich ihn mit mir fortzerrte. »Setzen Sie sich wieder, und packen Sie Ihre Aktentasche wieder aus.« Wortlos zog er unter großem Getöse seinen Stuhl heran, ließ sich mit einem Ruck darauf nieder, die Wut flammte ihm aus den Augen; er breitete seine Papiere vor sich aus und erstattete Bericht. Bei jedem Aktenstück, das er herausnahm, prüfte ich nach, er wagte nicht dagegen aufzubegehren, aber er schäumte sichtlich. Er begann mit einer Lobeshymne auf Bâville, sprach von der Achtung, die dieser verdiene, suchte Courson zu entschuldigen, und schwitzte, soviel er konnte, um alles zu verwischen und uns die Hauptgesichtspunkte aus den Augen verlieren zu lassen. Als mir klarwurde, daß das nur geschah, um uns zu ermüden, unterbrach ich ihn und sagte, daß man Vater und Sohn nicht verwechseln dürfe und daß es sich hier nur um die Taten des Sohnes handle, daß es eindeutig darum gehe festzustellen, ob ein Intendant befugt sei, die Leute nach eigenem Gutdünken steuerlich einzustufen, ohne jede Regierungsanweisung in den Städten und auf dem Land nach seiner Willkür Steuern zu erheben und angesehene Personen vier oder fünf Monate lang ohne Form und ohne Prozeß gefangenzuhalten, weil sie die willkürlichen Steuern nicht bezahlen wollten. Der Duc de Noailles, der außer sich war, und dies um so mehr, als er sah, daß der Regent wie Monsieur le Duc lächelten, stammelte seine Anträge. Dennoch wagte er nur die Freilassung der Gefangenen zu beschließen. »Und die Kosten?« erwiderte ich. »Und die Steuerverordnungen? Was geschieht damit?« – »Aber mit der Freilassung wird die Steuerverordnung ohnedies hinfällig.« Ich wollte die Sache vorerst nicht weitertreiben. Man stimmte für die Freilassung und für die Aufhebung der Verordnung. Einige meinten auch, daß der Intendant die Kosten wieder zurückerstatten und daß ein für allemal ein Verbot erlassen werden müsse, damit sich solche Fälle nicht wiederholen könnten. Als ich an der Reihe war, vertrat auch ich diese Meinung, aber ich fügte hinzu, es reiche nicht aus, diese so ungerecht behandelten und gequälten Leute zu entschädigen, der Regentschaftsrat müsse ihnen überdies noch eine von ihm festgesetzte Summe zur Verfügung stellen; Seine Königliche Hoheit müsse eigentlich gegen den Intendanten, der seine Machtbefugnis derart mißbraucht habe, daß er sogar die des Königs usurpierte, so vorgehen, daß hier für alle folgenden Intendanten ein Exempel statuiert würde.

Der Kanzler, ein ausgemachter Vertreter des Richterstandes und ein Verehrer des Duc de Noailles, legte sich mildernd ins Zeug. Der Comte de Toulouse und Monsieur le Duc waren meiner Ansicht. Diejenigen, die vor mir abgestimmt hatten, billigten meinen Vorschlag durch ein Kopfnicken, ergriffen aber nicht wieder das Wort. Der Duc d'Orléans verkündigte die Freilassung der Gefangenen und die Aufhebung der Coursonschen Verordnungen sowie alles dessen, was daraus erfolgt war. Im übrigen übernahm er es, Courson gehörig den Kopf zu waschen; man hätte ihn strenger behandeln müssen, doch wurde er seines Vaters wegen geschont. Als man die Sitzung aufheben wollte, sagte ich, daß man gut daran täte, den Beschluß sofort schriftlich niederzulegen, und der Duc d'Orléans war damit einverstanden. Wie ein Raubvogel stürzte Noailles sich auf Papier und Tinte und begann mit der Aufzeichnung. Ich beugte mich über ihn und las, was er schrieb. Bei der Annullierung der Verfügung und dem Verbot ähnlicher Fälle hielt er inne, ohne irgendwie dazu befugt zu sein. Ich diktierte ihm die Klausel, er blickte fragend umher. »Ja«, sagte ich, »so ist es beschlossen worden.« Der Duc d'Orléans bestätigte es; und Noailles schrieb also. Ich nahm das Papier und las, was er geschrieben hatte; es stimmte; wütend ergriff er das Blatt, steckte es in wahllosem Durcheinander in seine Aktentasche, stieß seinen Stuhl zehn Schritte weit zurück, wandte sich um und stürmte wie ein wütender Eber davon, ohne jemanden anzusehen oder sich zu verabschieden. Wir indes lachten. Wenige Monate später wurde Courson abberufen, was in der Provinz Freudenfeuer veranlaßte; das besserte ihn freilich nicht und verhinderte auch nicht, daß er in der Folge eine der beiden Ratsstellen im Finanzrat erhielt.

Am St. Ludwigstag pflegte das Orchester der Oper stets unentgeltlich in den Tuileriengärten ein öffentliches Konzert zu veranstalten. Die Anwesenheit des Königs im Palast der Tuilerien zog noch mehr Leute an in der Hoffnung, ihn ab und zu auf der Terrasse erscheinen zu sehen; das bewirkte offenbar in diesem Jahr nicht nur im Garten, sondern auch auf der anderen Seite, in den Höfen und auf dem Platz, den Zustrom einer unübersehbaren Menge. Nirgends gab es einen freien Platz, weder an den Fenstern noch auf den Dächern der Tuilerien. Der Marschall de Villeroy überredete den König mit großer Mühe, sich sowohl auf der

Gartenseite als auch nach den Höfen hin zu zeigen, und kaum daß er erschien, brach ein Jubel los: »Es lebe der König!« erklang es immer aufs neue. Mit erhobenem Zeigefinger wies der Marschall den jungen König auf die ungeheure Menge hin. »Sehen Sie, gnädigster Herr«, sagte er salbungsvoll, »sehen Sie dieses ganze Volk, diese riesige Menschenmenge, alle jubeln Ihnen zu, Sie sind deren Herr und Meister.« Und unablässig wiederholte er diese Lektion, um sie ihm ja recht gut einzuprägen. Er hatte offenbar Furcht, der König könne seine Macht verkennen. Der herrliche Dauphin, des Königs Vater, hatte recht andere Lehren empfangen, an die er sich auch zu halten wußte.

Seit dem vergangenen Winter drängte man mich, meine Kinder dem König und dem Regenten vorzustellen, und sie waren tatsächlich in einem Alter, daß man es nicht länger mehr aufschieben konnte. Gleichwohl tat ich es noch nicht, weil ich sie erst lehren wollte, was sie dem Gedächtnis Ludwigs XIII. schuldeten, das uns stets kostbar und geheiligt sein muß; sie sollten ihre ersten Huldigungen ihm darbringen. Ich führte sie also an seinem Geburtstag nach Saint-Denis, eine Pflicht, die ich nach dem Beispiel meines Vaters niemals versäume; nachdem ich dieses für uns so wichtige Anliegen erfüllt hatte, stellte ich sie vor.

(1718). – Die Indische Handelsgesellschaft. – Reform der Salzsteuer scheitert. – Zwistigkeiten zwischen Regent und Parlament. – Kanzler Daguesseau und der Duc de Noailles des Amtes enthoben.

Das Jahr 1717 endete mit fortwährenden Unstimmigkeiten zwischen Law und den Finanzleuten, das heißt dem Duc de Noailles, Ruille und jenen, deren die beiden sich am meisten bedienten, dazu die üblichen Rechtfertigungen, die Law vor den Ratsgremien und vor dem Parlament abzugeben gezwungen war. Der Abbé Dubois, der aus London zurückgekommen war, wo er bis Januar gewesen, wußte sich diese Situation zunutze zu machen. Der Kanzler war, wie sich zeigte, seinem großen Posten nicht gewachsen, seine Willfährigkeit gegenüber dem Duc de Noailles flößte aller Welt und sogar dem Duc d'Orléans Furcht ein.

Das Jahr (1718) begann mit der Veröffentlichung des Erlasses zugunsten der Westindischen Kompanie, ihr Grundkapital wurde auf hundert Millionen festgelegt und als unangreifbar deklariert, mit Ausnahme von Bankrott und Todesfällen der Aktionäre. Die Kompanie, die später in Mississippi umbenannt wurde und deren Aktien so viele Leute ruinierten oder bereicherten, brachte den Prinzen und Prinzessinnen von Geblüt, zumal Madame la Duchesse, Monsieur le Duc und dem Prince de Conti mehr Gewinn ein als die Minen von Peru.

In der Bretagne brodelte es; man schmeichelte den Bretonen mit der Erwerbung der Unabhängigkeit, die sie indes nur ihrer Eintracht und Entschlossenheit verdanken könnten.

Die unvermeidlichen Mühsale bei der Erhebung der Taille beschäftigten den Regenten um so mehr, als im Parlament und eben in einigen Provinzen eine gewisse Gärung spürbar wurde. Man hatte im Steuerbezirk von Paris eine proportionale Taille erheben wollen, einige Beamte arbeiteten nun schon seit einem Jahr daran, ohne einen anderen Erfolg zu erzielen als eine weitere Ausgabe von achthunderttausend Livres. Man dachte nun wieder an den königlichen Zehnten des Marschall de Vauban, aber alle diese Versuche waren unheilvoll durch die erfolglosen

Ausgaben, die sie verursachten. Sei es, daß die Projekte an sich schon falsch waren, sei es, daß sie bei der Ausführung gefälscht wurden, vielleicht auch wurden sie behindert durch den Eigennutz und die Eifersucht der grausamen Finanzgesellschaft. Gewiß ist, daß die guten Absichten des Regenten, der nur die Lebensbedingungen des Volkes zu verbessern suchte, vollkommen vereitelt wurden und daß man schließlich wieder auf die übliche Art der Steuererhebung zurückgreifen mußte. Obwohl ich mich nicht in Finanzfragen einmischen wollte, besitze ich doch einige persönliche Erfahrung, die ich im Umgang mit Finanzpächtern, Intendanten und anderen Finanzleuten gewonnen habe. Was mir der Präsident de Maisons von der Salzsteuer erzählte, von den achtzigtausend Beamten, die es zu deren Erhebung bedarf, und von den Leiden und Schrecken, die diese Praxis bei der Bevölkerung verursacht, hatte mich außerordentlich bestürzt. Ebenso war ich erschüttert über die Unterschiede in den verschiedenen Provinzen; in einem Teil wird die Salzsteuer mit Härte eingezogen, während in anderen Provinzen das Salz frei verkauft wird, woraus der König nicht minder Gewinn zieht; diese Provinzen betrachten die anderen mit Recht als ganz und gar abhängig von der Willkür all dieser Schurken von Salzaufsehern, die nur aus ihren Raubzügen leben und sich bereichern. Ich entwarf also den Plan, die ganze Salzsteuer aufzuheben, das Salz dem freien Handel zu übergeben, die wenigen Salinen, die sich in Privatbesitz befanden, vom König für ein Drittel ihres Wertes aufkaufen zu lassen. Somit würde der König den Untertanen alles Salz verkaufen zu einer Taxe, die er festsetzte und ohne daß jemand verpflichtet wäre, mehr einzukaufen, als er brauchte. Der König würde dadurch nur gewinnen, aber auch das Volk gewönne, da es befreit wäre von den zahllosen Raubzügen, die es durch die riesige Beamtenschar erlitt, von all diesen Leuten, die Hungers sterben müßten, wenn sie nur von ihren Bezügen leben müßten. Auch aus der Viehzucht würde der Staat beträchtlich mehr Nutzen ziehen, wovon man sich leicht überzeugen kann, wenn man den Unterschied des Viehbestandes betrachtet, nämlich zwischen den Tieren, denen man etwas Salz gibt – in jenen Ländern, die keine Salzsteuer kennen –, zu jenen, die wegen der Versteuerung und der erzwungenen Steuern kaum etwas Salz bekommen. Ich schlug dem Regenten meinen Plan vor, der freudig darauf einging. Die Sache mußte jedoch erst von Fagon und anderen Finanzbeamten bewilligt werden, die entsprechende Maßnahmen trafen, um das Projekt zum Scheitern zu bringen. Einige Zeit später kam ich wieder darauf zurück und hatte nun Grund zu glauben, daß die Sache binnen acht Tagen durchgebracht wäre; doch die gleichen Gegner, die Wind davon bekommen hatten, brachten das Projekt abermals zu Fall. Abgesehen von den oben erwähnten Vorteilen hätte man auch jene unübersehbare Armee von Salzaufsehern, die vom Blute des Volkes lebten, gezwungen, wieder Soldaten, Handwerker oder Bauern zu werden.

Diese Gelegenheit veranlaßt mich zu einer Bemerkung, deren Wahrheit ich, während ich im Regentschaftsrat saß, erkannte und die ich nie geglaubt, wenn nicht eine traurige Erfahrung sie mich gelehrt hätte; nämlich die Erkenntnis, daß es unmöglich ist, alles wohl einzurichten. Sobald einige Leute dies aufrichtig erstreben, haben viele andere ein Interesse, das Gute, das man sich vornimmt, zu verhindern. Die ersteren sind unerfahren in jenen Machenschaften, ohne die nichts gelingt, und vermögen sich weder der Ränke noch des Ansehens, die man ihnen entgegenstellt, zu erwehren; jener Ränke nämlich, die sich auf das Ansehen von Leuten stützen, die mit Überlegenheit und Autorität zu handeln verstehen. Dergleichen Machenschaften sind so häufig und so undurchsichtig, daß alle guten Taten notwendigerweise von vorneherein zum Scheitern verurteilt sind. Diese traurige Wahrheit wird sich bei einer Regierungsweise wie der unsrigen, die auf die Zeiten des Kardinals Mazarin zurückgeht, immer bestätigen und wird für jeden fühlenden und denkenden Menschen, der sich in nichts mehr einzumischen braucht, ein unendlicher Trost sein.

Die Gärung im Parlament steigerte sich in dem Maße, wie die Hoffnungen auf die Bretagne zunahmen. Diese Parlamentsangehörigen, die während jeder Regentschaft Unruhe stiften und sich mit Autorität in die Regierung einmischen wollen, besaßen einen Präsidenten (de Mesmes), der unbedingt eine Rolle spielen wollte, gleichermaßen bedürftig wie verschwenderisch war, bei vollkommener Unkenntnis seiner Verwaltungsarbeit vorschnell über alles zu urteilen pflegte, der es, wenn er wollte, verstand, Gefallen zu erregen, der genau wußte, wie man sich in der Gesellschaft bewegte, der sich weder durch festeste Versprechen noch durch Ehre noch durch Rechtschaffenheit jemals behindern ließ und der die Heuchelei und das Ausspielen von Menschen als eine Art Sport betrachtete, ja sogar als Tugend, deren man in keinem Amte entraten konnte: in diesem letzten Punkt stimmte er unglückseligerweise mit dem Regenten überein. Ganz und gar dem Duc und der Duchesse du Maine ausgeliefert, war Mesmes über das, was sich in der Bretagne und anderenorts zusammenbraute, durchaus auf dem laufenden, und er gebrauchte all seine Geschicklichkeit, um sich im Parlament dementsprechend zu verhalten; auch traf er die notwendigen Vorkehrungen, sich dem Regenten unentbehrlich zu machen und ihn dabei gleichzeitig zu prellen und zu verraten. Das fiel ihm um so leichter, als sich jener bei allem, was das Parlament betraf, stets d'Effiats als Mittelsmann zu bedienen pflegte; so hatte der Duc d'Orléans trotz all seines Geistes sein ganzes Vertrauen in zwei Schurken gesetzt. Es war dies die Verblendung eines Fürsten, der meinte, daß jeder ein Gauner sei (ausgenommen die kleine Anzahl derer, die aufgrund ihrer Erziehung ohnehin unaufgeklärt und zurückgeblieben waren), und der es vorzog, sich der Gauner zu bedienen, weil er überzeugt war, daß er diese besser zu lenken vermöchte und sich von ihnen weniger hinters Licht führen ließe. Diese Vorrede ist erforderlich zum Verständnis dessen, was sich zwischen dem Regenten und dem Parlament abspielte, alles lief nämlich darauf hinaus, dem Regenten möglichst viel Knüppel in den Weg zu legen und ihn zu stürzen.

Der Marschall de Villeroy, Villars und viele andere, die sich sehr wichtig nahmen, sahen bei alldem schweigend zu, getrieben von einem Geltungs- und Aktionsbedürfnis, das sich durch nichts von dem, was der Regent unaufhörlich zu ihren Gunsten bewirkte, stillen oder gar befriedigen ließ. Der Marschall de Villeroy nahm jede Gelegenheit wahr, um die alten Gerüchte wieder aufzuwärmen und glaubhaft zu machen. Er hielt die Wäsche des Königs, sein Brot sowie diverse Gebrauchsgegenstände unter Verschluß. Den Schlüssel trug er Tag und Nacht bei sich, er gab vor, auf etwas Schlimmes gefaßt zu sein, damit man die Sorgfalt, die Zuverlässigkeit und Pünktlichkeit, mit der er all diese Dinge verwahrte, auch recht bemerkte, und er ließ sich für seine weisen Maßnahmen zur Erhaltung des königlichen Lebens aufs albernste bewundern, als ob das Fleisch, das Gemüse, das Getränk und tausend andere Dinge, deren sich der König notwendigerweise bedienen mußte und die Villeroy nicht unter Verschluß halten konnte, das Verbrechen nicht ebensogut hätten bewirken können. Aber sein Verhalten erregte Aufsehen, löste Gerüchte aus, ließ Verdächtigungen und Geschwätz entstehen, trug auf alle Fälle zu dem Ziel, das man sich gesetzt hatte, mit bei.

Der eigentliche Stoßtrupp für die Durchführung der geplanten Kabale war das Parlament; man mußte es in Hinsicht auf das öffentliche Wohl in Bewegung setzen, mußte es gegen die Verschwendungen und die Sitten des Regenten aufreizen. Laws System und die Tatsache, daß er Ausländer war und kein Katholik, ließen sich verwenden, um die ehrbaren Parlamentsmitglieder und die Hauptmasse dieser Körperschaft zu beeinflussen; der eitle Wahn, die Friedensstifter im Staate zu werden, stachelte sie vollends auf. Ein klug eingefädelter und offenbar durchaus erfolgversprechender Plan, den indes die göttliche Vorsehung als Beschirmerin der Staaten, der schwachen Könige und der Kinder zu vereiteln wußte.

Man meinte also, daß die Zeit reif sei: das Parlament erging sich, um die Öffentlichkeit vorzubereiten, in heftigen Klagen sowohl über die Finanzen als über Law und über die Regierungsform, das heißt über die Ratsgremien, von denen es behauptete, sie verzögerten die Verwaltung der Staatsgeschäfte und machten diese um vieles kostspieliger, als sie es vor deren Bestehen gewesen seien. Nachdem diese Maßnahmen getroffen waren, trat das Parlament unter dem Vorwand, ein Edikt über die Schaffung zweier neuer Ämter zu registrieren, am Morgen und am Abend des 14. Januar zusammen. Bei diesen Versammlungen, die sich noch bis in den Nachmittag des anderen Tags hinzogen, wurden die kühnsten Remonstranzen und Forderungen beschlossen. Law wurde, ohne namentlich genannt zu werden, scharf angegriffen, ebenso die Verwaltung des Regenten sowohl dem Inhalt als auch der Form nach. Man war bestrebt, sich mit Autorität in alles einzumischen, um der Autorität des Regenten ein Gewicht entgegenzusetzen, dergestalt daß ihm nichts weiter als der Schein davon bliebe.

Er war über das, was sich anspann, ungefähr im Bilde und erzählte mir mit mehr Leidenschaft und Anteilnahme als sonst von diesen Vorgängen. Ich entgegnete nichts. Wir gingen in Coypels Galerie und dem großen Salon, der am Ende der Rue Saint-Honoré liegt, auf und ab. Er beharrte bei dem Thema und drängte mich zu einer Äußerung. Da antwortete ich ihm kühl, er wisse, daß ich seit langem nichts über das Parlament habe verlauten lassen, da er mich jedoch heute dazu nötige, könne ich nur sagen, daß diese Vorgänge mich in keiner Weise überraschten, er möge sich erinnern, daß ich ihm das vorausgesagt und vor langer Zeit prophezeit hätte, daß seine Laschheit gegenüber dem Parlament ihn am Ende so weit bringen würde, daß er entweder nur noch dem Namen nach Regent wäre oder sich gezwungen sähe, durch einen äußerst kühnen Handstreich sich seiner Autorität und seiner Rechte wieder zu bemächtigen. Bei diesen Worten blieb er stehen, wurde purpurrot, neigte sich ein wenig vor, stemmte beide Fäuste in die Hüften und rief in echtem und wütendem Zorn: »Zum Teufel, Sie haben leicht reden, Sie, der Sie unbeeinflußbar sind wie Gott und von grimmiger Folgerichtigkeit.« Ich erwiderte ihm in merklich noch kühlerem Ton als zuvor: »Sie erweisen mir große Ehre, Monsieur, mit diesem Porträt, doch wenn ich wirklich zuviel Folgerichtigkeit und Standhaftigkeit besitze, möchte ich gern einen Überschuß abtreten, das ergäbe alsbald zwei vollkommene Männer, und Sie könnten solche gebrauchen.« Er war niedergeschmettert, erwiderte nichts, ging mit großen Schritten und gesenkten Kopfes weiter, wie es seine Gewohnheit, wenn er verlegen und verärgert war, und sagte auf dem Weg vom großen Salon bis zum Ende der Galerie kein Wort mehr. Als wir wieder umdrehten, kam er auf ein anderes Thema zu sprechen, das ich begierig aufgriff.

Je auswegloser die Lage des Regenten wurde, desto mehr vertraute er sich mir an, sprach über die Leute und die Sachgebiete, vor denen man ihn gewarnt hatte. Er hatte mir mehr als einmal vom Duc de Noailles und dem Kanzler erzählt, von der Eifersucht des ersteren auf Law, von der Unfähigkeit des letzteren in politischen, finanziellen und gesellschaftlichen Fragen. Er hatte seinen Überdruß vor beiden nicht verhehlt, auch nicht seinen Widerwillen vor deren enger Verbindung, die den Kanzler in allem und für alles zum willfährigen Sklaven des Duc de Noailles werden ließ. Zwar gefiel dem Regenten die Ausdrucksweise Noailles', der es ihm, wiewohl seine Gesinnung und seine Sippe ihm Furcht einflößten, durch seine Lässigkeit und stets der Mode angepaßten Sitten erleichterte, gut mit ihm auszukommen. Andrerseits konnte er Law und dessen System nicht entbehren, aufgrund seiner natürlichen Neigung für gewundene Wege und aufgrund der Goldminen, die Law ihm als schon in Ausbeutung begriffen hinstellte. Nachdem er schließlich die Hoffnung aufgegeben hatte, den Duc de Noailles und Law miteinander zu versöhnen, befiel ihn äußerstes Unbehagen, als er begriff, daß er gezwungen war, zwischen beiden zu wählen. Ich war durch Law von allem unterrichtet, was sich auf diesem Gebiet zutrug.

Wie auch immer das Lawsche System sein mochte, er selbst glaubte fest daran; sein Eigennutz spielte ihm dabei keinen Streich, denn er war schlicht und aufrichtig, er besaß Rechenschaft und wollte stets wissen, woran er war. Er war also in doppelter Weise gereizt, einmal über die Hindernisse, die ihm der Duc de Noailles auf Schritt und Tritt in den Weg legte, sowie über die Zwiespältigkeit seines Verhaltens ihm gegenüber; zum anderen über das stete Zögern des Kanzlers, um in Übereinstimmung mit Noailles jedes seiner Unternehmen zu hemmen und zum Scheitern zu bringen.

Schließlich sprach sich der Duc d'Orléans offen über all diese Fragen mit mir aus und beriet mit mir, wen er zum Finanzbevollmächtigten und Siegelbewahrer ernennen solle. Es war sein Ziel, derart über die Finanzen verfügen zu können, daß Law bei seinen Unternehmungen nicht mehr auf Widerstand stieß. Law und ich hatten diese Frage oft besprochen. Er hatte mehr als einmal zu d'Argenson, der mit seiner Denkweise vertraut war, Zuflucht genommen, und er hätte sich diesen als Finanzbevollmächtigten gewünscht, weil er annahm, unter ihm volle Freiheit zu haben.

D'Argenson war ein Mann, der unendlich viel Geist – und wendigen Geist – besaß, ein Mann, der sich seiner Laufbahn wegen in alles schickte. Er war von besserer Herkunft als die meisten Leute seinesgleichen, und er verwaltete seit langem die Polizei und den Sicherheitsdienst in überlegener Weise; er hatte keinerlei Furcht vor dem Parlament, das ihn des öfteren angegriffen hatte, und er hatte sich die Angehörigen des Hochadels unablässig verpflichtet, da er dem König und Pontchartrain gewisse Abenteuer ihrer Kinder und Anverwandten verschwieg, Abenteuer, die, wiewohl nur Jugendtorheiten, jene unweigerlich zugrunde gerichtet hätten, sofern er sie nicht mit seiner Autorität gedeckt und alsbald den Vorhang darüber hätte fallen lassen. Mit einem schreckeneinflößenden Gesicht, das etwas vom Antlitz der drei Höllenrichter widerspiegelte, machte er sich souverän über alles lustig und hatte einen derartigen Überblick über die Riesenmenschenmenge von Paris, daß es keinen Einwohner gab, über dessen Verhalten und Gewohnheiten er nicht genauestens Bescheid wußte; mit feinem Unterscheidungsvermögen packte er bei jeder Angelegenheit so leicht oder so fest zu, wie es jeweils erforderlich war, wobei er stets den schwächsten Teil zu schützen suchte, aber gleichzeitig fähig war, auch die Unschuldigsten erbeben zu lassen; er war unerschrocken und kühn, verwegen bei Aufständen und dadurch in der Lage, das Volk zu beherrschen. Seine Sitten unterschieden sich nicht sehr von denen jener Leute, die fortwährend vor ihm zu erscheinen hatten, und ich weiß nicht, ob er außer Fortuna andere Gottheiten anerkannte. Bei all seinen peinlichen und oft harten Funktionen fand die Menschlichkeit leicht Gnade vor ihm, und wenn er mit seinen anspruchslosen Freunden, die alle aus niederen Volksschichten stammten und denen er mehr vertraute als Leuten aus höheren Kreisen, allein war, überließ er sich unbefangen der Freude und war in diesen Gesellschaften ganz bezaubernd. Er war nicht ganz ungebildet, besaß aber keinerlei Talente, was sein Geist jedoch wieder wettmachte, überdies kannte er die Gesellschaft, was bei einem Mann seines Standes sehr selten ist. Ich bat den Regenten, mir zu erlauben, d'Argenson zu benachrichtigen und vorzubereiten, ich war überzeugt, daß er das neue Amt annehmen würde.

Am 28. Januar ging La Vrillière, der am Abend ziemlich spät ins Palais Royal gebeten worden war, zum Kanzler Daguesseau, um die

Siegel zurückzufordern und ihn im Namen des Regenten aufzufordern, er möge sich bis auf weiteres in sein Haus in Fresnes zurückziehen.

Noailles, der durch ein Schreiben des Kanzlers von dem überraschenden Ereignis unterrichtet worden war, ahnte bereits, was ihm mit den Finanzen geschehen würde, er beschloß, dem Regenten zuvorzukommen, um sich nach besten Kräften seinen Vorteil zu sichern. Er begab sich also auf der Stelle zu ihm und fragte scheinheilig, was die Siegel bedeuten sollten, die er auf dem Tisch liegen sah. Der Regent ließ sich herab, ihm mitzuteilen, daß er sie dem Kanzler abverlangt hätte. Noailles fragte ihn mit größtmöglicher Lässigkeit, wem er sie nun zu geben gedächte, und der Regent war so entgegenkommend, es ihm zu sagen. Darauf erwiderte Noailles, er sähe wohl, daß die Kabale ihn überwältigt habe, es bleibe ihm also nichts anderes übrig, als nachzugeben und seiner Kommission als Finanzbevollmächtigter zu entsagen. Sofort fragte ihn der Regent: »Und Sie verlangen nichts als Ersatz?« – »Nein, gar nichts«, entgegnete Noailles. »Ich habe«, fügte der Regent hinzu, »einen Platz im Regentschaftsrat für Sie vorgesehen.« – »Ich werde wenig Gebrauch davon machen«, erwiderte anmaßend Noailles, was eine stinkende Lüge war, denn er erschien schon zum ersten Regentschaftsrat und versäumte fortan keinen einzigen.

So wurde Daguesseau das Opfer des Duc de Noailles und der Sündenbock, der die Verfehlungen seines Freundes sühnen mußte. Noailles bediente sich seiner als Schild und ließ ihn ohne jede Rücksichtnahme und ganz unverhohlen alles sagen und tun, was ihn selber gutdünkte. Er nützte somit unaufhörlich die Freundschaft, die Dankbarkeit und das arglose Vertrauen eines anständigen Mannes aus, der in vollkommener Unkenntnis der Finanzen sowie der Gesellschaft in dem für ihn undurchsichtigen Dickicht seines neuen Daseins nur auf jenen rechnete, der ihn auf diesen großen Posten bestellt hatte. Mit einem umfassenden, weithin leuchtenden Geist begabt und von breiter, tiefer Gelehrsamkeit, war er eigentlich wie dazu geschaffen, an der Spitze aller Akademien und Bibliotheken Europas zu stehen und als Vorsitzender des Parlaments bewundert zu werden. Aber er erschöpfte sich in akademischen Künsten, ging auf in Kleinigkeiten, und der Fortgang der Dinge litt darunter. Einer seiner weiteren Fehler entstand aus dem Vorurteil, aus der Gewohnheit und aus jenem heimlichen Dünkel, dessen sich rechtschaffene Leute oft gar nicht bewußt werden, weil die uns Menschen innewohnende angeborene Eigenliebe dazu beiträgt, uns diesen zu verbergen: es war seine seltsame Voreingenommenheit für alles, was zum Richterstand gehört, so daß in Daguesseaus Augen kein noch so kleiner

Beamter der untergeordneten Gerichtsbarkeit unrecht haben kann und es keine noch so erwiesene Spitzbüberei gibt, die nicht der Form nach, deren Sklave er ist, Ausreden und also Schutz vor ihm findet. Wenn er schließlich all seine Gründe erschöpft hat, sieht man ihn leiden, und sein Leiden bestärkt ihn in seiner Vorliebe für diesen niederträchtigen Stand, dessen unentschuldbares Verhalten sein zartes Gemüt betrübt, ohne daß er jedoch davon abläßt, diesen Stand zu unterstützen. Ich spreche vom niederen Stand und meine damit zum Beispiel einen Prokurator des Königs oder einen königlichen Richter in ganz untergeordneter Dienststelle, dessen Spitzbübereien und Exzesse offen zutage liegen und sich in keiner Weise entschuldigen lassen, solche Leute finden, wenn sie alle sonstigen Möglichkeiten erschöpft haben, in Daguesseaus Herzen und Denken, ja sogar in seinem Gerechtigkeitsgefühl Verständnis; dann stürzt er sich in Ermahnungen, um die unentschuldbarsten Vergehen, die meist die Rückfälligkeit voraussehen können, zu entschuldigen; er führt die Folgen der Strafe als großes Unglück an, er spricht über die Notwendigkeit, formgerecht vorzugehen, indem er juristisch genau den kleinen Beamten angreift und, koste es was es wolle, Partei gegen ihn nimmt. Jeden Tag kommen solche Beispiele vor bei den himmelschreiendsten Fällen – ohne irgendwelche Folgen, die ihm beim ersten Exil und beim ersten Verlust der Siegel so unheilvoll, so verhängnisvoll geworden sind und ohne daß er in dieser Hinsicht Überlegungen anstellen würde.

Wenn die Öffentlichkeit sich über die Ungnade des Kanzlers erregte, so nahm sie noch weit mehr Anstoß an den Vergünstigungen, mit denen der Duc de Noailles überhäuft wurde; das einzige, was sie begrüßte, war die Tatsache, daß man ihm die Finanzverwaltung abgenommen hatte, mit der er sich bei eben diesem Publikum sowie bei Privatpersonen ungeheuer verhaßt gemacht hatte.

Saint-Simons Verhältnis zu Orléans. – Orléans' Mätressen. – Buch des Abbé de Saint-Pierre führt zu dessen Ausschluß aus der Académie française.

Der Duc de Lorraine stand zwar ganz auf seiten des Wiener Hofs, dachte aber keineswegs daran, sich die Vorteile entgehen zu lassen, die sich für ihn aus der Zugänglichkeit des Regenten, seines Schwagers, ergaben; er baute auf dessen zärtlicher Liebe zu einer Schwester, die er mit aufgezogen hatte, auf dessen Schwäche für Madame, die als Deutsche nichts weiter im Kopf hatte als ihren lothringischen Schwiegersohn und dessen Wohlergehen. Die Erfahrung, die er auf seiner früheren Reise gemacht hatte, als er dem verstorbenen König die Huldigungen des Herzogtums Bar überbrachte, veranlaßten ihn, unter dem seltsamen Inkognito eines Comte de Blamont (um so allen Rangstreitigkeiten aus dem Wege zu gehen) ein zweites Mal nach Paris zu fahren.

Diese ganze Reise und ihre verschiedenen Aufenthalte hatten nur das Ziel, die Abrundung Lothringens zu bewirken, wobei kaum ein anderer Herzog soviel und zu so billigem Preis erreichte wie eben dieser hier.

Bei dieser Gelegenheit muß ich eine Bagatelle erwähnen, weil sie für den Charakter des Duc d'Orléans sehr typisch ist. Eines Tages, als die Duchesse d'Orléans einen Ausflug nach Montmartre gemacht hatte, ging ich mit dem Duc d'Orléans allein in dem kleinen Garten des Palais Royal umher, wir sprachen ausführlich über Staatsgeschäfte, die jedoch nichts mit dem Vertrag des Duc de Lorraine zu tun hatten. Plötzlich unterbrach er sich und sagte zu mir: »Ich will Ihnen etwas mitteilen, was Sie freuen wird«; und nun erzählte er mir, daß er des Lebens, das er bisher geführt habe, überdrüssig sei, da es weder seinem Alter noch seinen Bedürfnissen mehr entspreche; daß er sich entschlossen habe, seine Soiréen aufzulösen und fortan die Abende bieder und gemächlich in seinen eigenen Räumen oder bei der Duchesse d'Orléans zu verbringen, dadurch würde sich seine Gesundheit bessern und er gewönne mehr Zeit für die Staatsgeschäfte; doch wolle er mit dieser Änderung noch warten, bis der Duc und die Duchesse de Lorraine wieder abgereist seien (das würde gewiß nicht mehr lange dauern), denn es öde ihn an, täglich mit den beiden und einer Schar von Frauen bei der Duchesse d'Orléans zu Abend essen zu müssen, doch ich könne gewiß sein, daß er, sobald sie fort seien, keine Gelage mit Roués und Huren mehr veranstalten würde: das waren seine eigenen Worte, er wolle, ergänzte er noch, fortan ein ruhiges und vernünftiges, seinem Alter entsprechendes Leben führen.

Ich gestehe, daß ich ganz überrascht war und mich wegen der tiefen Zuneigung, die ich für ihn empfand, aufrichtig freute. Ich bezeugte ihm das mit großer Herzlichkeit, indem ich ihm für sein Vertrauen dankte. Ich sagte ihm, er wisse ja, daß ich seit langem nicht mehr über seinen unziemlichen Lebenswandel gesprochen hätte, auch nicht über die Zeit, die er damit verlöre, weil ich eingesehen hätte, daß das nur ein Zeitverlust für mich wäre; ich hätte zu meinem großen Kummer längst die Hoffnung aufgegeben, daß er seine Gewohnheit noch einmal ändern würde, aber er wisse wohl, wie sehr ich das stets gewünscht hätte, und könne sich also vorstellen, welche Überraschung und welche Freude er mir nun bereite. Er versicherte mir abermals, daß er fest entschlossen sei, und alsbald verließ ich ihn, weil er nun zu seiner Soirée gehen mußte.

Am nächsten Tag erfuhr ich von Leuten, denen es die Roués erzählt hatten, der Duc d'Orléans habe diesen bei Tisch unter schallendem Gelächter sofort berichtet, wie fein er mich angeführt und wie brav ich ihm auf den Leim gegangen sei; er habe ihnen das Gespräch wortwörtlich wiederholt und dafür den heitersten Beifall geerntet. Es war das einzige Mal, daß er sich auf meine – oder vielmehr auf seine eigenen – Kosten vergnügte, und wenn ich so töricht gewesen, ihm in meiner überschwenglichen Freude ohne weiteres geglaubt zu haben, so gereicht mir das zur Ehre, ihm jedoch keineswegs. Ich dachte indes nicht daran, ihm den Gefallen zu tun, ihn aufzuklären, daß ich von seinem schlechten Spaß erfahren hatte, auch erinnerte ich ihn nie an das Versprechen, das er mir gegeben, und er selber wagte nicht, darauf zurückzukommen. Niemals habe ich enträtseln können, welche Laune ihn veranlaßt haben mochte, mir dieses Märchen aufzubinden, mir, der ich seit Jahren kein Wort mehr über seine Lebensführung verloren hatte, von der mir das geringste zu erzählen er seinerseits sich wohl hütete. Es ist wahr, daß ihm zuweilen – aber nur wenn er mit seinen vertrautesten Dienern allein war – eine Klage entschlüpfte; ich behandele ihn, meinte er, recht schlecht und spräche sehr hart mit ihm, aber er erwähnte das nur beiläufig, ohne alle Bitternis und ohne Zorn gegen mich. Tatsächlich war ich manchmal völlig außer mir über seine Unvernunft oder die schwerwiegenden Fehler, die er in Staatsgeschäften und anderen wichtigen Fragen beging, und es ärgerte mich, daß er, nachdem wir aus guten Gründen übereingekommen waren, irgendeinen entscheidenden Schritt zu tun oder zu unterlassen, hernach, obwohl er ganz überzeugt und fest entschlossen schien, in seiner Schwäche oder Nachgiebigkeit am Ende gerade das Gegenteil befürwortete. Aber der Schabernack, den er mir, wenn wir allein waren, am liebsten spielte und auf den ich in meiner Lebhaftigkeit immer wieder hereinfiel, bestand darin, daß er ganz plötzlich eine sachliche Beweisführung durch ein albernes SFRCFCSITC unterbrach; dann konnte ich kaum mehr an mich halten, von Zorn übermannt war ich drauf und dran fortzugehen, ich sagte ihm, wenn er zu Witzen aufgelegt sei, könne er scherzen, soviel er wolle, aber ernsthafte Gespräche mit Possen zu vermischen, das sei ganz unerträglich. Er lachte darüber von Herzen, und dies um so mehr, als es immer wieder geschah und ich darauf hätte gefaßt sein müssen, und doch war ich es niemals und ärgerte mich über den Vorfall und über mich selbst; alsdann nahm er das ernste Gesprächsthema wieder auf; aber Fürsten müssen sich wohl zuweilen entspannen und Scherze treiben mit jenen, die sie als Freunde ansehen. Er kannte mich als Freund, und wenngleich er nicht immer mit meiner von ihm so genannten Härte zufrieden war, wenngleich seine Schwäche, die ihn veranlaßte, Dinge vor mir geheimzuhalten, ihn allzu oft überkam, bewies er mir doch stets Freundschaft, Vertrauen und Achtung, soweit er derartiger Regungen überhaupt fähig war; diese Gefühle waren stärker als die Wolken, die sich ab und an zwischen uns schoben, und auch als die Machenschaften und Angriffe seiner Günstlinge, des Abbé Dubois, Noailles, Canillacs und anderer gegen mich. Die seltenen Verstimmungen äußerten sich in kühler Zurückhaltung, in Schmollen und Schweigen, aber das dauerte nie sehr lange; ich bemerkte es stets sofort und fragte ihn ganz freimütig, wem er denn gram sei und welche Lügengeschichten man ihm wieder aufgetischt habe; er gestand es mir dann in aller Freundschaft, schämte sich der Sache und wir schieden in bestem Einvernehmen.

Er war nicht gewillt, sich mit einer Mätresse zu begnügen, er brauchte den Anreiz der Abwechslung. Ich hatte zu diesen Frauen noch weniger Beziehung als zu seinen Roués, er erwähnte sie mir gegenüber niemals, und ich hatte keine Ahnung von ihrem Treiben. Die Roués und die Diener fühlten sich bemüßigt, ihm immer wieder weibliche Wesen zuzuführen, und er verliebte sich dann in eine von ihnen. Mme. de Sabran, geborene Foix-Rabat, war ihrer Mutter, als diese zur Erledigung einiger Angelegenheiten kurz bei Hofe hatte erscheinen müssen, entflohen, um einen Mann zu heiraten, der zwar einen großen Namen, aber weder Vermögen noch Verdienste besaß, der ihr jedoch volle Freiheit ließ. Sie war wirklich schön, herrlich gewachsen und wunderbar anzusehen, hatte regelmäßige und angenehme Gesichtszüge, ein feines und vornehmes Benehmen ohne alle Geziertheit; ihr schlichtes und natürliches Auftreten erweckte den Eindruck, als wisse sie gar nichts von ihrer Schönheit, und wenn es ihr beliebte, konnte sie täuschend bescheiden sein. Bei all ihrem Geist war sie einschmeichelnd, anschmiegsam, zur Wollust verleitend, kein bißchen unverschämt, in jeder Weise bezaubernd, und insbesondere bei Tisch, mit einem Wort, sie besaß alles, was der Duc d'Orléans brauchte, dessen Mätresse sie alsbald wurde, ohne daß die anderen Frauen einen Schaden davon gehabt hätten. Da, wie gesagt, weder sie noch ihr Gemahl über das geringste Vermögen verfügten, waren sie zu allem bereit, aber dennoch kamen sie auf keinen grünen Zweig. Montigny, der Bruder Turmenyes, war einer der Kammerherren des Duc d'Orléans, seine Bezüge betrugen sechstausend Livres, er vermachte Sabran beim Tode Matharels dessen Posten als erster Kammerherr. Mme. de Sabran erhielt eine Rente von sechstausend Livres, eine ganz brauchbare Einnahme für ihren Gemahl, von dem sie im übrigen so wenig Aufhebens machte, daß sie ihn, wenn sie von ihm sprach, stets nur als ihren Haushund zu bezeichnen pflegte. Mme. de Sabran prägte einmal, als sie mit dem Duc d'Orléans und seinen Roués soupierte, die geistreiche Bemerkung, Fürsten und Lakaien seien aus dem gleichen Teig geformt, den Gott bei der Schöpfung dann abgetrennt habe von dem, aus dem er alle anderen Menschen geschaffen.

D'Argenson hatte sich, als er Polizeiminister war, angewöhnt, ganz unregelmäßig zu jeder Tages- und Nachtzeit zu arbeiten. Er bat niemanden zu Tisch und gab niemals Audienz, was all jene, die die Regierungsgeschäfte mit ihm zu besprechen hatten, sehr in Verlegenheit brachte, aber auch die Finanzverwaltungsbeamten, die Finanziers und ihre Angestellten; er ließ sie nämlich häufig des Nachts zu sich kommen, meistens bestellte er sie auf zwei oder drei Uhr morgens. Das Mittagessen nahm er in seiner Karosse ein, während er zu einer Ratssitzung in die Tuilerien oder zu einer nachmittäglichen Besprechung ins Palais Royal fuhr.

Einzig er und Law beschäftigten sich mit den Finanzen, sie arbeiteten häufig mit dem Regenten zusammen, aber fast niemals beide auf einmal, sondern meist nur einer von ihnen. Daher erfolgten die Beschlüsse und die Durchführungen ohne weitere Förmlichkeit oder Beratung. Ein recht törichter Vorfall wirbelte damals viel Staub auf. Ich habe die Brüder Saint-Pierre bereits erwähnt, der eine der beiden war erster Stallmeister der Duchesse d'Orléans, der andere Almosenier von Madame, letzterer war sehr geistreich, sehr gelehrt und steckte voll von phantastischen Ideen. Er gehörte seit langem zur Académie française, war zwar sehr von sich überzeugt, aber dennoch ein wackerer Ehrenmann; er hatte viele Bücher geschrieben und entwarf zugunsten des Gemeinwohls etliche Projekte und Reformvorschläge im Hinblick auf Politik und Regierung. Nach dem Tode des Königs glaubte er, volle Freiheiten zu haben und seiner Einbildungskraft ungehinderten Lauf lassen zu können.

Er schrieb also ein Buch mit dem Titel *La Polysyndonie*, in dem er wahrheitsgemäß die despotische und oft tyrannische Macht darstellte, wie sie von den Staatssekretären und dem Generalkontrolleur der Finanzen unter der letzten Regierung ausgeübt wurde; er nannte diese Männer »Wesire« und ihre Departements »Wesirate«, und er verbreitete sich über diesen Punkt mit mehr Aufrichtigkeit als Vorsicht. Schon bei seinem Erscheinen löste das Werk unter sämtlichen Regierungsmitgliedern sowie unter jenen, die sich schmeichelten, nach der Régence wieder das Ruder in die Hand zu bekommen, eine allgemeine Empörung aus. Die ehemaligen Höflinge des verstorbenen Königs befleißigten sich auf Kosten der anderen einer Dankbarkeit, die sie nichts kostete. Der Marschall de Villeroy brach als erster in lautes Gepolter aus und brachte den ganzen einstigen Hof durcheinander. Aber abgesehen von jenen Leuten gab es niemand, der an diesem Werk Anstoß nahm, da es ihm zwar an Vorsicht mangelte, nicht aber an Respekt gegen die Person des verstorbenen Königs; und das Wahrheiten aussprach, die jeder, der damals lebte, bezeugen und deren Evidenz niemand bestreiten konnte. Die Mitglieder der Akademien sowie die übrigen Schriftsteller und der Rest der Gesellschaft zeigten sich entrüstet, daß jene Herren von vorgestern noch immer die Wahrheit und Freiheit nicht dulden wollten, da sie derart an die Knechtschaft gewöhnt waren. Der Marschall de Villeroy intrigierte weiter, hielt soviel Reden, veranstaltete ein solches Getöse, daß er durch seine Übertreibungen eine Reihe von Mitläufern gewann, die nur im Echo zu schreien wagten, so daß der Duc d'Orléans, der die Saint-Pierre noch niemals gemocht hatte und dem der Marschall de Villeroy unablässig zusetzte, sich nicht für den Abbé einsetzen wollte. Saint-Pierre wurde also aus der Académie française ausgestoßen, da diese es nicht wagte, die Sache bis zu Ende durchzufechten. Das Buch wurde verboten, aber der Akademie, die sich die Neigung des Regenten für *mezzo termine* zunutze machte, wurde zugebilligt, daß keine neue Wahl stattfand und daß der Platz des Abbé de Saint-Pierre unbesetzt blieb, und dies – trotz des Geschreis seiner Verfolger – bis zu seinem Tode.

Alberoni heimlicher Herrscher in Spanien. – Orléans liefert sich Dubois aus. – Verhältnis Frankreich–England.

Ich habe den Pater de La Tour, den General der Oratorianer, der ein sehr kluger, geistreicher und frommer Mann war, oftmals sagen hören, schon wenn man die Mehrzahl der römischen Kaiser betrachte und die ihnen in der Verwaltung nachfolgenden Statthalter, die Gott der damals bekannten Welt als Herrscher gegeben, scheine es fast, als ob ER den Menschen nicht allzuviel Wert beimesse; wenn man dann von diesen Weltherrschern herabsteige zu jenen, die ihnen in den verschiedenen Nachfolgestaaten des römischen Kaiserreiches gefolgt seien, so komme man im kleinen zu derselben Feststellung; und man könne nur staunen, wem die verschiedenen Reiche unter den verschiedenen Königen als Beute und Spielzeug zum Opfer gefallen seien. Ich weiß nicht, wieviel von der bestürzenden Wirklichkeit die Lektüre zu vermitteln vermag, aber nichts hat mir so großen Eindruck gemacht wie die weltpolitischen Konstellationen, die ich in diesem Jahrhundert miterlebte. Da werden also die zwei mächtigsten Monarchien von zwei grundverschiedenen Fürsten, deren einer große geistige Überlegenheit zeigt, regiert; doch gleich Kindern lassen beide sich gängeln von zwei Männern aus der Hefe des Volkes, die in aller Seelenruhe, und ohne auf ein Hindernis zu stoßen, ihre Herren und deren Reiche entgegen den vornehmsten Interessen beider Fürsten und ihrer Länder zum Sklaven und Spielzeug ihres persönlichen Ehrgeizes machen. Beide Männer haben nicht die geringste Erfahrung, sind bar aller charakterlichen Vorzüge oder Eignungen, auf nichts gestellt als auf sich selbst, geruhen gar nicht erst, ihren Herren ihren Eigennutz zu verhehlen, und sind nur darauf aus, ihren Terror zu verbreiten, ohne irgend jemanden zu schonen.

Spanien lebte in aller Ruhe dahin, während es darauf wartete, daß die Zeiten sich ändern und die Umstände so günstig würden, daß sich aus dem Waffenstillstand ein Friede ergebe. Der König von Spanien dachte damals nur daran, sich diesen Zustand zunutze zu machen, um sein Königreich und seine Streitkräfte wiederherzustellen. Er war gleichermaßen von innen und von außen bedrängt. Außenpolitisch konnte er nur noch auf Frankreich rechnen, das den Frieden erhalten wollte; das überdies Ludwig XIV. verloren und nun die Minderjährigkeit des jungen Königs zu überbrücken hatte, das schließlich statt von einem großen König und väterlichen Ahnherrn Philipps V. nunmehr von einem Regenten regiert wurde, den, wie man weiß, Mme. des Ursins aufs äußerste mit Philipp V. entzweit hatte. In dieser Lage gelang es Alberoni, der unumschränkte Herr Spaniens zu werden. Das Nichts seiner Herkunft, seine Anfänge beim Duc de Vendôme, seine Moral, sein Charakter, die Ungnade jenes angeblichen Heros, der ihn mit sich nach Spanien genommen hatte, die fatale zweite Ehe Philipps V. mit der Tochter des Herzogs von Parma, der Sturz der Princesse des Ursins, was beides er sich als Untertan und hernach als Gesandter von Parma in Spanien zunutze zu machen verstand, und die unbedingte Abschließung Philipps V., an welche die Politik der Mme. des Ursins den König gewöhnt hatte – all das bewirkte, daß Alberoni sich nur der vorhandenen Gepflogenheiten zu bedienen brauchte, die ihm nicht minder zum Vorteil gereichten als der Princesse des Ursins, die sie eingerichtet hatte.

Alberoni findet einen einsiedlerischen, von der Welt abgeschlossenen König, der aufgrund seiner fleischlichen Begierden seiner Ehefrau ausgeliefert ist, der, frömmelnd und von Gewissensbissen verzehrt, die erhabenen Grundsätze der Religion mißversteht und nur an deren Äußerlichkeiten klebt, der ebenso scheu und starr wie sanft und fügsam ist; bar aller Einbildungskraft, geistig träge, daran gewöhnt, sich der Führung eines andern zu überlassen, und leicht zu lenken, weil man gewiß sein kann, daß er mit niemandem spricht noch sich von jemandem ansprechen läßt, der aus Vorsicht niemals an eine andere Frau als an die seinige denkt; ein König, der dennoch ruhmsüchtig und stolz darauf ist, daß man in Europa mit ihm rechnen muß, und der sich, ohne daß es ihm jemals einfiele, Madrid zu verlassen, mit dem traurigsten und eintönigsten Leben zufriedengibt, ohne an irgendeine andere Abwechslung und Zerstreuung zu denken als an Jagden, die er auch nur in Gesellschaft der Königin unternimmt und bei denen man ihm die Tiere, die er schießen will, vor die Flinte treibt.

Eine Königin, die, sehr geistreich, voller Anmut, Selbstbewußtsein und Ehrgeiz und willens, unumschränkt zu herrschen, mühelos auf den Thron gelangte und sich ebenso mühelos dort hält; kühn, unternehmend, eifersüchtig und unruhig, ist sie ständig auf der Hut, um im

Gedenken an das traurige Los der spanischen Königin-Witwe, das sie um jeden Preis zu vermeiden sucht, für einen oder vielleicht für mehrere ihrer Söhne einen souveränen Staat zu erwerben; da sie ohne Umschweife zugibt, daß sie die Spanier haßt, wird sie von ihnen verabscheut, und da sie keinen anderen Rückhalt hat als die Italiener, begünstigt sie diese nach Möglichkeit. Von Parma her, wo sie, wie gesagt, von einer strengen Mutter erzogen wurde, die sie ohne Kenntnisse und ohne Verbindungen ließ, kannte sie nur die Italiener und war infolgedessen geneigt, die Dinge nur mit den Augen Alberonis zu sehen; an ihn war sie gewöhnt und hatte sich an ihn auf der Reise angeschlossen; er war der einzige, dem sie in seiner Eigenschaft als Untertan von Parma sowie Minister von Spanien vertrauen zu können glaubte. Er vermochte nichts ohne sie, und sie ihrerseits dachte, daß er ihr niemals gefährlich zu werden vermöchte. Das war die Ausgangssituation, von der aus Alberoni ohne Rivalen und ohne Widersacher an seinem Aufstieg arbeiten konnte, das lieferte ihm die Bedingungen und den Rückhalt, innen- wie außenpolitisch alles zu unternehmen, was ihn gutdünkte; das ermöglichte ihm, sich im Schatten einer undurchsichtigen Verwaltung zu bereichern und schließlich rücksichtslos einen aberwitzigen Krieg zu entfachen und alle Friedensangebote zurückzuweisen, die besser waren, als Spanien jemals hätte erhoffen können.

Diese außenpolitischen Bestrebungen trugen dazu bei, Spanien unnützerweise zu erschöpfen und seine soeben wiedererstandene Marine zu vernichten, wodurch diese Monarchie in Indien die schwersten Niederlagen erlitt, von denen sie sich nie wieder erholen sollte. All das war die Folge der unumschränkten, aber kurzen Herrschaft jenes Premierministers, der, nachdem er ganz Spanien beleidigt und mit Schimpf aus dem Lande verjagt worden war, im Schatten seines Purpurs und im Besitz unermeßlicher Reichtümer – die er wohlweislich nicht in Spanien angelegt hatte – alsdann in Rom eine beträchtliche Rolle spielte und sich dort über ganz Europa, das er gegen sich aufgereizt hatte, lustig machte.

Aber diese Lehre, so hart sie auch war, vermochte den spanischen König nicht zur Besinnung zu bringen, und die zahllosen, nachträglich bekanntgewordenen Verbrechen Alberonis vermochten nicht, ihn davon abzuhalten, sich wieder einem einzigen Menschen auszuliefern. Trägheit und Gewohnheit waren stärker: nach der Allmacht Alberonis erlebte Spanien die nicht so gewalttätige, aber um vieles lächerlichere Herrschaft eines Holländers, der, als er seinerseits fortgejagt wurde, keine andere Zuflucht fand als bei den Piraten. Nichts aber vermochte

Philipp V. von dem verderblichen, seinem Ruf und seiner Monarchie so schädlichen Posten eines Premierministers abzubringen. Bis zu seinem Tode konnte er niemals auf einen solchen verzichten.

Auch Frankreich war in diesem Punkt nicht glücklicher daran, was unbegreiflich ist, da es unter einem Fürsten lebte, der alle Gaben besaß, ein hervorragender Regent zu sein: vielseitiges Wissen, Menschenkenntnis und persönlich erworbene Erfahrungen; auch besaß er angeborenen Gerechtigkeitssinn, natürliche Beredsamkeit, hatte über die Regierungsformen der verschiedenen Länder, und zumal über die unsrige, nachgedacht, verfügte über ein untrügliches Gedächtnis, hinlängliche Einsichten, und keine Leidenschaft vermochte je, ihm Staatsgeheimnisse zu entreißen. Niemand kannte den Abbé Dubois besser als er, und wenn ich daran denke, wie er zeit seines Lebens über Dubois zu urteilen pflegte, auch noch als er diesen zum Premierminister ernannte, ist es mir unverständlich, wie er ihn überhaupt hatte ernennen können und weshalb er sich ihm so vollständig anheimgegeben hat. Gleichviel, der Duc d'Orléans war Dubois vollkommen ausgeliefert, diesem Mann, von dem er wußte, wie überspannt, engstirnig und aufbrausend er war, diesem Gauner, dem niemand traute, dessen Falschheit auf den ersten Blick zu sehen war. Wenn man die beiden kannte, konnte einem diese Verblendung nur als Wunder erscheinen.

Die Erfahrung mehrerer Jahrhunderte hat gelehrt, was England für Frankreich bedeutet: England ist Frankreichs Feind, weil es seine Häfen und seine Provinzen beansprucht, sein Feind, weil es die Herrschaft über das Meer erstrebt, sein Feind wegen der Nachbarschaft, sein Feind wegen des Handels; feindlich im Hinblick auf die Kolonien, feindlich in der Regierungsform und zu alledem noch feindlich in der Religion, da Frankreich den Versuch unternommen hat, gegen den Willen der englischen Nation das Haus Stuart wieder auf den Thron zu bringen. Die Erfahrung lehrt überdies, daß Frankreich von einem friedlichen und im Innern einigen England stets das Schlimmste zu befürchten hat, daß Frankreich jedoch aus den langen Zwistigkeiten sowohl während der Rosenkriege als auch während der inneren Erschütterungen seit Heinrich VIII., die schließlich Cromwell zur höchsten Macht gebracht haben, stets großen Vorteil gezogen hat. Es ist also klar, daß Frankreich ein entschiedenes Interesse daran hat, die inneren Wirrnisse dieser Nation aufzustacheln und zu erhalten. Das war die Absicht des verstorbenen Königs; alles war schon vorbereitet, und man hätte nur seinen Plan weiterzuverfolgen brauchen; aber das lag nicht im Interesse des Abbé Dubois, auch nicht in dem Canillacs und des Duc de Noailles. Die Folge davon ist, daß Frankreichs Marine und also auch sein Handel vollkommen zerrüttet sind; an einen Wiederaufbau ist nicht zu denken; Frankreich kann keine Schiffe mehr aufs Meer hinausschicken, ohne daß sie nicht sofort verfolgt würden; alle seine Häfen sind blockiert, seine besten Kolonien werden ihm geraubt, und die ihm noch verbleibenden könnten jederzeit England anheimfallen. Das heutige Frankreich würde mehr als dreißig Jahre sehr guter Regierung brauchen, um seine Marine wieder in den Stand zu setzen, in dem Colbert sie hinterlassen hat. Diese und andere Übel verdankt Frankreich den beiden Premierministern, die es seit dem Tode des verstorbenen Königs regiert haben. So also triumphiert nun England über unsere Torheiten; während es die Welt mit dem großen Wort vom europäischen Gleichgewicht in Schach hält, hat es sich seinerseits in den Besitz der unbedingten See- und Handelsmacht gebracht.

Drohende Wolken am innenpolitischen Horizont.

Am 11. und 12. August versammelte sich das Parlament, um all sein Gift in den Finanzerlaß zu gießen. Man kann sich denken, welches Aufsehen dieser Erlaß erregte, der nicht weniger bedeutete, als daß das Parlament die volle Autorität über die Finanzverwaltung an sich riß, daß es all jene, die der König einstellte, sowie diesen selbst unter Kontrolle hielt, daß es Law, um ihm die Hände zu binden, unter Aufsicht des Parlaments stellte. Nach diesem ersten Anfang war es nur noch ein Schritt, bis das Parlament, worauf es wahnsinnigerweise Anspruch erhob, tatsächlich der Tutor des Königs und der Herr des Königreiches wurde und somit der Regent noch mehr unter seiner Fuchtel stand, ja ihm vielleicht ebenso ausgeliefert sein würde wie weiland Karl I. dem englischen Parlament. Die Stände der Bretagne erhoben sich und wurden täglich rebellischer. Inzwischen erdreistete sich Mme. du Maine, laut beim Duc d'Orléans Klage zu führen. Das Urteil des Regentschaftsrates, durch welches den Bastarden das vom Duc du Maine dem König entrissene Thronfolgerecht abgesprochen worden war, hatte das Ehepaar in äußersten Harnisch gebracht. Und sie dachte nun nur noch daran, ihr weiland dem Duc de La Force und dem Duc d'Aumont gegebenes Versprechen einzulösen, nämlich das ganze Königreich in Schutt und Asche zu legen, um diese Vorrechte nicht zu verlieren. Alles schien ihr Projekt zu begünstigen: der weitgehend verführte Adel, die Unruhe in der Bretagne, das aufsässige Parlament von Paris, Spanien, wo sie auf Alberoni Einfluß hatten, der Widerstand gegen die Quadrupel-Allianz und gegen die Finanzverwaltung sowie das Wiederaufleben jener bösartigen Verleumdungen gegen den Regenten.

Angesichts dieser Situation verbreitete sich das Gerücht von einem bevorstehenden Throngericht. Der Regent hatte bislang noch nicht daran gedacht, diese Reden waren nur durch die ungeheuerlichen Angriffe auf die königliche Autorität verursacht und durch die Tatsache, daß die einen in dem Throngericht das einzige Mittel sahen, weitere Gewaltmaßnahmen zu unterbinden, und daß die anderen sich davor fürchteten. Die Lektüre der Memoiren des Kardinal de Retz, Joly und der Mme. de Motteville hatte allen die Köpfe verdreht, diese Bücher waren derart in Mode gekommen, daß Männer und Frauen jeden Standes sie stets im Munde führten. Der Ehrgeiz, die Neuigkeitssucht, die Geschicklichkeit der Buchhändler, die sie marktschreierisch anpriesen, wiegten die meisten Leser in der Hoffnung, eine Rolle spielen und zu einer Rolle kommen zu können, sowie in dem Glauben, daß es auch jetzt noch solche Persönlichkeiten gebe wie unter der letzten Minorität. Da Law ein Ausländer war, bildete man sich ein, daß er den Kardinal Mazarin verkörpere; in der Partei des Duc und der Duchesse du Maine sah man die Fronde; und die Schwäche des Duc d'Orléans wurde mit der der Königin-Mutter verglichen; die verschiedenen Interessen und Spaltungen der Minister und ihrer Räte schienen sehr ähnlich zu liegen wie in der Kindheit Ludwigs XIV. Der außenpolitische Friede, dessen man sich unter der ehemaligen Minorität nicht erfreute, bot den Leuten, die den König von Spanien gegen den Regenten ausspielen wollten, einen weiteren Vorteil. Wahrhaftig, alles trieb aufs Äußerste zu, und es war höchste Zeit, daß der Regent aus seinem Dämmerzustand erwachte, der ihn der Verachtung aussetzte und seine sowie des Staates Feinde ermunterte, alles zu wagen und alles zu unternehmen.

Als ich nach einer wichtigen Unterredung mit Monsieur le Duc über die Erziehung des Königs nach Hause kam, ging ich durch meinen Garten, um im nebenanliegenden Jakobinerkloster die Messe zu hören. Meine Gedanken schweiften des öfteren ab, aber Gott gab mir die Kraft, ihn zu bitten, mich so zu lenken, daß ich ohne Eigennutz, nur zu Seinem Ruhm und zum Wohl des Staates handeln würde. Ich bat Ihn ferner um die Gnade, wohlgesinnte und unvoreingenommene Leute für die Sache zu gewinnen und mir meine unbestechliche Urteilskraft zu erhalten. Und ich wurde erhört. Ich habe mir im nachhinein nichts vorzuwerfen, denn ich habe bei dem Verlauf der ganzen Affäre, ohne nach rechts und links zu sehen, stets nur das Wohl des Staates im Auge gehabt.

Das Throngericht vor dem gedemütigten Parlament. – Die Bastarde gehen ihrer Rechte verlustig, einzig der Comte de Toulouse behält – für seine Person, nicht für seine Nachkommen – seine Privilegien. – Der Duc du Maine als Erzieher des jungen Königs abgelöst durch Monsieur le Duc.

Nachdem der Duc d'Orléans, Monsieur le Duc, Dubois, ich und andere tagelang alle Einzelheiten besprochen hatten, war es endlich soweit, daß das Throngericht am 26. August um sechs Uhr früh im Parlament ausgerufen und zwischen neun und zehn in den Tuilerien stattfinden sollte.

Am 26. gegen fünf Uhr früh vernahm man die ersten Tambourwirbel in der Stadt, und bald darauf sah man Soldaten aufmarschieren. Die Parlamentsmitglieder taten, um sich in ihrer Sprache auszudrücken, nichts anderes, als sich zu versammeln. Sie riefen den Ersten Präsidenten, der die Kammern zusammentreten ließ. All das dauerte eine halbe Stunde. Dann gaben sie ihre Gehorsamserklärung ab. Danach debattierten sie, ob sie sich im Wagen oder zu Fuß in die Tuilerien begeben sollten; man entschied sich zu letzterem, da es die übliche Form war und da man hoffte, das Interesse des Volkes zu gewinnen und also in Begleitung einer heulenden Menge in die Tuilerien einzuziehen.

Wenn ich schon seit acht Tagen wenig geschlafen hatte, so schlief ich in der letzten Nacht vor dem großen Ereignis fast gar nicht. Ich erhob mich vor sechs Uhr. Gegen sieben Uhr kam ein Bote des Duc d'Orléans, um mir mitzuteilen, ich möchte zum Regentschaftsrat um acht Uhr im kurzen Mantel erscheinen; ich kleidete mich schwarz, weil ich diese Art Gewandung nur noch in einem prächtigen Goldstoff besaß, den ich nicht anzog, um mir nicht sagen zu lassen, ich wolle das Parlament und den Duc du Maine beleidigen. Ich war gleichermaßen von Furcht und Hoffnung erfüllt, von Freude und von Bedenken wegen der Schwäche des Duc d'Orléans und der Folgen, die sich daraus ergeben könnten. Ich beschloß, mich durch nichts schrecken zu lassen, in jeder Situation bereit zu sein, ohne allzuviel Eifer und Anteilnahme an den Tag zu legen, mich der unbedingten Aufmerksamkeit und Geistesgegenwart zu befleißigen und mir den Anschein gelassener Zurückhaltung zu geben.

Ohne unterwegs etwas Außergewöhnliches bemerkt zu haben, gelangte ich um acht Uhr im Hof der großen Tuilerien an. Die Karossen des Duc de Noailles, der Marschälle de Villars und d'Huxelles sowie einiger anderer standen bereis da. Ich stieg aus, ohne eines Menschen ansichtig zu werden, und ließ mir die beiden Flügeltüren des Saales der Garden öffnen. In dem großen Vorzimmer, in dem der König gewöhnlich zu speisen pflegte, wurde das Throngericht vorbereitet.

An diesem entscheidenden Tag führte man den König, sobald er sich erhoben hatte, in sein Ankleidezimmer und von da in seine Gemächer. Man deckte sein Bett und das des Marschall de Villeroy wieder zu, stellte am Fußende der Betten den Tisch auf, an dem Rat gehalten werden sollte. Als ich den vorliegenden Raum betrat, begegnete ich dort vielen Leuten, die das erste Gerücht von einem unerwarteten Ereignis herbeigelockt hatte.

Nachdem ich einen flüchtigen Blick auf die Menschenmenge geworfen hatte, begab ich mich in den Sitzungssaal. Er war gedrängt voll. Fast alle Ratsmitglieder zeigten eine ernste und angespannte Miene, wodurch sich meine eigene Spannung erhöhte. Niemand sagte etwas, jeder verharrte dort, wo er gerade stand oder saß. Ich blieb für mich, sprach mit niemandem, um die Szene besser beobachten zu können.

Einen Augenblick darauf trat der Duc d'Orléans ein. Mit lächelnder Miene, ungezwungen, gelassen. Das schien mir ein gutes Vorzeichen. Ich fragte ihn, wie es ihm gehe; er antwortete mir laut und vernehmlich, er fühle sich sehr wohl. Dann flüsterte er mir ins Ohr, daß er sehr gut geschlafen habe und fest entschlossen sei, in keinem Punkt nachzugeben. Das gefiel mir ungemein, denn aus seinem Auftreten zu schließen, schien es mir, daß er die Wahrheit sprach. Alsdann kam Monsieur le Duc auf mich zu und fragte mich, welchen Eindruck mir der Regent mache, ob er wirklich bereit sei; er seinerseits trug einen Ausdruck stolzer Heiterkeit zur Schau. Der Prince de Conti, kränklich, zerstreut, voller Neid auf seinen Schwager, erweckte den Eindruck, sehr beschäftigt zu sein; er war es mitnichten. Der Duc de Noailles verschlang jeden mit vor Wut sprühenden Blicken, weil er sich an einem so großen Tag unter das Publikum mischen mußte, er wußte tatsächlich nicht, worum es ging. Ich hatte Monsieur le Duc ausdrücklich darum gebeten, ihm nichts zu sagen, weil ich ihre Verbindung für stärker hielt, als sie wirklich war.

Nun kam der Duc du Maine in kurzem Mantel durch die kleine Tür des Königs herein. Niemals hat er so viele und so tiefe Verbeugungen gemacht, obwohl er auch sonst nicht mit diesen zu sparen pflegte. Auf seinen Stock gestützt, stand er ganz allein neben dem Ratstisch bei den Betten und betrachtete die Anwesenden. Ich machte ihm über den Tisch hinweg die feierlichste Verbeugung, die ich je in meinem Leben gemacht habe, und zwar mit der tiefsten Wollust. Er erwiderte sie und fuhr fort, jeden mit starrem Blick zu fixieren.

Als der Regent M. du Maine und den Großsiegelbewahrer, mit denen er sich gerade unterhalten hatte, verließ, kam der Comte de Toulouse, gleichfalls in kurzem Mantel. Er grüßte die Gesellschaft mit ernster, gesammelter Miene, sprach niemanden an und wurde von niemandem angesprochen. Der Duc d'Orléans näherte sich ihm und sagte mit lauter Stimme zu ihm, er sei überrascht, ihn im kurzen Mantel zu sehen. Er habe ihn nicht von dem Throngericht benachrichtigen wollen, weil er wüßte, daß er seit ihrer letzten Urteilsverkündung nicht gern ins Parlament gehe. Der Comte de Toulouse erwiderte, das sei wahr, doch sobald es sich um das Staatswohl handele, schalte er alle persönlichen Gefühle aus. Der Duc d'Orléans wandte sich, ohne etwas zu erwidern, mir zu, zog mich beiseite und meinte seufzend: »Wirklich, dieser Mann dauert mich.« Ich hatte Verständnis für beide, entgegnete jedoch dem Regenten, daß die Wiedereinsetzung des Comte de Toulouse ja beschlossen sei, daß er sich also seinethalben nicht zu beunruhigen brauche. Der Duc du Maine begab sich nun zum Marschall de Villeroy und zu d'Effiat. Beide saßen noch am gleichen Platz, und er stand vor ihnen. Ich bemerkte, daß das kleine Triumvirat sehr erregt war. Was mich hernach vornehmlich beschäftigte, war die Feststellung, daß der Duc de Noailles mir, wohin ich auch ging, ständig mit den Blicken folgte. Ja, er wechselte sogar den Platz oder die Haltung, um mich stets im Auge behalten zu können; deshalb nahm ich den Duc de La Force, der auf mich zukam, um mir etwas zu sagen, sofort beiseite. Danach wechselte ich mit La Vrillière ein paar Worte und schickte ihn zum Großsiegelbewahrer, dem ich sagen ließ, er möge dem Regenten beistehen.

Währenddessen gab der Duc du Maine seinem Bruder mit einem Zeichen zu verstehen, er möge ihn am Ende des Bettes beim Marschall de Villeroy aufsuchen. Er redete mit heftigen Worten auf ihn ein, der andere antwortete in derselben Weise. Er schien nicht recht einverstanden zu sein. Der Duc du Maine setzte ihm abermals zu, darauf ging der Comte de Toulouse zwischen den Bettenden und dem Tisch hindurch zum Kamin, wo sich der Duc d'Orléans mit Monsieur le Duc unterhielt. Er blieb in einiger Entfernung stehen, wie jemand, der darauf wartet, daß man ihn anspricht. Der Duc d'Orléans, der dies bemerkte, verließ nun Monsieur le Duc und ging zum Comte de Toulouse. Sie redeten einige Zeit sehr eifrig miteinander, aber ohne daß man erraten konnte, worum es sich handelte, da man von beiden nur den Rücken sah und weder eine seelische Erregung noch eine Geste wahrzunehmen vermochte. Der Duc du Maine war allein geblieben. Sein Gesicht war leichenfahl. Er suchte verstohlen dem Gespräch zu folgen, dann ließ er mit schuldhafter Verwirrung und der Miene eines zum Tode Verurteilten seinen irren Blick über die Gesellschaft schweifen. So verharrten wir eine Weile. Ich, ausschließlich damit beschäftigt, den Duc du Maine zu betrachten und hie und da einen Seitenblick auf den Regenten und den Comte de Toulouse zu werfen. Dem Duc du Maine ging es, wie mir schien, sehr schlecht. Nur mit Mühe bewegte er sich bis zum unteren Ende des Tisches, während der Comte de Toulouse den Regenten verließ und durch das Gemach ging. All das vollzog sich binnen weniger Augenblicke. Der Regent, der nun neben dem Lehnsessel des Königs stand, erklärte mit lauter Stimme: »Bitte sehr, meine Herren, nehmen Sie Platz!« Jeder begab sich auf den seinigen, und als ich hinter mich sah, gewahrte ich die beiden Brüder nahe der Tür, wie Leute, die gerade im Begriff sind, den Raum zu verlassen. Ich sprang sozusagen zwischen den Lehnsessel des Königs und den Prince de Conti und flüsterte, um nicht von letzterem gehört zu werden, dem Regenten, der bereits Platz genommen hatte, ins Ohr: »Monsieur, passen Sie auf die beiden auf! Die gehen fort.« – »Ja, ich weiß«, antwortete er ganz gelassen. »Aber«, erwiderte ich ernstlich beunruhigt, »wissen Sie denn auch, was sie draußen tun werden?« – »Gar nichts weiter«, sagte er. »Der Comte de Toulouse hat mich gebeten, mit seinem Bruder hinausgehen zu dürfen, und hat mir versprochen, daß sie sich ruhig verhalten werden.« – »Und wenn sie es nicht tun?« entgegnete ich. – »Aber sie werden ruhig bleiben, und auf alle Fälle werden sie genau überwacht.« – »Und wenn sie nun doch Unruhe stiften oder wenn sie Paris verlassen?« – »Dann wird man sie verhaften. Die nötigen Befehle sind erteilt, Sie können sich darauf verlassen.« Das beruhigte mich, und ich setzte mich wieder hin.

Nachdem alle Platz genommen hatten und der Duc d'Orléans die ganze Versammlung, die die Augen auf ihn gerichtet hielt, kurz gemustert hatte, erklärte er, er habe diesen Regentschaftsrat einberufen, um das zu Gehör zu bringen, was in dem letzten beschlossen worden sei. Er glaube, daß es keinen anderen Ausweg gebe, als den Beschluß des Rates durch ein Throngericht registrieren zu lassen. Weil die große Hitze und die Menge im Palais der Gesundheit des Königs schädlich sein könne, habe er es vorgezogen, dem Beispiel des verstorbenen Königs zu folgen, der etliche Male sein Parlament in die Tuilerien berufen habe.

Überdies wolle er sich die Gelegenheit zunutze machen, um die *Lettres de provision* des Großsiegelbewahrers registrieren zu lassen. Während dieser Verlesung, die eigentlich nur veranstaltet wurde, um das Parlament zu zwingen, den Großsiegelbewahrer anzuerkennen, dessen Person und Auftrag die Parlamentsmitglieder haßten, ließ ich es mir angelegen sein, die Gesichter der Anwesenden zu studieren.

Ich bemerkte an dem Duc d'Orléans einen Ausdruck von Würde und gesammelter Aufmerksamkeit, der mir so neu war, daß er mich verblüffte. Monsieur le Ducs Miene war heiter, strahlend und arglos. Der Prince de Conti wirkte abwesend, schien nichts zu sehen noch an irgend etwas teilzunehmen. Dem ernsten, nachdenklichen Großsiegelbewahrer ging offensichtlich viel durch den Kopf, dennoch legte er seine Akten umsichtig und mit Entschlossenheit zurecht. Der Duc de La Force erforschte unter gesenkten Lidern das Mienenspiel seiner Umgebung. Die Marschälle de Villeroy und de Villars flüsterten sich alle Augenblicke etwas zu; ihre Blicke flackerten, und ihre Mienen waren niedergeschlagen. Niemand setzte sich so geschickt in Pose wie der Marschall de Tallard, und doch konnte er seine innere Bewegung, die oft nach außen sichtbar wurde, nicht unterdrücken. Der Marschall d'Estrées war wie aus den Wolken gefallen. Der Marschall de Bezons, mehr denn je von seiner riesigen Perücke umwallt, schien ganz in sich gekehrt mit gesenktem zornigem Blick. Peletier betrachtete jeden mit unbefangener Neugier. Torcy, dreimal so stark belastet wie sonst, schien alles verstohlen zu beobachten. D'Effiat war gereizt, aufgebracht und beleidigt; sprungbereit saß er da und schleuderte unter den gerunzelten Augenbrauen wilde Blicke nach allen Seiten. Die unmittelbar neben mir Sitzenden konnte ich nicht sehen. Ich habe schon von dem Erstaunen des Duc de Guiche, von der Enttäuschung und der Neugier des Duc de Noailles gesprochen. Der sonst stets so lässig auftretende d'Antin schien mir sehr angegriffen und erschreckt. Der Marschall d'Huxelles versuchte den Gleichgültigen zu spielen, konnte indes die Verzweiflung, die er empfand, nicht völlig verbergen. Der alte verblüffte Bischof von Troyes ließ nichts als Überraschung und völlige Ahnungslosigkeit erkennen.

Schon bei dieser ersten Lesung, beim Aufbruch der Bastarde und nach alledem, was sich vor der Sitzung im Regentschaftsrat zugetragen hatte, wurde jedem klar, daß es sich um irgend etwas handeln müsse, was gegen die Bastarde ging. Die Art und die schrittweise Entwicklung der Angelegenheit ließ jedermann im ungewissen. Aber verbunden mit einem so unvermittelt angekündigten Throngericht bezeugte dieses

Vorgehen unbedingte Entschlossenheit gegenüber dem Parlament und eine Festigkeit und Zielstrebigkeit seitens eines Fürsten, dem man dergleichen nie zugetraut hätte, so daß die Anwesenden förmlich den Boden unter den Füßen verloren. Jeder schien, je nachdem in welchem Verhältnis er zu den Bastarden und zum Parlament stand, angstvoll darauf zu warten, was sich nun ereignen würde. Viele schienen ausgesprochen beleidigt über die Tatsache, daß sie, von nichts unterrichtet, einfach der allgemeinen Überraschung anheimgegeben waren und daß der Regent ihnen entschlüpft war. Selten hat man so lange Gesichter gesehen und eine so allgemeine sichtliche Verlegenheit. Ich glaube, daß man in diesem ersten Trubel den Briefen, die der Großsiegelbewahrer zur Verlesung brachte, nur wenig Gehör schenkte. Als die Lesung beendet war, erklärte der Duc d'Orléans, seiner Ansicht nach lohne es nicht, die Stimmen einzeln zu zählen, er dächte, daß alle dafür seien, nunmehr das Throngericht zu eröffnen.

Nach einer kurzen, aber deutlich markierten Pause legte der Regent in wenigen Worten die Gründe dar, die ihn bewogen hatten, beim letzten Regentschaftsrat die soeben verlesenen Parlamentsurteile für null und nichtig zu erklären, und zwar durch einen Beschluß eben dieses Regentschaftsrates. Dann sagte er, indem er sich an den Großsiegelbewahrer wandte: »Monsieur, Sie werden das diesen Herren besser erklären als ich. Bitte, nehmen Sie sich die Mühe.« Der Großsiegelbewahrer ergriff das Wort und ergänzte, was Seine Königliche Hoheit in Kürze gesagt hatte. Er erklärte, was es mit dem Brauch der Remonstrationen auf sich habe; welche Vor- und Nachteile diese hätten, sprach über ihre Grenzen und den Mißbrauch, den man mit ihnen getrieben, über den Unterschied der königlichen Macht und der vom König ausgehenden Autorität des Parlaments, über die Unzuständigkeit der Gerichte auf den Gebieten der Staatspolitik und der Finanzen und über die Notwendigkeit, diese Autorität durch einen Kodex einzuschränken, der in Zukunft die feste Regel für Form und Inhalt ihrer Remonstrationen sein sollte; nachdem er das ohne Langatmigkeit und mit bewundernswerter Genauigkeit dargelegt hatte, begann er den Beschluß zu verlesen.

Als die Lesung beendet war, bestätigte der Regent das Aktenstück, indem er ihm gegen seine Gewohnheit ein Lob erteilte. Dann erklärte er mit gravitätischer Miene und in einem Ton, den noch niemand an ihm vernommen und der die Gesellschaft völlig in Erstaunen versetzte: »Für heute, meine Herren, werde ich mich von dem üblichen Brauch entfernen und die Stimmen einsammeln lassen. Ich denke, es wäre gut, wenn ich es fortan bei jeder Sitzung so hielte.« Darauf wandte er sich, nachdem er nach rechts und links geblickt, an Monsieur le Duc und fragte diesen nach seiner Meinung. Monsieur le Duc stimmte für den Beschluß. Der Prince de Conti gleichfalls. Dann kam ich an die Reihe; auch ich stimmte zu, aber nur generell, um nicht unnützerweise über das Parlament herzufallen und um nicht den Eindruck zu erwecken, seine Königliche Hoheit in der gleichen Weise zu stützen wie ein Prinz von Geblüt.

Der Duc de La Force äußerte sich in demselben Sinne. Alle ergriffen das Wort, die meisten aber sagten nur wenig. Und einige, so zum Beispiel die Marschälle de Villeroy, Villars, d'Estrées, Bezons, der Bischof von Troyes und d'Effiat, ließen ihren Kummer durchblicken, daß sie dem Beschluß, von dem klar war, daß er unabänderlich, nicht zu widersprechen wagten. Enttäuschung spiegelte sich in ihren Gesichtern. Der einzige, der sich nichts merken ließ, war Tallard. Die erzwungene Einsilbigkeit des Marschalls d'Huxelles strafte dessen Einsilbigkeit deutlich Lügen. Der Duc de Noailles bemühte sich ängstlich, nicht mehr zu sagen, als er wollte. Der Duc d'Orléans gab mit erstaunlichem Nachdruck seine Stimme ab.

Nach einem kurzen Schweigen erklärte er, er habe den Prozeß zwischen den Prinzen von Geblüt und den Legitimierten (so sagte er, ohne das Wort Prinzen hinzuzufügen) begutachtet. Nur mit Unbehagen sehe er Leute (genau so drückte er sich aus), die ihm so nahe ständen, in einem Rang, den es vorher nicht gegeben habe und der gegen alle Gesetze ständig mehr an Bedeutung gewonnen habe; daß weder Billigkeit noch die Interessen so vieler angesehener Persönlichkeiten noch die Würde des Staates eine so fortwährende Rechtsbeugung gestatte; daß die Legitimierten Zeit genug gehabt hätten, das auszugleichen, aber daß sie gegen die Kraft der Gesetze und der Beispiele nichts Gültiges hätten vorbringen können. Er habe eine Erklärung aufstellen lassen, die der Großsiegelbewahrer nun zur Verlesung brächte, damit sie nachher beim Throngericht, welches der König einberufen habe, registriert würde.

Tiefes Schweigen folgte dieser so unerwarteten Rede, die jedoch das rätselhafte Verschwinden der Bastarde aufzuklären schien. Ein düsterer Schatten zog über viele Gesichter. Zorn funkelte in den Augen der Marschälle de Villars, Bezons, d'Effiat und sogar d'Estrées. Tallard starrte dumpf vor sich hin. Der Marschall de Villeroy verlor alle Kontenance. Ich konnte das Gesicht des Marschalls d'Huxelles und des Duc de Noailles nicht sehen. Ich hatte genug damit zu tun, das meine zu wahren, das den Blicken der anderen ausgesetzt war. Ich hatte es sorgsam mit einer weiteren Schicht von Ernsthaftigkeit und Bescheidenheit abgedeckt. Nur langsam ließ ich meine Augen umherwandern. Sobald der Regent auf diese Angelegenheit zu sprechen gekommen war, hatte Monsieur le Duc mir einen triumphierenden Blick zugeworfen, der meine Ernsthaftigkeit fast zuschanden gemacht hätte und mich veranlaßte zu vermeiden, daß unsere Blicke sich fernerhin kreuzten. Dergestalt gesammelt, aufmerksam darauf bedacht, das Mienenspiel eines jeden in mich aufzunehmen, gespannt mich selbst und die anderen überwachend, saß ich reglos, wie gebannt auf meinem Platz, von wilder, inbrünstiger Freude erfüllt, erlebte ich einen Wonnetaumel, wie ich ihn nie zuvor und nie nachher empfunden hatte. Was sind schon die Sinnesfreuden gegen die Lüste des Geistes!

Nachdem der Regent seine Rede beendet hatte, forderte er den Großsiegelbewahrer auf, die Erklärung zu verlesen. Schon nach wenigen Augenblicken offenbarte die Veränderung der Gesichter, was sich in den Seelen abspielte. Und nach einigen weiteren Augenblicken belehrten mich der verzweifelte Ausdruck des Marschalls de Villeroy und die Zornesröte im Gesicht Villars', daß ein Heilmittel vonnöten sei, um den Aufruhr zu steuern. Dieses Mittel hatte ich in meiner Tasche und zog es nun heraus. Es war unser Wiederaufnahmeverfahren gegen die Bastarde, das ich vor mich auf den Tisch legte und dort geöffnet liegen ließ. Es enthielt unserer aller Unterschriften. Die beiden Marschälle sahen es alsbald an und erkannten es auf der Stelle. Jeder betrachtete das seltsame Aktenstück.

Nachdem alle Meinungen angehört waren, sagte der Regent: »Meine Herren, das wäre also erledigt, der Gerechtigkeit ist Genüge getan, und die Rechte der Pairs sind gesichert. Jetzt, da keine Rechtsbeugung mehr zu befürchten ist, glaube ich, dem Verdienst Gnade zukommen lassen zu dürfen und also eine persönliche Ausnahme für den Comte de Toulouse zu machen; wobei die Regel bestehen bleibt, ihm selbst sollen alle Ehren erhalten bleiben, die indes nicht auf seine Nachkommenschaft übergehen. Ich bin gewiß, daß die Achtung, die er sich erworben hat, Ihnen diesen Vorschlag annehmbar machen wird.«

Nachdem alle ihre Meinung gesagt hatten, warf Monsieur le Duc mir einen funkelnden Blick zu. Er wollte etwas sagen, aber der Großsiegelbewahrer, der neben ihm saß und das nicht bemerkte, wollte ebenfalls etwas sagen. Der Duc d'Orléans bedeutete ihm, daß Monsieur le Duc reden wolle, und ehe dieser den Mund auftun konnte, erklärte er selbst: »Meine Herren, Monsieur le Duc hat Ihnen einen Vorschlag zu machen. Ich finde ihn annehmbar und vernünftig, und ich zweifle nicht, daß Sie ebenso urteilen werden.« Und indem er sich Monsieur le Duc zuwandte, sagte er: »Monsieur, sind Sie bereit, die Sache darzulegen?« – »Da Sie, Monsieur«, erwiderte jener, »den Herzögen Gerechtigkeit haben zuteil werden lassen, glaube auch ich Gerechtigkeit erbitten zu dürfen. Der verstorbene König hat die Erziehung Seiner Majestät dem Duc du Maine übertragen. Ich war damals noch minderjährig, und nach Ansicht des verstorbenen Königs war der Duc du Maine Prinz von Geblüt und thronfolgeberechtigt; inzwischen bin ich nun mündig und der Duc du Maine nicht mehr Prinz von Geblüt und von der Thronfolge ausgeschlossen. Der Marschall de Villeroy ist ihm heute rangmäßig überlegen und kann mithin nicht mehr unter Oberaufsicht des Duc du Maine Erzieher des Königs bleiben. Also erbitte ich den Posten des Duc du Maine für mich. Er kann mir, wie ich glaube, schwerlich verweigert werden, und ich hoffe«, fügte er hinzu, wobei er sich nach links wandte, »daß ich mir die Freundschaft des Marschall de Villeroy verdienen werde.« Der Marschall de Villeroy fiel, als er das Wort von der Oberaufsicht über die Erziehung des Königs hörte, schier aus allen Wolken: er legte die Stirn auf seinen Stock und verharrte etliche Zeit in dieser Pose. Es schien sogar, als vernehme er kaum noch den Rest der Rede.

Als Monsieur le Duc sich wieder gesetzt hatte, meinte der Duc d'Orléans, daß Monsieur le Ducs Bitte berechtigt sei. Man könne sie ihm schwerlich abschlagen; auch könne man dem Marschall de Villeroy nicht zumuten, sich weiterhin dem Duc du Maine unterzuordnen. Die Oberaufsicht über die Erziehung des Königs könne nicht würdiger besetzt werden, und er sei überzeugt, daß man dies einstimmig bejahen würde.

Bald darauf trat Desgranges ein, um dem Duc d'Orléans mitzuteilen, daß das Parlament unterwegs sei und bereits in den Palast einziehe. Die Hoffnung auf das Schauspiel, das sich in meiner Gegenwart abspielen sollte, versetzte mich in einen Freudentaumel. Gleichzeitig war ich mir bewußt, daß ich meine Selbstbeherrschung verdoppeln müsse.

Ich folgte dem Duc d'Orléans, der sich durch die kleine Tür in das Gemach des Königs begab und ihn fragte, ob es ihm beliebe, aufzubrechen. Alsbald machte man Platz.

Als das Parlament bereit war und die Ankunft des Königs bevorstand, trat ich in den Sitzungssaal ein; von innerer Bewegung ergriffen, diesem großen Ereignis beiwohnen zu dürfen und diesen einzigartigen Augenblick nahen zu sehen, blieb ich stehen, um mich wieder einigermaßen zu sammeln, damit ich das, was ich sehen würde, deutlich wahrnehmen und unterscheiden konnte. Ich war mir darüber klar, daß ich von den Parlamentsmitgliedern, die mir nicht wohlgesonnen waren, aufmerksam gemustert werden würde. Langsam bewegte ich mich auf den Gerichtsschreiber zu, durchquerte den Saal in der Breite, ging an den beiden Kronanwälten vorbei, die mich mit lächelnder Miene grüßten, stieg die drei Stufen zu den erhöhten Sitzen empor, wo alle Pairs, die schon Platz genommen hatten, sich zu meiner Begrüßung erhoben. Ich meinerseits erwiderte ihren Gruß mit Ehrerbietung.

Da ich einen hochgelegenen Platz hatte, konnte ich die ganze Versammlung gut übersehen. Eine einzige Sache beengte mich, ich wagte nicht, meinen Blick längere Zeit auf Einzelheiten zu heften, ich fürchtete, daß mein Ausdruck zu aufschlußreich sei; und je mehr ich spürte, daß jeder mich ansah, desto mehr war ich bestrebt, ihre Neugier durch meine Zurückhaltung zu enttäuschen. Gleichviel richtete ich einen funkelnden Blick auf den Ersten Präsidenten und die Große Bank, dann faßte ich das ganze Parlament ins Auge; ich bemerkte ein Erstaunen, ein Schweigen, eine Betroffenheit, die ich nicht erwartet hätte, die mir ein gutes Vorzeichen zu sein schienen. Der so anmaßende und nun so zerknirschte Erste Präsident, die verstörten Präsidenten, die emsig bemüht waren, alles zu verfolgen, boten mir ein höchst anregendes Schauspiel. Die schlichten Zuschauer, zu denen rechneten alle, die keine Stimme hatten, schienen nicht minder erstaunt, aber nicht so verstört wie die anderen; es war ein gelassenes Erstaunen. Mit einem Wort, der Saal war von ungeheurer Spannung erfüllt, und jeder suchte die Gesichter jener zu enträtseln, die gerade aus dem Regentschaftsrat kamen.

Ich hatte keine Muße zu weiteren Betrachtungen, denn schon erschien der König. Das Gemurmel bei seinem Einzug, das so lange dauerte, bis Seine Majestät und alle, die ihn begleiteten, Platz genommen hatten, war ebenfalls auffällig. Jeder suchte die Mienen des Regenten, des Großsiegelbewahrers und der Hauptbeteiligten zu ergründen. Das Verschwinden der Bastarde aus dem Ratssaal hatte die Spannung verdoppelt; aber noch hatten es nicht alle bemerkt. Jetzt erst fiel jedem ihre Abwesenheit auf. Die Fassungslosigkeit der Marschälle war offensichtlich. Sie verstärkte die Resignation des Ersten Präsidenten, der, als er seinen Herrn und Meister, den Duc du Maine, nicht erblickte, einen wütenden Blick auf M. de Sully und mich schleuderte, die wir genau auf den Plätzen der beiden Brüder saßen. Sofort richtete jedermann seine Augen auf uns, und ich bemerkte, daß die Spannung und Erwartung noch weiter zunahmen. Der Regent wirkte majestätisch, ruhig, aber entschlossen, seine Haltung war würdig und gelassen. Monsieur le Duc war zurückhaltend, aber von innerlicher Freude durchdrungen, und man spürte, wie er sich beherrschte. Monsieur le Prince schien traurig, nachdenklich, gedankenverloren, irgendwie abwesend. Ich konnte diese drei während der Sitzung nur ab und zu sehen, und zwar dann, wenn ich ohnehin den König ansehen mußte. Dieser war ernst, hoheitsvoll und gleichzeitig allerliebst anzusehen; seine Haltung verband Würde und Anmut, er hörte aufmerksam zu, ohne gelangweilt zu sein; er war seiner Rolle gewachsen und spielte sie ohne alle Verlegenheit.

Als alle wieder Platz genommen hatten, blieb der Großsiegelbewahrer noch einige Minuten in seinem Sessel sitzen, betrachtete unbewegt die ganze Versammlung, und das Feuer des Geistes, das aus seinen Augen blitzte, schien jede Brust zu durchbohren. Ein beredtes Schweigen verkündete die Furcht, die Aufmerksamkeit, die Verwirrung, die Neugier all dieser so verschiedenen Erwartungen. Jenes Parlament, das unter dem verstorbenen König eben diesen d'Argenson so oft vor sich zitiert und ihm als Polizeikommandanten seine Order gegeben hatte, die er aufrecht stehend und entblößten Hauptes entgegengenommen, jenes Parlament, das ihm seit Beginn der Regentschaft soviel Böswilligkeit bezeigt hatte und die schlimmsten Gerüchte über ihn verbreitetete und das immer noch Gefangene in Gewahrsam hielt und Papiere nicht herausgab, um ihn in Unruhe zu halten; jener Erste Präsident, der sich ihm so überlegen wähnte, der so dünkelhaft, der so stolz war auf seinen Duc du Maine und der selbst so fest auf die Siegel gehofft hatte; jener Lamoignon, der sich gerühmt hatte, er würde d'Argenson durch seine Justizkammer, in der er sich selbst so gänzlich entehrt hatte, an den Galgen bringen lassen: sie alle sahen ihn, angetan mit den Insignien der höchsten Würde des Gerichtes, den Vorsitz über ihre Versammlung führen, sie mußten erleben, wie er sie zunichte machte, sie gleich bei seinem Amtsantritt an ihre Pflichten erinnerte und ihnen öffentlich eine derbe Lektion erteilte.

Da das vom Parlament ausgestellte und gedruckte Protokoll jenes Throngerichts in aller Hände ist, kann ich es mir ersparen, die Rede des Großsiegelbewahrers, die des Ersten Präsidenten, die der Kronanwälte sowie die verschiedenen Dokumente, die verlesen und registriert wurden, hier wiederzugeben. Ich werde mich mit einigen wenigen Bemerkungen begnügen. Die Verlesung der Dokumente durch den Großsiegelbewahrer, die darauffolgende Ansprache des Generalstaatsanwaltes, die Abstimmungen, die Beschlußverkündung durch den Großsiegelbewahrer, der mehrfach erteilte Befehl, die Doppeltüren zu öffnen und offenzuhalten, überraschten niemanden und waren gleichsam nur das Vorspiel für das übrige, um die Neugier immer mehr anzustacheln, je näher der Augenblick kam, sie zu befriedigen. Als dieser erste Akt beendet war, leitete die Rede des Großsiegelbewahrers, die auf das ganze Parlament niederschmetternd wirkte, den zweiten Akt ein.

Bestürzung stand auf allen Gesichtern geschrieben. Fast keines der zahlreichen Parlamentsmitglieder wagte mit seinem Nachbarn zu sprechen. Bitterer Gram verdüsterte das Antlitz des Ersten Präsidenten, Scham und Verwirrung spiegelte sich in seinen Zügen. Alles, was man im Parlamentsjargon, um den Pairs, die dort sitzen, zu schmeicheln, die Große Bank nennt, senkte wie auf ein Zeichen den Kopf, und obwohl der Großsiegelbewahrer seine Stimme dämpfte, sprach er so, daß man in der ganzen Versammlung keines seiner Worte verlor. Es war noch schlimmer als bei der Verlesung der Erklärung. Bei jedem Satz schien sich sowohl die Aufmerksamkeit wie die Verzweiflung all dieser Parlamentsmitglieder zu verdoppeln, und diese anmaßenden Magistratsbeamten, deren selbstherrliche Remonstrationen ihrem so hart und so öffentlich gestraften Ehrgeiz noch nicht genügten, sahen sich nun schmachvoll in ihre Schranken verwiesen, ohne von irgend jemandem bedauert zu werden. Auszudrücken, was alles ein einziger Blick in diesen so einzigartigen Minuten auffing, ist unmöglich. Und wenn ich auch die Befriedigung habe, daß mir nichts entging, muß ich doch zu meinem Kummer feststellen, daß ich es nicht wiederzugeben vermag.

Nach der Beschlußverkündung durch den Großsiegelbewahrer sah ich, wie die sogenannte Große Bank in Bewegung geriet. Der Erste Präsident wollte das Wort ergreifen und seine Remonstration vorbringen. Sie wimmelte von hinterhältigen Bosheiten, Taktlosigkeiten gegen den Regenten und Unverschämtheiten gegen den König. Immerhin sah man, daß der Schurke zitterte, als er sprach; seine abgehackte Redeweise, das Flackern seiner Augen, die Nervosität und die sichtliche Gehemmtheit seiner ganzen Person straften diesen Rest von Gift, dessen Austeilung er sich und seinen Amtsbrüdern nicht versagen konnte, ganz offensichtlich Lügen. Jetzt nun genoß ich mit unbeschreiblicher Wollust den Anblick dieser Legisten, die uns den Gruß zu verweigern wagten; zu unseren Füßen auf den Knien liegend erwiesen sie nun dem Thron ihre Huldigung, während wir bedeckten Hauptes auf erhöhten Plätzen zu Seiten eben dieses Thrones saßen. Diese so grundverschiedenen Positionen und Haltungen sprechen mit aller Deutlichkeit für die Sache derer, die wirklich und tatsächlich *laterales regis* sind und gegen jenes *vas electum* des dritten Standes. Meine Augen, die unverwandt auf diese anmaßenden Bürger gerichtet waren, durchliefen die ganze Reihe der Großen Bank, die auf den Knien lag oder aufrecht stand. Ich beobachtete, wie bei jedem der langen Kniefälle die weiten Pelze – die auf

Gemälde als Hermeline gelten sollten, in Wirklichkeit aber graue Eichhörnchenfelle waren – in Bewegung gerieten.

Ich sah von meinem erhöhten Sitz aus die gedemütigten Häupter zu unseren Füßen. Als die Remonstration beendet war, stieg der Großsiegelbewahrer zum König hinauf, dann begab er sich, ohne weitere Meinungen einzuholen, wieder auf seinen Platz, wandte sich zum Ersten Präsidenten und sagte: »Der König verlangt, daß man ihm gehorche, und zwar auf der Stelle gehorche!« Dieses große Wort wirkte wie ein Donnerschlag, der die Präsidenten und die Parlamentsräte sichtlich niederschlug. Alle senkten den Kopf, und die meisten verharrten lange Zeit in dieser Stellung. Die übrigen Zuschauer mit Ausnahme der Marschälle von Frankreich schienen von diesem Trauerspiel wenig berührt.

Aber dieser Triumph war noch nichts im Vergleich zu jenem, der ihm unmittelbar folgen sollte. Schließlich öffnete der Großsiegelbewahrer den Mund und verkündete alsbald den Sturz des einen der beiden Brüder und die Schonung des anderen. Die Wirkung, die dieser Satz in den Mienen auslöste, ist unvorstellbar. So beschäftigt ich auch war, mein eigenes Mienenspiel im Zaume zu halten, verlor ich doch nicht das geringste von dem der anderen. Das Erstaunen überwog alle anderen Leidenschaften. Viele schienen angenehm berührt zu sein, sei es aus Rechtlichkeit, sei es aus Haß gegen den Duc du Maine, sei es aus Zuneigung zum Comte de Toulouse. Etliche aber schienen wie vor den Kopf geschlagen. Der Erste Präsident verlor jegliche Kontenance; sein sonst so süffisantes und dreistes Gesicht geriet in krampfhafte Zuckungen. Nur das Übermaß seines Zorns verhinderte, daß er in Ohnmacht fiel. Das verschlimmerte sich noch bei der Verlesung der Deklaration. Jedes Wort war legislativ und barg einen neuen Sturz in sich. Die Aufmerksamkeit war allgemein. Jeder verharrte reglos, um die Erklärung wortwörtlich verstehen zu können, die Augen starr auf den Gerichtsschreiber gerichtet, der den Text verlas. Beim ersten Drittel der Lesung knirschte der Erste Präsident mit den wenigen Zähnen, die er noch hatte, ließ die Stirn auf seinen Stock fallen, den er mit beiden Händen umklammert hielt, und hörte in dieser auffälligen Haltung jene für ihn so niederschmetternde und für uns so erhebende Erklärung bis zu Ende an.

Ich indessen starb fast vor Freude. Ich fürchtete das Bewußtsein zu verlieren. Mein weitgeschwelltes Herz fand keinen Raum mehr, sich noch weiter auszudehnen. Die Gewalt, die ich mir antun mußte, um mir nichts anmerken zu lassen, kostete mich viel. Dennoch war diese Qual köstlich. Ich verglich die Jahre und die Zeiten der Knechtschaft, die unheilvollen Tage, wo ich als Opfer vor das Parlament geschleppt wurde, um dort mehrfach dem Triumph der Bastarde zu dienen, die verschiedenen Stufen, die sie nacheinander erklommen, um sich von diesem Gipfel über uns zu erheben. Ich verglich sie, sage ich, mit diesem Tag der Rechtsprechung und der Wiedergutmachung. Ich triumphierte. Ich rächte mich, ja ich schwelgte in meiner Rache; ich genoß voll und ganz die Erfüllung der ungestümsten und beständigsten Wünsche meines Lebens. Ich fühlte mich versucht, mich um weiter nichts mehr zu kümmern. Gleichviel lauschte ich auch ferner auf diesen belebenden Text, dessen Worte mein Herz zum Erklingen brachten wie der Bogen ein Instrument. Auch war ich nach wie vor bestrebt, die verschiedensten Eindrücke zu registrieren, die diese Lesung auf jeden machte.

Nun forderte der Großsiegelbewahrer die Anwälte der Krone auf, sich der Reihe nach zu äußern. Sie erwiderten, sie hätten den Vorschlag von Monsieur le Duc nicht hören können, worauf man ihnen das Papier überreichte, das von Hand zu Hand ging. Dann bat der Großsiegelbewahrer um die Stimmen. Ich gab die meine laut und deutlich ab und sagte: »Was diese Angelegenheit betrifft, stimme ich aus ganzem Herzen dafür, Monsieur le Duc die Oberaufsicht über die Erziehung des Königs anzuvertrauen.«

Endlich waren alle Registrierungen abgeschlossen. Der König stieg von seinem Thron herab und ging über ein Treppchen hinter dem Platz des Großsiegelbewahrers hinaus, begleitet vom Regenten, zwei Prinzen von Geblüt und einigen Edelleuten. Wir folgten ihnen je zwei und zwei; die Rangältesten stiegen zuerst von ihren Sitzen herab, dann gingen wir an unseren Bänken vorbei geradeaus weiter und verließen den Saal durch die gegenüberliegende Tür. Danach setzte sich das Parlament in Bewegung und ging durch die andere Tür hinaus, durch die wir den Saal zu Beginn einzeln betreten hatten und durch die der König hereingekommen und hinausgegangen war. Man veranlaßte, daß uns der Durchgang freigegeben wurde. Die Menschenmenge, die Gesellschaft, das ganze Schauspiel beschränkten unseren Meinungsaustausch und unsere Freudenkundgebungen, was mich ein wenig verärgerte. Ich suchte meine Karosse, die schon bereitstand und mich unbehelligt aus dem Hof brachte, so daß ich binnen einer Viertelstunde zu Hause war.

Saint-Simon fällt die heikle Aufgabe zu, der Duchesse d'Orléans, selbst Bastard-Tochter Ludwigs XIV., diese Beschlüsse zu übermitteln.

Dort angelangt, sah ich schon auf den Treppenstufen den Duc d'Humière, Louville und meine ganze Familie stehen, sogar meine Mutter, die die Neugier aus ihrem Zimmer getrieben, das sie seit Beginn des Winters nicht mehr verlassen hatte. Wir blieben in meinem unteren Gemach, wo ich, während ich Rock und Hemd wechselte, ihren drängenden Fragen antwortete, als man mir M. de Biron meldete; er hatte sich trotz meines Verbotes Einlaß verschafft, steckte den Kopf durch die Tür und bat mich, ihm kurz Gehör zu schenken. Halb angekleidet ging ich mit ihm in das Nebenzimmer. Er teilte mir mit, der Duc d'Orléans hätte erwartet, daß ich, wie ich es ihm versprochen hatte, aus den Tuilerien sofort ins Palais Royal käme. Seine Königliche Hoheit habe ihm nun befohlen, mir auszurichten, ich möchte mich unverzüglich ins Palais Royal begeben, da er dringend mit mir zu sprechen habe. Ich fragte Biron, ob er wisse, worum es sich handele. Er antwortete mir, ich solle nach Saint-Cloud fahren, um der Duchesse d'Orléans diese Neuigkeit zu überbringen. Das traf mich wie ein Donnerschlag. Ich setzte mich erst einmal nieder, um mich ein wenig von dem Schrecken zu erholen. Dann beschloß ich, den Duc d'Orléans durch mein Zaudern nicht weiter zu erbosen, aber andererseits alles zu versuchen, mich dieser mißlichen Aufgabe zu entziehen. Ich nahm also rasch einen Teller Suppe und ein Ei zu mir und eilte ins Palais Royal.

Dort traf ich den Duc d'Orléans, der mit großen Schritten in seinem Arbeitszimmer auf und ab ging und mich bereits mit Ungeduld erwartete. Kaum daß ich erschien, kam er auf mich zu. Er fragte mich, ob ich Biron nicht gesehen hätte. Als ich bejahte, fragte er mich, ob er mir nichts gesagt habe. Ich bejahte abermals und sagte ihm, daß ich, um ihm meinen Gehorsam zu beweisen, sechsspännig gekommen sei. Er könne verstehen, meinte er, daß es mir schwerfalle, der Duchesse d'Orléans eine für sie so niederschmetternde Neuigkeit mitzuteilen. Doch sei es ihm unmöglich, ihr zu schreiben, denn dieser Brief würde von ihr aufbewahrt und herumgezeigt werden. Es sei also besser, sich dem nicht auszusetzen; da ich stets der Vermittler zwischen ihnen beiden gewesen sei und gleichermaßen ihrer beider Vertrauen genösse, bitte er mich, aus Freundschaft diesen fatalen Auftrag zu übernehmen. Ich mochte ihm noch so oft sagen, daß eine solche Gesandtschaft mich auf immer mit der Duchesse d'Orléans entzweien würde und daß die Gesellschaft es höchst anstößig finden müsse, wenn gerade ich eine solche Mission auf mich nähme. Er blieb gegen all meine Einwände taub und bat mich so dringend, daß ich nachgeben mußte. So machte ich mich denn auf den Weg. Ich konnte mir freilich nicht vorstellen, daß man in Saint-Cloud über das, was sich am Vormittag ereignet hatte, noch im ungewissen sei. Und ich befand mich in einem gräßlichen Angstzustand, der sich verstärkte, je näher ich dem Ziel meiner traurigen Reise kam. Schließlich langte ich im großen Hof von Saint-Cloud an. Alle Welt stand an den Fenstern, und von überall kam jemand herbeigelaufen. Man sagte mir, die Duchesse d'Orléans sei, als sie von meiner Ankunft erfahren, aus der Kapelle zurückgekehrt und erwarte mich. Also betrat ich, wiewohl halb erstarrt, ihr Wasserpalais, wo ihre Leute mich angstvoll betrachteten. Es hieß, Ihre Königliche Hoheit sei im Marmorsaal. Ich begab mich also dorthin und grüßte sie schon von ferne, aber mit einem anderen Gesichtsausdruck als sonst. Sie schien nichts davon zu bemerken und bat mich mit heiterer, unbefangener Miene, doch näher zu kommen. Als ich dann vor ihr stand, sah sie mich an und rief: »Aber, mein Gott, Monsieur, was machen Sie für ein Gesicht? Was bringen Sie uns denn?« Da ich weiter unbeweglich und wortlos dastand, wiederholte sie ihre Frage. Schließlich fragte ich: »Madame, wissen Sie wirklich noch nichts?« – »Nein, Monsieur, ich weiß nur, daß ein Throngericht stattgefunden hat, aber nicht, was dort vor sich ging.« – »O Madame, so bin ich vom Unglück geschlagen!« – »Aber weshalb?« rief sie, indem sie sich von ihrem Kanapee erhob. »Was gibt es denn? Erklären Sie es rasch. Kommen Sie, setzen Sie sich zu mir.« Ich setzte mich und gestand ihr, daß ich wirklich verzweifelt sei. »Aber, so reden Sie doch!« sagte sie zunehmend mehr beunruhigt. »Schlechte Nachrichten hört man lieber von Freunden als von Fremden.« Dieser Ausspruch traf mich in der Seele und ließ mich den Kummer, den ich ihr bereiten mußte, nur um so härter empfinden. Ich wandte mich ihr zu und erklärte ihr, daß der Duc d'Orléans den Duc du Maine auf seinen Pairsrang zurückversetzt und gleichzeitig den Comte de Toulouse wieder in allen Ehren eingesetzt habe. Nach einer kleinen Pause fügte ich hinzu, daß er überdies

Monsieur le Duc mit der Oberaufsicht über die Erziehung des Königs betraut habe. Eine Tränenflut war die Antwort. Sie gab keinen Laut von sich, sie weinte nur bitterlich. Ich saß schweigend da und blickte zu Boden. Schließlich sagte ich, der Duc d'Orléans, der mich zu dieser traurigen Gesandtschaft beinahe gezwungen habe, habe mir noch eigens aufgetragen, ihr zu sagen, daß er schlagende Beweise gegen den Duc du Maine in Händen habe. Nur die Rücksicht auf sie habe ihn bisher am Handeln gehindert. Aber ein weiterer Aufschub sei nun nicht mehr möglich gewesen. Ihr Bruder müsse, meinte sie sanft, wohl sehr unglücklich sein. Und kurz darauf fragte sie mich, ob ich wüßte, welches Verbrechens er sich schuldig gemacht habe. Ich erwiderte ihr, der Duc d'Orléans habe mir darüber nichts weiter gesagt als das, was ich ihr soeben übermittelt hätte.

Ungewiß, ob ich nun gehen sollte oder nicht, blieb ich mit niedergeschlagenen Augen und denkbar unbehaglichen Gefühlen noch eine Weile sitzen. Endlich raffte ich mich auf und fragte sie, ob es ihr nicht angenehmer sei, etwas allein zu sein, ehe sie mir ihre Anordnungen erteile. Nach kurzem Schweigen gab sie mir zu verstehen, daß sie ihre Damen zu sehen wünsche. Ich erhob mich, schickte sie ihr und sagte ihnen, wenn Ihre Königliche Hoheit nach mir frage, so fände man mich bei Madame, bei der Duchesse de Sforza oder bei der Marschallin Rochefort. Da ich die beiden letzteren nicht antraf, suchte ich also Madame auf.

Als ich eintrat, sah ich, daß man meinen Besuch bereits erwartete. Ich wurde alsbald von den wenigen Personen, die sich im Vorzimmer aufhielten, umringt, während Madame, wie meistens, in ihrem Gemach saß und Briefe schrieb. Man meldete mich ihr, und sie ließ mich bitten, sofort hereinzukommen. Als ich erschien, stand sie auf und fragte voll Eifer: »Nun, Monsieur, was für Neuigkeiten bringen Sie?« Ihre Damen gingen hinaus, und ich blieb allein mit ihr. Ich entschuldigte mich, daß ich nicht, wie der Anstand es geboten hätte, zuerst zu ihr gekommen sei; aber der Duc d'Orléans habe mir versichert, sie würde es gutheißen, wenn ich zuerst die Duchesse d'Orléans aufsuche. Sie war in der Tat durchaus damit einverstanden und bat mich nun dringend, ihr die Neuigkeiten mitzuteilen. Zu meiner Überraschung wußte auch sie nicht mehr, als daß ein Throngericht stattgefunden hatte. Ich teilte ihr also mit, daß die Erziehung Monsieur le Duc anvertraut worden sei, daß die Bastarde ihre Sonderstellung verloren hätten und auf ihre Pairswürde beschränkt seien mit Ausnahme des Comte de Toulouse. »Endlich!« meinte sie aufatmend. Ihr Sohn, fügte sie hinzu, hätte das schon längst bewerkstelligen sollen. Aber er sei eben zu gutmütig. Nur die Narrheit der Duchesse du Maine, erklärte sie mir, sei schuld daran, daß es mit dem Duc du Maine soweit gekommen sei. Sie sprach über den Prozeß der Prinzen von Geblüt gegen die Bastarde und erzählte mir von den Extravaganzen der Duchesse du Maine. Diese habe nach dem Urteilsspruch dem Duc d'Orléans ins Gesicht gesagt, sie wolle ihre beiden Söhne dazu erziehen, daß sie das Unrecht, das er ihnen zugefügt, nie vergäßen und sich an ihm rächten. Wir sprachen dann noch über den Haß, den M. und Mme. du Maine gegen den Duc d'Orléans hegten; die üble Nachrede, die sie geführt, und all das Böse, das sie ihm angetan. Dann bat mich Madame, ihr haargenau (so drückte sie sich aus) alle Einzelheiten des ereignisreichen Vormittags zu erzählen. Ich brauchte fast eine Stunde, um ihr alles zu berichten und auf ihre Fragen zu antworten; sie war entzückt über die Demütigung, die dem Parlament und den Bastarden zuteil geworden, und über die Tatsache, daß ihr Sohn endlich einmal Entschlossenheit an den Tag gelegt hatte.

So endete also dieser Prozeß, von dem die Ruhe des Staates abhing, mit der Festigung der königlichen Macht in den Händen des Regenten, indem sie eine Teilung vereitelte, welche ihm bald nichts mehr als eine eitle und leere Repräsentation gelassen hätte und welche Anlaß zu schwersten Unruhen geworden wäre.

Es ist bemerkenswert, welches Ansehen die Durchführung dieses Throngerichts dem Regenten im Ausland verschaffte. Langsam legte sich die Furcht, daß man nicht mit einem Prinzen verhandeln könne, der sich seine Macht durch die Legisten entreißen ließ.

Einen Tag nach dem Throngericht übernahm Monsieur le Duc bereits die Oberaufsicht über die Erziehung des Königs, und kurz darauf bezog er das Appartement, das der Duc du Maine in den Tuilerien innegehabt hatte. Da er dem Duc d'Orléans nun eine Freude zu machen gedachte, wollte er der Duchesse de Berry ein Fest geben und lud sie ein, einige Tage in Chantilly zu verbringen. Sie blieb zehn Tage dort, und täglich wurden neue prächtige Überraschungen geboten. Die Duchesse de Berry, die von ihrem ganzen Hof begleitet wurde, war recht unliebenswürdig; dabei hätte sie wirklich allen Grund gehabt, mit den Achtungsbezeigungen, die ihr hier zuteil wurden, zufrieden zu sein. Lassay, der seit vielen Jahren bei Madame la Duchesse weilte und für diese dasselbe bedeutete wie Rions für die Duchesse de Berry, hatte den Auftrag, sich ihrer besonders anzunehmen. Er hielt private Gastmähler für sie ab, bestellte eine Kutsche und Relaispferde nur für sie beide allein, und diese Aufmerksamkeiten wurden bis zur Lächerlichkeit getrieben. Er hoffte, inmitten so vieler aufwendiger Vergnügen, ein tragisches Abenteuer erleben zu können. Monsieur le Duc hatte auf der anderen Seite des Kanals eine recht stattliche Menagerie einrichten lassen, voller seltener Vögel und Tiere. Ein starker, prachtvoller Tiger entwich plötzlich und rannte, während die Musiker, die Komödianten und viele Frauen auf dieser Seite des Kanals lustwandelten, durch die Gärten. Man kann sich vorstellen, in welchen Schrecken sie alle gerieten. Der Dompteur des Tigers lief eilig herbei, näherte sich dem Tier und lockte es geschickt wieder in seinen Käfig, ohne daß es jemandem ein anderes Übel zugefügt hatte, als ihm größte Angst einzujagen.

Der Abbé Dubois legt es auf einen Bruch mit Spanien an. – Der Duc und die Duchesse du Maine Haupt einer Verschwörung im Verein mit Spanien. – Ihre Verhaftung.

Ich war beunruhigt zu sehen, daß alles auf einen Bruch mit Spanien zusteuerte. Das Interesse des Abbé Dubois lief eindeutig darauf hinaus. Er hatte es unternommen, seinen Herren schrittweise dahin zu bringen. Schon beim ersten Schritt, dessen Folgen ich voraussah, glaubte ich mich verpflichtet, beizeiten Einspruch zu erheben. Es war damals nur die Rede von Subsidien Frankreichs an England, welch letzteres sich, vereint mit dem Kaiser, gegen Spanien erklärte. Diese Subsidien sollten geheim bleiben. Nachdem ich mit dem Regenten flüchtig über dieses Thema gesprochen hatte, kamen wir überein, es gründlich zu behandeln. Er zog mich, trotz meines Widerstrebens, in seine kleine Opernloge. Er schloß die Tür, verbot jedermann den Eintritt, und da saßen wir im Tête-à-tête und dachten an nichts weniger als an die Oper. Ich stellte ihm die Gefahr vor Augen, den Kaiser in irgendeiner Weise zu stützen. Ich sprach von den Demütigungen, die Frankreich ihm und den Habsburgern seit dem Kardinal Richelieu unablässig zugefügt hatte, und zwar immer dann, wenn der Staat nicht durch das Interesse und die Autorität italienischer oder spanischer Königinnen-Mütter verraten worden war. Ich sagte, daß der Kaiser es zudem Frankreich niemals verzeihen würde, Spanien und Indien den Habsburgern weggenommen zu haben; ich erwähnte schließlich, daß dieser Kaiser Frankreich an den Abgrund gebracht, wie unmöglich er sich gegenüber der Königin Anna, die es retten wollte, verhalten hatte; daß er als letzter von allen Alliierten den Friedensvertrag zu unterzeichnen geruhte; ich fügte hinzu, daß der Aufstieg Englands und König Georgs nicht weniger zu fürchten seien, denn sie blieben unter dem trügerischen Schein einer geheuchelten Freundschaft unsere ältesten und natürlichsten Feinde.

Cellamare, der Gesandte Spaniens, der viel gesunden Menschenverstand besaß und sehr geistreich war, bemühte sich seit langem, Zwistigkeiten zu säen. Man sieht, wie hartnäckig der Kardinal Alberoni seinen

Plan verfolgte und mit welchem Diensteifer Cellamare darauf einging. Der Plan war kein geringerer, als ganz Frankreich gegen die Regierung des Duc d'Orléans aufzuwiegeln. Und ohne sich irgendwie Rechenschaft abzulegen, was sie hernach mit seiner Person anfangen sollten, wollten sie den König von Spanien an die Spitze der Regierungsgeschäfte von Frankreich stellen, mit einem von diesem ernannten Rat sowie einem von der Regentschaft gestellten Statthalter, der dann wirklich Regent gewesen wäre und der niemand anders war als der Duc du Maine. Sie rechneten, nach dem Beispiel des Pariser Parlaments, auf alle Parlamente, auf die Anführer und Häupter der Konstitution, auf die ganze Bretagne, auf den früheren Hof, der an das Joch der Bastarde und der Mme. de Maintenon gewöhnt war, und sie verabsäumten seit langem nichts, durch mancherlei Auszeichnungen und Versprechungen alle jene an Spanien zu fesseln. Man wird sehen, daß ihre Maßnahmen in keiner Weise der Bedeutung dieses Planes entsprachen. Es erwies sich, daß sie nicht abwarten konnten, bis die Sache reif war. Der Abbruch der Beziehungen von Frankreich und Spanien stand unmittelbar bevor. Rasches Handeln war also geboten, um die mögliche Revolte im Keim zu ersticken. Sie wurden ertappt, als sie ihre letzten Maßnahmen trafen.

Als die Dinge seitens Spaniens und seitens all jener, die sich ihrer Rache oder ihrer Hoffnung hingegeben hatten, soweit gediehen waren, schien es an der Zeit, in Spanien deutlich über den Stand der Angelegenheit zu sprechen und Namen zu nennen. Cellamare, der zu schlau war, ein Aktenpaket von solcher Wichtigkeit einem seiner Leute anzuvertrauen, forderte, daß man den Kurier in Madrid wohl auswähle und daß es jemand sein solle, der seiner Stellung nach mehr wäre als ein Kurier und der aufgrund seines Ansehens und seiner Persönlichkeit keinerlei Mißtrauen aufkommen ließe. Man wählte also in Madrid, um die Sache völlig geheimzuhalten, einen jungen Kleriker, der sich Abbé Portocarrero nannte oder nennen ließ und dem man Montelon, den Sohn des spanischen Botschafters in England, mitgab. Nichts konnte feiner ausgesponnen sein als der Plan mit diesen beiden jungen Leuten, die sich, der eine von Madrid, der andere von Den Haag kommend, ganz zufällig in Paris zu treffen schienen, um sich dann zusammenzutun und gemeinsam nach Spanien zurückzukehren. Auch kann man annehmen, daß die beiden jungen Leute ihrerseits gar nichts von ihrem Auftrag wußten, und es war einleuchtend, daß ihnen der Botschafter, da sie wieder nach Spanien reisten, die gerade anfallenden Briefschaften mitgab.

Wegen des bevorstehenden Abbruchs der Beziehungen zwischen Spanien und Frankreich reisten sie also, mit Pässen des Königs versehen, in den ersten Tagen des Dezember ab, begleitet von einem spanischen Bankier, der sich in England niedergelassen, dort gerade völlig Bankrott gemacht hatte und den die Engländer mit Erlaubnis des Regenten allenthalben in Frankreich hätten verhaften lassen können. Der Abbé Dubois, der den Duc d'Orléans mehr und mehr beherrschte, wollte als einziger in alle Geheimnisse eingeweiht sein, und der Duc d'Orléans gehorchte ihm treu. Er selbst erfuhr davon, wie man sehen wird, nur soviel, wie es dem Abbé Dubois beliebte. Sei es, daß die Ankunft des Abbé Portocarrero und dessen kurzer Aufenthalt in Paris den Verdacht des Abbé Dubois und seiner Emissäre erregte, sei es, daß Dubois irgendeinen Vertreter der spanischen Botschaft bestochen hatte, der ihm nun mitteilte, daß man den beiden jungen Leuten wichtige Briefschaften mitgegeben habe, sei es, daß es kein weiteres Geheimnis gab als die Gesellschaft dieses mit ihnen reisenden Bankrotteurs und Dubois' Beflissenheit, jenen verhaften zu lassen, um sich damit die Engländer zu verpflichten, jedenfalls befahl er, alle drei verhaften zu lassen und ihnen sämtliche Papiere abzunehmen. Sie wurden also in Poitiers festgesetzt, und ihre Papiere wurden ihnen von dem Kurier abgenommen, der sofort nach ihrer Gefangennahme von Poitiers nach Paris entsandt wurde, um Dubois Nachricht zu bringen.

Dubois war der einzige, der über alles genau Bescheid wußte, über das Ausmaß der Schuld, die er ohne Furcht, auf Widerspruch zu stoßen, willkürlich vergrößern oder herabmindern konnte. Wie auch immer, aus all diesen Verdunklungsmanövern ergab sich, daß M. und Mme. du Maine eine Verschwörung in Gang gesetzt hatten, an deren Vorbereitung sie schon lange vor dem letzten Throngericht und seit Beginn der Regentschaft arbeiteten. Der Duc und die Duchesse du Maine ahnten schon immer, daß ihre Erhöhung zu Prinzen von Geblüt sowie das den Bastarden durch den verstorbenen König verliehene Thronfolgerecht sehr wohl rückgängig gemacht werden könnte. Von dem Augenblick der Registrierung des Parlamentsurteils an, das ihre Rechte null und nichtig machte, von diesem Augenblick an war der Rubikon tatsächlich überschritten, und seither zeigte sich fortwährend, daß es für sie nur noch darum ging, Hand ans Werk zu legen. Aber was war das für ein Werk? Die Rache an den Richtern, an den Parteien, das heißt an allem legitimen königlichen Blut in Frankreich, den Regenten zu stürzen, den König von Spanien wieder in Frankreich einzusetzen und unter ihm den Duc du Maine mit der Regentschaft zu bekleiden.

Aber die Hilfsmittel zur Durchführung dieser schönen Pläne entsprachen in keiner Weise deren Bedeutung noch deren Umfang. Das Erstaunen war groß, als man feststellte, welche lächerlichen und verächtlichen Figuren die Anführer dieses Unternehmens waren.

Am Sonntag, dem 25. Dezember, dem Weihnachtstag, ließ der Duc d'Orléans mir sagen, ich möge mich am Nachmittag um vier Uhr bei ihm einfinden. Monsieur le Duc, der Duc d'Antin, der Großsiegelbewahrer, Torcy und der Abbé Dubois waren bereits anwesend. Man diskutierte über Cellamare, über dessen Reise und darüber, welche Maßnahmen zu ergreifen seien, um die Klagen der ausländischen Minister zu vermeiden. Die kleine Sitzung dauerte ziemlich lange, endlich schickte sich jeder zum Gehen an. Als auch ich mit den anderen aufbrechen wollte, rief der Duc d'Orléans mich zurück, und ich blieb mit ihm und mit Monsieur le Duc allein. Wir setzten uns wieder. Nach kurzem Schweigen bat mich der Regent, nachzusehen, ob sich niemand in der äußeren Galerie aufhalte und ob die Türen verschlossen seien. Ich sah nach, die Tür war fest verschlossen, niemand befand sich in der Galerie. Nun eröffnete uns der Duc d'Orléans, wir wären sicher nicht überrascht zu erfahren, daß der Duc und die Duchesse du Maine seit langem in die Verschwörung des spanischen Gesandten verwickelt seien, wofür er schriftliche Beweise habe. Er fügte hinzu, daß er dem Großsiegelbewahrer, dem Abbé Dubois und Le Blanc, die als einzige davon wüßten, strengstens verboten habe, auch nur das geringste darüber verlauten zu lassen, und empfahl uns beiden die gleiche Geheimhaltung und die gleiche Vorsicht. Monsieur le Duc erklärte spontan, daß man M. und Mme. du Maine in sicheren Gewahrsam bringen sollte. Ich unterstützte diese Ansicht und betonte, wie gefährlich es sei, nicht unverzüglich etwas zu unternehmen, um die Verschwörer zu erschrecken, das ganze Komplott durcheinanderzuwirbeln, indem man es seiner Anführer beraube, nämlich eben jener beiden, da Cellamare ja bereits festgenommen worden sei. Aber man müsse sich wappnen gegen die wütenden Schläge, die von solchen Leuten und ihren Hintermännern, sobald sie sich einmal entdeckt sähen, zu erwarten seien. Der Duc d'Orléans gab zu, daß das in der Tat notwendig sei, aber er äußerte Bedenken in Hinblick auf den Rang der Duchesse. Wie mir schien, geschah das nur in der Absicht, deren Neffen zum Reden zu bringen. Und da Monsieur le Duc seine Tante und deren Gemahl haßte, was sie reichlich verdienten, war der Schachzug auch sehr wirksam. Monsieur le Duc entgegnete, wenn dies ein Einwand sei, so hätte wohl er ihn erhoben, aber das liege ihm fern, er glaube vielmehr, dies sei ein weiterer Grund, sich zu beeilen, und meine, die Duchesse müsse so bald wie möglich festgesetzt werden, es sei übrigens nicht das erste, nicht einmal das zwanzigste Mal, daß man königliche Prinzen festnähme; je höher sie ständen und je mehr sie durch ihre Herkunft an den Staat gebunden seien, um so schuldiger seien sie, wenn sie es sich einfallen ließen, diesen stürzen zu wollen. Ich pries die Geradheit, die Vernunft und die Anhänglichkeit dieser von Monsieur le Duc vorgetragenen Meinung, und ich betonte, daß der Regent in einer so kritischen Lage, in der er persönlich derart gefährdet sei, Mut und Entschlossenheit an den Tag legen müsse, denn nur so könne er die verderbliche Kabale in Schrecken setzen. Der Duc d'Orléans sah Monsieur le Duc an, der abermals das Wort ergriff und wiederum seine eigene und auch meine Auffassung vertrat. Der Regent brauchte nur noch zuzustimmen, was ihm nicht schwerfiel.

Nachdem wir noch ein wenig hin- und hergeredet hatten, berieten wir, wo man die beiden in Gewahrsam bringen sollte; die Bastille und Vincennes schienen ungeeignet. Man mußte diese für die Parteigänger in Paris zu naheliegende Versuchung vermeiden. Es handelte sich zunächst um die Unterbringung des Duc du Maine. Der Duc d'Orléans sprach von Doullens, und es wurde beschlossen, ihn dort unter strenger Bewachung zu halten. Dann erhob sich die Frage, wohin Mme. du Maine verbracht werden solle; ich gab zu bedenken, daß die Wahl dieses Ortes in diesem Falle viel schwieriger sei wegen ihres Ranges, ihres Geschlechtes und vor allem wegen ihres Charakters; denn sie sei fähig, alles einzusetzen, um sich zu retten. Und bei ihrem Mut und ihrem natürlichen Ungestüm würde sie nichts und niemanden fürchten. Wohingegen ihr Gemahl, der zwar im Hinterhalt tückisch, aber, einmal herausgefordert, höchst jammervoll sei, im Gefängnis gewiß alsbald angstschlotternd die Segel striche, in ständiger Furcht vor dem Schafott. Nachdem verschiedene Orte in Vorschlag gebracht worden waren, wandte sich der Duc d'Orléans lächelnd an Monsieur le Duc und meinte, er bedürfe seiner Unterstützung, und schlug ihm alsbald dessen Schloß in Dijon vor. Monsieur le Duc war ein wenig erstaunt, wandte ein, zweifellos müsse man Mme. du Maine an einen besonders sicheren Ort bringen, aber man könne ihm doch schwerlich zumuten, den Kerkermeister seiner Tante zu spielen. Da er jedoch auch mit lächelnder Miene sprach, beharrte der Duc d'Orléans auf Dijon. Ich meinerseits sagte kein Wort, ich war ganz Auge, und ich hatte indes angestrengt nachgedacht. Ich fand, daß es recht vorteilhaft sei, bei der Gefangennahme von Mme. du Maine Monsieur le Duc seinen Anteil abzutreten. Überdies schien mir sein Schloß, diese vollkommen von ihm allein abhängige Festung, der sicherste Ort zu sein. Ich verhehlte auch nicht, daß ich es reizvoll und passend fand, diese Frau, die so oft und so eifrig versucht hatte, den Staat zu stürzen und überall Feuer zu legen, um ihre unredlich erworbenen Vorteile zu sichern, nun zwischen den vier Wänden und unter der Botmäßigkeit von Monsieur le Duc zu sehen. Dieser machte noch ein paar Einwände, aber mehr aus Schicklichkeit als aus wirklichem Widerstreben, und am Ende ließ er sich dann überzeugen und willigte ein, seine liebe Tante in Dijon unter strengstem Gewahrsam zu halten. Es wurde beschlossen, unverzüglich ans Werk zu gehen.

Die beiden folgenden Tage vergingen mit den nötigen Vorbereitungen unter größter Geheimhaltung; aber M. und Mme. du Maine, die erfahren hatten, daß der spanische Gesandte nach Blois gebracht, seine Papiere beschlagnahmt und viele Leute verhaftet worden seien, und die befürchteten, daß ihnen ähnliches bevorstand, hatten Zeit und Muße gehabt, ihre Papiere in Ordnung zu bringen. Nachdem sie sich dergestalt abgesichert hatten, verringerte sich ihre Furcht, was nun auch immer geschehen mochte. Aber der Abbé Dubois wußte aus den Papieren, die er aus Poitiers erhalten hatte und die er dann dem Regenten zeigte, hinlänglich über ihre Pläne Bescheid.

Am Mittwoch, dem 28. Dezember, wurde ich für den Nachmittag zusammen mit Monsieur le Duc, dem Abbé Dubois und Le Blanc ins Palais Royal gebeten, um die endgültigen Maßnahmen zu treffen. Während wir miteinander berieten, kam der Duc du Maine aus Sceaux ins Palais Royal, um die Duchesse d'Orléans zu besuchen. Nachdem sie eine Stunde miteinander gesprochen hatten, begab er sich wieder nach Sceaux. Mme. du Maine weilte seit einigen Tagen in Paris. Sie wohnte in einem recht bescheidenen Haus, das sie in der Rue Saint-Honoré gemietet hatte, genau im Mittelpunkt von Paris. Dort lag sie auf der Lauer und hatte sogar ein Auskunftsbüro für ihre Anhänger eingerichtet, was ihr hasenfüßiger Gemahl sich nie getraut hätte.

Die Besprechung beim Duc d'Orléans dauerte ziemlich lange. Als wir das Arbeitszimmer verließen, kam ich mit Le Blanc überein, daß er mir, sobald der Handstreich gelungen sei, einfach einen Lakaien schicken solle, um mir Bescheid zu geben.

Am anderen Morgen um zehn Uhr früh hatte La Billarderie, Leutnant des Garde-du-Corps, unauffällig und ohne Lärm seine Leute rings um Sceaux verteilt, dann ging er ins Schloß und verhaftete den Duc du Maine, der gerade aus seiner Kapelle kam, wo er die Messe gehört hatte. La Billarderie bat ihn sehr ehrerbietig, nicht wieder in seine Gemächer zurückzukehren, sondern sofort den Wagen zu besteigen, der schon bereitstünde. Der Duc du Maine, der alles so geordnet hatte, daß man weder bei ihm noch bei einem seiner Leute etwas fand, leistete nicht den geringsten Widerstand. Er sagte, er sei schon seit einigen Tagen auf diesen Besuch gefaßt gewesen, und stieg alsbald in den Wagen. La Billarderie setzte sich neben ihn, ihm gegenüber ein Wachtmeister und Favancourt, ein Brigadier aus der Musketierkompanie, der ihn im Gefängnis bewachen sollte. Da der Duc du Maine die beiden erst bemerkte, als sie in den Wagen stiegen, schien er, als er Favancourts ansichtig wurde, sehr überrascht und erregt. Er fragte La Billarderie, was das zu bedeuten habe. Und dieser verhehlte ihm nicht, daß Favancourt Befehl habe, ihn zu begleiten und die ganze Zeit bei ihm zu bleiben. Unterdessen kamen sie an das Ende der Allee von Sceaux, wo die Leibwachen erschienen. Bei diesem Anblick erblaßte der Duc du Maine. Während der Fahrt herrschte meist Schweigen. Ab und an erklärte der Duc du Maine, er werde gänzlich zu Unrecht verdächtigt. Er sei dem König sowie dem Duc d'Orléans völlig ergeben und er bedaure sehr, daß seine Königliche Hoheit seinen Feinden Glauben schenke, wobei er allerdings keinen Namen nannte. Er sprach nur in abgerissenen Sätzen, unter vielen Seufzern, zuweilen machte er ein Zeichen des Kreuzes, murmelte dumpf irgendwelche Gebetsfetzen vor sich hin und duckte sich bei jeder Kirche und bei jedem Kreuz, an denen sie vorbeikamen. Erst am nächsten Morgen erfuhr er, daß er nach Doullens gebracht werden sollte, äußerte sich aber mit keinem Wort dazu.

Zur selben Zeit verhaftete der Duc d'Ancenis, der in der Nachfolge seines Vaters, des Duc de Charost, Hauptmann des Garde-du-Corps war, die Duchesse du Maine in ihrem Haus in der Rue Saint-Honoré. Ein Leutnant, ein Wachtmeister und eine Truppe der Leibgarde erschienen gleichfalls, umzingelten das Haus und stellten sich vor der Tür auf. Der Duc d'Ancenis wurde mit bösen Worten empfangen. Duchesse du Maine wollte etliche Kassetten mitnehmen, d'Ancenis widersetzte sich dem, sie bestand darauf, wenigstens ihre Juwelen mitzunehmen. Der Disput wurde von der einen Seite laut und heftig, von der anderen Seite mit leisen, bescheidenen Worten geführt. Aber die Duchesse mußte am Ende doch nachgeben.

Sie ereiferte sich, ohne jemand mit Namen zu nennen oder persönlich anzuklagen, gegen den Übergriff, den man sich mit einer Person ihres Standes erlaube. Sie verzögerte den Aufbruch, solange sie konnte, trotz der dringenden Ermahnungen d'Ancenis', der sie schließlich an der Hand nahm, der ihr in höflichem, aber energischem Ton zu verstehen gab, daß sie nun aufbrechen müsse. Vor ihrer Tür fand sie zwei mit sechs

Pferden bespannte Mietwagen, deren Anblick sie außerordentlich empörte. Gleichviel mußte sie einsteigen. D'Ancenis setzte sich neben sie, der Leutnant und der Wachtmeister ihr gegenüber, die beiden Kammerfrauen, die sie ausgewählt hatte, bestiegen die zweite Karosse. Man mied die Hauptstraßen, in denen sich jedoch nichts rührte, worüber die Duchesse du Maine, sichtlich enttäuscht, ihrem Ärger Ausdruck gab. Sie vergoß indes keine Träne, murrte nur von Zeit zu Zeit gegen die Gewalt, die man ihr angetan. Sie beklagte sich mehr als einmal über die Häßlichkeit und die Unbequemlichkeit des Wagens und fragte wieder und wieder, wohin man sie brächte. Man begnügte sich damit, ihr zu sagen, daß sie in Essonnes übernachten würde. Als sie am anderen Tag weiterfuhr, verabschiedete sich der Duc d'Ancenis von ihr und überließ sie dem Leutnant und dem Wachtmeister. Je weiter sie sich von Paris entfernten, desto mehr wuchs ihr Unruhe. Aber als sie merkte, daß sie in Burgund war, und als sie schließlich erfuhr, daß man sie nach Dijon brachte, brach sie in lautes Gezeter aus. Das wurde noch ärger, als man das Schloß betrat, und als sie sah, daß sie nun Monsieur le Ducs Gefangene war. Da wäre sie vor Wut fast erstickt. Sie spie Schwefel und Feuer gegen ihren Neffen und fand es gemein, sie an diesen Ort zu bringen. Gleichviel, nach den ersten Ausbrüchen kam sie wieder zu sich und begriff, daß es weder klug noch angebracht war, soviel Lärm zu schlagen. Sie schluckte also ihren Grimm hinunter und legte nunmehr vollkommene Gleichgültigkeit und eine verächtliche Sicherheit an den Tag. Der Gouverneur des Schlosses, der fest zu Monsieur le Duc stand, hielt sie in strengem Gewahrsam und überwachte sie und ihre beiden Frauen mit scharfen Augen.

Le Blanc hielt mir Wort. Ich wartete zu Hause voller Angst und Besorgnis, ob die Ausführung gelungen sei, und ging, ohne den Mund aufzutun, in meinem Zimmer auf und ab, sah alle Augenblicke auf die Uhr, bis endlich jener Lakai erschien. Obwohl ich nichts Genaues erfuhr, fühlte ich mich sehr erleichtert. Mein Wagen stand bereit, ich sprang hinein, um mich eilends zum Duc d'Orléans zu begeben. Er wandelte allein in der Galerie umher. Es war fast elf Uhr; Le Blanc und der Abbé Dubois hatten ihn soeben verlassen.

Der Gedanke an die Begegnung mit der Duchesse d'Orléans bedrückte ihn offensichtlich. Ich meinerseits war hingegen recht froh, daß ich nicht mehr so gut mit ihr stand, als daß er mir diese Last hätte aufbürden können. Ich ermutigte ihn, so gut ich konnte; nach einer halben Stunde ging ich weg, da man den Comte de Toulouse meldete.

Ich erfuhr nachher vom Duc d'Orléans, daß er sich sehr tapfer gehalten und versichert habe, nichts von der ganzen Sache zu wissen, daß Seine Königliche Hoheit versichert sein könne, ihn niemals in irgendein gegen seine Person oder die Sicherheit des Staates gerichtetes Unternehmen verwickelt zu sehen.

(1719). – Schmähschriften gegen den Regenten.

Das Parlament veröffentlichte am 4. Februar 1719 einen Erlaß, in dem es den Druck, den Verkauf oder jegliche Verbreitung von vier höchst befremdlichen Dokumenten unter der Androhung verbot, diese als Störung der öffentlichen Ordnung und als Majestätsbeleidigung strafrechtlich zu verfolgen. Das erste dieser Schriftstücke hieß: Abschrift eines am 3. September 1718 von der Katholischen Majestät dem Fürsten Cellamare, seinem Gesandten, eigenhändig geschriebenen Briefes, den jener dem König von Frankreich überreichen sollte. Das zweite trug den Titel: »Abschrift eines Rundschreibens des Königs von Spanien an alle Parlamente Frankreichs, datiert vom 4. September 1718.« Das dritte: »Manifest der Katholischen Majestät an die drei Generalstände Frankreichs, vom 6. September 1718.« Das vierte schließlich: »Untersuchung, die der Katholischen Majestät im Namen der drei Generalstände vorgelegt wird.«

Es gehörte nicht viel politischer Scharfsinn dazu, um festzustellen, daß diese Schriftstücke keineswegs aus Spanien stammten. Schon auf den ersten Blick erkannte man, daß der Text keinesfalls vom König von Spanien verfaßt sein konnte. Desto mehr jedoch entsprach er der Denk- und der Redeweise der Leute in Sceaux. Diese Dokumente erregten zwar einiges Aufsehen, erwiesen sich jedoch bald als null und nichtig. Der Duc d'Orléans zuckte nur die Achseln und ließ sich nicht weiter davon berühren.

Anders verhielt es sich mit einem Gedicht, das fast zur gleichen Zeit unter dem Namen »Philippika« erschien, das in vielen Exemplaren in unendlicher Geschwindigkeit verbreitet wurde. La Grange, einst Page der Princesse de Conti, der Tochter des Königs, war der Autor des Werkes, und er leugnete das auch nicht. Alles, was die Hölle an Lug und Trug ausspeien kann, war hier in wohlgesetzten Versen, in poetischem Stil und mit größter Kunstfertigkeit zum Ausdruck gebracht. Der Duc d'Orléans, der von der Sache erfahren hatte, wollte das Werk selber sehen, aber niemand wagte es ihm zu zeigen. Er sprach auch mich mehrfach darauf an, und schließlich bat er so dringend, daß ich nicht mehr ausweichen konnte. Ich brachte ihm also das Opus, sagte ihm jedoch, daß ich es ihm keinesfalls vorlesen würde. Er beurteilte es ganz objektiv, denn er hielt beim Lesen ein paarmal inne, ohne irgendeine Gemütsbewegung zu äußern. Plötzlich aber sah ich, wie er blaß wurde. Tränenden Auges wandte er sich mir zu, einer Ohnmacht nahe: »Ah«, seufzte er. »Das ist zuviel. Dieser Greuel überwältigt mich.« Er war nämlich an jene Stelle gekommen, wo der frevlerische Autor behauptet, der Duc d'Orléans habe die Absicht, den König zu vergiften, und das Verbrechen stehe schon kurz vor der Ausführung. Hier nun wendet der Autor all seine Kraft, sein poetisches Vermögen auf, er erfindet und beschwört schauerlich-schöne Gestalten, abstoßende Szenen, kurzum mit einem Wort die wüstesten Unterstellungen. Dann folgt ein Preislied auf die so hoffnungsreiche Jugend und Unschuld des Königs, ein Aufruf an die Nation, dieses teure Opfer den barbarischen Mordanschlägen zu entziehen. Kurzum, alles was es an Rührendem, Zartem, Herzbewegendem gibt, wurde mit größtem Kunstverstand eingesetzt. Ich wollte mir das düstere Schweigen, in das der Duc d'Orleans verfiel, zunutze machen, um ihm das abscheuliche Papier zu entwenden, aber ich kam nicht dazu. Er erging sich nun in berechtigten Klagen über eine so gräßliche Verleumdung und gedachte mit zärtlichen Worten des Königs. Dann wollte er die Lektüre beenden, die er jedoch immer wieder unterbrach, um mit mir darüber zu sprechen. Er war im Innersten verletzt und tief betroffen über diese schmähliche Unterstellung. Ich selber war auch ganz außer mir.

Dieser La Grange, der als Mensch gar nichts taugte, der einfach nur ein begabter Verseschmied war, hatte sich als solcher in Sceaux eingeschlichen und war dort zu einem besonderen Günstling der Duchesse du Maine geworden. Sie und ihr Ehemann kannten die Lebensweise, die Sitten, den Charakter dieses Mannes und seine verbrecherische Käuflichkeit, deren sie sich trefflich zu bedienen wußten.

Er wurde bald darauf verhaftet und auf die Insel Sainte Marguerite verbannt, von wo er aber noch vor Ende der Regentschaft wieder zurückkommen durfte.

Er besaß nun die Dreistigkeit, sich überall in Paris zu zeigen. Doch während er im Theater und an allen öffentlichen Plätzen erschien, war man unverschämt genug, das Gerücht zu verbreiten, der Duc d'Orléans habe ihn umbringen lassen. Die Feinde des Duc d'Orléans sowie dieser

Prinz selbst legten die gleiche Unermüdlichkeit an den Tag, die ersteren im Erfinden schwärzester Greuelgeschichten, letzterer in der Ausübung unfruchtbarster Nachsicht, um kein deutlicheres Wort zu gebrauchen.

Skandal um die Duchesse de Berry. – Tod der Mme. de Maintenon.

Die Duchesse de Berry lebte wie üblich schwankend zwischen außerordentlicher Hoffart und schamloser Unterwürfigkeit, ja Knechtschaft, zwischen kurzen, aber strengen Bußtagen bei den Karmeliterinnen des Faubourg Saint-Germain und üppigen Soupers in gemeinster Gesellschaft bei schändlichen gottlosen Reden; sie gab sich hemmungslos der Ausschweifung hin, aber schlotterte vor Entsetzen in dem Gedanken an den Tod, als sie plötzlich im Luxembourg erkrankte. Ich muß das alles berichten, weil es mit zum Gang der Ereignisse gehört und weil von Liebeshändeln in diesen Memoiren immer nur soviel berichtet wird, als zum Verständnis der Zusammenhänge notwendig ist. Die Duchesse de Berry wollte sich keinerlei Zwang antun: dennoch war sie entrüstet, wenn die Gesellschaft über Dinge zu reden wagte, die sie selbst zu bemänteln sich gar nicht die Mühe nahm. Nun war sie schwanger von Rions und wollte das verheimlichen, so gut sie konnte. Mme. de Mouchy sollte ihr dabei behilflich sein, obwohl die Sache längst an der großen Glocke hing. Rions und die Mouchy hatten selbst eine Liebschaft miteinander und machten sich weidlich über die Prinzessin lustig, die die Betrogene war, aus der sie gemeinsam soviel herauszogen, als sie nur irgend konnten. Mit einem Wort, sie herrschten über sie und ihre Dienerschaft, und sie herrschten mit einer solchen Unverschämtheit, daß der Duc und die Duchesse d'Orléans die beiden fürchteten und schonten.

Die Schwangerschaft näherte sich ihrem Ende, aber die fortwährenden Soupers, die Unmengen von Wein und stärksten Likören hatten die Gesundheit der Prinzessin derart geschwächt, daß die Niederkunft sehr schwierig zu werden schien. Als die Gefahr auf dem Gipfelpunkt war, legte Languet, der Pfarrer von Saint-Sulpice, dem Duc d'Orléans nahe, an die Sterbesakramente zu denken. Die Schwierigkeit war, zur Duchesse de Berry hineinzukommen, um mit ihr darüber zu reden.

Doch alsbald stellte sich eine weit größere Schwierigkeit ein; daß nämlich der Pfarrer, der sich seiner Pflicht bewußt war, erklärte, er würde die Sakramente nicht spenden und auch nicht dulden, daß jemand anderes dies täte, solange Rions und Mme. de Mouchy sich im Zimmer der Herzogin, ja auch nur im Luxembourg aufhielten. Er verkündete das laut und vernehmlich vor allen Anwesenden dem Duc d'Orléans, der darob weniger beleidigt als verlegen war. Er nahm den Pfarrer beiseite und versuchte geraume Weile, ihn zur Nachsicht zu bewegen; als jener unerschütterlich blieb, schlug er ihm schließlich vor, die Angelegenheit dem Kardinal de Noailles zu unterbreiten. Der Pfarrer willigte auf der Stelle ein und versprach, sich den Anordnungen seines Bischofs zu unterwerfen, vorausgesetzt, daß er die Freiheit habe, ihm seine Einwände darzulegen. Währenddessen – denn es war Gefahr im Verzug – beichtete die Duchesse de Berry ihrem Beichtvater, einem Kapuzinerpater.

Der Duc d'Orléans schmeichelte sich zweifellos, den Prälaten flexibler zu finden als den Pfarrer; aber er sollte sich täuschen. Der Kardinal de Noailles erschien, und der Duc d'Orléans nahm die beiden beiseite; die Unterredung dauerte über eine halbe Stunde. Da der Pfarrer seine Erklärung mit lauter Stimme abgegeben hatte, meinte der Erzbischof von Paris, er müsse es auch so halten, und bestätigte dem Pfarrer, während die drei sich wieder der Tür näherten, er habe sich seines Amtes würdig verhalten und er hoffe, er werde auch in Zukunft so handeln; er als sein Bischof und Vorgesetzter verbiete ihm, der Duchesse de Berry die Letzte Ölung zu spenden oder spenden zu lassen, solange Rions und Mme. de Mouchy sich im Zimmer, ja auch nur im Luxembourg befänden. Man kann sich vorstellen, welches Aufsehen ein so unvermeidlicher Skandal verursachte. Niemand, weder die Anführer der Konstitution, die heftigsten Feinde des Kardinals de Noailles, noch die vornehmsten und elegantesten Damen und selbst nicht die Libertins, kurz nicht ein einziger tadelte den Pfarrer oder seinen Erzbischof; die einen, weil sie die Vorschriften kannten und weil sie ihnen nicht zu widersprechen wagten; die anderen, und zwar die Mehrzahl, aus Widerwillen gegen die Lebensweise der Duchesse de Berry und aus Haß, den sie sich durch ihren Dünkel zugezogen hatte.

Nun entspannen sich zwischen dem Regenten, dem Kardinal und dem Pfarrer neue Verhandlungen; alle drei standen vor der Tür, und es erhob sich die Frage, wer von ihnen diesen Beschluß der Duchesse de Berry mitteilen solle, die ihrerseits auf nichts weniger gefaßt war und die nun, nachdem sie die Beichte abgelegt, glaubte, jeden Augenblick die Sakramente empfangen zu können. Nach einer weiteren, durch den Zustand der Kranken beschleunigten Beratung, traten der Kardinal und der Pfarrer ein wenig beiseite, indes der Duc d'Orléans sich die Tür öffnen und Mme. de Mouchy herbeirufen ließ; während er außerhalb und sie drinnen stand, erklärte er ihr bei halboffener Tür den Sachverhalt. Baß erstaunt und vor allem empört wies die Mouchy den Affront zurück, den diese Mucker ihr und der Duchesse de Berry antäten; niemals würde ihre Herrin das hinnehmen, und in dem Zustand, indem sie sich befände, würde man sie umbringen, wenn man so grausam und so töricht wäre, ihr das jetzt zu sagen. Endlich erklärte sie sich doch bereit, der Duchesse de Berry mitzuteilen, was man über die Sakramente beschlossen hatte. Man kann sich vorstellen, wie diese ihrerseits sich dann dazu äußerte; bei einer solchen Botin wäre die Antwort freilich vorauszusehen gewesen.

Der Pfarrer zuckte nur mit den Achseln, der Kardinal jedoch gab dem Duc d'Orléans zu bedenken, daß Mme. de Mouchy wohl recht ungeeignet sei, der Duchesse de Berry Vernunft beizubringen, und daß es seine, des Vaters, Aufgabe sei, ihr diesen Bescheid zu übermitteln und sie, die so bald vor Gott zu erscheinen habe, dazu zu bewegen, ihre Christenpflicht zu erfüllen, und er drängte den Herzog hineinzugehen, um mit seiner Tochter zu sprechen. Wie zu erwarten, blieb auch seine Beredsamkeit vergebens; der Regent fürchtete seine Tochter zu sehr, und er wäre nur ein schwacher Apostel gewesen.

Nun wollte der Kardinal in Begleitung des Pfarrers selber hineingehen, um mit der Duchesse de Berry zu reden; aber der Duc d'Orléans, der zwar nicht wagte, ihn daran zu hindern, der jedoch fürchtete, seine Tochter könne beim Anblick und bei den Reden der beiden Geistlichen in eine jähe, gefährliche Krise geraten, beschwor den Kardinal abzuwarten, um die Herzogin auf diese Begegnung vorzubereiten. Es begann also vor der halbgeöffneten Tür eine weitere Verhandlung, die ebenso erfolglos verlief wie die erste. Die Duchesse de Berry bekam einen Wutanfall, erging sich in heftigsten Schmähungen gegen diese bigotten Heuchler, die ihren Zustand und ihren Charakter mißbrauchten, um sie durch dieses widerliche Theater zu entehren; sie schonte auch ihren Vater nicht, dem sie vorwarf, so töricht und einfältig zu sein, das zu dulden. Wenn es nach ihr gegangen wäre, hätte man den Kardinal und den Pfarrer sofort die Treppe hinuntergeworfen. Der Duc d'Orléans kam sehr kleinlaut und niedergeschlagen zu ihnen zurück und wußte nicht, wie er zwischen den beiden Geistlichen und seiner Tochter vermitteln sollte. Er sagte ihnen, daß sie so schwach und leidend sei, daß man noch warten müsse. Die Aufmerksamkeit und Neugierde, die den Raum füllte, in dem sich die ganze Gesellschaft, die inzwischen Bescheid wußte, versammelt hatte, war außerordentlich. Mme. de Saint-Simon saß mit einigen Damen in einer Fensternische und beobachtete den ganzen Hergang.

Der Kardinal de Noailles blieb über zwei Stunden beim Duc d'Orléans; als er schließlich einsah, daß er ohne Gewaltanwendung nie in das Zimmer eintreten könne, fand er es unziemlich, weiter zu warten. Er ermahnte beim Abschied den Pfarrer achtzugeben, daß man die Sterbesakramente nicht etwa heimlich spende.

Der Duc d'Orléans beeilte sich, seiner Tochter von dem Aufbruch des Kardinals, durch den er sich selbst recht erleichtert fühlte, in Kenntnis zu setzen.

Der Pfarrer hielt tatsächlich vier Tage und vier Nächte Wache. Als die Duchesse de Berry mit einer Tochter niedergekommen war, zürnte sie zwar dem Pfarrer und dem Kardinal noch immer, doch war ihr vor allem daran gelegen, wieder zu Kräften zu kommen. Mehr denn je war sie dem Liebespaar hörig, die beide nur aus Eigennutz an ihr hingen und noch eine Zeitlang bei ihr in der Wochenstube blieben, ohne daß der Duc und die Duchesse d'Orléans, ja nicht einmal Madame, sich dort blicken ließen.

Rions, wie gesagt der jüngere Sohn einer gaskognischen Familie, stammte zwar aus gutem Haus, besaß aber keinerlei Vermögen: Er war der Enkel einer Schwester des Duc de Lauzun, dessen Abenteuer mit der Grande Mademoiselle, die ihn hatte heiraten wollen, jedem bekannt war. Diese Parität zwischen seinem Neffen und ihm brachte Lauzun darauf, eine ähnliche Heirat zu planen. Eine Vorstellung, die den Onkel ergötzte. Die absolute Herrschaft, die Rions über diese gebieterische Prinzessin gewonnen hatte, die Gefahr, der jene im Wochenbett ausgesetzt gewesen, der Schrecken, den sie empfunden hatte, als sie sich vor die Wahl gestellt sah, entweder auf die Sterbesakramente zu verzichten oder das aufzugeben, was sie am glühendsten begehrte; die Furcht vor dem Teufel, die sie bisher nie gekannt und die sie nun schon bei dem kleinsten Donnerschlag außer sich brachte; all das bestärkte Onkel und Neffe in ihrem Vorhaben. Es war der Onkel, der seinem Neffen geraten hatte, die Duchesse de Berry ebenso zu behandeln, wie er Mademoiselle behandelt hatte. Sein Grundsatz lautete, daß die Bourbonen zusammengestaucht und unter der Fuchtel gehalten sein müßten, anders seien sie nicht zu lenken. Rions beherrschte das Herz der Mouchy, die ihrerseits den Geist der Prinzessin beherrschte, was sie glänzend zu Rions'

Vorteil zu nutzen verstand. Alle beide kamen dabei vollkommen auf ihre Rechnung. Das Unwetter, dem sie so glimpflich entronnen, lag ihnen aber noch in den Knochen, es konnte sich gegebenenfalls wiederholen und sie vernichten. Die Furcht vor dem Teufel, bestimmte Überlegungen könnten schließlich dasselbe bewirken, während Rions, sofern ihm die Heirat gelang, nichts mehr zu befürchten und nur noch sein unbegreifliches Glück zu genießen brauchte; und was die Mouchy anging, so hatte sie sich von einer Verbindung, zu der sie so vieles beigetragen, alles zu versprechen; wobei die beiden, ihres gegenseitigen Besitzes sicher, ihren geheimen Lüsten in Ruhe nachgehen konnten.

Da die Duchesse de Berry sehr peinlich berührt war von der Art und Weise, in der die Gesellschaft und selbst das Volk auf ihre Krankheit und alles, was damit zusammenhing, reagiert hatte, glaubte sie, etwas an Ansehen zurückgewinnen zu können, wenn sie den Jardin de Luxembourg, den sie vor einer Weile hatte schließen lassen, wieder öffnen ließ. Man freute sich darüber, machte es sich zunutze, aber das war auch alles. Alsdann gelobte sie, sechs Monate nur in Weiß zu gehen, aber dies erregte nur Gelächter.

Am Sonnabend, dem 15. April, starb in Saint-Cyr die berühmte und unheilbringende Mme. de Maintenon. Welch ein Aufsehen hätte dieses Ereignis in ganz Europa erregt, wenn es einige Jahre früher eingetreten wäre! Jetzt nahm man es nicht einmal in dem so nahen Versailles zur Kenntnis, und auch in Paris ging man schweigend darüber hinweg. Mme. de Maintenon hatte sich in der Sterbestunde des Königs nach Saint-Cyr zurückgezogen, und sie war so klug, sich der Welt gegenüber totzustellen und niemals mehr einen Fuß aus der Umfriedung ihres Hauses herauszusetzen. Sie wollte, mit Ausnahme einiger weniger Personen, niemanden mehr empfangen, nichts mehr fordern, niemanden mehr empfehlen, sich in nichts mehr einmischen. Mme. de Caylus, Mme. de Dangeau und Mme. de Lévis waren bei ihr zugelassen, aber nur selten. Der Kardinal de Rohan besuchte sie jede Woche, der Duc du Maine ebenfalls, und er verbrachte dann drei bis vier Stunden ganz allein mit ihr. Sie war selig, wenn man ihr seine Ankunft meldete; sie umarmte ihren Liebling, obwohl er sehr stank, stets mit der größten Zärtlichkeit.

Wie bei Hofe stand Mme. de Maintenon frühmorgens auf und legte sich beizeiten schlafen. Ihre Gebete nahmen einige Zeit in Anspruch, auch las sie verschiedene Andachtsbücher. Manchmal ließ sie sich von ihren jungen Mädchen irgendein geschichtliches Werk vorlesen und gefiel sich darin, mit ihnen darüber zu reden und sie dabei zu unterrichten.

Ihr Mittagessen war sehr einfach, aber trotz seiner Einfachheit sehr erlesen und reichlich. Der Duc de Noailles, dann Mornay und Blouin versäumten nicht, ihr Wildbret aus Saint-Germain und Früchte aus den königlichen Gärten zu schicken. Wenn sie keine Damen von außerhalb zu Besuch hatte, aß sie allein, von ihren Schülerinnen bedient, die sie zuweilen auch zu Tisch lud. Die schon recht ältliche Mlle. d'Aumale, die sie lange Zeit bei Hofe um sich gehabt hatte, wurde dieser Ehre nicht teilhaftig; um neun Uhr abends fand ein eigenes Abendessen für Mlle. d'Aumale statt und für die jungen Mädchen, deren Gouvernante sie war; Mme. de Maintenon nahm abends niemals etwas zu sich. An sehr schönen windstillen Tagen ging sie zuweilen ein wenig im Garten spazieren.

Der Sturz des Duc du Maine beim Throngericht gab ihr den Todesstoß. Es ist anzunehmen, daß sie über die Absichten und Maßnahmen ihres Lieblings vollkommen im Bilde war und daß die Hoffnung für ihn sie aufrechterhalten hatte; aber als sie erfuhr, daß er verhaftet sei, sank sie plötzlich in sich zusammen. Ein schleichendes Fieber befiel sie, und sie starb im Alter von dreiundachtzig Jahren, noch immer im vollen Besitz ihrer geistigen Kräfte. Die Trauer über ihren Tod war nicht allgemein, nicht einmal in Saint-Cyr und schon gar nicht über die Mauern dieser Anstalt hinaus.

Law wirkte noch immer Wunder mit seinem Mississippi. Man hatte gewissermaßen eine eigene Sprache erfunden, um die Vorgänge zu verstehen. Es entstanden mit einem einzigen Schlag Riesenvermögen. Law wurde in seinem Haus von Bittstellern aller Art belagert, die durch den Garten, durch die Fenster eindrangen, sich durch den Kamin in sein Arbeitszimmer fallen ließen. Man rechnete nur noch in Millionenbeträgen. Law, der, wie ich schon sagte, jeden Dienstag zwischen elf und zwölf zu mir kam, hatte mich oft gedrängt, Aktien anzunehmen, ohne daß sie mich etwas kosten sollten. Er würde es so lenken, daß ich, ohne mich darum zu kümmern, mehrere Millionen erwürbe; so viele Leute aller Art hatten dabei ein gutes Geschäft gemacht. Die meisten nur durch ihre Emsigkeit, so daß es sicher war, daß Law mich dabei noch mehr gewinnen lassen würde, aber ich wollte mich niemals dazu hergeben. Law wandte sich an Mme. de Saint-Simon, die er ebenso unzugänglich fand. Er hätte viel lieber mich als so viele andere bereichert und mich durch dieses Interesse notwendigerweise an sich gefesselt, da er mich in so guten Beziehungen zum Regenten sah. Also versuchte er es, mich durch den Regenten zu überzeugen. Dieser fragte mehrfach bei mir an, ich wich immer aus. Eines Tages saßen wir, nachdem wir gearbeitet hatten, in Saint-Cloud auf der Balustrade der Orangerie, er fing wieder vom Mississippi an und drängte mich fortwährend, Aktien von Law anzunehmen. Je mehr ich widerstand, desto mehr drängte er mich und desto mehr Gründe führte er an. Schließlich wurde er ärgerlich und meinte, es sei zu selbstgefällig von mir, etwas abzulehnen, worum so viele Leute meines Standes und Ranges sich rissen und was der König mir zu schenken gedächte. Ich erwiderte ihm, daß mein Verhalten dann schon eher als einfältig oder unverschämt zu bezeichnen sei, aber auch das treffe nicht zu, und da er mich so sehr nötige, wolle ich ihm nun meine Gründe darlegen: Ich hätte seit der Geschichte vom König Midas noch nie und nirgends gelesen oder gesehen, daß irgend jemand die Fähigkeit besessen habe, alles, was er berühre, in Gold zu verwandeln, ich könne also auch schwerlich glauben, daß Law mit dieser Fähigkeit begabt sei. Ich nähme vielmehr an, daß sein ganzes Verfahren auf einem klugen Spiel beruhe, einem geschickten Manöver, mit dem er Hansens Geld in Peters Tasche praktiziere, durch welches man aber nur die einen auf Kosten der anderen bereichern könne und das, einmal durchschaut, alsbald ein Ende finde, um eine Unzahl finanziell ruinierter Leute zurückzulassen; dazu käme die Schwierigkeit, ja die Unmöglichkeit einer Rückerstattung, mir jedenfalls sei es ein Abscheu, mich an anderer Leute Eigentum zu bereichern. Der Duc d'Orléans wußte nicht, was er mir antworten sollte, er war recht unzufrieden, sprach gleichwohl immer weiter und kam immer wieder auf seine Idee zurück, daß ich nämlich die Wohltaten des Königs zurückweisen würde. Schließlich wurde ich ungeduldig: Ich erklärte ihm, ich sei von all diesen Narrheiten so weit entfernt, daß ich ihm jetzt einen Vorschlag zu machen gedächte, auf den ich ohne seine Reden niemals gekommen und der mir erst in diesem Augenblick eingefallen sei. Ich erinnerte ihn an das, was ich ihm schon früher in gelegentlichen Unterhaltungen erzählt hatte, nämlich an die Ausgaben, durch die sich mein Vater ruiniert hatte, als er Blaye gegen die Partei von Monsieur le Prince verteidigte. Achtzehn Monate sei er dort blockiert gewesen, habe, ohne irgend etwas aus dem Land herauszuziehen, der Truppe den Sold bezahlt, Lebensmittel geliefert, Kanonen gießen lassen, den Platz befestigt, fünfhundert Edelleute darin unterhalten und weitere Ausgaben getätigt, nur um dem König diese Festung zu bewahren: Nach den Bürgerkriegen habe man ihm eine Anweisung auf 500 000 Livres gegeben, von denen er auch nicht einen Sou erhalten habe. Ich gab dem Duc d'Orléans alsdann zu bedenken, daß dies, wenn er noch die Zinsen hinzurechne, immerhin eine recht beträchtliche Summe sei; ich würde es also für eine Gnade ansehen, die ich dankbar entgegennähme, wenn er mir meine Anweisung in bar auszahlen ließe und ich dann diese Papiere vor seinen Augen verbrennen könnte: Er sprach anderentags mit Law darüber, meine Anweisungen wurden nach und nach verbrannt, und das, was ich ausgezahlt bekam, verwandte ich für die Bauarbeiten, die ich in La Ferté ausführen ließ.

In dieser Zeit starb Pécoil, ein alter langweiliger Untersuchungsrichter, der nicht imstande war, einen einzigen Prozeß zu führen; er war völlig unbekannt, aber mehrfacher Millionär und hinterließ nur eine einzige Tochter. Er selber war der Enkel eines Kleinwarenhändlers aus Lyon, dessen Sohn, der Vater eben jenes Untersuchungsrichters, so unermüdlich arbeitete und so geizig war, daß er Millionen verdiente, wobei er und seine Familie fast Hungers starben und alle in Lumpen gingen, aber der Götze wurde unablässig gemästet. Pécoil hatte in seinem Haus in Lyon einen zweiten Keller eingerichtet, in welchem er, nach den nötigen Vorsichtsmaßregeln, sein Geld untergebracht hatte; mehrere Türen führten zu diesem Keller, zu denen er allein die Schlüssel besaß, die letzte war eine Eisentür und hatte ein Geheimschloß, das nur er und derjenige, der es angefertigt hatte, bedienen konnten. Von Zeit zu Zeit ging er hinunter, um sein Geld zu besichtigen und neues hinzuzulegen, dergestalt daß man in seinem Hause allmählich wahrnahm, daß er sich in diesen Keller begab, dessen Vorhandensein man erst durch die Entdeckung verborgener Gänge zu ahnen begann. Eines Tages war er wieder einmal hinuntergegangen, aber nicht wieder heraufgekommen. Seine Frau, sein Sohn, ein oder zwei Diener – die er immerhin hielt – suchten allenthalben, fanden ihn aber weder im Haus noch an den wenigen anderen Orten, die er zuweilen aufzusuchen pflegte. Sie nahmen nun an, daß er in seinen Keller gegangen sei; sie kannten diesen nur bis zu der ersten Tür, die sie in einer Ecke des gewöhnlichen Kellers erspäht hatten. Unter großer Mühe öffneten sie also diese Tür, dann eine weitere und gelangten nun an jene Eisentür. Sie klopften heftig daran, sie schrien, sie riefen, da sie nicht wußten, wie sie sie öffnen oder aufbrechen sollten. Als sie nichts hörten, steigerte sich ihre Furcht, sie machten den Versuch, die Tür einzurammen, doch die war viel zu solide und zu fest in die Mauer eingelassen, um nachzugeben: Sie brauchten Hilfe. Zusammen mit ihren Nachbarn schafften sie sich endlich einen Durchgang: aber was fanden sie? Riesige Eisenkoffer mit großen Barren versperrt, und davor den elenden Greis, der Länge nach hingestreckt, tot. Die Verzweiflung stand noch in seinem fahlen Gesicht zu lesen, die Kerze, in einer Laterne, die neben ihm stand, war abgebrannt, der Schlüssel steckte in der Tür, die er so oft geöffnet, diesmal aber nicht hatte öffnen können. Auf so schreckliche Weise endete dieser Geizhals. Das Entsetzen und der Abscheu zwangen die Anwesenden alsbald wieder hinaufzusteigen; aber die Nachbarn, die bei der Arbeit geholfen hatten, und der unvermeidliche Lärm, der sich dabei entwickelt hatte, bewirkten, daß die Geschichte sich doch herumsprach. Sie ist so abstoßend und ihre Bestrafung folgte so unmittelbar, daß ich meinte, sie hier doch erwähnen zu sollen. Die einzige Tochter Pécoils, des Untersuchungsrichters, heiratete dann den Duc du Brissac, denn wahrhaftig, mit Ausnahme meiner Schwester und deren Schwiegermutter, der Gondy, sind die Brissacs bei ihren Heiraten weder glücklich noch wählerisch gewesen.

Die Duchesse de Berry heiratet heimlich ihren Liebhaber Rions und stirbt kurz darauf.

Die Duchesse de Berry hatte sich wieder ein wenig erholt. Es war in der Osterwoche, und sie wollte nach dem Skandal, von dem ich erzählt habe, niemanden sehen. Ihre Heirat mit Rions verursachte heftige Zwistigkeiten und löste wilde Tränenströme aus. Um dem zeitweise zu entgehen und sich den Osterfeierlichkeiten zu entziehen, beschloß sie, sich am Ostermontag nach Meudon zu begeben, und sie brach, trotz aller Einwände, die man ihr machte, von Rions gefolgt, tatsächlich dorthin auf. Der Duc d'Orléans erzählte mir einige Tage später, daß die Duchesse de Berry die Absicht habe, die Ehe, die sie heimlich mit Rions geschlossen, öffentlich erklären zu lassen. Die Heirat als solche überraschte mich nur hinsichtlich dieses Gemischs aus Leidenschaft und Teufelsfurcht und hinsichtlich des kürzlich ausgebrochenen Skandals. Was mich wirklich erstaunte, war der wilde Eifer, mit dem eine so maßlos dünkelhafte Person diese öffentliche Erklärung anstrebte. Der Duc d'Orléans schüttete mir sein Herz aus, er gestand mir, in welcher Verlegenheit er sich befinde, wie sehr er, und vor allem Madame, gereizt und verärgert seien, wie beleidigt die Duchesse d'Orléans sich fühle.

Glücklicherweise brachen tagtäglich Offiziere auf, die an der Grenze Spaniens Dienst tun mußten, und Rions, der auch zu diesen gehörte, war nur wegen der Krankheit der Duchesse de Berry bisher noch zurückgeblieben. Der Duc d'Orléans wiegte sich nun in der Hoffnung, die Erklärung aufschieben zu können, sobald Rions erst einmal abwesend sei. Ich bestärkte ihn in dieser Ansicht, und am nächsten Morgen erhielt Rions in Meudon den unumstößlichen Befehl, sich auf der Stelle in Marsch zu setzen und sich zu seinem Regiment in der Armee des Duc de Berwick zu begeben. Die Duchesse de Berry war hell empört, zumal sie den Grund ahnte und wußte, daß es unmöglich war, die Abreise zu verzögern, was auch Rions seinerseits nicht gewagt hätte. Er gehorchte also, und der Duc d'Orléans, der noch nicht in Meudon gewesen, vermied es noch immer, dort zu erschienen; Vater und Tochter fürchteten einander, und dieser Aufbruch trug nicht zu ihrer beider Versöhnung bei. Sie hatte ihm mehrfach erklärt, sie sei Witwe, besitze genug Vermögen, sei unabhängig von ihm und könne über ihre Handlungsweise selber bestimmen; sie wiederholte damit nur das, was, wie sie hatte sagen hören, Mademoiselle geäußert hatte, als diese Lauzun, den Großonkel Rions', hatte heiraten wollen, und sie fügte noch hinzu, welche Güter, Ehren und Würden sie Rions zukommen lassen wollte, sobald ihre Heirat bekanntgegeben wäre; sie steigerte sich in äußerste Wut, überschüttete den Duc d'Orléans, dessen Einwände und Entgegnungen sie nicht ertragen konnte, mit wüsten Beleidigungen. Er hatte, seit es ihr etwas besser ging, im Luxembourg etliche solche Szenen über sich ergehen lassen und hatte nun bei seinen wenigen Besuchen in Meudon noch viel schlimmere auszustehen. Sie wollte unbedingt dort ihre Heirat sofort bekanntgeben, und nur unter Aufwendung aller Klugheit, List und Sanftmut, nur durch Drohungen, inständigste Bitten und Beschwörungen gelang es dem Duc d'Orléans, doch noch einen Aufschub herauszuschinden. Wenn man auf Madame gehört hätte, wäre die ganze Angelegenheit schon vor der Reise nach Meudon zu Ende gewesen: Denn dann hätte der Duc d'Orléans Rions einfach im Luxembourg zum Fenster hinauswerfen lassen.

Die überstürzte Reise nach Meudon und die aufregenden Szenen waren nicht geeignet, zur Genesung der Kranken, die so knapp dem Tode entronnen, beizutragen. Da die Duchesse de Berry mit aller Gewalt verbergen wollte, in welch gespanntem Verhältnis sie zu ihrem Vater stand, gedachte sie ihn zu einem Souper auf der Terrasse von Meudon einzuladen. Vergebens versuchte man ihr vorzustellen, wie gefährlich der Aufenthalt in der kühlen Abendluft bei ihrem schlechten und schwankenden Gesundheitszustand für sie sei; eben weil sie glaubte, durch dieses Souper die Gesellschaft von dem Gedanken an ihre Schwangerschaft abzubringen und in der Illusion zu wiegen, sie stünde nach wie vor vorzüglich mit dem Duc d'Orléans, beharrte sie auf ihrem Plan.

Dieses Souper im Freien bekam ihr in der Tat sehr schlecht. Noch in derselben Nacht erkrankte sie wieder. Da ja körperlich wie geistig Kranke häufig die Ursache ihres Übels dem Ort ihres Aufenthaltes zuschreiben, mißfiel ihr Meudon nun plötzlich. Sie war verärgert und beunruhigt, daß der Duc d'Orléans sie nicht häufiger besuchte und daß, obwohl sie wirklich krank war, auch Madame und die Duchesse d'Orléans fast niemals zu ihr kamen. Ihr Stolz litt darunter mehr als die Zuneigung, die sie ohnehin für diese Prinzessin kaum empfand und die sich durch deren Widerstand gegen ihre heftigsten Wünsche langsam in Haß zu verwandeln begannen. Aus eben diesem Grund entwickelte sie allmählich für ihren Vater fast die gleichen Gefühle, aber sie hoffte, ihn wieder in die Hand zu bekommen; sie war um so mehr gereizt, als die Gesellschaft bemerkte, wie selten er sie besuchte und daß ihre Macht über ihn nicht mehr die alte zu sein schien.

So unbekömmlich die kühle Luft, die Bewegung und der erneute Ortswechsel in ihrem Zustand auch für sie waren, nichts vermochte sie daran zu hindern, sich, in zwei Bettdecken eingewickelt, am Sonntag, dem 14. Mai, in einem großen Wagen von Meudon nach La Meute transportieren zu lassen, wo, wie sie hoffte, die größere Nähe zu Paris den Duc d'Orléans und schließlich auch die Duchesse d'Orléans veranlassen würde, sie des öfteren zu besuchen. Die Fahrt war qualvoll, vor allem wegen der Schmerzen, die sich unterwegs noch verschlimmerten und die weder durch den Aufenthalt in La Meute noch durch die verschiedensten Heilmittel zu beheben waren.

So ging es zwischen Furcht und Hoffnung bis Anfang Juli. Ihr Schwächezustand brachte schließlich auch die Inbrunst, ihre Heirat mit Rions bekanntzugeben, zum Ermatten und veranlaßte den Duc d'Orléans und sogar die Duchesse d'Orléans sowie Madame zu häufigeren Besuchen. Der Monat Juli wurde bedrohlicher; aber trotz ihrer Leiden war die Duchesse de Berry nicht davon zu überzeugen, sich den für ihr irdisches, geschweige denn für ihr ewiges Heil notwendigen Anordnungen zu unterziehen, so daß die Verwandten und die Ärzte sich schließlich genötigt sahen, in einem Ton mit ihr zu reden, den man gegenüber Personen ihres Ranges nur in äußersten Fällen anzuschlagen pflegt, dessen Wirkung freilich Chirac durch seine Gottlosigkeit wieder zunichte machte. Da er jedoch mit seiner Ansicht allein stand und da alle anderen weiter auf sie einredeten, bekehrte sie sich schließlich zu den für diese und jene Welt notwendigen Heilmitteln. Sie empfing bei offenen Türen die Sakramente, dann sprach sie mit den Anwesenden über ihr Leben und ihren jetzigen Zustand, aber ganz so, als sei sie über all das erhaben. Als die Zeremonie beendet und sie wieder mit ihren Vertrauten allein war, beglückwünschte sie sich ihnen gegenüber zu der Standhaftigkeit, die sie bewiesen; sie habe sich, meinte sie, doch gut aus der Affäre gezogen, und das heiße mit Mut und Tapferkeit sterben.

Kurz darauf gingen alle hinaus, nur Mme. de Mouchy blieb bei ihr. Die Duchesse de Berry gab ihr nun den Schlüssel zu einer Kassette und bat sie, ihr ihren Schmuckkasten zu bringen. Das war ein ganz besonderes Geschenk: denn abgesehen von allem, was sie der Mouchy ohnehin schon geschenkt hatte, war, seit sie krank war, kein Tag vergangen, ohne daß jene ihr nicht etwas abgelistet hätte: Geld, Juwelen und viel Geschmeide. Aber dieses Schmuckkästchen allein war über 20 000 Taler wert; und so habgierig die Mouchy auch war, dieses Geschenk verblüffte sie doch. Sie ging hinaus und zeigte es ihrem Ehemann. Das war am Abend. Der Duc und die Duchesse d'Orléans waren schon fortgefahren. Das Ehepaar hatte Furcht, des Diebstahls bezichtigt zu werden, eines solchen Rufes erfreuten sie sich! Sie hielten es also für ratsam, jemandem im Hause, der ihnen nicht gänzlich feindlich war, von der Sache zu erzählen. In Kürze hatte sich die Angelegenheit herumgesprochen und kam auch Mme. de Saint-Simon zu Ohren. Sie kannte dieses Schmuckkästchen und war so erstaunt, daß sie meinte, den Duc d'Orléans auf der Stelle benachrichtigen zu müssen. Wegen des bedrohlichen Zustandes, in dem sich die Duchesse de Berry befand, legte man sich in La Meute gar nicht erst zu Bett, sondern blieb im Salon.

Als Mme. de Mouchy merkte, daß die Geschichte mit dem Schmuckkästchen allgemein bekannt und sehr schlecht aufgenommen worden war, näherte sie sich höchst verlegen Mme. de Saint-Simon, erzählte ihr, wie alles sich zugetragen, zog das Schmuckkästchen aus ihrer Tasche und zeigte es ihr. Mme. de Saint-Simon rief die nächststehenden Damen herbei, um auch sie das Kästchen sehen zu lassen, und sagte in deren Gegenwart (denn nur in dieser Absicht hatte sie sie gerufen) zu Mme. de Mouchy, das sei wahrlich ein prächtiges Geschenk, es sei indes so prächtig, daß sie ihr rate, es möglichst bald dem Duc d'Orléans zu bringen. Dieser in Gegenwart von Zeugen erteilte Ratschlag berührte Mme. de Mouchy recht peinlich. Sie entgegnete jedoch, daß sie dem Rat folgen wolle, und ging ihren Gemahl suchen, mit dem sie sich dann in ihr Zimmer zurückzog.

Am anderen Morgen begaben sie sich ins Palais Royal; der Duc d'Orléans, der sie, von Mme. de Saint-Simon benachrichtigt, bereits erwartete, ließ die beiden alsbald eintreten. Mme. de Mouchy und ihr Gemahl begrüßten ihn ehrerbietig, worauf er, ohne etwas zu erwidern, nach dem Schmuckkästchen fragte. Die Mouchy zog es aus ihrer Tasche und überreichte es ihm. Der Duc d'Orléans ergriff es, öffnete es, sah genau nach, ob nichts fehle, denn er kannte seinen Inhalt sehr genau, machte es wieder zu, zog einen Schlüssel aus der Tasche, schloß es in eine Schublade seines Schreibtisches ein und verabschiedete die beiden durch ein Kopfnicken. Sie machten ihre Reverenz und zogen sich gleichermaßen beleidigt wie verwirrt zurück. Übrigens erschienen sie dann nicht wieder in La Meute.

Ich weiß nicht, ob das Verschwinden der Mouchy einen günstigen Einfluß auf die Duchesse de Berry ausübte, aber sie sprach nicht mehr von ihr, ja sie schien nun wirklich in sich zu gehen und wünschte bald darauf abermals die Sakramente zu empfangen. Sie empfing sie diesmal offensichtlich mit mehr Frömmigkeit und in ganz anderer Gesinnung als das erste Mal.

Da sie sich in dringender Lebensgefahr befand, waren die Ärzte, die keinen Rat mehr wußten, bereit, zu jedem Mittel zu greifen. Man sprach von dem Elixier eines gewissen Garus, der seither viel Aufsehen erregt hat und dem der König dann seine Geheimmittel abgekauft hat. Garus wurde benachrichtigt und erschien alsbald. Er meinte, die Duchesse de Berry sei in so schlechter Verfassung, daß er keinerlei Verantwortung übernehmen wolle. Das Elixier wurde dennoch verabreicht und wirkte über alle Erwartungen gut. Es handelte sich nun nur noch darum, die Kur fortzusetzen; Garus hatte mehrfach und dringend gebeten, daß man der Duchesse de Berry kein anderes Mittel gäbe als das seine, und das war auch ausdrücklich von dem Duc und der Duchesse d'Orléans befohlen worden. Die Duchesse de Berry kam langsam wieder zu Atem, ihr Zustand besserte sich derart, daß Chirac fürchtete, ausgestochen zu werden. Als Garus auf einem Sofa eingeschlafen war, benutzte er die Gelegenheit und brachte der Duchesse de Berry ein Abführmittel, das er ihr kurzerhand einflößte, ohne jemanden zu fragen und ohne daß die beiden Krankenwärterinnen, die die einzig Anwesenden waren, ihn daran zu hindern wagten. Die Kühnheit war ebenso bemerkenswert wie die Ruchlosigkeit, denn M. und Mme. d'Orléans saßen im Salon. Von dem Augenblick an erlitt die Duchesse de Berry einen schweren Rückfall. Garus wurde geweckt und herbeigerufen. Als er der Katastrophe ansichtig wurde, rief er aus, man habe ein Abführmittel verabreicht, und das wirke in dem Zustand, in dem die Prinzessin sei, wie ein Gift. Er wollte gehen, man hielt ihn zurück, man führte ihn zu dem Duc und der Duchesse d'Orléans. Große Aufregung, Garus schrie, Chirac erging sich in Unverschämtheiten und Anmaßungen ohnegleichen, um das, was er getan, zu rechtfertigen. Leugnen konnte er es nicht, weil die beiden Krankenwärterinnen befragt worden waren und es erzählt hatten.

Währenddessen ging die Duchesse de Berry ihrem Ende entgegen, ohne daß Chirac oder Garus hätten helfen können. Als Chirac die Agonie eintreten sah, erhob er sich, machte am Fuße des Bettes eine beleidigende Verbeugung, wünschte der Prinzessin in zweideutigen Worten eine gute Reise und begab sich stehenden Fußes nach Paris. Das Seltsame ist, daß nichts weiter darauf erfolgte und daß er im Dienst des Duc d'Orléans blieb genau wie zuvor.

Sobald Mme. de Saint-Simon sah, daß keine Hoffnung mehr bestand und daß der Duc d'Orléans unter all diesen Leuten in La Meute ganz allein war, ließ sie mir ausrichten, sie halte es für gut, wenn ich hinkäme, um ihn in diesen traurigen Augenblicken zu trösten. Meine Ankunft freute ihn, wie mir schien, tatsächlich, und es verschaffte ihm einige Erleichterung, sich bei mir aussprechen zu können.

Endlich, am 21. Juli um Mitternacht – zwei Tage nach Chiracs Übergriff –, starb die Duchesse de Berry. Nur der Duc d'Orléans betrauerte sie. Einige Personen waren enttäuscht, aber wer genug zum Leben hatte, schien nicht einmal den Verlust zu beklagen. Die Duchesse d'Orléans fühlte sich, wiewohl sie die Schicklichkeit wahrte, sichtlich befreit; Madame zeigte es ganz offen. Und so betrübt der Duc d'Orléans auch war, fand auch er bald Trost. Das Joch, dem er sich unterstellt hatte und das er oft genug als sehr lastend empfand, war von ihm genommen. Zudem war er der Sorgen und Ängste wegen der Heiratserkärung ledig. Mme. de Mouchy und ihr Ehemann bekamen Befehl, sich binnen vierundzwanzig Stunden aus Paris zu entfernen und nicht wieder dorthin zurückzukehren. Lange Zeit später erschienen sie wieder, aber nichts von dem, was in der Folge geschehen war, hat sie je wieder in der Gesellschaft rehabilitieren können.

Man kann sich denken, in welchen Jammer Rions verfiel, als er bei der Armee diese für ihn so niederschmetternde Neuigkeit erfuhr. Welch entsetzliche Auflösung eines derart romantischen Abenteuers, eben in dem Augenblick, wo es den Ehrgeiz in geradezu traumhafter Weise hätte befriedigen können. So stand er denn mehr als einmal kurz vor dem Selbstmord; Freunde hatten Mitleid mit ihm und nahmen ihn unter ihre Obhut. Nach dem Feldzug verkaufte er sein Regiment und seine Statthalterschaft. Da er immer sanft und höflich zu seinen Freunden gewesen war, behielt er sie und gab ihnen, um sich zu trösten, prächtige Gastmähler; aber letzten Endes spielte er nie wieder eine Rolle, und dieses Versinken in der Bedeutungslosigkeit verzehrte ihn dann.

Regentschaftsrat zur Bedeutungslosigkeit herabgesunken. – Die Mississippi-Aktien. – Die Geschwister Tencin und ihre Rolle bei der »Bekehrung« Laws. – Verhältnis Saint-Simons zu Fleury.

Bezons, der Erzbischof von Rouen, trat um diese Zeit in den Regentschaftsrat ein, wo nichts Eigentliches gesagt wurde und nichts Entscheidendes geschah. Der Abbé Dubois, der, seit er Staatssekretär geworden, nur mit ausländischen Angelegenheiten betraut war, trat bald darauf ganz ein. Allmählich fiel dieser Rat, wie ich voraussah, vollends der Lächerlichkeit anheim; das wurde noch schlimmer durch die Leichtgläubigkeit, mit der der Duc d'Orléans jeden hier zuließ, und weil man hier nichts tat, worüber er sich nicht als erster heimlich lustig machte. Ich sah also dieses Kabinett mehr und mehr in Gefahr; alles regelte sich von selbst, und der Abbé Dubois, der hier unumschränkter Herr war, ließ niemand teilnehmen, dessen er nicht für die Ausführung oder für den Notfall noch bedurfte, selten übertrug der Duc d'Orléans dieses Vertrauen anderen Personen. Ich sprach mich mit ihm über die Unstimmigkeit des Regentschaftsrates aus, ich erzählte ihm von dem Verdruß jener, die ihn hauptsächlich bildeten, wies ihn auf die Unannehmlichkeiten seines Kabinetts hin, wo alles sich formal regelte, was den Unzufriedenen eine ganz andere Handhabe erlaube, als wenn die Geschäfte sich – mit Ausnahme der wenigen Dinge, die notwendigerweise vollkommen geheimbleiben müßten – in einem seriösen und zahlenmäßig begrenzten Regentschaftsrat abwickelten, wie es in den ersten Jahren der Fall war. Ich stellte ihm vor, daß das Vertrauen in ihn nicht mehr das gleiche sein könne, daß er jeden Argwohn herausfordere, daß man leichtes Spiel habe, den König gegen ihn einzunehmen, der vielleicht Rechenschaft von ihm fordern und ihm viele Dinge auflasten würde, was ihn dann teuer zu stehen kommen könne. Der Regent war stets bereit, den Wahrheiten zuzustimmen, die man ihm sagte, aber er stimmte ganz überflüssigerweise zu. Er gestand mir, daß ich recht haben möge, und meinte, so wie es jetzt im Regentschaftsrat stünde, gebe es keine andere Möglichkeit mehr, als rein formale Dinge zu behandeln.

Die Aktiengeschäfte der Compagnie des Indes – allgemein Mississippi genannt – nahmen einen solchen Aufschwung, daß man seit einigen Monaten in der Rue Quincampoix eine Niederlassung eingerichtet hatte, die derart von Pferden und Karossen blockiert wurde, daß man an beiden Enden der Straße Wachmannschaften aufstellen mußte; mit Trommelschlägen und Glockenläuten wurde um sieben Uhr morgens die Öffnung und bei Dunkelwerden die Schließung der Geschäftsstelle bekanntgegeben, es ging am Ende so weit, daß man verbieten mußte, an Sonn- und Feiertagen vorzufahren. Niemals hat man von einem solchen Wahnsinn gehört, niemals eine annähernd gleiche Besessenheit erlebt. Der Duc d'Orléans verteilte großzügig diese Aktien an alle Offiziere, die unter ihm im Spanienkrieg gedient hatten. Einen Monat später begann man das Bargeld einzuschränken, und das wiederholte sich dreimal von einem Monat zum anderen, dann folgte eine allgemeine Einschmelzung. Der Prince de Conti brachte das Herzogtum Mercœur, das Lassay zu 800 000 Livres gekauft hatte, gewaltsam wieder an sich. Lassay war verzweifelt, und die Sache vollzog sich in einer Art, die dem Prince de Conti wenig Ehre machte.

Laws Bank und sein Mississippi standen auf dem Höhepunkt. Das Vertrauen war noch völlig unerschüttert. Mit größter Hast drängte man sich, Ländereien und Häuser in Papier umzuwandeln, und dieses Papiergeld bewirkte, daß die kleinsten Kleinigkeiten ungeheuer im Preis stiegen. Jeder war von einer Art Schwindel erfaßt. Die Ausländer beneideten uns um unser Glück und taten alles, um auch etwas davon zu erhaschen. Sogar die Engländer, die in Bank- und Handelsgeschäften so geschickt und gewieft sind, ließen sich hinreißen und sollten das bald bereuen. Law, der zwar noch immer nüchtern und vorsichtig war, wurde bald seiner Bescheidenheit überdrüssig: Er war seines subalternen Postens müde; unter all dem Glanz strebte auch er nach Höherem, und mehr noch als er taten es der Abbé Dubois und der Duc d'Orléans für ihn. Aber ehe man nicht zwei Hindernisse aus dem Weg geräumt hatte, war das nicht zu erreichen: Einmal war er Ausländer und zum anderen Ketzer. Das erste Hindernis ließ sich nur durch Naturalisierung bei vorheriger gültiger Abschwörung beseitigen. Dafür bedurfte es eines Priesters, der es nicht allzu genau nahm und dessen man sich zuvor vollkommen versicherte; der Abbé Dubois hatte einen solchen sozusagen schon in der Tasche. Es war dies der Abbé Tencin, dem der Teufel – der offenbar zuweilen gegen seine eigenen Regeln verstößt, um seine Leute zu belohnen und durch glanzvolle Beispiele andere zu blenden und für sich zu gewinnen – alsdann zu einem solch erstaunlichen Aufstieg verholfen hat. Dieser Abbé Tencin war ein bettelarmer Priester, Urenkel eines Goldschmieds, Sohn und Bruder von Parlamentspräsidenten in Grenoble.

Sein eigentlicher Name war Guérin, aber die Familie nannte sich Tencin, nach einer kleinen Länderei, die sie besaßen. Er hatte zwei Schwestern: Die eine hatte ihr Leben in Paris in der besten Gesellschaft verbracht und war mit Ferriol verheiratet, Bruder jenes Ferriol, der in Konstantinopel Botschafter gewesen ist. Die andere Schwester lebte seit etlichen Jahren als Nonne in dem Augustinerinnenkloster Montfleur bei Grenoble: Beide Schwestern waren schön und sehr liebenswürdig. Mme. Ferriol war sanfter und anmutiger, die andere indes war unendlich viel geistreicher, intriganter und ausschweifender. Bald zog sie die beste Gesellschaft von Grenoble in ihr Kloster, dessen freie Lebensweise sich trotz aller Mühe des Kardinals Le Camus nicht unterdrücken ließ. Nichts trug hierzu mehr bei als die angenehme Lage des Klosters, das sich am Ende eines der schönsten Spazierwege von Grenoble befand, ein Ort, der an sich schon bezaubernd war und wo die besten Familien der Stadt ihre Angehörigen als Nonnen untergebracht hatten. All diese Vorteile, die Mme. Tencin weidlich mißbrauchte, bewirkten nur, daß sie die leichten Ketten, die sie trug, noch lastender empfand. Man besuchte sie dort mit allem Aufwand und Erfolg, den sie sich wünschen konnte. Aber eine Nonnentracht, der Schatten einer Ordensregel, eine wenn auch noch so geringe Klausur, die zwar allen Besuchern beiderlei Geschlechts zugänglich war, die man indes nur von Zeit zu Zeit verlassen konnte, war eine unerträgliche Zumutung für sie, die sie sich in der großen Welt tummeln wollte und die sie sich befähigt glaubte, durch Intrigen eine beachtliche Rolle zu spielen. Einige dringende Gründe, nämlich die Folgen ihrer Vergnügungen vor den Augen einer Gemeinschaft zu verbergen, die sich über das Ausmaß der Unordnung trotz allem verärgert zeigen und sich also entsprechend verhalten mußte, bewogen die Tencin, ihr Kloster unter einem Vorwand zu verlassen, fest entschlossen, nie mehr dorthin zurückzukehren.

Der Abbé Tencin und sie waren stets ein Herz und eine Seele; er besaß lebenslänglich ihr volles Vertrauen und sie das seine. Durch seinen Geist und seine Intrigen half er ihr sehr, er brachte es fertig, daß sie jahrelang an dem gesellschaftlichen Leben, das er führte, an seinen Vergnügungen und Liederlichkeiten teilnahm – und dies sowohl in der Provinz als auch in Paris –, ohne ihren Stand zu ändern. Vielmehr erregte sie gerade als »die Nonne Tencin« durch ihren Geist und ihre Abenteuer großes Aufsehen. Der Bruder und die Schwester, die stets zusammen lebten, verstanden es so einzurichten, daß niemand Anstoß nahm an diesem ausschweifenden Vagabundenleben einer Klosterfrau, die sogar ihr Ordenskleid aus eigener Machtvollkommenheit abgelegt hatte. Man könnte ein dickes Buch schreiben über dieses ehrbare Paar, das sich durch seine Umgangsformen und seinen blendenden Geist unablässig Freunde gewann. In den letzten Tagen des verstorbenen Königs fanden die beiden endlich eine Möglichkeit, von Rom die Erlaubnis zu erhalten, sie ihrer Gelübde zu entbinden und zu einer Stiftsdame zu machen. Diese Lösung blieb allgemein unbemerkt und änderte nichts.

Das war der Stand, in dem sie beim Tode des Königs lebte. Bald darauf wurde sie Mätresse des Abbé Dubois, dessen ganzes Vertrauen sie genoß, dessen Pläne sie leitete und dessen Geheimnisse sie kannte. Das blieb lange Zeit verborgen, so lange nämlich, wie die Laufbahn des Abbé Dubois noch einige Rücksichten forderte. Seit er dann Erzbischof und erst recht seit er Kardinal geworden, wurde sie öffentlich seine Mätresse, beherrschte ganz unverhohlen sein Haus, versammelte eine Art Hofstaat um sich, so als sei sie die Spenderin aller Gnaden und Glücksgüter. Sie also unternahm es dann auch, die Laufbahn ihres vielgeliebten Bruders aufzubauen; sie machte ihn mit ihrem heimlichen Liebhaber bekannt, der ihn sehr bald zu schätzen wußte als einen Mann, der wie geschaffen war, ihn in allem zu unterstützen und ihm besonders nützlich zu sein.

Der Abbé Tencin hatte einen kühnen und unternehmenden Geist, was ihm den Ruf verschaffte, ein umfassender und männlicher Geist zu sein. Seine Geduld reichte für mehrere Leben und richtete sich immer auf das Ziel, das er sich vorgesetzt hatte, ohne jemals nachzulassen oder durch irgendeine Schwierigkeit abgeschreckt zu werden. Er war unendlich geschmeidig, hellhörig, findig, diskret, sanft oder heftig, je nach Bedarf und ohne Mühe, durch nichts gehemmt, zu jeder Art Aufführung fähig, ein souveräner Verächter jeden Begriffes von Ehre und Religion, wobei er sorgfältig den Schein zu wahren wußte.

Das also war der Apostel für einen Proselyten wie Law, er war es, den der Abbé Dubois ihm zugedacht hatte. Die Schwester, deren Ansehen und deren Beziehung zu Dubois Law nicht unbekannt waren, ließ es sich angelegen sein, ihn für sich zu gewinnen. Ausschweifend war sie nur noch aus Interesse, aus Ehrgeiz, mit einem Rest von Gewohnheit. Sie war zu klug, um nicht zu wissen, daß ein rein persönlicher Ehrgeiz sie bei ihrem Alter und ihrem Stand nicht sehr weit bringen würde. Ihr ganzer Ehrgeiz galt also ihrem teuren Bruder, und gemäß ihrem Prinzip ließ sie ihn von Law mit Reichtümern überhäufen, und der also

Bereicherte verstand es, zur rechten Zeit seine Papiere in Gold umzusetzen.

Soweit waren sie also, als es darum ging, einen Protestanten – oder Anglikaner, denn Law wußte nicht recht, was er war – in den Schoß der Kirche zurückzuführen. Man kann sich denken, daß dies nicht allzu schwer war; aber sie hatten genug gesunden Menschenverstand, die Sache im geheimen vorzubereiten und zu vollziehen, dergestalt daß es eine Weile ein Problem zu sein schien und sie auf diese Weise den Anstand wahrten und die nötige Zeit zur Unterrichtung und Bekehrung einhielten.

Übrigens fällt mir ein, daß ich längst von dem Verhältnis hätte sprechen sollen, in dem Fleury, der Bischof von Fréjus, und ich miteinander standen. Zu Lebzeiten des verstorbenen Königs pflegten er und ich sehr verschiedene Gewohnheiten und verkehrten in sehr verschiedenen Kreisen; obwohl wir gemeinsame Freunde hatten, bestand keinerlei Beziehung zwischen uns, doch es herrschte weder Sympathie noch Antipathie, sondern eine gewisse Höflichkeit, wenn wir einander begegneten. Als er gegen Lebensende des verstorbenen Königs an den Hof kam, traf ich ihn ziemlich häufig bei Mme. de Saint-Géran. Er bemühte sich damals im geheimen um den Platz des Erziehers; er spürte offenbar, daß ich während der Regentschaft, die man angesichts des Gesundheitszustandes des Königs immer näher kommen sah, einiges bewirken könne. Der Prälat schien mich zu suchen, aber mit Umsicht und Takt. Ich antwortete mit Höflichkeit, ohne daß wir jedoch mehr als allgemeine Redensarten wechselten und ohne daß wir uns gerade suchten. Seines Bistums entledigt, zum Erzieher geworden, fand er sich mit Dingen beschäftigt, die sehr verschieden waren von meinen Obliegenheiten. Zudem war Vincennes weit von Paris entfernt.

Wie man weiß, hatte Mme. de Lévis viel Anteil daran gehabt, daß Fleury zum Präzeptor ernannt worden war. Sie war eine sehr geistreiche Frau, außerordentlich lebhaft; immer leidenschaftlich begeistert, sah sie Menschen und Dinge im Guten wie im Bösen stets durch die Leidenschaft, von der sie gerade erfaßt war. Sie war also in M. de Fréjus vernarrt, und dies bis zur Tollheit, obwohl in allen Ehren, denn diese Frau war trotz des Gefühlsüberschwangs und trotz ihrer Neigungen und Abneigungen ein Muster an Tugend und Wohlanständigkeit. Sie war die Tochter des verstorbenen Duc de Chevreuse und also eng mit mir und Mme. de Saint-Simon befreundet.

Eines Abends, als wir mit ihr plauderten, kam sie auf M. de Fréjus zu sprechen und machte mir zum Vorwurf, daß ich ihn so gar nicht liebte. Das überraschte mich, denn ich hatte in der Tat keinen Grund, ihn zu lieben oder nicht zu lieben, und seit der Regentschaft hatten er und ich so gar keine Gelegenheit gehabt, uns zu sehen. Aber damit gab sie sich nicht zufrieden. Sie kam noch etliche Male auf die Sache zurück. Ich dachte also, daß das wohl im Einvernehmen mit M. de Fréjus geschehe. Ich äußerte mich, da ich keinen Grund hatte, anders zu reden, wohlwollend über ihn, so daß er mich eines Tages höflich ansprach; dann ergab sich beim König ein kurzes Gespräch, und wenige Tage später suchte er mich auf und lud mich zum Mittagessen ein. Seitdem kam er recht oft und häufig auch zum Essen zu mir. Ich besuchte ihn manchmal des Abends. Er war, wie ich schon gesagt habe, ein guter Gesprächspartner.

Kurz nachdem er sein Amt als Präzeptor übernommen hatte, besuchte ich ihn eines Abends; man brachte ihm ein Paket, und da es schon ziemlich spät war und er im Hausrock mit der Nachtmütze auf dem Kopf in der Ecke an seinem Feuer saß, wollte ich fortgehen, um ihn in Ruhe sein Paket öffnen zu lassen. Er hielt mich zurück und sagte mir, es seien nur die Aufsätze des Königs, die er den Jesuiten zum Korrigieren gegeben habe und die sie ihm nun zurückschickten. Er tat gut daran, sich dieser Hilfe zu bedienen, denn er selbst kannte die große Welt nur aus dem Blickwinkel der Salons. Die Aufsätze des Königs veranlaßten mich, ihn zu fragen, ob er denn vorhabe, dem König den Kopf mit Latein vollzustopfen; er antwortete, nicht unbedingt, sondern nur soviel, daß er etwas davon verstünde. Wir kamen überein, daß die Geschichte, vor allem die allgemeine und die Geschichte Frankreichs der wichtigste Lehrstoff seien. Dazu fiel mir etwas ein, nämlich wie man auf unterhaltende Weise dem König Hunderte von für ihn sehr instruktiven Einzelheiten beibringen könne, die ihm anders kaum zu vermitteln seien. Ich erzählte Fleury, daß Gaignière, ein gelehrter Rechtswissenschaftler, der sein Leben lang mancherlei historische Untersuchungen betrieben habe, unter Mühen und Kosten auf Reisen, die er eigens zu diesem Zweck unternommen, eine stattliche Anzahl Porträts gesammelt habe: Bildnisse von Männern und Frauen, die seit Ludwig XI. in Frankreich zumal am Hofe und in den Staatsgeschäften oder bei der Armee eine Rolle gespielt hatten. Ich hätte diese Porträts oft bei ihm gesehen, wenigstens einen Teil, denn es fehlte ihm der Raum, sie alle aufzustellen. Gaignière hatte diese ganze bemerkenswerte Kollektion dem König vererbt. Ich schlug also M. de Fréjus vor, die vermauerte Verbindungstür zwischen dem Kabinett des Königs und der Galerie öffnen zu lassen und deren nackte Wände mit den Porträts Gaignières tapezieren zu lassen, den Erziehern der Knaben, die dem König ihre Aufwartung machten, einzuschärfen, in den Geschichten und den Memoiren ein wenig über diese Personen nachzulesen, um sie hinlänglich kennenzulernen, um einiges über sie zu wissen, und sich dann darüber zu unterhalten, wenn sie dem König in diese Galerie folgten, während Fleury seinerseits den König unterrichtet hatte, der auf diese Weise eine ganze Menge Geschichtskenntnisse und tausend für einen König wichtige Anekdoten erfahren würde, zu denen er nirgends leichter gelangen konnte.

Alberonis Sturz in Spanien. – Verhältnis des Regenten zu dem jungen König und dessen Erzieher.

Wir sind nun bei einer recht merkwürdigen Epoche angelangt. Aber welch ein Jammer, daß Torcy seine Auszüge aus den Briefen, die der Geheimdienst ihm öffnete, nicht weiter fortgeführt hat, und welch ein Mißvergnügen für mich, daß der lastende und stetig wachsende Kredit, den der Abbé Dubois beim Duc d'Orléans genoß, diesem nicht gestattete, denen, die ihm am treusten zugetan waren, sein gewohntes Vertrauen zu schenken: durch dieses zwiefache Unheil werden diese Memoiren fortan um einige der interessantesten Einzelheiten gebracht werden. Aber ich möchte lieber freiwillig meine Unkenntnis eingestehen, ehe ich mich in Konjekturen ergehe, die oft sehr wenig vom Roman zu unterscheiden sind.

Den Tyrannen und den Verbrechern ist eine Zeit gesetzt. Sie können die Grenze, die ihnen vom Ewigen Richter vorgeschrieben ist, nicht überschreiten. Immer wieder hat man gesehen, daß Alberoni sowohl ein Verbrecher als auch ein Tyrann war. Das gesamte Europa, das bei dieser oder jener Gelegenheit seinen Schandtaten zum Opfer fiel, verabscheute diesen absoluten Herrn Spaniens, der sich von Treulosigkeit, Ehrgeiz, persönlichem Interesse, ruchlosen Absichten, oft auch Launen und gelegentlichem Irresein leiten ließ und dessen einziges, je nach Stimmung sich wandelndes Interesse sich hinter stets ungewissen Plänen verbarg, deren größter Teil unmöglich auszuführen war. Der Regent und der Abbé Dubois, die nur allzu viele Gründe hatten, Alberoni seit langem als ihren persönlichen Feind zu betrachten, sannen unaufhörlich auf Mittel zu seinem Sturz. Sie hielten nunmehr den Zeitpunkt für gekommen und wußten ihn sich zunutze zu machen. Und jetzt folgt ein seltsames Detail. Alberoni sollte das widerfahren, was er immer gefürchtet hatte. Er bangte, sobald irgendein Einwohner aus Parma in Madrid auftauchte. Er setzte alles in Bewegung, um seine Landsleute fernzuhalten; angstvoll beobachtete er die wenigen, deren Kommen er nicht hatte verhindern können, deren Heimsendung er nicht veranlassen konnte.

Unter diesen fürchtete er niemanden so sehr wie die Amme der Königin. Diese Amme, eine vierschrötige Bäuerin aus der Umgebung von Parma, nannte sich Donna Laura Piscatori. Sie war erst ein Jahr später als die Königin nach Spanien gekommen; die Königin hatte sie immer geliebt und machte sie dann zu ihrer »azafata«, das heißt zu ihrer ersten Kammerfrau, die jedoch in Spanien ein ganz anderes Ansehen genießt als hier. Laura hatte ihren Ehemann mitgebracht, einen richtigen Bauern, den aber niemand zu sehen bekam. Laura ihrerseits war gescheit, listig und voller Ränke, trotz ihrer rauhen Schale und ihrer ungehobelten Manieren, die sie aus Gewohnheit, aber vielleicht auch, um keinen Verdacht zu erregen, aus Schlauheit beibehielt; und sie war, wie alle solche Personen, ungemein selbstsüchtig. Es war ihr nicht entgangen, wie sehr Alberoni unter ihrer Anwesenheit litt und wie sehr er die Gunst, in der sie bei der Königin stand, fürchtete, eine Gunst, die nur er allein besitzen sollte. Sie betrachtete ihn als ihren Feind, der sie hinderte, ihre Stellung voll auszukosten, indem er die Königin selber in Schranken hielt. Sie wußte, daß es seine Absicht war, sie nach Parma zurückzuschicken, und sie war auf der Hut vor ihm. Als sie nun sah, welcher Umschwung nun eintrat und wie verhaßt Alberoni in Spanien war, ließ sie sich leicht durch das Geld des Regenten und die Intrige des Abbé Dubois gewinnen. Sie wagte es, Alberoni bei der Königin anzuschwärzen, dergestalt daß diese ihn beim König als einen Minister hinstellte, der Spanien ruiniert hatte und der wegen seiner persönlichen Interessen, denen er alles opferte, das einzige Hindernis für Frieden bildete. Laura hatte Erfolg. In dem Augenblick, in dem er es am wenigsten erwartete, erhielt Alberoni einen Brief des Königs, in dem dieser ihm befahl, sich augenblicklich zurückzuziehen, ohne ihn oder die Königin noch einmal aufzusuchen, und binnen zweimal vierundzwanzig Stunden aufzubrechen und Spanien zu verlassen. Währenddessen wurde ein Gardeoffizier zu ihm geschickt, um ihn bis zu seinem Aufbruch zu überwachen. Wie dieser niederschmetternde Befehl aufgenommen wurde und wie der Kardinal sich verhielt, weiß ich nicht. Ich weiß nur, daß er gehorchte und sich unverzüglich nach Aragon auf den Weg machte.

Jeder Kleriker niederer Abkunft, dem es gelingt, hochzukommen und sich in Staatsgeschäfte zu mischen, hat das Ziel, Kardinal zu werden, und opfert dem rückhaltlos alles auf. Diese Wahrheit ist so evident und durch Beispiele aller Zeiten bis in die unsere derart erhärtet, daß man sie nur als das unbestrittenste Axiom ansehen kann. Der Kardinal

Dubois hätte diese Lektion gewiß auf Kosten des Duc d'Orléans bestätigt, wenn er länger gelebt hätte und wenn es ihm möglich gewesen wäre. Aber der König vermochte ihn niemals zu lieben, wofür sein Erzieher und sein Präzeptor, in diesem Punkte vollkommen einig, auch noch zu sorgen verstanden. Der Duc d'Orléans und Dubois waren gleichermaßen Gegenstand des Hasses für den Marschall de Villeroy und den Bischof von Fréjus.

Aber wie verschieden waren diese beiden Männer. Es gab nichts Unangenehmeres als die gezwungene Ausdrucksweise des Abbé Dubois, seine falsche Leutseligkeit, wenn er gefallen wollte, nichts Ansprechenderes und Angenehmeres als die Redeweise und das ganze Gehaben des Duc d'Orléans, selbst wenn er gar nicht daran dachte, gefallen zu wollen. Ein solcher Unterschied, der jedem auffällt, war für den zehnjährigen König unübersehbar. Übrigens sind Kinder besonders empfänglich für Äußerlichkeiten, und zumal ein gekröntes und verwöhntes Kind! Der König war in der Tat sehr für Äußerlichkeiten empfänglich, sehr sensibel, sehr reizbar in dieser Hinsicht, wo nichts ihm entging, obwohl er es nicht zeigte. Dubois arbeitete nicht mit ihm; aber er besuchte ihn des öfteren und sprach mit ihm mit einer Vertraulichkeit und Herablassung, die den kleinen König schockierte und die leicht die Absicht offenbarte, sich nach und nach seiner zu bemächtigen, was Villeroy und mehr noch Fleury wie den Tod fürchteten. Alle beide machten den König auf das unschickliche Betragen des Abbé Dubois ihm gegenüber aufmerksam und hielten diesen, indem sie ihrem Zögling Furcht vor ihm einflößten, von ihm fern.

Sie standen auch nicht besser zum Duc d'Orléans. Zwischen diesem und dem König bewegte sich Villeroy. Aber der König fürchtete Villeroy und liebte ihn nicht. Nur seine Autorität verlieh ihm einige wenn auch schwache Glaubwürdigkeit. Fleury, den der König liebte und der sich dessen ganzes Vertrauen erworben hatte, wäre gefährlich gewesen, sofern er den Marschall gegen den Regenten unterstützt hätte, so wie er ihm gegen Dubois beistand. Aber er begnügte sich damit, dem Marschall nicht verdächtig zu werden und sich auf dessen Wohlwollen auszuruhen. (Er ahnte noch nicht, daß der vorzeitige Tod des Duc d'Orléans ihn zur willkürlichsten, zur andauerndsten und unwidersprochensten Machtstellung aufsteigen lassen sollte.) Er wollte vermeiden, daß die Neigung des Königs sein Streben nach hohen Posten unter der Regierung des Duc d'Orléans zum Scheitern brächte. Der König sollte ganz allmählich mit ihm rechnen müssen, wenn er ihn dann durch List und Glück soweit gebracht hätte, gedachte er den Duc d'Orléans zu verabschieden und sich selbst sämtlicher Staatsgeschäfte zu bemächtigen. Um jedoch dahin zu gelangen, bedurfte es zweier Vorsichtsmaßnahmen: man mußte vermeiden, vorzeitig davongejagt zu werden, um nicht unwiderruflich verloren zu sein, ehe man etwas geworden war; und zweitens mußte man sich so verhalten, daß man sich den Regenten so wenig wie möglich zum Feind machte, denn nur unter diesem Aspekt konnte man etwas werden; und das war nötig, da ihn der König, wiewohl majorenn, sonst nicht in den Staatsrat lassen und ihm schon gar nicht Einfluß und Autorität hätte einräumen können. Deshalb galt es, den Regenten mit aller Behutsamkeit anzufassen und sich im übrigen auf die Gegnerschaft des Marschall de Villeroy zu verlassen.

Weniger von sich selbst eingenommen als Villeroy, spürte Fleury die Zärtlichkeit, die der König für den Duc d'Orléans empfand. Der Regent näherte sich dem jungen Herrscher in der Öffentlichkeit oder auch privat niemals anders als mit dem gleichen Respekt, den er auch dem verstorbenen König bezeugt hatte. Niemals nahm er sich die geringste Freiheit oder Vertraulichkeit heraus. Wenn er mit ihm arbeitete, machte er es ihm leicht, um ihm zu verstehen zu geben, daß er an allem beteiligt war. Was immer er vortrug, dosierte er entsprechend dem jugendlichen Alter, und immer sprach er wie ein Minister vor dem König. Dieses Verhalten in der Öffentlichkeit und im Privaten, zumal die Art, mit dem König zu arbeiten, bezauberte den kleinen Monarchen. Er meinte, er sei schon erwachsen, er glaubte zu regieren und empfand alle Sympathie für jenen, der ihn also regieren ließ. Weder der Regent noch die Untertanen liefen dabei irgendeine Gefahr, denn der König kümmerte sich wenig und selten um all diese Dinge, aber er war zu stolz und zu schüchtern, um das zu zeigen, geschweige denn, nach etwas zu fragen.

Der Marschall de Villeroy war als dritter stets bei der Arbeit zugegen; durch ihn oder durch den König selbst konnte M. de Fréjus stets erfahren, was sich zugetragen hatte. Und der König, der stets mit ihm, seinem Erzieher, allein war – was der Marschall de Villeroy, sosehr er auch darüber schnaubte, nicht zu verhindern vermochte –, bezeugte ihm oft, wie sehr er mit dem Duc d'Orléans zufrieden war.

Der nun endlich von Alberoni befreite Regent sah dem Frieden und seiner bevorstehenden Aussöhnung mit Spanien entgegen. Der Duc und die Duchesse du Maine, die also jedes Vorwands und jeder eitlen Hoffnung beraubt waren, sahen sich jetzt außerstande, ihre erschreckten Höflinge weiterhin aufzuhetzen; die Ruhe schien wiederhergestellt. Blieb dem Regenten noch die Schwierigkeit mit den Finanzen und mit der Lawschen Administration. Überdies galt es, das Parlament endgültig zu besiegen, um da nicht auf neue Hindernisse zu stoßen, denn dieses Parlament fand, so betäubt es auch gewesen war durch den großen Schlag, den das Throngericht ihm versetzt hatte, allmählich wieder zu seinem alten Denken zurück und zu der ihm so teuren und unter großen Gefahren usurpierten Eigenschaft eines autoritären Mittlers zwischen König und Volk. Dieselben großen Herren, die heimlich mit M. und Mme. du Maine verbunden waren, hatten nicht darauf verzichtet, mit dem Parlament und durch das Parlament zu figurieren. Der Marschall de Villeroy, gleichsam ihr Anführer, war, ebenso wie die Marschälle Villars und d'Huxelles, in äußerste Niedergeschlagenheit verfallen, als der Duc und die Duchesse du Maine verhaftet wurden. Aber durch den lächerlichen Ausgang eines so großen und gerechtfertigten Strafgerichts hatten sie inzwischen wieder ein wenig Oberwasser bekommen, und Villeroy hatte, unterstützt und verwöhnt von der bejammernswerten Rücksichtnahme des Duc d'Orléans, sein pompöses und theatralisches Gehaben zurückgewonnen. All das lastete auf dem Duc d'Orléans.

Als ich eines Tages gegen Ende dieses Jahres wie gewöhnlich mit dem Regenten arbeitete, unterbrach er mich eine Viertelstunde nachdem wir begonnen hatten, um sich bei mir über den Duc de Villeroy zu beklagen. Das tat er manchmal. Aber diesmal ereiferte er sich zusehends mehr. Plötzlich sprang er auf und sagte mir, der Zustand sei unerträglich; er wolle Villeroy davonjagen und mich an seiner Stelle zum Ersten Erzieher des Königs machen. Ich war verblüfft, aber ich behielt meinen klaren Kopf; ich fragte ihn, ob er es reiflich bedacht habe. Er legte mir nun alle Gründe dar, die ihn veranlaßten, den Marschall zu beseitigen und mich an dessen Stelle zu setzen. Ich ließ ihn ausreden, dann ergriff ich meinerseits das Wort. Ich stimmte ihm in allem, was er über den Marschall de Villeroy sagte, prinzipiell zu. Denn man konnte tatsächlich keiner anderen Meinung sein. Aber ich widersetzte mich hartnäckig der Absicht, ihn fortzuschicken. Ich stellte dem Regenten die Gefahr vor Augen, die er liefe, wenn er die Verfügung des verstorbenen Königs angriffe hinsichtlich einer Person, die ihm so kostbar und teuer war wie die seines Nachfolgers. Ich gab ihm insbesondere zu bedenken, daß der Marschall de Villeroy ihm gegenüber nur das darstellen könne, was er ihn darstellen lasse und was jeder andere mit ebensoviel Gebläse und Geckenhaftigkeit und mit ebenwenig Geist und gesundem Menschenverstand auch darstellen würde; er habe Villeroy zu sehr verwöhnt und verwöhne ihn noch immer zu sehr. Sobald man den Marschall aller Dinge entkleide, die ihn erhöhten, mit Ausnahme seines Postens, würde er nur noch das sein, was er war, nämlich verachtenswert und verachtet. Durch eine solche Einschränkung, die er, der Regent, ja in der Hand habe und in der er ihn immer halten müsse, würde jener ihm viel mehr nützen, wenn er seinen Posten behielte. Denn also reduziert, fände er sich alsbald isoliert; wohingegen er, seines Amtes enthoben, das Gekläff aller Welt für sich hätte, dazu die Ehre, Märtyrer des öffentlichen Wohls zu sein. Wenn der Regent den Marschall aber auf seinem Posten belasse und ihn so behandele, wie ich es vorgeschlagen, würde er ihn sehr bald zur Bedeutungslosigkeit verdammen; würde er ihn davonjagen, so würde er unweigerlich eine Persönlichkeit aus ihm machen, ein Idol des Parlaments, des Volkes, der Provinzen und ein wenn nicht gefährliches, so doch ärgerliches Verbindungsglied zur Kabale.

*(1720). — Law statt d'Argenson Generalkontrolleur der Finanzen.
— Drohender Zusammenbruch. — Die Brüder Paris.*

Die Unordnung der Finanzen nahm Tag für Tag zu, ebenso die Zwistigkeiten zwischen d'Argenson und Law, die sich gegenseitig im Wege waren. Law war in gewisser Weise im Vorteil; denn durch sein Papiergeld verfügte er über eine Geldquelle, die er für jeden, der ihn unterstützte, fließen ließ. Monsieur le Duc, Madame la Duchesse, Lassay, Mme. de Verue und andere hatten bereits etliche Millionen geschöpft und schöpften noch weitere daraus. Der Abbé Dubois desgleichen. Das waren beachtliche Hintermänner, abgesehen von der Zuneigung des Duc d'Orléans, der von ihm nicht loskommen konnte. Die Audienzen des Großsiegelbewahrers, die öfter des Nachts als am Tage stattfanden, brachten jeden, der mit ihm zu arbeiten, und jeden, der mit ihm zu tun hatte, zur Verzweiflung. Die Finanzlage sowie seine Kämpfe gegen Law hatten D'Argensons Stimmung sehr verdüstert, was sich in seinen Ablehnungen bemerkbar machte. Die Situation hatte sich derart zugespitzt, daß entweder Law oder D'Argenson die Administration verlassen und dem anderen Platz machen mußte. Law war tatsächlich von dem Wert seines Systems überzeugt, von dessen Wirkungen er sich, sobald er nicht mehr behindert würde, allen Ernstes wahre Wunder versprach. D'Argenson sah das Gewitter heraufziehen. Er fühlte sich bedroht und hoffte seinen Posten zu retten. Er war zu klug, kannte die Gesellschaft und die Leute, mit denen er zu tun hatte, zu gut, um nicht zu wissen, daß, wenn er sich auf die Finanzen versteifte, er des Amtes des Großsiegelbewahrers verlustig ginge. Er verzichtete also zugunsten Laws, der endlich zum Generalkontrolleur der Finanzen ernannt wurde und der trotz dieses für ihn einzigartigen Aufstiegs nach wie vor jeden Dienstag zu mir kam und mich weiterhin von den Wundern, die er getan und die er zu tun gedächte, überzeugen wollte.

Außerstande, dem König etwas Ernsthaftes beizubringen, ein Anbeter Ludwigs XIV., voll von Nichtigkeiten und Oberflächlichkeit, ganz in die süßen Erinnerungen seiner Jugendjahre, an seine Erfolge bei den Festen und beim Ballett versponnen, hatte der Marschall de Villeroy sich vorgenommen, den König in Nachahmung seines königlichen Großvaters ein Ballett tanzen zu lassen. Für eine solche Vorführung war der König entschieden noch zu jung, man mußte erst seine Schüchternheit nach und nach besiegen, ihn an die Gesellschaft gewöhnen, vor der er sich fürchtete, ehe man ihn veranlaßte, sich in der Öffentlichkeit zu zeigen und Entrées auf einem Theater zu tanzen. Ludwig XIV., an einem glanzvollen Hof aufgewachsen, wo er durch den Umgang mit den Damen der Königinmutter beizeiten geformt und von Hemmungen befreit worden war, hatte inmitten junger Edelleute beiderlei Geschlechts derlei Feste und Lustbarkeiten mit Freuden genossen. Aber das waren, wie jeder weiß, andere Umstände und Zeiten gewesen. Denken indes gehörte nicht zu den Tugenden des Marschall de Villeroy. Er sah keinen Hinderungsgrund, weder was den König noch was die Sache als solche betraf, und verkündete also, daß der König ein Ballett tanzen würde. Die Vorbereitungen waren rasch getroffen; mit der Ausführung stand es nicht ebenso. Man mußte junge Leute suchen, die tanzen konnten, bald aber mußte man zufrieden sein, wenn sie nur recht und schlecht tanzten, und schließlich mußte man nehmen, wen man bekam, das heißt recht gemischte Ware. Es wurden sogar etliche zugelassen, die das niemals erwartet hätten, so daß Law aufgrund seiner jetzigen Stellung sich erkühnte, den Duc d'Orléans zu bitten, daß sein Sohn, der gut tanzte und im rechten Alter war, dabeisein dürfe. Der Duc d'Orléans, wie immer nachgiebig und mehr denn je von Law eingenommen, bewilligte es ihm sofort und übernahm es, den Marschall de Villeroy davon in Kenntnis zu setzen. Der Marschall, der Law haßte und ihm nach Kräften Schaden zufügte, wurde rot vor Zorn und brachte die entsprechenden Einwände vor. Der Regent wies ihn darauf hin, daß es zwar genug junge Edelleute gebe, aber kaum welche, die Ballett tanzen könnten, und obwohl die Ausschließung des kleinen Law leicht zu begründen gewesen wäre, erging sich der Marschall nur in sinnlosen Klagen. Er vermochte dem Regenten, der noch dazu von Monsieur le Duc unterstützt wurde, also nicht zu widerstehen. Die allgemeine Empörung, die diese Bagatelle auslöste, war unvorstellbar; jeder fühlte sich verletzt. Schließlich aber beruhigte man sich wieder: Denn der Law-Sohn bekam die Röteln, so daß er an dem Ballett nicht teilnehmen konnte, worüber allgemeine Freude herrschte. Dieses Ballett wurde mehrmals getanzt, aber der Erfolg entsprach durchaus nicht den Wünschen des Marschall de Villeroy. Der König war vom Lernen, Wiederholen und vom Tanzen dieses Balletts so gelangweilt und erschöpft, daß man die Veranstaltung vorzeitig abbrechen mußte und dem Monarchen solche Feste und Schauspiele für immer verleidet waren, wodurch der Hof eine gewisse Verarmung erlitt. Laws System steuerte dem Ende zu. Wenn er sich mit seiner Bank begnügt hätte, und mit einer Bank, die in vernünftigen Grenzen geblieben wäre, so hätte man das Geld im Königreich verdoppelt. Es ist kaum zu glauben, was wir erlebt haben, und die Nachwelt wird es für ein Märchen halten, meinten doch wir selbst oft, wir befänden uns im Traum. Schließlich wurde einem gierigen und verschwendungssüchtigen Volk, das aufgrund seines Luxus und der Unordnung seiner sozialen Verhältnisse immer gieriger wurde, soviel ausgezahlt, daß das Papiergeld zu Ende ging und daß die Papiermühlen nicht genug nachliefern konnten. Man kann sich denken, welch unvorstellbarer Mißbrauch mit dem getrieben wurde, was als greifbare Rücklage ständig vorhanden sein sollte. Law, der nach wie vor alle Dienstage zu mir kam, erzählte mir etwas davon, aber es dauerte lange, bis er mir seine Verlegenheit eingestand und sich schüchtern bei mir beklagte, daß der Regent das Geld zum Fenster hinauswürfe. Ich wußte von anderer Seite mehr darüber, als er dachte. Schließlich gestand er mir, wiewohl nur zögernd, was er mir nicht mehr verbergen konnte; aber er versicherte mir, daß es ihm nicht an Hilfsmitteln mangele, vorausgesetzt, der Regent lasse ihm freie Hand. Das überzeugte mich nicht. Nun begannen die Banknoten im Wert zu sinken und alsbald immer wertloser zu werden. Daher die Notwendigkeit, den Kurs mit Gewalt aufrechtzuerhalten, da man es durch Fleiß und Emsigkeit nicht mehr schaffte, aber seit man Gewalt anwandte, begann jeder an seiner Sicherheit zu zweifeln. Man wandte noch größere Strenge an und ging soweit, jede Verwendung von Gold, Silber und Edelsteinen, ich meine gemünztes Silber, zu verbieten und zu behaupten, seit Abraham, der das Grab Saras in barem Geld bezahlte, hätten sich bis in unsere Zeit alle zivilisierten Nationen der Welt bei der Herstellung von Metallgeld in völliger Illusion und gröbstem Irrtum befunden: Das Papiergeld sei das einzig Richtige: Man könne unseren Nachbarn, die eifersüchtig auf unser Wohlergehen und unsere Vorteile seien, nichts Schlimmeres antun, als all unser Silber und unsere Edelsteine bei ihnen verteilen zu lassen. Aber da es trotz alledem nichts mehr zu verbergen gab und da es der Compagnie des Indes erlaubt wurde, alle Häuser, selbst die königlichen, zu visitieren und dort jeden Louisdor, jedes Goldstück und jeden Taler, den sie fänden, zu konfiszieren – mit Ausnahme von Zwanzig-Sous-Stücken und kleinerer Münze, die man brauchte, um Geldscheine anzuschaffen und die nötigsten Lebensmittel zu bezahlen, trug man alles auf die Bank, aus Furcht, vielleicht von einem Diener angezeigt zu werden. Nun ließ niemand mehr sich überzeugen, und deshalb nahm man immer mehr Zuflucht zur Autorität, die alle Privathäuser für die Durchsuchung zugänglich machte, damit wirklich nirgends Geld übrigblieb. Es war also weit eher ein Wunder als die Wirkung einer weisen Regierung, daß diese schrecklichen Neuerungen keinen Aufruhr zeitigten, daß man nicht einmal darüber redete und daß viele Millionen völlig verarmter und vor Hunger sterbender Leute nichts weiter von sich gaben als Klagen und Seufzer. Doch die Verfahrensweise erwies sich auf die Dauer als unerträglich; man mußte also abermals aufs Papiergeld und auf neue Taschenspielerkunststückchen zurückgreifen. Man erkannte und durchschaute diese, man wußte darum, aber man nahm sie hin, um wenigstens fünfundzwanzig Taler als Sicherheit bei sich im Hause zu haben. Daher alle diese neuen Finanzoperationen, die alle darauf abzielten, eine Art Papiergeld durch eine andere zu ersetzen, das heißt, die Inhaber der verschiedenen Papiere, die meist gewaltsam zu Inhabern geworden waren und die die Mehrheit des Volkes darstellten, zugrunde zu richten. So kam es, daß der Regent bis zu seinem Lebensende mit Finanzfragen beschäftigt war, so kam es, daß Law aus dem Königreich verwiesen wurde, so kam es, daß sich der Preis aller Waren, und selbst der notwendigsten, versechsfachte, so kam es zu einer bedenklichen Erhöhung aller Löhne, so kam es, daß der Handel zugrunde ging, so gelangten auf Kosten der Öffentlichkeit einige große Herren unversehens zu Reichtum, den sie alsbald wieder verschwendeten und dann noch ärmer waren als zuvor, so kam es, daß sich bei allen möglichen Beamten und einer Menge Leute aus der Hefe des Volkes, Steuerpächtern und Finanzverwaltern, die sich auf der Stelle mit viel Geschick den Mississippi und dessen Folge zunutze machten, schwindelerregende Vermögen anhäuften: Das alles sollte die Regierung noch etliche Jahre nach dem Tode des Duc d'Orléans beschäftigen.

Frankreich erholte sich nie mehr von diesem Schlag, obwohl es wahr ist, daß die Ländereien erheblich im Wert stiegen. Um die Plage vollzumachen, haben höchstgestellte Persönlichkeiten, Prinzen und Prinzessinnen von Geblüt zumal, die nicht schlecht fuhren bei dem Mississippi und die all ihre Macht aufwandten, ohne Verlust davonzukommen, diese Handelsgesellschaft, die sich fortan Compagnie d'Occident nannte, mit denselben Taschenspielerkünsten wiedereröffnet als ein Handelsgeschäft, das ausschließlich Indien betraf und das, da es nur dem enormen Gewinn einer kleinen Zahl von Privatleuten galt, deren

Haß und Rache die Regierung jedoch sich nicht auszusetzen wagte, den Handel des Königreichs nun vollends ruinierte.

Indessen kam es zu einigen Gewaltmaßnahmen und zur Beschlagnahme beträchtlicher Summen, die man in manchen Häusern fand. Man enthob die vier Brüder Paris der Posten, die man ihnen vor einiger Zeit gegeben hatte, und verwies sie, weil sie im Verdacht standen, die Finanzleute gegen Law aufzuhetzen, aus Paris. Sie waren Söhne eines Gastwirts, der am Fuße der Alpen eine Herberge besaß, ringsum gab es weder ein Dorf noch einen Weiler. Seine Söhne dienten ihm und den Reisenden als Kellner, versorgten die Pferde und brachten die Zimmer in Ordnung, alle vier waren hurtig und wohlgestalt. Ein seltsames Abenteuer machte sie bekannt. Bouchu, der Intendant von Grenoble, war auch Intendant der Italienarmee, als der Duc de Vendôme nach der Gefangennahme des Marschall de Villeroy in Cremona an dessen Stelle den Oberbefehl übernahm. Dieser Intendant, der, obwohl schon alt und sehr gichtig, früher einmal sehr gut ausgesehen hatte, war noch immer ein Schürzenjäger; es stellte sich nun heraus, daß der Heereslieferant, der mit allem betraut und für alles verantwortlich war, ebenfalls ein Frauenheld war und daß er die Dreistigkeit besaß, sich an jene zu wenden, die der Herr Intendant sich erwählt hatte, dem er, weil er jünger und liebenswürdiger war, den Boden unter den Füßen wegzog. Voller Zorn gegen ihn beschloß Bouchu, sich dafür zu rächen, und verzögerte deshalb den Transport aller Lieferungen solange als möglich, so daß, was immer der Heereslieferant auch tun mochte, Schwierigkeiten entstanden und daß der Duc de Vendôme, als er bei der Armee anlangte, nichts vorfand. Der Heereslieferant, der sehr wohl wußte, woran das lag, war verzweifelt, er fuhr kreuz und quer durch die Alpen, um erst einmal das Notwendigste herbeizuschaffen, während er auf den Rest wartete. Zu seinem und der Armee Glück kam er an jener abgelegenen Wirtschaft vorbei und erkundigte sich auch dort, wie er es überall tat. Der Wirt schien ihm intelligent zu sein, machte ihm Hoffnung und stellte ihm in Aussicht, daß sich bei der Rückkehr seiner Söhne, die auf dem Feld waren, irgendeine Lösung für ihn finden würde. Gegen Abend kamen die Söhne nach Hause, man beratschlagte. Der Heereslieferant fand sie sehr verständig und so bereitwillig, daß er sich ihnen anvertraute; sie übernahmen also die Durchführung des von ihm gewünschten Transports. Er bestellte schnellstens seinen Maultierzug, und mit diesem passierte er unter Geleit der Brüder Paris Wege, die nur ihnen und ihren Nachbarn bekannt und die in der Tat sehr schwierig, aber sehr kurz waren, so daß der Zug, ohne eine einzige Ladung zu verlieren, beim Duc de Vendôme anlangte, der ohne Brot festsaß und der in wüsten Worten auf den Heereslieferanten fluchte und schimpfte, denn auf ihn hatte Bouchu alle Schuld geschoben. Doch nach den ersten Zornesausbrüchen ziegte sich der Duc de Vendôme, der froh war, endlich im Besitz von Lebensmitteln zu sein und die Möglichkeit zum Weitermarsch und zur Ausführung seiner Pläne zu haben, um vieles umgänglicher. Er erklärte sich bereit, diesen Heereslieferanten anzuhören, der sich seiner Wachsamkeit, seiner Umsicht und seines Fleißes rühmte; denn immerhin habe er weglose und ungebahnte Pfade durchquert, um möglichst rasch die Munition und die Lebensmittel herbeizuschaffen, die Verzögerung sei einzig und allein die Schuld des Intendanten, der die Armee in diese Zwangslage gebracht hätte. Er erzählte dem General die lächerlichen Gründe für Bouchus Verhaltensweise, und gleichzeitig pries er den Einfallsreichtum, die Bereitwilligkeit und den guten Willen des Gastwirts und seiner Söhne, denen er den Hinweis auf den Weg und den glücklichen Durchzug seines Konvois verdanke. Der Duc de Vendôme kehrte nun seinen ganzen Zorn gegen Bouchu, ließ ihn holen und überschüttete ihn in aller Anwesenheit mit härtesten Vorwürfen. Damit begann die Ungnade Bouchus, der sich nur noch durch niedrigste Gemeinheiten halten konnte und der sich zwei Jahre später gezwungen sah, sich endgültig zurückzuziehen. Das war auch der erste Anfang für den Aufstieg der Brüder Paris. Die Chefheereslieferanten belohnten sie, gaben ihnen Aufträge, und durch die Art, wie sie diese erledigten, kamen sie rasch voran und machten große Gewinne.

Schließlich wurden sie selbst Heereslieferanten, bereicherten sich, gingen nach Paris, um dort noch größere Erfolge zu suchen, und fanden sie auch. Sie waren so erfolgreich, daß sie unter Monsieur le Duc ganz unumschränkt und unverhohlen herrschten, nach einem kurzen Rückfall sind sie dann wieder Finanzherren und Generalkontrolleure geworden, haben ungeheure Reichtümer erworben, haben Minister befördert und gestürzt, haben den Hof, die Stadt und die Provinzen zu ihren Füßen gesehen.

Dubois Erzbischof von Cambrai. – Graf Horn nach einem Mord öffentlich gerädert.

Durch den Tod des Kardinals de La Tremouille war Cambrai, und damit eines der reichsten Erzbistümer und größten Ämter der Kirche, vakant geworden; der Abbé Dubois hatte nur die Tonsur erhalten; 150 000 Livres Rente verlockten ihn und vielleicht noch mehr diese Rangerhöhung, um sich mit weniger Schwierigkeit zum Kardinal aufzuschwingen. Aber so unverschämt er auch war und wie groß auch seine Herrschaft über den Regenten war, er kam doch in Verlegenheit und maskierte seine Frechheit mit List; er sagte dem Duc d'Orléans, er habe einen spaßigen Traum gehabt, er habe nämlich geträumt, Erzbischof zu sein. Der Regent, der ahnte, worauf das hinauslaufen sollte, machte eine kleine Kehrtwendung und antwortete nichts. Dubois wurde immer verlegener, stotterte, fing an, seinen Traum auszudeuten, dann gab er sich einen Ruck und fragte unvermittelt, warum er denn diese Stelle nicht erhalten könne, wo doch Seine Königliche Hoheit mit einer einzigen Willensbekundung auf diese Weise sein Glück machen könne. Der Duc d'Orléans war verärgert, ja sogar erschrocken, sowenig skrupelhaft er bei der Wahl der Bischöfe auch war, und erwiderte in verächtlichem Ton: »Wer, du Erzbischof von Cambrai?« Wobei er ihm die Gemeinheit und mehr noch die Unziemlichkeit und den Skandal seines Lebenswandels vor Augen führte. Dubois, der schon zu weit vorgepirscht war, um auf halbem Wege stehenzubleiben, zitierte ihm Beispiele; unglücklicherweise gab es deren, was Gemeinheit und anstößige Sitten anlangt, nur allzu viele. Der Duc d'Orléans, der sich zwar von diesen windigen Gründen nicht überzeugen ließ, war um so peinlicher berührt von der Hartnäckigkeit eines Mannes, den er nur zu sehr daran gewöhnt hatte, vor nichts zurückzuschrecken, suchte sich aus der Affäre zu ziehen und antwortete ihm: »Aber du bist doch ein Schurke, und wer wäre der andere Schurke, der dich weihen würde?« – »Ah, wenn es nur darauf ankommt«, entgegnete lebhaft der Abbé, »die Sache ist abgemacht. Ich weiß sehr wohl, wer mich weihen wird.« – »Wer denn?« – »Ihr Erster Almosenier, der draußen vor der Tür steht, er wünscht sich nichts Besseres, ich werde hinausgehen und es ihm sagen.« Auf diese Weise machte Dubois sich selbst zum Erzbischof von Cambrai.

Zwei Tage später erfuhr ich von dem bevorzugten Bettgenossen der Mme. de Parabère, die damals die Mätresse des Regenten, ihm aber nicht treu war, der Regent habe sich, als er die Nacht vor der Bischofsweihe bei ihr geschlafen, in lobenden Worten über mich und meine Freundschaft zu ihm geäußert und erklärt, er wolle auf meine Einwände hören und nicht an der Bischofsweihe teilnehmen. Die Parabère meinte, daß ich recht hätte und mein Rat sehr gut sei, kam aber zu dem Schluß, daß er doch hingehen würde. Ganz verdutzt fragte der Duc d'Orléans, ob sie närrisch sei. »Närrisch vielleicht«, antwortete sie, »aber Sie werden hingehen.« – »Nein, ich werde nicht hingehen, ich versichere es dir.« – »Doch, glauben Sie mir, Sie werden hingehen.« – »Aber«, unterbrach er sie, »wenn du Monsieur de Saint-Simon recht gibst, weshalb sollte ich dann hingehen?« – »Weil ich es will«, antwortete sie. »Das ist etwas anderes, aber warum willst du das denn? Was ist das für eine Narrheit?« – »Warum? Einfach so.« – »Oh! Einfach so, das ist doch keine Art zu antworten; sag doch warum, wenn du es kannst.« – »Sie wollen es also unbedingt wissen? Vor ein paar Tagen haben der Abbé Dubois und ich miteinander ein Hühnchen zu rupfen gehabt und sind noch nicht fertig damit. Er ist ein Teufelsbraten, der alles herauskriegt; er wird erfahren, daß wir heute nacht hier zusammen geschlafen haben. Wenn Sie nicht zu seiner Weihe gehen, wird er glauben, daß ich Sie daran gehindert habe; davon wird man ihn durch nichts abbringen können; er würde es mir niemals verzeihen; er würde mir tausend Fallstricke legen, würde mich bei Ihnen anschwärzen, und am Ende würde es ihm gelingen, uns zu entzweien. Aber das will ich nicht, und deshalb will ich, daß Sie zu seiner Bischofsweihe gehen.« Darauf folgte noch ein kleines Hin und Her, dann der Entschluß und das Versprechen hinzugehen, das treulich gehalten wurde.

Der Graf Horn war seit zwei Monaten in Paris, führte dort ein liederliches Leben, verbrachte seine Tage mit Spiel und Ausschweifung. Er war ein zweiundzwanzigjähriger gutaussehender junger Mann und stammte aus dem großen und alten Hause der Horn, das seit dem 11. Jahrhundert zu den kleinen Dynastien der Niederlande gehört. Er hatte es bei den österreichischen Truppen nur zum Reservehauptmann gebracht, dies weniger aufgrund seiner Jugend, sondern weil er ein übler Geselle war, der seinem Bruder und seiner Mutter recht lästig fiel. Die

Familie erfuhr schon nach der kurzen Zeit, die er in Paris war, soviel Ärgerliches über seine Lebensweise, daß sie einen vertrauten Edelmann zu ihm schickte, dem sie Geld mitgaben, um die Schulden des jungen Mannes zu bezahlen, und der ihn überreden sollte, wieder nach Flandern zurückzukehren: Falls ihm das nicht gelänge, sollte er den Regenten, mit dem sie durch Madame entfernt verwandt waren, bitten, ein Machtwort einzulegen und den jungen Grafen zurückzuschicken. Das Unglück wollte, daß jener Edelmann zu spät kam, nämlich einen Tag, nachdem das Verbrechen, von dem ich erzählen werde, begangen worden war.

Graf Horn ging am Freitag, dem 22. März, in die Rue Quincampoix, um dort, wie er sagte, für 5000 Taler Aktien zu kaufen. Zu diesem Zweck hatte er sich mit einem Zwischenhändler in einer Wirtschaft verabredet; der fand sich mit seinen Aktien in der Brieftasche dort ein, und Graf Horn kam in Begleitung zweier Männer, seiner Freunde, wie er behauptete. Im nächsten Augenblick fielen alle drei über den unglückseligen Zwischenhändler her: Graf Horn versetzte ihm mehrere Dolchstiche und entwendete ihm seine Brieftasche, einer der angeblichen Freunde, ein Piemonteser namens Mille, gab dem Mann, als er sah, daß er noch nicht tot war, vollends den Rest. Bei dem Lärm, den sie veranstalteten, kamen die Besitzer des Wirtshauses herbeigeeilt, zu spät, um den Totschlag verhindern zu können, aber noch immer früh genug, um die Mörder ergreifen und festhalten zu können. In dem allgemeinen Durcheinander gelang es dem einen der Burschen, sich zu retten, aber Graf Horn und Mille konnten nicht entwischen. Die Inhaber des Wirtshauses ließen Gerichtsdiener holen, denen sie die beiden übergaben und die sie in die Conciergerie führten.

Dieses bei hellichtem Tage begangene gräßliche Verbrechen erregte sofort großes Aufsehen, und sogleich begannen mehrere hochgestellte Personen, Verwandte dieses erlauchten Hauses, den Duc d'Orléans um Barmherzigkeit anzuflehen; er, der sich ihnen zu entziehen trachtete, befahl mit gutem Grund, daß das Gericht rasch und schnell vorgehen solle. Schließlich schafften es die Verwandten dennoch, bis zum Regenten persönlich vorzudringen: Sie versuchten den Grafen Horn für verrückt erklären zu lassen, behaupteten sogar, daß ein Onkel von ihm im Irrenhaus säße, und baten, daß man ihn gleichfalls in die Petites-Maisons oder ins Irrenhaus von Charenton sperren solle. Aber die Antwort lautete, man könne sich gar nicht früh genug von Irren befreien, die sich durch die Narrheit bis zur Raserei hinreißen ließen. Da ihre Bitte abschlägig beschieden worden war, suchten sie ihm vorzustellen, welche

Schande solch ein Prozeß und seine Folgen für ihr erlauchtes Haus, das mit den größten Herrscherhäusern und beinahe allen Souveränen Europas verwandt sei, darstellen würde. Aber der Duc d'Orléans erwiderte, daß die Schande nicht in der Strafe, sondern in dem Verbrechen liege. Sie beriefen sich nun darauf, daß diese Familie die Ehre habe, mit ihm selber verwandt zu sein. »Nun gut, meine Herren«, sagte er ihnen, »ich werde also die Schande mit Ihnen teilen.« Der Prozeß war nicht schwierig und dauerte nicht lange. Law und der Abbé Dubois, denen soviel an der Sicherheit der Zwischenhändler gelegen war, mangels deren die Papiere rettungslos fielen, bearbeiteten den Duc d'Orléans ständig, um ihn unnachgiebig zu stimmen, und er seinerseits tat alles, um den Gnadengesuchen, denen er fortwährend ausgesetzt war, zu entgehen und das Parlament zur Beschleunigung des Urteils anzutreiben. Die Sache wurde ein hochnotpeinliches Halsgericht, und es ging um nichts weniger als ums Rädern. Ich hatte mich inzwischen nach La Ferté begeben, um dort in Ruhe die Osterwochen zu verbringen, und erfuhr dort, daß Graf Horn und sein verbrecherischer Genosse am Gründonnerstag, dem 26. März, um vier Uhr nachmittags, nachdem sie einer Befragung unterzogen worden, alle beide gerädert worden waren. Das Haus Horn und der ganze Hochadel der Niederlande und selbst Deutschlands waren außer sich und gaben das auch unmißverständlich zu verstehen.

Zwangsaushebungen zur Bevölkerung des Mississippi. – Abwertung von Aktien und Banknoten. – Börsengeschäfte.

Durch ständiges Schaukelspiel mit dem Mississippi, um nicht zu sagen aufgrund von Gaunerstreichen, die man unter diesem Namen begann, kam man darauf, in diesen riesigen überseeischen Landstrichen nach dem Beispiel Englands tatsächlich Niederlassungen zu gründen. Um sie zu bevölkern, ließ man in Paris und dem ganzen Königreich Männer wie Frauen, Vagabunden, Bettler und eine Menge öffentlicher Dirnen ausheben. Wenn das mit Zielstrebigkeit und der nötigen Umsicht durchgeführt worden wäre, hätte es seinen Zweck erfüllt und Paris sowie die Provinzen von einer schweren, unnützen und oft gefährlichen Last befreit; aber man ging bei diesen Aushebungen selbst mit denen, die man wirklich ausheben durfte, mit solcher Roheit und Verlogenheit vor, daß das Ganze größten Unwillen erregte. Man hatte nicht einmal die mindeste Vorkehrung getroffen, um diese Unglücklichen unterwegs oder am Ort ihrer Bestimmung ernähren zu können; ohne ihnen zu essen zu geben, sperrte man sie nachts in Scheunen oder in Stadtgräben ein, aus denen sie nicht herauskonnten. Ihr Schreien und Kreischen löste Mitleid und Empörung aus; aber weder die Almosen noch das wenige, das ihre Wächter ihnen zukommen ließen, reichte aus, und so starben sie allenthalben in erschreckenden Mengen. Zu dieser Unmenschlichkeit kam die Barbarei der Wächter, eine bisher unbekannte Art von Gewalttätigkeit und die Schurkerei der Aushebung von Leuten, die zwar nicht zur vorgeschriebenen Kategorie zählten, die man aber loswerden wollte, indem man dem zuständigen Beamten ein Wort ins Ohr flüsterte und Geld in die Hand gab; das dauerte so lange, bis die Volkswut unüberhörbar wurde und solches Ausmaß annahm, daß man fand, die Sache könne so nicht mehr weitergehen; man hörte also mit den Aushebungen auf. Law, der als Urheber des Ganzen galt, wurde vollends verhaßt, und der Duc d'Orléans hatte es sehr zu bereuen, daß er sich auf dieses Unternehmen eingelassen hatte.

Der 22. Mai dieses Jahres wurde berühmt durch die Veröffentlichung einer Verordnung des Staatsrates betreffs der Banknoten und der Aktien der Compagnie des Indes. Diese Verordnung entwertete die Aktien und Banknoten gradweise von Monat zu Monat, dergestalt daß sie am Ende des Jahres jede um die Hälfte des Wertes herabgemindert waren. Das bewirkte das, was man auf dem Gebiet der Finanzen und des Bankrotts »die Karten auf den Tisch legen« nennt, und diese Verordnung machte die Blöße so offenbar, weil man alles viel gründlicher verloren zu haben glaubte, als es sich nachher herausstellte, weil sie nicht einmal ein Heilmittel war gegen die äußerste Unbill. Der Großsiegelbewahrer, der sich am Ende genötigt gesehen hatte, Law die Finanzen ganz zu überlassen, wurde ernstlich beschuldigt, diese Verordnung aus Bosheit und in Voraussicht der schlimmen Folgen vorgeschlagen zu haben. Wilder allgemeiner Aufruhr. Kein Reicher, der sich nicht unwiederbringlich ruiniert, kein Armer, der sich nicht am Bettelstab sah. Das Parlament, das Laws System aufgrund seines eigenen Systems so feindlich gesinnt war, ließ sich die Gelegenheit nicht entgehen; es warf sich zum Beschützer der Öffentlichkeit auf, indem es die Registrierung ablehnte und indem es die promptesten und stärksten Remonstrationen erhob, so daß die Öffentlichkeit glaubte, die plötzliche Widerrufung der Verordnung zum Teil dem Parlament zu verdanken, in Wirklichkeit geschah es aber nur, um dem allgemeinen Ächzen und Jammern nachzugeben und weil man zu spät entdeckte, daß man mit der Verordnung einen Fehler gemacht hatte. Das bißchen Vertrauen, das blieb, war nun vollends zerstört; nichts vermochte es wieder zu beleben.

In dieser angespannten Situation mußte man Law notwendigerweise zum Sündenbock machen. Eben das hatte der Großsiegelbewahrer beabsichtigt; aber zufrieden mit seiner List und seiner Rache hütete er sich wohl, sich zu verraten und das Amt, das aufzugeben er gezwungen worden war, wieder zurückzunehmen. Er war zu schlau, um die Finanzen in dem Zustand, in dem sie sich befanden, übernehmen zu wollen; denn schon nach kurzer Zeit hätte man Law vergessen und würde dann ihn zur Rechenschaft ziehen. Er übersah das Ganze auch zu gut, um einen neuen Generalkontrolleur zu dulden, der alsbald der Herr geworden wäre, und das veranlaßte ihn, das Amt in fünf Departements aufzuteilen. Er wählte genau die Leute, die er haben wollte, und sobald er wieder einen Fuß in die Finanzen gesetzt hatte, waren seine vier Kollegen völlig von ihm abhängig.

Eine andere Komödie veranstaltete der Regent, da er sich, vielleicht auf Rat des Großsiegelbewahrers, weigerte, Law zu empfangen, der von dem Duc de La Force durch die übliche Tür hereingeführt wurde; aber anderentags, als Law von Sassenage durch die Hintertür hereingeführt wurde, fand er sich dann bereit, ihn zu empfangen.

Monsieur le Duc, Madame la Duchesse, seine Mutter und ihre ganze Umgebung waren in die Geschäfte zu sehr verwickelt und zogen zu große Summen daraus, als daß sie Law hätten im Stich lassen können. Sie kamen aus Chantilly herbeigeeilt, und das bewirkte ein neues Getöse, das der Duc d'Orléans zu erdulden hatte.

Der Abbé Dubois war, ganz von seinem klerikalen Aufstieg in Anspruch genommen, von der Verordnung überrumpelt worden; nun wagte er nicht, Law gegen die Allgemeinheit zu unterstützen. Er begnügte sich damit, ein neutraler, aber unnützer Freund zu bleiben, ohne daß Law sich darüber noch zu beklagen wagte. Einerseits vermied es Dubois, sich mit einem Mann zu überwerfen, aus dem er so ungeheure Summen herausgezogen hatte und der sich nun, da er keine Hoffnung mehr hatte, schadlos halten konnte, indem er das herumerzählte; andererseits aber hütete er sich auch, Law öffentlich gegen ein aufgebrachtes und hemmungsloses Publikum zu schützen. So überdauerte Law noch eine Zeit, gleichsam wie in der Luft schwebend, ohne irgendwo Boden zu haben noch Halt zu finden, so daß er, wie man bald sehen wird, weichen und abermals das Land wechseln mußte.

Verärgert über d'Argenson, den Urheber der Verordnung vom 22. Mai, die soviel Mißliebigkeiten hervorgerufen und deren Folgen notwendigerweise wider den Willen Seiner Königlichen Hoheit zu Laws Absetzung geführt hatte, wollte der Duc d'Orléans d'Argenson die Siegel abnehmen. Nach einer langen Unterredung zwischen dem Regenten, dem Abbé und Law wurde beschlossen, daß Law den Kanzler aufsuchen solle, der, wie man wußte, in Fresnes vor Langeweile starb. Law sollte ihm den gegenwärtigen Stand der Regierungsgeschäfte darlegen, sollte sondieren, ob der Kanzler umgänglicher wäre, wie er gegen Law eingestellt, ob man ihm hinsichtlich des Parlamentes trauen könne, nicht daß man seine Rechtschaffenheit beargwöhnte, wohl aber wegen seiner Neigung, seinem Hang, ja, dem Kult, den er mit dieser Gesellschaft trieb. Dreieinhalb Jahre in Fresnes hatten die Sitten, den Umgangston dieses fünfzigjährigen Kanzlers gemäßigt. Laws schöne Reden fanden geneigte Ohren; Daguesseau erklärte sich zu allem bereit, und die Öffentlichkeit, als sie es erfuhr, nahm es frostig auf und rief aus: *Et homo factus est.*

Als der Duc d'Orléans von dem Erfolg dieser Reise erfuhr, schickte er am Freitag, dem 7. Juni, den Abbé Dubois zu d'Argenson, um die

Siegel zu erbitten, er brachte sie dem Duc d'Orléans noch am selben Nachmittag zurück. Der Kanzler kam in der nächsten Nacht, begab sich mittags ins Palais Royal, folgte dem Duc d'Orléans in die Tuilerien, wo der König ihm die Siegel wieder übergab; aber da er sie Law verdankte, der ihn aus Fresnes zurückbrachte, nahm sein bis dahin makelloser Ruf nun den ersten Schaden, er sollte weiterhin sinken und gradweise bei verschiedenen Ereignissen vollkommen verlorengehen.

D'Argenson hatte seine Zeit gut angewandt; er war arm geboren und zog sich als reicher Mann zurück, seine Kinder waren, obwohl noch sehr jung, alle schon untergebracht. Er legte große Gelassenheit an den Tag, die ihn gleichwohl binnen kurzem das Leben kostete – das allgemeine Los all derer, die sich selbst überleben.

Während die Abgeordneten des Parlaments oft bei dem Kanzler arbeiteten, ohne einen Beschluß zu fassen, plante man ein Edikt, um aus der Compagnie des Indes eine Handelsgesellschaft zu machen, welche sich verpflichtete, nun binnen einem Jahr für sechshundert Millionen Banknoten auszuzahlen, jeweils fünfzig Millionen monatlich: Das war das letzte Hilfsmittel für Law und sein System. Am 15. Juli zeigte der Kanzler bei sich zu Hause das geplante Edikt den Abgeordneten des Parlaments, die bis neun Uhr bei ihm blieben, ohne sich überzeugen zu lassen. Am anderen Tag, dem 16., wurde das Edikt dem Regentschaftsrat vorgelegt. Der Duc d'Orléans, unterstützt von Monsieur le Duc, sprach sehr schön darüber, weil er selbst bei den schlechtesten Anlässen gar nicht schlecht sprechen konnte. Niemand erwiderte ein Wort, und man beugte den Nacken. Dergestalt wurde beschlossen, das Edikt am anderen Tag, dem 17., dem Parlament zuzuschicken.

An eben diesem Tag morgens sammelte sich vor der Bank und in den benachbarten Straßen, weil jeder irgend etwas zu handeln haben wollte, eine solche Menschenmenge, daß zehn oder zwölf Personen erstickt wurden. In wildem Tumult trug man drei dieser Toten vor das Portal des Palais Royal, in das das Volk unter lautem Gekreisch mit Gewalt eindringen wollte. Man ließ sofort eine Abteilung der königlichen Gardekompanie aus den Tuilerien dorthin marschieren. La Vrillière und Le Blanc hielten jeder Ansprachen an das Volk. Der Polizeileutnant kam herbeigeeilt, man ließ Wachmannschaften kommen, ließ alsdann die Toten wegschaffen, und durch Milde und Schmeicheleien gelang es schließlich, das Volk zurückzudrängen; die Gardeabteilung kehrte wieder in die Tuilerien zurück.

Gegen zehn Uhr morgens war dann alles zu Ende, und Law beschloß ins Palais Royal zu gehen; er bekam auf den Straßen böse Drohungen und Beschimpfungen zu hören. Der Duc d'Orléans hielt es für untunlich, ihn wieder aus dem Palais Royal herauszulassen. Law schickte also seine Karosse, deren Scheiben durch Steinwürfe zerbrochen waren, wieder nach Hause; auch seine Wohnung war gestürmt und die Fensterscheiben zerschlagen worden. All das erfuhr man in unserem Viertel so spät, daß man gar nichts mehr davon merkte, als ich ins Palais Royal ging, der Duc d'Orléans war von nur wenigen Leuten umgeben und gab einem in aller Ruhe zu verstehen, man tue ihm keinen Gefallen, wenn man sich länger aufhalte. So blieb ich, da ich nichts weiter zu sagen und nichts zu tun hatte, auch nur kurz.

Am gleichen Morgen wurde das Edikt ins Parlament gebracht; dieses weigerte sich, es zu registrieren, und schickte die Kronanwälte zum Duc d'Orléans, um ihm die Gründe darzulegen. Der Regent seinerseits war sehr beleidigt über die Ablehnung. Am anderen Tag veröffentlichte man in der Stadt einen Erlaß des Königs; unter Androhung strenger Strafen sei es dem Volk verboten, sich zu versammeln, auch würde, wegen der Vorkommnisse, die sich vor der Bank ereignet hatten, dort kein Geld mehr ausgezahlt, die Bank bleibe bis auf weiteres geschlossen. Immerhin ließ man Truppen aus Charenton kommen, die am Kanal von Montargis arbeiteten, einige Kavallerie- und Dragonerregimenter nach Saint-Denis und das Regiment des Königs auf die Hügel von Chaillot verlegen. Um die Bäcker zu veranlassen, wie gewöhnlich zu kommen, schickte man Geld nach Gonesse, aus Furcht, daß sie keine Scheine nehmen wollten, wie es fast alle Arbeiter und Händler von Paris taten, die sich samt und sonders weigerten, Papier anzunehmen. Das Garderegiment hatte Befehl, sich bereit zu halten, und die Musketiere, sich nicht aus ihren Quartieren zu entfernen und ihre Pferde gesattelt zu halten.

Am Sonntag, dem 21. Juli, bemächtigten sich Abteilungen des Garderegiments mit ihren Offizieren an der Spitze um vier Uhr früh aller Türen des Justizpalastes. Die Musketiere der beiden Kompanien besetzten die Türen des großen Saals, während andere das Haus des Ersten Präsidenten umzingelten, der zunächst arge Furcht ausstand. Unterdes begaben sich weitere Musketiere, je vier und vier, zu jedem der Parlamentsmitglieder und lieferten ihnen eigenhändig den Befehl des Königs aus, sich binnen zweimal vierundzwanzig Stunden nach Pontoise zu verfügen. All das vollzog sich auf beiden Seiten mit größter Höflichkeit, so daß nicht die geringste Klage laut wurde. Etliche gehorchten sofort und reisten noch am selben Tag nach Pontoise. Am späten Abend ließ der Duc d'Orléans dem Generalstaatsanwalt hunderttausend Franken und ebensoviel Banknoten zu hundert Livres und zu zehn Livres in bar überbringen, um jenen, die deren bedurften, etwas zu geben, aber nicht als Geschenk.

Der Erste Präsident war weit dreister und weit glücklicher: Er erging sich in Versprechungen und Gemeinheiten, wandte viele Listen an, um die Schwäche und Leichtgläubigkeit des Regenten, über die er sich weidlich lustig machte, zu mißbrauchen, so daß diese Reise ihm über 100 000 Taler einbrachte; auch fand er es angebracht, daß der Duc de Bouillon ihm sein vollständig möbliertes Haus in Pontoise zur Verfügung stellte, dessen bewundernswerter riesiger Garten, ein Meisterwerk in seiner Art, am Ufer des Flusses liegt; er war das Entzücken des Kardinal de Bouillon gewesen und vielleicht das einzige in Frankreich, wonach er sich stets zurückgesehnt hatte. Angesichts dieser vorzüglichen Hilfsmittel söhnte sich der Erste Präsident, der mit den Parlamentsmitgliedern schlecht stand, die ihn seit einiger Zeit offen verachteten, wieder vollkommen aus. Er lud das ganze Parlament täglich zu Tisch und schickte jenen, die etwas von ihm erbitten wollten, alles, was sie begehrten an Wein, Likören und dergleichen Dingen. Den ganzen Nachmittag wurden reichlich Erfrischungen und Früchte aller Art serviert, für die Damen und die alten Leute, die ein wenig spazierenfahren wollten, standen viele kleine Wägelchen mit einem oder zwei Pferden bereit, und in allen Gemächern gab es zahllose Spieltische bis zum Souper. Mesmes, seine Schwester und seine Töchter machten die Honneurs, er ergriff die Gelegenheit, durch freundliches Entgegenkommen, besondere Großartigkeit und ständige Aufmerksamkeit das zurückzugewinnen, was ihm verlorengegangen, und er tat es mit Erfolg; aber das geschah auf die doppelten Kosten des Regenten, mit dessen Geld er diesen verschwenderischen Aufwand bestritt, indem er sich noch mit den Herren des Parlaments über ihn mokierte und indem er ein so teuer und taktlos erkauftes Vertrauen verriet; er machte ihnen den Hof, machte gemeine Sache mit ihnen, um den Regenten durch die List des Ersten Präsidenten, dem der Duc d'Orléans wegen der Geldstiftung glaubte vollkommen vertrauen zu dürfen, gänzlich in ihren Netzen einzufangen. Die öffentliche Börse war noch immer auf der Place de Vendôme untergebracht, wohin man sie aus der Rue Quincampoix verlegt hatte. Dieser Mississippi hatte alle Welt verhext: Das war eine Gelegenheit, um sich durch den Duc d'Orléans und Law die Taschen mit Millionen zu füllen. Die Prinzen und die Prinzessinnen von Geblüt hatten die prächtigsten Beispiele dafür geliefert. Es gab aber auch Leute, denen es möglich gewesen wäre, soviel davon wegzuschleppen, wie sie gewollt hätten, so zum Beispiel der Kanzler, die Marschälle de Villeroy und de Villars und die Herzöge de Villeroy und de La Rochefoucauld und ich, die sich aber ständig geweigert hatten, irgend etwas davon zu empfangen.

Eines Tages, als der Marschall de Villars in einer schönen mit Pagen und Lakaien besetzten Karosse die Place de Vendôme überquerte, wo die Börsenspekulanten Mühe hatten, ihm Platz zu machen, beugte sich der Marschall aus dem Wagenfenster, fing an, gegen die Börsenspekulation zu schimpfen und mit großem Getöne auf die Menge hinzupredigen, was für eine Schande das sei. Man ließ ihn ein Weilchen reden, aber, als er eben hinzugefügt hatte, daß er seinerseits reine Hände habe und daß er niemals etwas von diesem Gewinn gewollt habe, erhob sich eine Stimme, die rief: »Ah, welch edler Räuber!« Die Menge wiederholte das Wort, worauf der Marschall sich, entgegen seiner sonstigen Dreistigkeit, beschämt in seine Karosse zurückzog und in langsamer Fahrt, von den Hohnrufen der Menge gefolgt, den Platz überquerte; ein Vorfall, der Paris mehrere Tage belustigte.

Schließlich fand man, daß diese Börsengeschäfte auf der Place de Vendôme den öffentlichen Verkehr behinderten. Man verlegte sie in den riesigen Garten des Hôtels de Soisson. Das war in der Tat ein geeigneterer Platz, und M. und Mme. de Carignan zogen mit vollen Händen Nutzen daraus, Profite von über hundert Francs schienen ihnen durchaus angemessen und nicht etwa für ihre Dienstboten, sondern für sich selbst.

Tod Dangeaus. – Porträt. – Seine Memoiren. – Laws heimliches Verschwinden. – Porträt.

Philippe de Courcillon, genannt der Marquis de Dangeau, starb im Alter von 84 Jahren am 9. September in Paris. Er war eine Art Bilderbuchfigur, über die ich mich schon anläßlich seiner Memoiren ein wenig verbreiten muß. Sein Adel, aus der Gegend bei Chartres, war ziemlich jung, und seine Familie war hugenottisch. Er wurde zur rechten Zeit katholisch und ließ es sich sehr angelegen sein, nach oben zu kommen und Karriere zu machen. Zu den vielen Plagen, die das Ministerium des Kardinals de Mazarin Frankreich gebracht hat und an die sich bald alle Welt, die große wie die kleine, gewöhnte, zählten das Glücksspiel und seine Betrügereien. Das war eine der Quellen, aus denen Mazarin üppig zu schöpfen verstand, und eines der besten Mittel, die großen Herren zu ruinieren, die er haßte und verachtete, so wie er die ganze französische Nation haßte, in der er alles niederschlagen wollte, was von sich aus groß war; so hat man denn seine Lehren treulich befolgt bis zu dem heutigen Stand der Dinge, der gewißlich das Ende und die bevorstehende Auflösung der Monarchie in sich birgt. Das Spiel war also bei Hofe, in der Stadt und allenthalben außerordentlich in Mode, als Dangeau sich zu produzieren begann. Er war ein stattlicher, gutaussehender Mann; mit dem Alter fett geworden, hatte er noch immer ein angenehmes Gesicht, das nicht mehr versprach, als es hielt: zum Speien öde. Er besaß nichts oder so gut wie nichts. Er war darauf aus, alle Spiele, die man damals spielte, vollkommen kennenzulernen: Piquet, la Bête, Lhombre, Große und Kleine Prime, Hoca, Brelan; und alle Kombinationen dieser Spiele und Karten bis in ihre Feinheiten auszuarbeiten, was ihm soweit gelang, daß er sich fast niemals täuschte, selbst nicht beim Landsknecht und beim Bassette. Er konnte die Chancen genau einschätzen, so daß er meistens gewann. Diese Wissenschaft brachte ihm viel ein, und das gewonnene Geld setzte ihn in die Lage, sich in guten Häusern und allgemach bei Hofe und in die beste Gesellschaft einzuführen. 1682 heiratete er die sehr reiche Tochter eines Finanzpächters, den man Morin le Juif nannte, wodurch er zum Schwager des Marschall d'Estrées wurde. Aus dieser Ehe hatte er eine einzige Tochter, die er mit dem Duc de Montfort, dem ältesten Sohn des Duc de Chevreuse, verheiratete, worüber ihm mächtig der Kamm schwoll. Nachdem er Witwer geworden, meinte er, er sei nun reich genug, sich mit einer Komtesse von Löwenstein zu verehelichen; sie war Ehrendame von Madame la Dauphine und Tochter einer der Schwestern des Kardinals von Fürstenberg, dessen sämtliche Schwestern mit dem deutschen Hochadel verheiratet waren und dessen Brüder hohe Ämter innehatten. Man weiß, wer die Löwensteins waren, und man erinnert sich, welchen Lärm Madame und sogar Madame la Dauphine schlugen, als sie auf dem Stuhl der Mme. de Dangeau die pfälzischen Wappen genau neben denen der Courcillon erblickten. Mme. de Dangeau besaß keinerlei Vermögen, aber sie war bezaubernd von Antlitz, Wuchs und Manieren, wie ich schon öfters erwähnt habe. Es war übrigens höchst vergnüglich anzusehen, in welcher Verzückung Dangeau einherschritt, als er nach dem Tod seiner Schwiegereltern in Trauer ging, er spreizte sich wie ein Pfau und leitete aus den Kleidern den hohen Rang ab. Nach vielen Mauserungen wurde er schließlich ein großer Herr, dessen Gehabe und Manieren er in einer Weise nachahmte, daß man sich totlachen konnte. Daher sagte La Bruyère in seinen vorzüglichen *Caractères de Théophraste,* Dangeau sei kein großer Herr, sondern die Kopie eines großen Herrn. Ich war übrigens schon lange mit ihm entzweit wegen eines schallenden Gelächters, zu dem ich mich wider Willen hinreißen ließ und das er mir, wie ich glaube, niemals verziehen hat.

Er betete den König und Mme. de Maintenon an, er verehrte die Minister und die Regierung, sein Kult wurde ihm, da er ihn ständig zur Schau stellte, zur zweiten Natur. Alle ihre Neigungen, ihre Vorlieben, ihre Abneigungen verleibte er sich vollends ein. Was immer der König auch tat, versetzte Dangeau in einen Taumel des Entzückens, der sich äußerlich wie innerlich kundtat. Ebenso verhielt es sich mit allem, das Mme. de Maintenon liebte, befürwortete oder ablehnte, und er ließ sich davon derart beeinflussen, daß er es selbst noch nach ihrem Tod zu seiner eigenen Sache machte. Daher nahm er, was er trotz all seiner zitternden Anpassungsversuche in seinen Memoiren nicht hat verbergen können, Partei gegen den Duc d'Orléans und für die Bastarde im allgemeinen und insbesondere für den Duc du Maine.

Nach diesen unerläßlichen Vorbemerkungen kommen wir nun auf die Memoiren zu sprechen, die er hinterlassen hat und die ihn selbst so vollkommen und naturgetreu widerspiegeln. Es ist unbegreiflich, wie ein Mann die Geduld und die Ausdauer aufbringen kann, über fünfzig Jahre hindurch Tag für Tag ein solches Werk zu schreiben, so dürftig, so trocken, so gestelzt, so voller Vorurteile, so oberflächlich, daß nur die dürrsten äußeren Schalen beschrieben werden. Aber man muß einräumen, daß es für Dangeau schwer gewesen wäre, wirkliche Memoiren zu schreiben, die voraussetzen, daß man über das innere Gefüge und die verschiedenen Mechanismen eines Hofes Bescheid weiß. Obwohl er den Hof fast niemals, und wenn, dann nur für kurze Augenblicke, verließ, obwohl er dort in den besten Kreisen verkehrte, obwohl er dort geliebt und wegen seiner Ehrenhaftigkeit und seiner Verschwiegenheit sogar geschätzt wurde, trifft es dennoch zu, daß er niemals im Bilde war noch in irgend etwas eingeweiht wurde. Sein Leben war so äußerlich und oberflächlich wie seine Memoiren.

Gleichviel sind seine Memoiren mit tausend Tatsachen angefüllt, die nicht in den Zeitungen stehen und die, je älter sie werden, desto mehr an Wert gewinnen und demjenigen, der etwas Solides schreiben will, wegen der Genauigkeit der Chronologie viel nützen können. Noch zwei Worte über diesen einzigartigen Autor: er machte gar keinen Hehl daraus, daß er Tagebuch führte, weil er es auf eine Art tat, daß es dabei nichts zu fürchten gab; aber er pflegte es keinem Menschen zu zeigen, man hat es erst nach seinem Tod zu sehen bekommen, es ist bis heute nicht gedruckt worden und befindet sich in Händen seines Enkels, des Duc de Luynes, der einige Kopien davon anfertigen ließ.

Zwei Jahre vor seinem Tod unterzog sich Dangeau einer zweiten Gallensteinoperation; der Stein war nicht groß, er hatte nur ein paar Stunden Fieber, binnen eines Monats war er wieder geheilt und fühlte sich seitdem sehr wohl. Aber das hohe Alter, vielleicht auch der Gram, daß er nichts mehr vom Hof und von der großen Welt zu sehen bekam, bewirkten, daß er schließlich nach einer nur wenige Tage andauernden Krankheit verstarb.

Das Jahr endete mit der plötzlichen und heimlichen Abreise Laws, der keinerlei Hilfsmittel mehr besaß und den man nun doch der Öffentlichkeit opfern mußte. Man erfuhr von seinem Verschwinden nur, weil der älteste Sohn d'Argensons, Intendant von Maubeuge, die Torheit beging, ihn zu verhaften. Der Kurier, den d'Argenson absandte, um das zu melden, wurde ihm unmittelbar zurückgeschickt mit einem Vorwurf, daß er sich nicht auf die Pässe verlassen hatte, die der Duc d'Orléans Law hatte ausstellen lassen. Zusammen mit seinem Sohn begab Law sich nach Brüssel, wo der Marquis de Prié, Gouverneur der Kaiserlichen

Niederlande, ihn sehr gut aufnahm. Er blieb nur kurze Zeit dort, begab sich nach Lüttich und dann nach Deutschland, wo er seine Talente etlichen Fürsten anbot, die alle dankend ablehnten; nachdem er eine Weile umhergeirrt war, kam er durch Tirol, besuchte einige italienische Höfe, von denen keiner ihn behalten wollte, und zog sich schließlich nach Venedig zurück, obwohl diese Republik auch nichts mit ihm anfangen konnte.

Ich habe schon mehrfach erwähnt, und ich wiederhole es, daß Law weder habgierig noch betrügerisch war. Er war ein sanfter, gutartiger, ehrerbietiger Mann, den der außergewöhnliche Kredit und der Reichtum keineswegs verderbt hatten und dessen Lebensgewohnheiten niemandes Anstoß erregen konnten. Mit großer Geduld und einzigartiger Konsequenz ließ er all die Widrigkeiten über sich ergehen, die durch seine Finanzoperationen ausgelöst worden waren, bis er am Ende, als er sich aller Mittel beraubt sah und dennoch standzuhalten versuchte, in böse Laune verfiel und maßlose Antworten gab. Er war ein Mann des Systems, der Rechenkunst, der vergleichenden Methode, sehr gelehrt, sehr kenntnisreich auf seinem Gebiet, ein Mann, der, ohne je zu betrügen, überall sehr viel beim Spiel gewonnen hatte, weil er, was mir zwar unglaubhaft erscheint, die Kartenfolge errechnen konnte.

In einer Republik oder einem Land wie England wäre, wie ich schon früher gesagt habe, seine Bank eine ausgezeichnete Sache gewesen. Aber er war der Betrogene seines Mississippi und glaubte allen Ernstes, große und ertragreiche Niederlassungen in Amerika errichten zu können. Er zog Schlüsse wie ein Engländer, er wußte nicht, wie vieles in Frankreich dieser Art Handel hindernd im Weg steht: die Leichtfertigkeit der Franzosen, ihre Unerfahrenheit, ihre Gier, sich mit einem Schlag zu bereichern, die Schwerfälligkeit einer despotischen Regierung, die auf alles die Hand legt, die nur wenig oder gar keine Folgerichtigkeit besitzt und wo das, was ein Minister bewirkt oder anordnet, stets durch seinen Nachfolger zerstört oder verändert wird. Die Abschaffung des Bargeldes, dann der Edelsteine, um nichts als Papiergeld in Frankreich zu haben, ist ein System, das ich niemals begriffen habe; aber Law war ein Mann von System und so profund, daß man einfach gar nichts davon verstand. Law starb, nachdem er ehrenhaft, aber recht mittellos noch mehrere Jahre in Venedig gelebt hatte, dort als guter Katholik und empfing mit viel Frömmigkeit die Sakramente der Kirche.

(1721). – Aufdeckung des Finanzschwindels im Regentschaftsrat. – Monsieur le Duc und der Duc d'Orléans schieben sich gegenseitig die Schuld am Verschwinden Laws zu.

Der Duc d'Orléans erklärte in der Regentschaftssitzung, daß der Überschuß an Banknoten aus unerlaubten Erlassen entstanden sei; daß das Hauptunglück daher rühre, daß M. Law für zwölfhundert Millionen mehr gedruckt hatte, als notwendig gewesen wäre; daß die ersten sechshundert Millionen keinen großen Schaden angerichtet hätten, weil man sie in der Bank eingeschlossen hielt; aber daß sich nach dem Erlaß vom 21. Mai, als man der Bank Kommissare gab, weitere sechshundert Millionen Banknoten fanden, die Law hatte herstellen und in der Öffentlichkeit verteilen lassen – ohne seines, des Regenten, Wissen und ohne durch irgendeinen Erlaß dazu ermächtigt gewesen zu sein, wofür Law an sich gehängt zu werden verdiene; aber er, der Regent, habe, als er das erfahren, Law aus der Affäre gezogen durch einen Erlaß, den er hatte vordatieren lassen und der die Herstellung eben dieser Menge Banknoten anordnete.

Daraufhin sagte Monsieur le Duc zu dem Regenten: »Aber Monsieur, wie konnten Sie ihn, wenn Sie das wußten, aus dem Königreich herauslassen?« – »Das ist Ihre Schuld«, erwiderte der Regent, »denn Sie haben ihm das Mittel dazu in die Hand gegeben.« – »Ich habe Sie niemals gebeten«, antwortete Monsieur le Duc, »ihn aus dem Königreich zu verbannen.« – »Und doch haben Sie selbst ihm die Pässe zugestellt.« – »Es ist wahr«, erwiderte Monsieur le Duc, »aber Sie haben mir die Pässe gegeben, um sie ihm zu schicken, ohne daß ich Sie darum gebeten hätte. Ich war dagegen, daß man Monsieur Law in die Bastille oder in ein anderes Gefängnis steckt, wie man das vorhatte, weil mir schien, daß es nicht in Ihrem Interesse läge, ihn, nachdem Sie sich seiner derart bedient hatten, einfach einsperren zu lassen; aber ich habe Sie niemals darum ersucht, ihn aus dem Königreich zu verbannen.« – »Es ist wahr«, entgegnete der Regent, »daß Sie mich nicht darum gebeten haben; ich habe ihn gehen lassen, weil ich annahm, daß seine Gegenwart in Frankreich dem öffentlichen Kredit und den Finanzoperationen, die man vorhatte, schaden würde.« – »Ich bin«, nahm Monsieur le Duc wieder auf, »so weit davon entfernt gewesen, Sie darum zu bitten, daß, wenn Sie mir die Ehre erwiesen hätten, meine Meinung einzuholen, ich Ihnen den Rat gegeben hätte, sich wohl zu hüten, ihn aus dem Königreich herauszulassen.«

Das Erstaunen aller, die bei dieser Ratssitzung zugegen waren, war groß. Jeder war sich mehr oder minder über die Unordnung der Finanzen im klaren; aber die Einzelheiten all dieser Millionen von Winkelzügen, die den König oder die Privatleute oder, genauer gesagt, den einen wie den anderen ruiniert hatten, setzte alle Welt in Erschrecken. Man sah nun überdeutlich, wohin dieses Gaunerspiel führte, von dem ganz Frankreich sich hatte narren lassen. Es bedurfte in diesem äußersten Stadium einer dringenden Abhilfe, aber diese Abhilfe, die den Aktionären und Banknotenbesitzern unvermeidlich zum Schaden gereichen mußte, konnte sich nur finden, wenn man den Umfang des Übels, das man so lange verheimlicht hatte, aufdeckte, damit endlich jeder wußte, woran er war, und die dringende Notwendigkeit sowie die Schwierigkeit dieser Maßnahme einsah.

Seit dem traurigen Erlaß vom 22. Mai war der Niedergang dessen, was man den Mississippi nannte, jedem offenbar geworden; das Vertrauen schwand endgültig, als man feststellte, daß ein solches Übermaß an Banknoten hergestellt worden war, daß es keine Deckung mehr gab; jeder Schritt war nur mehr ein Straucheln, jede Finanzoperation ein kläglicher Überbrückungsversuch. In der undurchdringlichen Düsternis, die man absichtlich noch vermehrte, in dem Schrecken, den man empfand, daß man nun das Ausmaß der Verführung und den grauenhaften allgemeinen Ruin würde ans Licht bringen müssen, blieb nichts weiter übrig, als zu versuchen, noch ein paar Tage und Wochen herauszuschinden. Law, der sich der Welt gegenüber als Erfinder und Träger des Ganzen nicht reinzuwaschen vermochte, wäre im Augenblick dieser fürchterlichen und öffentlichen Enthüllung große Gefahr gelaufen; der Duc d'Orléans, der um seiner Leichtfertigkeit und Freigebigkeit Genüge zu tun und um die unersättliche Gier eines jeden zu befriedigen, Law genötigt hatte, die Bank zu sprengen, und ihn somit in diese Sackgasse gebracht hatte, konnte ihn nun nicht einfach im Stich lassen, konnte aber auch nicht, um ihn zu retten, sich selbst als den eigentlich Schuldigen erklären. So veranlaßte er denn, um sich aus dieser ersten und so üblen Klemme zu ziehen, daß Law aus dem Königreich verschwand, sobald er sich in die Enge getrieben und gezwungen sah,

Rechenschaft abzulegen über den Stand der Finanzen und über diesen riesigen Apparat, der nichts als ein Täuschungsmanöver war. Diese Verlautbarung, die für alle Aktionäre und Banknotenbesitzer von großem Interesse war, und insbesondere für jene, die ihre Aktien ihrer Autorität oder ihrer Begünstigung verdankten und also deren Herkunft nicht weiter nachweisen konnten, stürzte sie allesamt in Verzweiflung. Die bedeutendsten, wie zum Beispiel die Prinzen von Geblüt, und die geschäftstüchtigsten, die am meisten drinstecken hatten, wie d'Antin, der Marschall d'Estrées, Lassay, Madame la Duchesse, Mme. de Verue und einige andere, die besonders beteiligt waren und deren Profite bislang enorm gewesen waren, hatten die Verlautbarung durch Gewalt oder Emsigkeit, solange sie konnten, hinausgezögert und versucht, diese mächtige Mauer, die ihnen zum Trotz nun dennoch zusammenbrach, weiter zu stützen und diesen für sie so unheilvollen Augenblick aufzuschieben. Da sie den wahren Sachverhalt ziemlich genau kannten, wußten sie, daß es, sobald dieser einmal bekannt, es mit den Gewinnen vorbei wäre und daß die Papiere, mit denen sie sich, unter Umgehung des Zwischenhandels und bei größtem Profit, vollgestopft hatten, ohne zu deren Erwerb auch nur einen Sou eigenes Geld anzulegen, daß diese Papiere nun nichts mehr wert sein würden. Das veranlaßte den Duc d'Orléans, den Zeitpunkt dieser Verlautbarung geheimzuhalten, um von ihnen nicht wegen eines nunmehr unmöglich gewordenen Aufschubs belästigt zu werden, und um ihnen durch den Überraschungseffekt die Zeit zu nehmen, Störmanöver vorzubereiten gegen die Finanzoperation, die La Houssaye zu ihren Ungunsten vorzuschlagen gedachte. Und das war es, was Monsieur le Duc außer sich brachte und diese seltsame Szene zwischen ihm und dem Duc d'Orléans verursachte, die alle, die sie im Regentschaftsrat miterlebten, in Empörung und Schrecken versetzte, denn die beiden machten eine schlechte Figur dabei.

Der Duc d'Orléans, der aus Neigung und dann aus Notwendigkeit von Listen und klugen Schachzügen lebte, glaubte es besonders schlau anzufangen, als er Monsieur le Duc die Pässe übergab und ihm verheimlichte, was im Regentschaftsrat behandelt werden sollte. Er gedachte Monsieur le Duc durch Laws Verschwinden aus dem Königreich irrezuführen und ihn im Regentschaftsrat unversehens zu überfallen, um ihn jeder Möglichkeit des Widerspruchs zu berauben. Er hatte sich grausam getäuscht; dieser Gegenstand war für Monsieur le Duc so wichtig, daß er sich, auch durch andere Hauptinteressenten, ständig über alle Planungen auf dem laufenden hielt, und so bekam er früh genug Wind von der Sache, um seine Lektion vorbereiten zu können. An Kühnheit und Hartnäckigkeit mangelte es ihm nicht; er kannte überdies aus langer Erfahrung die Schwäche des Duc d'Orléans und wollte davon profitieren; da nun dieses ganze Mysterium der Unredlichkeit sich endlich in Gegenwart des Königs und des Regentschaftsrates offenbaren sollte, war er, um den eigenen Kopf aus der Schlinge zu ziehen, finster entschlossen, keinerlei Rücksichten zu nehmen, alles dem Duc d'Orléans aufzulasten und sich selbst als Unschuldsengel hinzustellen. Gekränkt darüber, daß man ihm verheimlicht hatte, was im Regentschaftsrat besprochen werden sollte, und noch mehr vielleicht über das Ansinnen als solches, das den Interessen der Aktienkompanie und dem Hauptinteresse, das er daran hatte, so entgegen war; gekränkt ferner über die Tatsache, daß der Duc d'Orléans Law seine Pässe so schlankweg durch ihn hatte aushändigen lassen, um damit den Anschein zu erwecken, er, Monsieur le Duc, habe sie erbeten und er sei es, der vom Duc d'Orléans die Erlaubnis erhalten habe, Law aus dem Königreich ausreisen zu lassen. Er hätte, wie er behauptete, wenn man ihn zu Rate gezogen, dem nie zugestimmt, und er tadelte den Duc d'Orléans hart, daß er Law gestattet hatte, das Königreich zu verlassen, nachdem dieser trotz des ausdrücklichen Verbotes, die Banknoten noch weiter zu vermehren, auf eigene Faust sechshundert Millionen davon hatte herstellen und verteilen lassen.

Von Monsieur le Duc in die Enge getrieben, gestand der Duc d'Orléans vor versammeltem Rat, daß er Law, um ihn aus der Gefahr zu erretten, einen vordatierten Regentschaftsraterlaß hatte ausstellen lassen, der diese so üppige Herstellung von Banknoten anordnete, die dann auf sein eigenes Geheiß von Law gedruckt und verteilt worden seien. Indes, welch ein Geständnis seitens eines Regenten in Gegenwart des Königs und einer so zahlreichen Versammlung, die ihm größtenteils alles andere als wohlgesinnt war! Und wen hoffte er und aus welchem Grund auch zu überzeugen, daß Law ein so einschneidendes und kühnes Unterfangen ohne sein, des Regenten, Wissen begonnen hatte, wo doch der Regent die einzige Stütze war, die er gegen die finanziell ruinierte Öffentlichkeit und gegen das Parlament, das nur danach trachtete, ihn zu Fall zu bringen, überhaupt noch besaß, und dies bei der ersten finanziellen Operation, die er jemals ohne Billigung des Regenten getätigt hätte? Das also war der Erfolg der Winkelzüge, an denen dieser Fürst sich zu ergötzen beliebte, und die Verbitterung von Monsieur le Duc nötigte ihn zu einem derart erstaunlichen und derart gefährlichen Bekenntnis in Gegenwart des Königs und einer solchen Versammlung.

Ich bebte förmlich, während ich ihn reden hörte, und es ist kaum zu glauben, daß dieses erschreckende Geständnis nicht im mindesten die Folgen zeitigte, die ich befürchtet hatte.

Das Ungewöhnliche ist, daß nach einem solch heftigen, so auf die Spitze getriebenen und so skandalösen Auftritt zwischen Monsieur le Duc und dem Duc d'Orléans alles beim alten blieb. Der Regent spürte das schwere Gewicht, mit dem seine Amtsführung durch das bis zum Schluß blinde Vertrauen in Law und die offene Protektion, die er ihm entgegen allen Einwänden hatte angedeihen lassen, belastet war. Aber er war schwach, ich sage das zu meinem größten Bedauern; er fürchtete Monsieur le Duc, dessen Wutausbrüche und dessen Ungestüm, obwohl er recht gut wußte, wie jämmerlich er im Grunde war. Diese Nachgiebigkeit, die ich ihm so oft vorgeworfen hatte, ließ ihn diesen Giftbecher wie Milch leeren und bewog ihn, ganz wie zuvor mit Monsieur le Duc zu verkehren, um ihn nicht noch mehr zu erbosen und ihn sich nicht gänzlich zu entfremden. Was Monsieur le Duc betraf, so hatte er weiß Gott keine Ursache, verärgert zu sein, er hatte den Duc d'Orléans ohne die geringste Schonung angegriffen, ihn fortwährend in die Verteidigung getrieben, bis er ihm endlich jenes verblüffende und gefährliche Geständnis entrissen hatte. Er war also zufrieden mit dem Ausgang dieses Zweikampfs, desto unzufriedener aber war er mit den vom Regentschaftsrat gefaßten Beschlüssen, an denen er, was immer er zugunsten der Aktiengesellschaft auch hatte vorbringen mögen, nichts hatte ändern können, und deshalb spürte er, wie notwendig es für ihn sein würde, den Duc d'Orléans für sich und die Seinen zu haben, damit sie nicht alle in das gemeinsame Los der Aktienbesitzer verwickelt würden und die Möglichkeit hätten, ihre Aktienanteile aus dem allgemeinen Schiffbruch zu retten, wie es denn auch tatsächlich geschah; denn diese eintausendfünfhundert Aktien, um deren Rückgabe er soviel Theater machte, waren trotz allem nichts im Verhältnis zu denen, die ihm in anderer Form noch verblieben waren, und ebenso verhielt es sich bei Madame la Duchesse, bei Lassay, bei Mme. de Verue und etlichen anderen seiner Leute, die dann noch lange und in wildem Maße ihre Profite machten. Es ist also weiter kein Wunder, wenn er nach einer so befremdlichen Szene, in der er dem Duc d'Orléans durchaus überlegen war, seither alles versuchte, um jenen diesen Auftritt vergessen zu machen.

Das Ende jenes Regentschaftsrates war für den Duc d'Orléans auch nicht viel glücklicher. Er wirkte, als sei er vom Raubvogel niedergestoßen, als er beteuerte, er wolle den mit der Liquidation beauftragten

Kommissaren alle Freiheit lassen, ohne sich auch nur im geringsten einzumischen; es kam noch schlimmer, als Monsieur le Duc ihn abermals beleidigte durch die Form, in der er das billigte und ihn mit zwei höchst energischen Worten aufforderte, sich an den König zu wenden und diesen um Erlaubnis zu bitten, öffentlich zu verkünden, daß Seine Majestät ihm verboten habe, sich in die Liquidation einzumischen. Das hieß der Öffentlichkeit einzugestehen, wie wenig sie ihm vertrauen dürfe, und sich gleichzeitig über sie lustig zu machen, indem er diese lächerliche Erlaubnis von einem König erbat, der aufgrund seiner Jugend außerstande war, irgend etwas von Belang anzuordnen oder zu verbieten, und schon gar nicht demjenigen, der statt seiner der Machthaber war.

Plan der Verheiratung des jungen Königs mit der Infantin von Spanien und der Tochter des Duc d'Orléans mit dem Prinzen von Asturien.

Seit längerer Zeit schon hatte der Abbé Dubois seinem Herrn untersagt, mit mir über außenpolitische Angelegenheiten zu sprechen, was nicht hinderte, daß dem Duc d'Orléans mir gegenüber doch immer wieder einmal eine Bemerkung entschlüpfte, nichts Genaues, nichts Folgerichtiges, und ich meinerseits blieb stets ganz reserviert. Als ich nun an einem der ersten Junitage wieder einmal zum Duc d'Orléans kam, um mit ihm zu arbeiten, traf ich ihn allein, in seinem großen Appartement auf- und abgehend. Kaum daß er meiner ansichtig wurde, rief er aus: »Wie schön, daß Sie da sind. Ich muß Ihnen unbedingt etwas anvertrauen, was mir besonders am Herzen liegt und was Ihnen ebensoviel Freude machen wird wie mir, aber ich muß Sie bitten, strengstes Stillschweigen zu bewahren.« Dann lachte er vor sich hin und meinte: »Wenn Monsieur de Cambrai wüßte, daß ich Sie eingeweiht habe, würde er es mir nicht verzeihen!« Und nun teilte er mir mit, daß er sich mit dem König und der Königin von Spanien ausgesöhnt habe; es sei beschlossen worden, unseren König mit der Infantin zu verheiraten, sobald diese im heiratsfähigen Alter sei, und den Prinzen von Asturien mit Mlle. de Chartres. Meine Freude war groß, aber mein Erstaunen noch größer. Der Duc d'Orléans umarmte mich, und nachdem wir uns lange über die persönlichen Vorteile, die bei einer solchen Staatsaktion für ihn herauskämen, und über das Passende dieser Heirat für den König unterhalten hatten, fragte ich ihn, wie er diese und dazu noch die Heirat seiner Tochter denn bewerkstelligt habe. Er antwortete mir, das sei im Handumdrehen geschehen, denn der Abbé Dubois hätte den Teufel im Leib, wenn er etwas durchsetzen wolle. Der König von Spanien sei außer sich vor Freude gewesen, daß der König, sein Neffe, Infantin zur Frau begehre, und die Heirat des Prinzen von Asturien sei die Conditio sine qua non für die Heirat der Infantin. Nachdem wir noch eine Weile alles miteinander erwogen hatten, riet ich ihm, die Heirat seiner Tochter unbedingt bis zu deren Abreise geheimzuhalten, und die des Königs, bis das Alter der Infantin – die im Augenblick erst drei Jahre zählte – den Vollzug der Ehe gestattete; man müsse alles vermeiden, um die Eifersucht ganz Europas auf diese so große und enge Wiederverbindung der beiden Zweige des königlichen Hauses zu vermeiden. »Sie haben durchaus recht«, antwortete mir der Duc d'Orléans, »aber das ist nicht möglich, weil man in Spanien darauf besteht, daß die Bekanntgabe sofort erfolgt und daß die Infantin nach der offiziellen Bewerbung und der Unterzeichnung des Heiratsvertrages hierhergeschickt wird.« – »Welch ein Wahnsinn«, schrie ich, »wozu die Sache an die große Glocke hängen? Muß man denn ganz Europa aufwecken und in Bewegung setzen? Man muß das den Spaniern begreiflich machen und Widerstand leisten, das ist unerläßlich.« – »Ja, gewiß, ich denke genauso wie Sie; aber die Spanier sind nicht zu bekehren, sie haben es so gewollt, wir sind darauf eingegangen, daran ist nichts mehr zu ändern.« Ich zuckte bedauernd die Achseln über diese törichte Ungeduld. Nach einer Weile fragte ich den Regenten, was er denn mit dem Kinde anfangen wolle, wenn sie erst einmal hier sei. Er sagte mir, daß sie im Louvre wohnen und daß Mme. de Ventadour ihre Gouvernante sein solle. Ich erhob ein paar freilich recht nutzlose Einwendungen, und dann schwieg ich.

Während dieses ganzen Gespräches mußte ich unwillkürlich immer wieder an mich selbst denken und an die so günstige Gelegenheit, nun das Glück meines zweiten Sohnes zu machen. Ich sagte dem Regenten also, da die Verhandlungen bereits so weit gediehen seien, wäre es wohl an der Zeit, jemanden nach Spanien zu schicken, um die offizielle Brautwerbung vorzubringen und den Heiratsvertrag zu unterzeichnen; dazu bedürfe es eines großen Herrn, und ich bäte ihn flehentlich, mir diese Gesandtschaft zu übertragen und mir eine Empfehlung an den König von Spanien zu geben, damit dieser meinen Sohn, den Marquis de Ruffec, zum spanischen Granden ernenne. Der Duc d'Orléans ließ mich gar nicht erst ausreden und bewilligte mir sofort jede Unterstützung, die ich brauchte, um diesen Rang für den Marquis de Ruffec zu erhalten; er würzte das Gespräch mit mancherlei Freundschaftsbekundungen und bat mich abermals, die Sache geheimzuhalten und durch keinerlei Vorbereitungen etwas durchblicken zu lassen. Ich verstand sehr gut, daß er, abgesehen von allem anderen, Zeit gewinnen wollte, seinen Dubois zu bearbeiten, um ihm diese Pille schmackhaft zu machen. Nachdem ich mich bedankt hatte, bat ich ihn noch um zwei Gefälligkeiten; einmal mir kein Gesandtschaftsgehalt auszuzahlen, aber so-

185

viel Geld zu geben, daß ich Ausgaben machen könnte, ohne mich zu ruinieren, zum anderen, mich mit keinen weiteren Aufträgen zu betrauen, da ich nicht die Absicht hätte, in Spanien Wurzeln zu schlagen, sondern nur dorthin ginge, um für meinen zweiten Sohn die Grandenwürde zu erlangen, und alsdann unverzüglich zurückkommen wolle. Ich fürchtete nämlich, daß Dubois, da er die Gesandtschaft nicht verhindern konnte, versuchen würde, mich im Exil zurückzuhalten, um sich unter dem Vorwand, ich hätte Geschäfte in Spanien, meiner zu entledigen; es stellte sich tatsächlich nachträglich heraus, daß meine Vorsichtsmaßnahmen sehr berechtigt gewesen waren. Der Duc d'Orléans gewährte mir beide Bitten und meinte, er hoffe wirklich, daß meine Abwesenheit nicht lange daure. Da glaubte ich also eine große Sache für meine Familie bewirkt zu haben und zog mich zufrieden nach Hause zurück! Aber mein Gott, was sind die Pläne und was die Erfolge der Menschen?

Saint-Simon als offizieller Brautwerber in Spanien.

Es wurde Zeit, die Verlobung des Königs bekanntzugeben, aber der Duc d'Orléans war in Sorge, wie der junge Prinz, den jede Überraschung erschreckte, das aufnehmen würde und was die Öffentlichkeit wegen des kindlichen Alters der Infantin dazu sagen würde. An einem Tag des Regentschaftsrates entschloß der Regent sich endlich, dem König, kurz ehe der Rat zusammentrat, den Heiratsplan zu verkünden und ihn dann unmittelbar darauf im Regentschaftsrat bekanntzugeben, damit er zur unabänderlichen Tatsache würde. Es stand zu erwarten, daß der junge König, der, wie ich schon sagte, jede Überraschung fürchtete und den bereits ein scharfer Blick oder eine jähe Geste des Marschalls de Villeroy in Verlegenheit brachte, bei dieser Eröffnung in solche Verwirrung geriet, daß er vollends verstummte. Es bedurfte aber dennoch eines »Ja« und einer ausdrücklichen Einwilligung seinerseits, und falls er hartnäckig schweigen würde, was war dann für den Regentschaftsrat zu erhoffen? Und wenn er aus Trotz, so gedrängt zu werden, »nein« sagen würde, wie sollte man sich dann aus der Affäre ziehen? Diese möglichen Schwierigkeiten zwangen uns, den Duc d'Orléans, den Kardinal Dubois und mich, zu wiederholten Beratungen.

Endlich war der Regentschaftsrat vorüber; ich wartete, bis der Duc d'Orléans aus den Tuilerien ins Palais Royal zurückgekehrt war, dann suchte ich ihn auf, begierig, Einzelheiten zu erfahren. Er erzählte mir, er habe, als er dem König die geplante Heirat verkündete, den Eindruck gehabt, daß der junge Monarch nicht einverstanden sei und nur ungern einwilligen wolle; er seinerseits aber habe weder dessen verweinte Augen noch dessen Schweigen zur Kenntnis genommen, sondern sofort der Versammlung die Notwendigkeit und die Vorteile dieser Heirat dargelegt, Vorteile, die seiner Ansicht nach schwerer wögen als das kindliche Alter der Infantin; Monsieur le Duc habe diese Ansicht mit zwei Worten bestätigt; der Kardinal Dubois habe erklärt, die große

Jugend der Braut sei sogar ein Vorzug, da man sie hier auf französische Weise erziehen und da der König und sie sich langsam aneinander gewöhnen könnten. Jeder habe nur kurz gesprochen, währenddessen seien dem König die Tränen über die Wangen gelaufen, Fleury habe sich immer wieder zu ihm heruntergebeugt und leise mit ihm gesprochen, ohne jedoch irgendeine Antwort zu bekommen. Alle hätten voller Furcht gewartet, wie sich die Angelegenheit unter Leitung des Präzeptors, der ihre einzige Hoffnung war, weiterentwickeln würde. Der Prälat wandte sich kurzentschlossen an den König und sagte ihm, er möge auch hinsichtlich dieser Heirat, die ihn auf so glückliche Weise mit dem König von Spanien, seinem Onkel, vereinen würde, der Einsicht des Duc d'Orléans vertrauen, ganz so wie er ihm bei der Regierung seines Königreiches vertraue. Dann flüsterte er ihm mehrfach leise Ermahnungen zu, die der Marschall de Villeroy bestärkte, bis der König endlich tatsächlich seine Einwilligung gab.

Sogleich schickte man einen Kurier nach Spanien und einen anderen an den König von Sardinien, den Großvater des Königs. Alsbald wimmelte es in den Tuilerien und im Palais Royal von Leuten, die sich dem König vorstellen und den Regenten zum Abschluß dieser großen Heirat beglückwünschen wollten. Der König hatte Mühe, für den Rest des Tages etwas Heiterkeit zurückzugewinnen, aber am anderen Tag war er bereits weit weniger verdüstert, und allgemach schien er wieder ganz ausgeglichen zu sein.

Wenn schon die Bekanntgabe der bevorstehenden Heirat des Königs die Feinde des Duc d'Orléans in dumpfe Trauer versetzt hatte, so schlug die Nachricht von der Verbindung einer seiner Töchter mit dem Prinzen von Asturien sie gänzlich nieder. Kein Mitglied dieser Kabale hätte es für möglich gehalten, daß der König von Spanien sich je wieder mit dem Duc d'Orléans aussöhnen könne, geschweige denn, daß er eine von dessen Töchtern als Schwiegertochter erwählen könne.

Sobald die beiden Heiraten bekanntgegeben waren, beeilte ich mich, meine Ausstattung zusammenstellen zu lassen, was mir, wie gesagt, aus gutem Grunde bis dahin streng untersagt gewesen war. Ich hatte mit dem Duc d'Orléans und dem Kardinal Dubois gemeinsam oder getrennt mehrere Gespräche über Spanien geführt, und es schien mir, daß wir alles besprochen hatten, als der Kardinal Dubois mir eines Tages erklärte, er wolle mich noch darauf hinweisen, daß ich, wenn der König den Heiratsvertrag unterschriebe und ebenso in der Kapelle bei den beiden Hochzeitszeremonien des Prinzen von Asturien den ersten Platz einnehmen müsse und diesen Platz niemand anderem, wer es auch sei, überlassen dürfe. Ich gab ihm zu bedenken, daß das dem Nuntius nicht eingehen würde, dem die Gesandten Frankreichs und sogar die des Kaisers überall nachstünden. Er erwiderte, das sei richtig und treffe auch zu, ausgenommen in diesem besonderen, gleichsam unerwarteten Fall, ich müsse mich also danach richten. Ich begriff sehr wohl die Ursache dieser neuen Anordnung. Der Kardinal wollte mich, um mich hier auszuschalten, in Spanien zu Fall bringen, indem er mich veranlaßte, gleich zu Beginn jeden, der Rang und Würde hatte, und auch die Minister zu beleidigen, damit ich mir hier Beschwerden zuzöge, da er selbst nie etwas über diese Anordnung schriftlich niederlegen und leugnen würde, sie mir jemals gegeben zu haben.

Schließlich machte ich mich am 23. Oktober mit dem Postwagen auf den Weg. In meiner Begleitung waren der Comte de Lorge, meine Kinder, der Abbé de Saint-Simon, dessen Bruder und einige andere; M. de Céreste und die übrige Gesellschaft trafen mich in Blaye. Bei unserer Ankunft in Bordeaux war das Wetter so schlecht, daß jeder mich drängte, einen Aufenthalt einzuschieben. Man kennt Bordeaux hinlänglich, so daß ich mir jede Beschreibung ersparen kann. Ich will nur sagen, daß nächst dem Hafen von Konstantinopel der Anblick dieses Hafens zu den in dieser Art bewundernswertesten gehört.

Als ich die Pyrenäen überquerte, verließ ich nicht nur Frankreich, sondern auch den Regen und das schlechte Wetter, die mich bis dahin noch nicht verlassen hatten, und ich fand einen klaren Himmel, ein bezauberndes Klima, ständig wechselnde Ausblicke und Perspektiven, die nicht minder bezaubernd waren. Wir waren alle auf Maulesel gestiegen, deren Gang gemächlich und sanft ist. Ich machte einen Umweg über das Hochgebirge, weil ich das berühmte Loyola, den Geburtsort des Heiligen Ignatius, besuchen wollte. Es ist ganz einsam gelegen, an einem ziemlich breiten Bach, in einem sehr engen Tal, welches sich durch die Felsen, die es zu beiden Seiten einschließen, im Winter in eine Eisfläche und im Sommer in eine Bratpfanne verwandeln muß. Wir trafen dort vier oder fünf Jesuiten, die sehr höflich waren und sehr verständig, sie trugen Sorge für jenes wunderbare Gebäude, das hier für mehr als hundert Jesuiten und eine Unmenge von Schülern unterhalten wurde, in der Absicht, aus diesem Haus ein Noviziat und den Hauptort der Gesellschaft zu machen. Sie zeigten uns das kleine Häuschen, das dem Vater des Heiligen Ignatius gehört hatte, es hat fünf oder sechs Fenster, ein Erdgeschoß, eine Etage darüber und oben einen Speicher. Es glich in nichts einem Schloß, wäre allenfalls das bescheidene Wohnhaus eines Pfarrers. Wir sahen das Zimmer, in dem der Heilige Ignatius nach seiner

Kriegsverwundung lange Zeit lag und in dem er seine berühmte Vision hatte, die ihm die Gesellschaft zeigte, deren Gründer er werden sollte; wir sahen auch den Pferdestall, wo seine Mutter mit ihm niederkommen wollte. Nichts Armseligeres, nichts Engeres und Schmutzigeres als diese beiden Räume; aber auch nirgends eine solche Fülle von Gold, das hier überall seinen Glanz verbreitete. In jedem der beiden Räume steht ein Altar mit dem allerheiligsten Sakrament, und beide Altäre sind von unglaublicher Pracht. Das Haus der Jesuiten, das sie für ihre großen Gebäude zerstörten, war nicht viel wert. Die neue Kirche, in Form einer Rotunde, von überwältigender Breite und Höhe, war fast schon vollendet.

Am 18. November langten wir in Burgos an, wo ich mich ein wenig aufzuhalten gedachte, um abzuwarten, was aus dem Fieber wurde, das meinen ältesten Sohn befallen hatte und das mich recht beunruhigte. Dringende Gründe zwangen mich indes, Burgos bereits am 19. wieder zu verlassen, in Begleitung meines zweiten Sohnes, des Comte de Lorge, M. de Céreste und des Abbé Saint-Simon. Am 21. um elf Uhr abends kamen wir in Madrid an. Am Eingang der Stadt, die weder Mauern noch Tore hat, weder Barrieren noch Vororte, trafen wir auf Wachleute, die uns fragten, wer wir wären und woher wir kämen. Da ich sehr müde und da es schon spät war, antwortete ich, wir seien Leute des französischen Gesandten, der morgen ankäme. Ich wußte, daß man mich tatsächlich erst am 22. erwartete.

Der Marquis de Grimaldo, der mit den auswärtigen Angelegenheiten betraut war, bezeugte mir die Freude der königlichen Majestäten über meine Ankunft, und nachdem er mir selbst die artigsten Komplimente gemacht hatte, stellte er mir in ihrem Namen zur Wahl, ob ich ihnen noch an diesem Morgen oder erst am Nachmittag meine Aufwartung machen wolle. Ich hielt es für schicklich, nicht weiter zu zögern, und begab mich in der Karosse von Maulévrier, der uns auch begleitete, sofort zum Palast. Als wir dort anlangten, kam der König gerade aus der Messe zurück, und wir erwarteten ihn in dem kleinen Salon, der zwischen dem Salon der Granden und dem Spiegelsalon liegt und in den niemand hineinkommt, der nicht gebeten worden ist. Kurz darauf kam der König durch den Salon der Granden zu uns. Ich machte eine tiefe Reverenz, er bezeugte mir seine Freude über meine Ankunft, fragte nach dem Ergehen des Königs und des Duc d'Orléans, nach meiner Reise und dem Befinden meines ältesten Sohnes, der, wie er erfahren hatte, krank in Burgos zurückgeblieben war. Dann verließ er uns und begab sich allein in das Spiegelkabinett. Eine Viertelstunde später ließ er mich zu sich bitten. Der König und die Königin standen dicht nebeneinander am Ende des langen Salons. Die Audienz dauerte eine halbe Stunde; sie gaben ihrer Freude Ausdruck, ihrer Ungeduld und ihrem Wunsch, Mlle. de Montpensier glücklich zu machen.

Alsbald ließ der König mich abermals rufen, damit ich den Prinzen von Asturien begrüßen sollte, der sich nun mit Ihren Majestäten in eben jenem Spiegelsaal aufhielt. Ich fand ihn groß gewachsen und wie geschaffen für ein Gemälde; er hatte blonde Haare, einen weißen Teint und leicht rote Wangen, ein etwas langes, aber angenehmes Gesicht, die Augen waren schön, wenn auch etwas zu nahe an der Nase. Ich fand, daß sein Benehmen anmutig und höflich war. Er fragte mich vor allem nach dem Befinden des Königs, dann nach dem Duc d'Orléans und nach Mlle. de Montpensier und dem Zeitpunkt ihrer Ankunft. Ihre Majestäten bezeugten mir ihre Zufriedenheit ob meiner Aufmerksamkeit und erklärten, sie hätten ihre Reise aufgeschoben, damit ich genug Zeit hätte, mich auf die Audienzen vorzubereiten, doch würde eine einzige genügen, um die Heiratswerbung vorzubringen und die Zusage einzuholen; die Artikel könnten noch am Vorabend dieser Audienz und der Vertrag könnte am gleichen Nachmittag unterzeichnet werden.

Als ich dem König von Spanien meine erste Aufwartung machte, erstaunte mich sein Anblick zunächst dergestalt, daß ich Mühe hatte, mich wieder einigermaßen zu fassen. Ich bemerkte keinerlei Spur von dem einstigen Duc d'Anjou, nach dem ich unwillkürlich in seinem abgemagerten Gesicht suchte, es hatte sich verwandelt und war noch nichtssagender geworden als damals, ehe er Frankreich verließ. Sein Rücken war gebeugt, die Gestalt zusammengeschrumpft, das Kinn vorgeschoben, die Füße, die sich berührten und sich beim Gehen überschnitten, ganz gerade nebeneinandergestellt. Was er mir zu sagen die Ehre sich gab, war gut formuliert, aber so stückweise vorgebracht, die Worte so lang gezogen und der Gesichtsausdruck derart töricht, daß es mir peinlich war. Der schlichte Überrock, ohne allen Schmuck, da er er gerade im Begriff war, zur Jagd zu gehen, kam seiner Erscheinung auch nicht gerade zustatten.

Am Sonntag, dem 23., hatte ich meine erste Sonderaudienz, der König und die Königin empfingen mich zusammen im Spiegelsalon. Ich überreichte Ihren Katholischen Majestäten die Briefe des Königs und des Duc d'Orléans. Es folgten die üblichen Bemerkungen über die königliche Familie, über ihre Freude, ihren Wunsch, die zukünftige Prinzessin von Asturien glücklich zu machen. Am Ende der Audienz stellte ich Ihren Katholischen Majestäten den Comte de Lorge, den Comte

Céreste, meinen zweiten Sohn, den Abbé de Saint-Simon und seinen Bruder vor.

Nachdem wir den Palast verlassen hatten, begaben wir uns in das *covachuela* des Marquis de Grimaldo. Er sagte uns, daß der König von Spanien eingewilligt habe, den Vertrag zusammen mit der Königin zu unterzeichnen. In der Klemme, in die die Bosheit des Abbé Dubois mich gegenüber dem Nuntius und dem Majordomus gebracht hatte, verhielt ich mich gegen beide jedesmal, wenn ich ihnen begegnete oder wenn ich sie besuchen mußte, ganz indifferent, um ihnen jeden Verdacht zu nehmen, ich beanspruche, einen Vorrang vor ihnen zu haben. Der Großmeister hatte bei dieser Unterzeichnung hinter dem Sessel des Königs zu stehen, ein wenig rechts, um den Kapitän der Garden nicht zu beengen. Mich dahin zu stellen hieß seinen Platz einzunehmen und den Kapitän der Garden zum Ausweichen zu zwingen. Der Nuntius war zur Seite des Königs postiert, mit dem Gesicht ihm zugewandt, diesen Platz einzunehmen hieß ihn vom Sessel bis an das Ende des Tisches wegzudrängen, und zweifellos hätte er das nicht geduldet, sowenig wie der Majordomus für seine Position. Ich beschloß also auf gut Glück, einen Mittelweg zu wählen, nämlich zu versuchen, mich oberhalb der rechten Sessellehne einzuzwängen, um genaugenommen weder den Platz des einen noch den des anderen einzunehmen, sondern von jedem nur ein Stückchen, und dies mit einer Unschuldsmiene einerseits und mit dem Ausdruck von Eifer und Neugier andererseits, kurz mit der Ergebenheit eines Höflings, der unbedingt mit dem König sprechen und ihm so nahe wie möglich sein will. So führte ich es denn auch aus, dem äußeren Schein nach sehr dümmlich, aber in Wirklichkeit recht geschickt.

Der Eskorial.

Am Donnerstag, dem 27. November, am Tag der Abreise des Königs und der Königin nach Lerma, kam Maulévrier am frühen Morgen zu mir mit den Depeschen, die ein Kurier ihm gebracht hatte. Wir erfuhren, daß Mlle. de Montpensier Paris am 18. November verlassen hatte, erfuhren von ihren Aufenthalten und wann sie voraussichtlich an der Grenze ankommen würde.

Sosehr ich auch seit meiner Ankunft von den Staatsgeschäften, dem Hof, den Zeremonien und den Festlichkeiten in Anspruch genommen war, hatte ich es doch nicht unterlassen, mehr als achtzig Besuche zu machen, ehe der Hof nach Lerma reiste, wonach ich immer noch einige machte und viele empfing, bis auch ich mich vier Tage später nach Lerma begab. Ich hatte mir fest vorgenommen zu gefallen, und zwar nicht nur Ihren Katholischen Majestäten, sondern auch ihrem Hof, ja allen Spaniern bis hinunter zum einfachen Volk, und ich wage zu behaupten, daß mir das auch vorzüglich gelang, dank der ständigen Bemühungen, nichts außer acht zu lassen und gleichzeitig auch die geringste Affektiertheit zu vermeiden, dafür mit Sorgfalt alles zu loben, was gelobt werden konnte, mich mit offensichtlichem Wohlbehagen ihrem Lebensstil anzubequemen, keine ihrer Gewohnheiten zu tadeln, mit Hingabe alle schönen Dinge, die es zu sehen gab, zu bewundern, wohlweislich unter strenger Vermeidung aller Bevorzugung und aller französischer Leichtfertigkeit, die Zuvorkommenheiten abzuwägen, die man den Würden, den Ämtern, dem Alter, dem Herkommen, den verschiedenen Verdiensten je nach Maßgabe zu zollen hatte. Nichts gefiel ihnen so sehr, als festzustellen, daß ich genau unterrichtet war über ihre großen Familien, über alles, was sie an Bedeutendem hervorgebracht, über ihre Verbindungen und Würden; diese Kenntnisse überzeugten sie von der Wertschätzung, die ich derlei Dingen beimaß; das entzückte sie, und sie riefen zuweilen aus, daß ich mehr Spanier sei als sie selbst und daß sie nie einen Franzosen gesehen hätten, den sie mit mir vergleichen könnten.

Ich reiste am 2. Dezember von Madrid ab, um den Hof einzuholen. Ich nächtigte im Eskorial mit dem Comte de Lorge, Céreste, meinem zweiten Sohn, dem Abbé de Saint-Simon, dessen Bruder, sowie zwei Offizieren der königlichen Leibwache, die mich begleiteten, solange ich in Spanien war. Außer den Anordnungen des Königs von Spanien und den Briefen des Marquis de Grimaldo hatte ich mich auch noch mit einem Empfehlungsschreiben des Nuntius versehen, damit der Prior des Eskorial, der gleichzeitig dessen Gouverneur ist, sich bereit erklärte, mich alle Wunderwerke dieses herrlichen Klosters sehen zu lassen und mir zu jedem Gemach, das ich zu besichtigen wünschte, Zutritt zu gewähren, denn man hatte mir gesagt, daß mir ohne die Empfehlung des Nuntius weder die Briefe des Königs und seines Ministers noch meine Eigenschaft als Gesandter dort viel nützen würden. Gleichviel hatte ich unter der bäurischen Roheit und dem Aberglauben dieser plumpen Hieromiten-Mönche einiges auszustehen. Diese schwarz und weiß gekleideten Mönche, deren Tracht jener der Zölestiner-Mönche gleicht, sind faul, unwissend und leben ohne strenge Regeln: Wie die Benediktiner in Frankreich bilden auch sie eine Kongregation. Sie wählen ihre Superioren, nur der Prior des Eskorial wird vom König ernannt, der ihn dort ganz nach seinem Belieben kürzer oder länger bleiben läßt; er ist übrigens im Eskorial weit besser untergebracht als Seine Katholische Majestät. Das Ganze ist eine fabelhafte Ansammlung von zahllosen Gebäuden in den verschiedensten Stilarten, überall größte Prachtentfaltung, ein so ungeheurer Reichtum an Gemälden, an Verzierungen, Vasen aller Art, und überall glänzen Juwelen und Edelsteine, die Fülle ist so groß, daß ich gar nicht erst mit der Beschreibung anfangen will; man kann nur sagen, daß ein Kunst- und Geschichtskenner gut und gern drei Monate brauchte, um all diese verschiedenen Kostbarkeiten zu studieren, und daß er dann vermutlich noch immer nicht alles in Augenschein hätte nehmen können. Der Grundriß des Gebäudes hat die Form eines Rostes, denn es ist zu Ehren des Heiligen Laurentius und zur Erinnerung an die Schlacht von Saint-Quentin errichtet worden; König Philipp II., der auf einem Hügel der Schlacht beiwohnte, gelobte diese Kapelle zu bauen, wenn seine Truppen den Sieg davontrügen. Es gibt dort keine Tür, kein Schloß, keine Schlüssel, kurzum keinen wie immer gearteten Gegenstand, der nicht mit dem Zeichen des Rostes versehen wäre.

Die Entfernung zwischen dem Eskorial und Madrid ist ungefähr so groß wie zwischen Paris und Fontainebleau. Die Gegend ist eintönig und wird, je mehr man sich dem Eskorial nähert, immer öder. Der Bau liegt auf einem sanft ansteigenden Hügel, von dem aus man nach drei Seiten einen Rundblick über die endlose Einöde hat; ein Dorf gibt es beim Eskorial nicht. Das Ihren Majestäten vorbehaltene Gebäude ahmt den Griff des Rostes nach; die angesehensten Personen ihres Gefolges, die unerläßlichsten Beamten, ja selbst die Damen der Königin sind im Kloster untergebracht; alle übrigen wohnen recht und schlecht in kleinen für das Gefolge erbauten Häusern.

Die Kirche, die breite Freitreppe und das weiträumige Kloster überraschten mich. Ich bewunderte die Eleganz der Apotheke und die Schönheit der Gartenanlage, welche gleichviel nur eine ausgedehnte Terrasse darstellt. Der Anblick des Pantheon erschreckte mich durch seine finstere Majestät. Der Hochaltar und die Sakristei blendeten meine Augen durch die Überfülle an Schmuck. Die Bibliothek befriedigte mich kaum und die Bibliothekare noch weniger. Ich wurde mit großer Höflichkeit empfangen und zum Abendessen eingeladen, das zwar auf spanische Weise, aber sehr gut zubereitet war und bei dem auch der Abt und ein dicker Mönch als Gastgeber zugegen waren. Nach dieser ersten Mahlzeit bereitete mir meine Dienerschaft das Essen, doch steuerte jener dicke Mönch stets einige Gerichte bei, die man höflicherweise nicht ablehnen konnte, zumal er immer mit uns zusammen aß, da er uns niemals verließ, um uns überall zu begleiten. Da er kein Französisch konnte und wir kein Wort Spanisch, sprach er, allerdings recht schlecht, Latein. Wenn man das Sanktuarium betritt und sich dem Hochaltar nähert, sieht man hinter dem Chorgestühl, dort wo der Priester die Messe liest, eine Reihe von Glasfenstern; sie gehören zu jenem Teil des Gebäudes, den Philipp II. für sich errichten ließ und in dem er starb. Diese Fenster hatte er machen lassen, um von dort aus der Messe beiwohnen zu können. Ich wollte seine Gemächer, die man durch eine Hintertür betritt, besichtigen. Das wurde abgelehnt. Ich mochte noch so sehr darauf bestehen, daß der König und der Nuntius angeordnet hatten, mir alles zu zeigen, was ich sehen wollte, ich redete ganz vergebens. Sie erklärten mir, diese Gemächer seien seit dem Tode Philipps II. geschlossen, kein Mensch habe sie je mehr betreten. Ich wandte ein, ich wüßte, daß König Philipp V. die Gemächer in Begleitung seines Gefolges besichtigt habe. Sie gaben das zu; aber sie versicherten alsbald, daß er mit Gewalt und als Herrscher dort eingedrungen sei und daß er sie bedroht habe, die Türen einbrechen zu lassen, auch sei er der einzige König, der seit Philipp II. dort gewesen sei, sie würden fortan diese

Gemächer niemals mehr öffnen, für ihn nicht und für niemanden sonst. Ich konnte diesen seltsamen Aberglauben nicht verstehen, aber es half nichts, man mußte sich damit abfinden.

Als wir in das Pantheon hinabstiegen, sah ich linker Hand in halber Höhe der Treppe eine Tür. Der dicke Mönch, der uns führte, sagte uns, das sei der Eingang zur Leichenhalle, und er öffnete die Tür. Man steigt fünf oder sechs Stufen, die in die Mauer eingelassen sind, empor und betritt einen langen schmalen Raum. Man erblickt nichts als weiße Wände, ein großes Fenster gegenüber der Eingangstür, eine weit kleinere Tür dieser gegenüber und als einziges Möbel in der Mitte des Raums einen langen Holztisch, auf dem die Leichen niedergelegt werden. Für jeden Verstorbenen baut man in die Mauer eine Nische, in der die Leiche verwesen soll. Die Nische wird dann so dicht verschlossen, daß die Mauer, die überall im leuchtenden Weiß erstrahlt, keine Spur davon aufweist. Die Leichen der Könige sowie die der Königinnen, die Kinder gehabt haben, werden nach einer gewissen Zeit wieder herausgenommen und ohne Zeremonie in die für sie bestimmten Schubfächer des Pantheon gebracht. Die der Infanten und der kinderlos verstorbenen Königinnen werden in den nebenliegenden Raum gebracht und verbleiben dort für alle Zeiten. Dem Fenster gegenüber, am anderen Ende des Raumes, befindet sich ein zweites ähnliches Gemach, das aber durchaus nichts Düsteres hat. Die der Tür gegenüberliegende Wand und die beiden Seiten dieses Raumes, der nur einen Ausgang hat, sehen aus wie die Wände einer Bibliothek: Aber während die Regale einer Bibliothek nach den Maßen der Bücher zugeschnitten sind, sind jene hier für Särge bemessen, die einer neben dem anderen aufgestellt werden, mit dem Kopf an der Mauer und dem Fußende am Rande der Bretter, alle tragen eine Inschrift mit dem Namen der Person, die darin ruht. Jeder Sarg ist ganz mit Samt oder mit Brokat umkleidet, wovon aber nur am Fußende etwas sichtbar wird, so dicht stehen die Särge neben- und übereinander. Obwohl der Raum luftdicht abgeschlossen ist, macht sich keinerlei übler Geruch bemerkbar. Wir lasen die Inschriften, die in Augenhöhe waren, und der Mönch nannte uns auf Befragen die übrigen Namen. So gingen wir unter allerlei Gesprächen und Überlegungen in dem Raum umher, als wir plötzlich im Hintergrund den Sarg des unglücklichen Don Carlos erblickten. »Was den betrifft«, sagte ich, »so weiß man ja, warum und auf welche Weise er gestorben ist.« Darauf fuhr der dicke Mönch hoch, ereiferte sich, behauptete, daß er eines natürlichen Todes gestorben sei, brach in Gezeter aus gegen die Gerüchte, die man, wie er sagte, fälschlicherweise verbreitet habe. Ich meinte lächelnd, ich wolle wohl glauben, daß man ihm nicht die Adern geöffnet habe. Diese Bemerkung brachte den Mönch vollends zur Wut, der sich zu einer Art Raserei hinreißen ließ. Anfangs belustigte es mich, ihm schweigend zuzuhören; dann aber erklärte ich ihm, König Philipp V. habe kurz nach seiner Ankunft in Spanien den Sarg des Don Carlos öffnen lassen, und ich wüßte von einem Mann, der dabei gewesen (es war Louville), daß man den Kopf des Prinzen zwischen seinen Beinen habe liegen sehen, da Philipp II., sein Vater, ihn im Gefängnis in seiner Gegenwart hatte köpfen lassen. »Und wenn schon«, schrie der Mönch ganz außer sich, »er muß wohl den Tod verdient haben, denn Philipp II. war vom Papst zu dieser Enthauptung ermächtigt.« Dann pries er aus ganzer Seele die tiefe Frömmigkeit und Gerechtigkeit Philipps II. sowie die unumschränkte Autorität des Papstes und verfluchte jeden, der zu behaupten wagte, der Papst habe nicht die Macht, alles zu entscheiden, alles zu binden und alles zu lösen. So groß ist der Fanatismus in Ländern der Inquisition, wo die Wissenschaft ein Verbrechen und wo Unwissenheit und Stumpfsinn zur höchsten Tugend gereichen. Obwohl durch meine Eigenschaft als Gesandter geschützt, wollte ich mich mit diesem dickwanstigen Mönch nicht weiter anlegen. Ich begnügte mich damit, zu lächeln und meine Begleiter durch ein Zeichen zu verständigen. Aber der Mönch dämmte seinen Redeschwall keineswegs ein, es dauerte lange, bis er sich wieder beruhigte.

(1722). – Launisches Benehmen der jungen Prinzessin von Asturien.

Das Jahr 1722 begann mit dem Austausch der zukünftigen Gemahlinnen des Königs von Frankreich und des Prinzen von Asturien; das geschah auf der Fasaneninsel bei dem kleinen Fluß Bidassoa, der die beiden Königreiche trennt und wo man zu diesem Zweck ein kleines Holzhaus errichtet hatte, freilich war es recht einfach im Vergleich zu jenen, die man bei früheren Gelegenheiten errichtet hatte. Die Bescheidenheit und die Ernsthaftigkeit der Spanier gestattet ihnen nicht, beim Zubettgehen der Neuvermählten anwesend zu sein; nach dem Ende des Hochzeitsmahles macht man ein wenig Konversation, aber nicht lange, dann zieht sich jeder, selbst die nächsten Verwandten, nach Hause zurück, worauf jeder der Brautleute sich in seinem Zimmer entkleidet, um sich dann ohne Zeugen, ganz als wären sie schon lange verheiratet, zu Bett zu legen. Wegen des jugendlichen Alters und der zarten Gesundheit des Prinzen von Asturien war man übereingekommen, daß er nicht mit der Prinzessin zusammen wohnen solle, was, wie man dachte, ungefähr ein Jahr lang so bleiben sollte.

Die Prinzessin von Asturien, die auch in Lerma gewesen, hatte sich am Ende des Aufenthaltes unpäßlich gefühlt, es schien, als ob sie die Röteln habe, die in Gesichtsrose überzugehen drohten, dazu gesellte sich etwas Fieber. Ich begab mich, sobald der Hof wieder in Madrid war, sofort in den Palast, und ich fand Ihre Majestäten recht besorgt. Ich versuchte sie zu beruhigen und versicherte ihnen, daß die Prinzessin die Röteln bereits gehabt habe, aber es sei nicht weiter überraschend, wenn sie nach einer so langen Reise und einer solchen Umstellung ihrer Lebensgewohnheiten erschöpft und ermüdet wäre. Meine Reden überzeugten sie nicht, und am anderen Morgen schienen sie beide noch aufgeregter zu sein. Die Königin fragte mich, ob ich die Prinzessin gesehen hätte; ich antwortete, daß ich mich an der Tür ihres Appartements nach ihrem Befinden erkundigt hätte; aber sie legte mir nahe, die Prinzessin persönlich aufzusuchen, der König schloß sich dem an. Am nächsten Morgen besuchte ich also die Prinzessin, ich wurde von der Duchesse de Montellano an ihr Bett geführt, die Gesichtsrose schien mir in fortgeschrittenem Stadium und sehr entzündet zu sein.

Die Damen sagten mir, daß sie sich über Brust und Hals ausgebreitet habe und daß das Fieber, wiewohl schon gesunken, noch immer anhielte. Man ließ mich die kranken Stellen, was ich auch einwandte, im Licht einer Kerze betrachten, und man sagte mir, welche Heilmittel man verabreichte.

Ich begab mich anschließend sofort zum König und zur Königin, die mich seit der Rückkehr aus Lerma täglich zu sich baten, um mich zu veranlassen, über die Prinzessin zu sprechen, von der ich, wie gesagt, gerade kam. Ihre Mienen klärten sich auf, sie bedrängten mich mit Fragen, welchen Eindruck ich gehabt hätte. Nach einem kurzen Gespräch über die Krankheit und die Heilmittel sagte der König zu mir: »Sie wissen nicht alles, aber Sie sollen es erfahren. Es zeigen sich da zwei große Geschwülste an der Brust, und darüber sind wir sehr beunruhigt, denn wir wissen nicht, was wir davon halten sollen.« Mir war sofort klar, worauf sie anspielten. Ich antwortete, ich begriffe sehr wohl, was er geruhe, mir verständlich machen zu wollen, doch könne ich ihm versichern, daß seine Besorgnis grundlos sei; ich könne ihm zwar nicht verhehlen, daß der Duc d'Orléans ein recht freies Leben geführt, aber ich könne ihm mit Bestimmtheit sagen, daß es niemals zu bösen Folgen gekommen sei. Sein Gesundheitszustand habe nie den geringsten Anlaß zu derlei Verdacht gegeben. Ich selber hätte stets so nahen Umgang mit ihm gepflegt, daß mir auch die leiseste Spur von den möglichen Folgen seiner Lustbarkeiten nicht hätte entgehen können, aber ich könne Ihren Majestäten schwören, daß ich niemals auch nur das geringste davon bemerkt hätte; auch hätte sich die Duchesse d'Orléans stets der besten Gesundheit erfreut, so wie der Gesundheitszustand ihrer Kinder niemals einen derartigen Verdacht nahegelegt hätte.

Tatsächlich besserte sich der Zustand der Prinzessin von Tag zu Tag, aber mit ihrer zunehmenden Genesung wurde sie zunehmend launenhafter. Ich erfuhr von ihrer nächsten Umgebung, daß sie sich trotz aller Wohltaten, aller Freundschaftsbezeigungen, aller Besuche, die sie während ihrer Krankheit von der Königin erhalten hatte, hartnäckig weigerte, dieser einen Besuch zu machen. Sie wollte ihr Zimmer überhaupt nicht verlassen, sie geruhte sich in voller Gesundheit quicklebendig an ihrem Fenster sehen zu lassen. Ich meinerseits besuchte sie zwei- oder dreimal, ohne auf meine Fragen nach ihrem Befinden eine andere Antwort als ein »Ja« oder »Nein« zu hören und manchmal nicht einmal das. Nun kam ich darauf, ihren Damen das zu sagen, was ich eigentlich ihr selbst sagen wollte; die Damen gingen darauf ein und äußerten ihrerseits ihre Meinung. Die Unterhaltung wurde dergestalt eine wahre Unterrichtsstunde für die Prinzessin, obwohl sie sich in keiner Weise daran beteiligte. Gleichviel begab sie sich dann doch ein- oder zweimal zur Königin, aber im Morgengewand und recht übel gelaunt.

Der große Ball wurde noch immer vorbereitet, im Salon der Granden wurde alles gerichtet, man wartete nur noch auf die Prinzessin, die aber durchaus nicht daran teilnehmen wollte. Der König und die Königin liebten Bälle. Sie und auch der Prinz von Asturien freuten sich besonders auf diesen, und der Hof erwartete ihn mit Ungeduld. Es hatte sich herumgesprochen, wie seltsam die Prinzessin sich benahm, und ihr Verhalten wurde von aller Welt übel vermerkt. Man erzählte mir, daß der König und die Königin über all das recht ungehalten waren, und die Damen der Prinzessin drängten mich, ihr zuzureden. Ich besuchte sie also und begann mit den Damen die gewohnte Unterhaltung über die Krankheit der Prinzessin, die ja nun offenbar das Vergnügen, das sie erwarteten, nicht mehr lange hinauszögern würde. Ich erwähnte den Ball, ich rühmte den großen Aufwand, die ganze Pracht; ich meinte, daß gerade dieses Vergnügen dem Alter der Prinzessin besonders entspreche, daß der König und die Königin sich sehr darauf freuten und daß sie voll Ungeduld darauf warteten, sie mitnehmen zu können. Plötzlich ergriff die Prinzessin, obwohl ich sie gar nicht angeredet hatte, das Wort und schrie im Ton eines quengelnden Kindes: »Ich soll da hingehen? Ich denke gar nicht daran.« – »Nun gut, Madame«, antwortete ich. »Sie werden also nicht hingehen! Aber Sie werden das gewiß bereuen! Sie werden sich der Freude eines Festes berauben, auf dem der ganze Hof Sie zu sehen erwartet, und Sie haben Grund genug, jede Gelegenheit zu ergreifen, um dem König und der Königin eine Freude zu machen.«

Sie saß da und sah mich nicht einmal an. Aber kaum, daß ich zu Ende geredet hatte, wandte sie mir den Kopf zu und erklärte in einem so entschiedenen Ton, wie ich ihn niemals von ihr gehört hatte: »Nein, Monsieur, ich wiederhole es, ich werde nicht auf den Ball gehen; der König und die Königin mögen hingehen, wenn sie wollen, sie lieben Bälle, ich nicht; sie stehen spät auf und gehen spät zu Bett, ich dagegen pflege früh schlafen zu gehen. Sie sollen tun, was ihnen gefällt, ich folge meinen Neigungen.« Ich brach in Lachen aus und sagte, es mache ihr offenbar Vergnügen, mich zu beunruhigen, aber ich ließe mich von ihrem Geschwätz nicht weiter irreführen. Ich führte die Unterhaltung mit den

Damen fort, aber die Prinzessin gab sich nicht einmal den Anschein, uns zuzuhören. Als ich hinausging, begleiteten mich die Damen bis vor die Tür, und sie bekundeten mir ihr Erschrecken, bei einer so kindlichen Person auf einen solch hartnäckigen Widerwillen gegen alle Pflicht und gegen alle Vergnügen zu stoßen. Ich war im Grunde noch viel erschreckter als sie, aber ich versuchte sie mit dem Hinweis auf mögliche Nachwirkungen der Krankheit zu beruhigen. Gleichviel hütete ich mich wohl, dem König und der Königin von diesem Auftritt zu erzählen; aber als sie den Ball erwähnten, und zumal als der König mit Bitternis auf die Launen der Prinzessin zu sprechen kam, nahm ich mir die Freiheit, ihm zu sagen, ich könne mir nicht vorstellen, daß er sich durch solch kindlichen Trotz, der sicher auf die Krankheit zurückzuführen sei, stören lassen wolle und daß er seinem Hof und der Öffentlichkeit ein so prächtiges Fest vorzuenthalten gedächte, ich müßte gestehen, daß ich für meinen Teil sehr betrübt darüber wäre, denn der erste Ball habe mir solch großes Vergnügen gemacht. »Nein«, sagte der König, »ohne die Prinzessin kann von dem Ball keine Rede sein.« – »Aber weshalb denn, Sire«, erwiderte ich, »das ist ein Fest, das Ihre Majestät zur eigenen Freude und zur Freude der Öffentlichkeit veranstaltet. Auch wenn es anläßlich der Prinzessin veranstaltet wird, so steht es dieser doch nicht zu, die Vergnügungen Eurer Majestät zu regeln und jene, die sie Ihrem Hofe veranstalten wollen. Wenn die Prinzessin meint, daß ihre Gesundheit das erlaubt, wird sie schon erscheinen, wenn nicht, wird das Fest eben ohne sie vor sich gehen.«

Zwei Tage später erwartete ich die Majestäten, als sie zur Jagd gehen wollten. Die Königin kam auf mich zu und sagte: »Also, es ist entschieden, der Ball findet nicht statt; aber um sich dafür schadlos zu halten, wird der König heute abend nach dem Souper in unseren Privatgemächern einen kleinen Ball im engen Kreis veranstalten, und der König möchte, daß Sie auch hinkommen.« Ich machte eine tiefe Verbeugung und sprach ihr meinen Dank aus.

Der Ball fand in der kleinen inneren Galerie statt. Es waren nur einige große Herren anwesend, der Erste Stallmeister, die Majordomus vom Dienst, die *camerera mayor*, die Palastdamen, die jungen *Señoras de honor* und die Cameristen. Der König, die Königin und der Prinz von Asturien unterhielten sich vorzüglich; alle Welt tanzte zahllose Menuetts und ebenso viele Kontertänze, bis Ihre Katholischen Majestäten und der Prinz von Asturien sich dann um drei Uhr früh zurückzogen. Obwohl die Gemächer der Prinzessin von Asturien an einem Ende der inneren Galerie lagen, fiel es ihr nicht ein, sich auch nur einen

Augenblick sehen zu lassen. Meine Vorhersagen waren nur allzu wahr. Die Prinzessin gefiel sich, außer in Liebesaffären, in tausend Absonderlichkeiten, und als sie als kinderlose Witwe nach Frankreich zurückkam, hatte man Gelegenheit zu sehen, wie es mit ihr stand.

*Besichtigung des Buen Retiro in Madrid. – Das ehemalige Gefängnis
Franz I. – Toledo. – Aranjuez.*

Während sich der Hof in Buen Retiro aufhielt, stand der Palast in Madrid leer, und ich beschloß, ihn einmal genau zu besichtigen. Ich wandte mich also an Don Gaspard Giron, der sich bereit erklärte, mich überall herumzuführen. Das ist nun wieder eine Beschreibung, die ich lieber den Reisenden überlasse und jenen, die sich besonders mit Spanien befassen: Nur etwas, was ich sonst nirgends erwähnt fand, will ich doch hier beschreiben. Während wir duch die Gemächer gingen, sagte ich zu Don Gaspar, daß ich fürchte, seine Höflichkeit würde ihm verbieten, mir das zu zeigen, was ich vor allem zu sehen wünschte. Der gute Mann verstand mich nur allzu gut, denn er war klug und hellhörig, aber die spanische Ritterlichkeit bewirkte, daß er sich taub stellte. Er versicherte mir unablässig, daß er mir nichts zu verbergen gedächte. »Ich wette«, sagte ich, »daß Sie das doch tun werden, wie ist es mit dem Gefängnis von Franz I.?« – »Oh je, oh je, Señor duque, wovon reden Sie nur?« Und er wechselte flugs das Gesprächsthema, indes er mich auf dieses und jenes hinwies. Ich aber blieb hartnäckig und nötigte ihn durch Komplimente und Anspielungen, meine Bitte endlich doch zu erfüllen. Aber er tat es mit großer Umständlichkeit, ganz beschämt und behutsam, und er wünschte, daß ich meine Begleiter mit Ausnahme meiner Familienmitglieder fortschicke: Dann führte er uns in einen großen Saal, der zwischen der Wachstube und dem Eingang in die Staatsgemächer des Königs liegt. Während wir warteten, bis die Schlüssel geholt waren, zeigte er mir zwei große Nischen, die man nachträglich in die Mauer eingelassen hatte. In jeder befand sich ein Steinsitz, beide waren vollkommen gleich. Der Raum hatte vier Fenster, die einen gingen nach dem Hof, die anderen auf den Manzanares, und die Mauer nach der Seite des Manzanares war so dick, daß jede Fensternische hier eine Art offenes Kabinett bildet. Nachdem er meine Aufmerksamkeit auf die beiden Steinsitze gelenkt hatte, fragte er mich, was ich davon hielte. Ich erwiderte ihm, sie erschienen mir keiner besonderen Beachtung wert. »Sie werden sich bald vom Gegenteil überzeugen«, meinte er, und er erzählte mir nun, daß Philipp III. diese beiden Sitze habe anbringen lassen; als er endlich des Dünkels der Kardinäle, die sich bei den Audienzen stets auf einem Sessel vor ihm niederzulassen pflegten, überdrüssig geworden sei, habe er sie nur noch stehend oder einhergehend empfangen und habe sich dann, wenn er ermüdet war, auf eine dieser Steinbänke gesetzt, wobei er dem Kardinal die andere überließ. Auf diese Weise habe er sie um ihre Lehnsessel gebracht. Dahin also führt die Anmaßung der einen und die Schwäche der anderen Seite. Da die Schlüssel noch immer nicht kamen, erzählte er mir nun, daß Franz I. zuerst in dem viel kleineren Haus untergebracht worden sei, in dem jetzt der Duc del Arco wohnt. Das Haus liegt im Mittelpunkt von Madrid. Nach einigen Monaten jedoch habe man geglaubt, er sei dort nicht streng genug bewacht, und da man ihn gegenüber den Forderungen, die man an ihn stellte, unzugänglich fand, habe man beschlossen, sein Gefängnis etwas einzuengen, um ihn mürbe zu machen, und habe ihn an jenen Ort gebracht, den er mir nun zeigen werde, weil ich so hartnäckig darauf bestünde.

Als die Schlüssel endlich gebracht worden waren und wir schon eintreten wollten, führte uns Don Gaspar in den Hintergrund dieses Saales, aus dessen letzten Fenstern man einen Blick auf den Manzanares hatte. Dort angelangt, spähte ich nach allen Seiten und suchte vergebens nach einem Ausgang. Don Gaspar lachte und ließ mich weitersuchen, dann stieß er eine im Innern der Mauer befindliche Tür auf, die so vortrefflich gearbeitet und deren Schloß derart versteckt war, daß man ihr Vorhandensein niemals vermutet hätte. Die Tür war niedrig und eng und führte zwischen zwei Mauern auf eine Treppe oder vielmehr eine steinerne Leiter von sechzig steilen Stufen, auf deren oberstem Absatz ein kleines vergittertes Fenster Ausblick auf den Manzanares gewährte. Auf der anderen Seite sah man eine kleine Tür und dahinter ein winziges Zimmer mit einem Kamin und gerade Platz genug für ein paar Koffer und Stühle, einen Tisch und ein Bett, kaum beleuchtet, da es sein Licht nur durch die offene Tür aus dem kleinen Fenster gegenüber bekam. Wenn man geradeaus weiterging, stieß man nach etwa fünf Fuß auf einige Steinstufen und eine Doppeltür, die durch einen langen engen Gang in einen Turm führte. Hinter der zweiten Tür lag das Zimmer Franz' I., ein Raum, der nur diesen Ausgang hatte. Das Gemach war nicht eben groß, aber das mehrfach vergitterte Fenster gab hinreichend Licht, und es war Platz genug, um ein paar Stühle, Truhen, einen Tisch und ein Bett aufzustellen. Das Fenster dieses Zimmers liegt mehr als hundert Fuß über dem Ufer des Manzanares, und dort standen, solange Franz I. hier gefangen saß, Tag und Nacht zwei Bataillone am Fuß des Turms unter Waffen.

Dies also war die Stätte, an der Franz I. so lange als Gefangener lebte, hier wurde er so krank, hier erschien seine Schwester, um ihn zu trösten, für seine Genesung zu sorgen und seine Befreiung vorzubereiten, so daß Karl V., der am Ende fürchtete, ihn zu verlieren und mit ihm alle Vorteile, die er sich von diesem Gefangenen versprach, sich dann doch entschloß, ihn ein wenig menschlicher zu behandeln. Ich betrachtete mir diesen furchtbaren Käfig mit dem größten Eifer und der äußersten Aufmerksamkeit trotz der Mühe, die Don Gaspar sich gab, mich abzulenken und mich zum Fortgehen zu bewegen. Oft hörte ich gar nicht, was er sagte, so sehr war ich damit beschäftigt, alles in Augenschein zu nehmen.

Nachdem ich in Toledo das Franziskanerkloster und dessen Kirche besichtigt hatte, aß ich beim Erzbischof zu Mittag. Man reichte uns eine stattliche Anzahl von Gerichten in drei Gängen, aber kein bißchen Fleisch. Die Fastenzeit ist recht mühselig in Kastilien, denn dank der Trägheit und der Entfernung vom Meer sind Fische hier unbekannt. Die großen Flüsse sind fast fischarm und die kleinen ganz und gar, weil sie zu viele Wasserfälle haben. Es gibt nur sehr wenig Gemüse, nichts als Knoblauch, Zwiebeln, Cardon und einige Kräuter; weder Milch noch Butter, marinierten Fisch, der gut wäre, wenn das verwendete Öl gut wäre, aber das ist im allgemeinen verdorben. So bleibt man auf Eier angewiesen; es gibt Eierspeisen in jeder Form, und auch Schokolade, die stets und ständig ihr Rückhalt ist. Die Mahlzeit, die wir in Toledo einnahmen, war also nicht sehr üppig, aber sie konnte unmöglich besser sein.

Von Toledo begab ich mich nach Aranjuez, das ungefähr so weit entfernt ist wie Meaux von Paris. Man ließ mich im Hause des abwesenden Gouverneurs wohnen. Aranjuez ist der einzige Ort in ganz Kastilien, wo es schöne Bäume in reichlicher Menge gibt. Von allen Seiten führen Alleen in die Stadt, deren manche von einer doppelten Reihe von Bäumen bestanden ist. Ungefähr zwölf oder dreizehn von ihnen münden sternförmig auf einem riesigen Platz. Das Schloß ist groß, die Gemächer weiträumig und schön. Der Tajo, der hier schmal und nicht schiffbar ist, fließt um einen großen Park herum, dort sieht man herrliche Alleen, niedrige dichte Hecken, Springbrunnen mit Skulpturen von Vögeln, Tieren und allerlei anderen Wesen, unter deren Füßen, aus deren

Schnäbeln und Mäulern das Wasser in dicken, sich kreuzenden Strahlen hervorsprudelt, dergestalt daß der neugierige Beschauer im Handumdrehen durchnäßt ist. Der ganze Garten ist im flämischen Stil von Flamen angelegt, die Karl V. eigens dazu hatte kommen lassen. Für uns, die wir an den guten Geschmack der Gärten gewöhnt sind, die Le Nôtre bei uns eingeführt und zum Muster gemacht hat, wirkt das Ganze ein wenig klein und verspielt. Dennoch ist die Anlage charmant und wegen ihres Schattens und der Frische ihrer Gewässer für Kastilien erstaunlich. Hinter der Wohnung des Gouverneurs liegen riesige Höfe, die an ein schöngebautes Dorf angrenzen. Hinter dem allen befindet dich ein Gehege mit Damwild, Hirschen und Ebern, zu dem man durch eine schöne Allee gelangt. Diese mündet in einen kleinen Pfad ein, auf dem wir zu Fuß an eine mit einem dicken Holzgitter verschlossene Tür kamen. Hinter ihr liegt ein waldumsäumter Rasenplatz. Ein Diener kletterte neben dieser Tür hinauf und begann, ich weiß nicht auf welchem Instrument, zu pfeifen; sogleich füllte sich der kleine Rasenplatz mit Ebern und Frischlingen aller Größe, darunter Exemplare von erstaunlichem Umfang. Der Diener warf ihnen mehrmals reichlich Futter hin, das die Tiere mit wahrer Gier verschlangen; dabei kamen sie oft ganz nahe an das Gitter, meist miteinander streitend, die stärksten machten den kleineren den Platz streitig. Die Frischlinge und die jüngsten Wildschweine zogen sich ängstlich bis an den Rand zurück und wagten erst zu fressen, als die größeren sich gesättigt hatten. An diesem kleinen Schauspiel ergötzten wir uns über eine Stunde. Dann brachte man uns von dort in einem offenen Wagen bis zu dem, was sie »Gebirge und Meer« nennen. Das ist eine Hochebene, deren ganze Ausdehnung von einem Gewässer bedeckt ist, was hier als eine Art Wunder gilt. Das Wasser trägt einige kleine Schiffe in Form von Galeeren und Gondeln, auf denen Ihre Katholischen Majestäten Lustfahrten unternehmen oder sich beim Fischfang vergnügen; denn das Wasser ist eigens mit Fischen versehen worden. Auf der andern Seite dieses Teiches befindet sich eine große, aber ländliche Menagerie, in der man Kamele sowie Büffelgestüte unterhält.

Rückreise Saint-Simons nach Frankreich.

Am 9. zogen sich der König und die Königin ganz allein in die Einsamkeit von Balsaín zurück. Wir folgten vier Tage später, begaben uns gen Süden bis zum Fuß des Guadarrama. Unsere Karossen blieben unten stehen, und wir bestiegen Maulesel. Noch niemals habe ich einen so schönen, jedoch für Wagenfahrten so erschreckenden Weg gesehen. Man befand sich gegenüber einer Felswand von schwindelerregender Höhe, die man auf einem glatten, aber sehr schmalen Pfad erklimmt. Das Gebirge und der Weg waren von dichtem Schnee bedeckt: zwischen dem Felsgestein stand alles voller Bäume, deren über und über mit Rauhreif beladene Zweige den schönsten und glänzendsten Trauben glichen. All diese schreckeneinflößende Pracht wirkte in ihrer Art bezaubernd. So gelangt man bis auf den Gipfel. Das Plateau ist nicht sehr ausgedehnt, der Abstieg auf der anderen Seite ist weit bequemer und auch kürzer, denn auf der Hälfte des Weges entdeckt man in einem engen Tal Balsaín.

Seit ich von meiner Abreise sprach, ließen die Königin und auch der König nichts unversucht, um mich zurückzuhalten. Und ich gestehe, daß es mir schwerfiel, ein Land zu verlassen, in dem ich nur Blumen und Früchte gefunden habe und an das ich mich immer voller Dankbarkeit und Freude erinnern werde.

Am 21. März hatte ich meine feierliche Abschiedsaudienz beim König und der Königin. Aufs neue überraschte mich die Würde und Gemessenheit des Königs. Ich empfing abermals viele Beweise persönlicher Zuneigung und des Bedauerns über meine Abreise, besonders seitens der Königin und des Prinzen von Asturien. Ganz anderer Art aber war ein Vorfall, den ich, so lächerlich er auch war, erzählen muß. Ich begab mich mit meinem ganzen Gefolge zur Audienz bei der Prinzessin von Asturien, die unter einem Thronhimmel stand, auf der einen Seite von ihren Granden, auf der anderen von ihren Damen umgeben.

Ich machte meine drei Verbeugungen, hielt meine kleine Ansprache, dann wartete ich. Aber vergebens; die Prinzessin antwortete mit keinem Wort. Nach einigen Augenblicken des Stillschweigens wollte ich ihr einige Gelegenheit bieten, sich zu äußern, und fragte sie, ob sie mir etwas für den König, für die Infantin oder für Madame oder für den Duc oder die Duchesse d'Orléans auszurichten habe. Sie sah mich an und rülpste so laut, daß es im ganzen Raum widerhallte. Ich war sprachlos vor Überraschung. Ein zweiter ebenso lauter Rülpser folgte. Nun verlor ich die Haltung und konnte das Lachen nicht mehr zurückhalten. Ich schaute nach rechts, ich schaute nach links und sah, daß alle die Hand vor den Mund hielten und daß die Schultern sich bewegten. Darauf erfolgte ein dritter Rülpser, noch dröhnender als die beiden ersten, der alle Anwesenden in Verwirrung geraten ließ und mich in die Flucht schlug. Es brach ein Gelächter aus, das um so stärker war, als man es bis dahin mühsam unterdrückt hatte. Die ganze spanische Würde war zum Teufel. Jeder schüttelte sich vor Lachen, nur die Prinzessin blieb ernst und weiterhin stumm. Man begab sich ins Nebenzimmer, um ungestört weiterlachen zu können, wobei mancher auch verstohlen sein Befremden äußerte. Der König und die Königin wurden bald von dem Verlauf dieser Audienz benachrichtigt und erzählten mir am Nachmittag davon. Sie selber lachten als erste darüber. Ich empfing und machte zahllose Besuche, und da man sich gern schmeichelt, glaubte ich mir schmeicheln zu können, daß man mich ungern scheiden sah.

Am 24. März verließ ich Madrid und schlug den Weg nach Pamplona ein. Ich blieb eine Nacht in Guadalajara, wo sich die Katastrophe der Princesse des Ursins ereignet hatte. Mein nächstes Mittagessen nahm ich in Agreda ein, ein ziemlich großes Dorf, in dem sich ein Nonnenkloster befindet, in welchem die berühmte Maria Agreda gelebt hat und wo sie auch gestorben ist. Ich ging in das Kloster, dessen Kirche man mir aufschloß. Man zeigte mir auch ein Seitenportal, das aber recht mittelmäßig ist, sowie eine ebenso große Gruft, die nach der Straße hin offensteht, dort, sagte man mir, ruhe der Leichnam der Maria Agreda. Ich wollte gar nichts weiter wissen und war schon im Begriff, zu meinem Mittagessen zu gehen, als einige Nonnen, die vernommen hatten, daß ich anwesend sei, mich zu sich bitten ließen. Ich konnte diese Bitte höflicherweise nicht abschlagen. Die Oberin begrüßte mich in einem ziemlich guten Französisch und bat mich, auf einem Sessel Platz zu nehmen. Die Nonnen setzten sich alle auf kleinen Strohsesseln im Kreis um mich herum. Nach ein paar kurzen Fragen über meine Reise war, wie man sich denken kann, nur noch von ihrer Heiligen die Rede, die man, wenn auch erst seit kurzem, seliggesprochen hatte. Sie ließen mir Devotionalien bringen, ein kleines Jesuskind aus Wachs, ein paar Büchlein, ein paar Rosenkränze, von denen sie mir einen schenkten. Ich bewunderte alles, was sie mir erzählen wollten, aber ich kürzte die Unterhaltung höflich ab und ging zum Mittagessen.

Bald hinter Pamplona nahmen wir Maulesel, um die Pyrenäen zu überqueren. Wir übernachteten in Ronceval, einem gräßlichen Ort, alles in Trümmer, die einsamste und trostloseste Stätte auf diesem Weg. Die Kirche ist nicht viel wert, auch nicht die Überreste des alten Klosters, in dem wir nächtigten. Man zeigte uns das Schwert Rolands und ähnliche romaneske Reliquien. Wir brachen in aller Herrgottsfrühe auf und langten endlich am Gründonnerstag in Bayonne an.

Ein Kurier brachte mir einen Brief des Kardinals Dubois mit der Bitte, ja der dringenden Forderung, nirgends haltzumachen und unverzüglich, ohne auch nur in Blaye zu verweilen, nach Paris zu kommen, weil mich dort dringende Angelegenheiten erwarteten.

Früh am Morgen, am 14., langte ich in Etampes an, und am 15. um zehn Uhr vormittags in Chartres, wo Mme. de Saint-Simon mich erwarten sollte, um uns des Vergnügens des Wiedersehens zu erfreuen und in aller Ruhe und Freiheit das zu besprechen, was sich inzwischen zugetragen hatte.

Während wir so miteinander plauderten, traf Belle-Isle ein. Nachdem wir uns begrüßt und Allgemeines geredet hatten, bat er mich, allein mit mir sprechen zu dürfen. Er schilderte mir in großen Zügen die Situation bei Hofe, dann kam er auf den Duc de Noailles zu sprechen, den er als einen höchst gefährlichen, dem Duc d'Orléans und dessen Regierung äußerst feindlichen Mann hinstellte, wobei er nach Kräften versuchte, meinen Haß gegen ihn zu schüren und mir einzureden, daß es in meinem eigenen Interesse liege, diese von mir schon so lange erwartete, nun sich endlich bietende Gelegenheit zu ergreifen, um den Duc de Noailles endgültig auszuschalten. Nach diesem lebhaften Prolog übermittelte er mir die freundlichsten Grüße des Kardinals Dubois, der ihn beauftragt hatte, mich in Chartres aufzusuchen, um mir mitzuteilen, worum es gehe. Er sei gewiß, daß meine Liebe zum Staat, meine persönliche Zuneigung für den Duc d'Orléans, die Erfahrung, die ich mit dem Duc de Noailles gemacht hatte, mich veranlassen würden, ihm, Dubois, beizustehen. Deshalb habe er mich so ungeduldig erwartet: kurzum, es sei unerläßlich, den Duc de Noailles davonzujagen und ihn seiner Charge als Erster Gardehauptmann zu entheben.

Ich antwortete Belle-Isle, indem ich ihm in Kürze die Gründe meines persönlichen Hasses und meiner Rachsucht darlegte. Dann aber erklärte ich ihm, daß es bei Angelegenheiten dieser Art nicht darum gehe, sein eigenes Interesse und seine Leidenschaften zu befriedigen; ich sähe in dem Vorschlag, den er mir gemacht habe, keinen objektiv zwingenden Grund, aber desto mehr Gefahren, ihm nachzugeben; denn man müßte die Folgen bedenken. Sosehr ich meinerseits den Duc de Noailles auch haßte, sosehr ich seine Seele und seine Verhaltensweise auch verachtete, er habe ein Amt inne, und ich vermöchte keinerlei Verbrechen zu sehen, das dazu berechtige, ihn seines Amtes zu entheben. Läge ein solches Verbrechen wirklich vor, müßte man es ihm nachweisen und ihn öffentlich anklagen. Nur so verhindere man üble Nachrede. Aber wenn lediglich allgemeine Unzufriedenheit der Anlaß zur Amtsenthebung wäre, sähe das nach Gewalt aus, die jedermann beunruhigen müsse, zumal all jene, die Ämter innehätten und sich dann mit Recht sagen könnten: »Heute der Duc de Noailles, morgen ich, wenn es der Zufall so will. Und wer schützt mich gegen solchen Zufall.« Und alsbald gerieten alle Leute im Amt samt dem Anhang in größte Entfremdung zum Duc d'Orléans und zu einer Regierung, unter der es für niemanden Sicherheit gäbe. Belle-Isle wußte nicht, was er auf meine so präzisen Einwände antworten sollte. Aber um sich nicht geschlagen zu geben, redete er allerlei daher.

In Paris angekommen, ging ich sofort ins Palais-Royal und geradenwegs zum Kardinal Dubois. Erstaunlicherweise führte er mich unverzüglich zum Duc d'Orléans, dessen Empfang ebenso herzlich wie aufrichtig war.

Der König läßt sich in Versailles nieder. – Verbannung des Kardinals de Noailles. – Skandalöser Auftritt zwischen Villeroy und Dubois führt zu Villeroys Verhaftung. – Der Duc d'Orléans ernennt den Kardinal Dubois zum Premierminister.

Mittlerweile hatte man beschlossen, daß der König für immer Paris aufgeben und sich in Versailles niederlassen sollte. Am 15. Juni begab er sich mit allem Pomp dorthin, und die Infantin folgte am anderen Tag. Sie bezogen die Gemächer des verstorbenen Königs und der verstorbenen Königin, der Marschall Villeroy wurde in den entsprechenden Hinterräumen untergebracht. Der Kardinal hatte, genau wie Colbert und nach diesem Louvois, die gesamte Oberintendanz inne. Er verfolgte mit allen Mitteln seinen Plan, sich zum Premierminister ernennen zu lassen, und versuchte deshalb, den Duc d'Orléans so sehr als möglich zu isolieren. In Paris war der Regent leicht zu erreichen, auch für viele Leute, die sich weder in Versailles niederlassen noch ständig dorthin reisen konnten. Der Ortswechsel erschwerte überdies die Soupers mit den Roués und den Frauen, die ihnen ähnelten. Es verstand sich von selbst, daß der Duc d'Orléans bestrebt sein würde, diese so oft wie möglich in Paris aufzusuchen, aber daß ihn die Staatsgeschäfte, die er, Dubois, ihm im gegebenen Augenblick vorlegen würde, immer wieder daran hindern würden, so daß dieser fortwährende Zwang ihm lästig, ja langweilig werden und ihn somit mehr als alles andere darauf vorbereiten müßte, die Last auf ihn, Dubois, abzuladen und ihn, um sich dadurch seine Freiheit zu erkaufen, zum Premierminister zu ernennen.

Obwohl meine Rückkehr aus Spanien und mein Verhalten gegenüber denjenigen, die aus dem Regentschaftsrat ausgeschieden waren, dem Duc d'Orléans sehr mißfallen hatte und obwohl ihm mein Widerstand gegen die Amtsenthebung des Duc de Noailles unverzeihlich erscheinen mußte, hatte er noch keine Gelegenheit gehabt, mir seinen Ärger zu zeigen. Ich verkehrte mit ihm also weiterhin im alten vertrauten Stil, und der Kardinal Dubois wußte nicht, wie er es anfangen sollte, mich ihm fernzuhalten, denn er fürchtete mich wegen seiner Ernennung zum Premierminister. Bald bot sich Gelegenheit zu einem ernsten

Gespräch; nämlich das Exil des Duc de Noailles, über das Dubois mit mir nicht zu sprechen wagte, das mir aber der Duc d'Orléans nun als dringende Angelegenheit hinstellte. Ich fragte ihn, welchen Anlaß der Duc de Noailles denn gegeben habe. Er konnte mir nur vage Gründe und eine vermeintliche Kabale anführen. Ich erwiderte ihm, daß ich seit meiner Rückkehr nichts Reales in dieser Hinsicht bemerkt hätte, und was den Duc de Noailles betreffe, so gehöre er meiner Ansicht nach zu jenen, die man so oder so niemals lahmlegen dürfe, sondern nur im Amte belassen oder gänzlich zu Boden schmettern könne. Ich sähe allerdings keinen Rechtsgrund und keine Möglichkeit, einen so hochgestellten Mann, der so lange sein Vertrauen genossen und die gesamten Finanzen in Händen gehabt habe, ohne klar erwiesene Verbrechen zu verbannen. Überdies würde ein Verbannter seiner Sorte ohnehin nicht so einfach im Exil verkümmern.

Etwa fünf Wochen später, als ich dachte, die Sache sei längst abgetan, kam ich in den Palais-Royal. In der kleinen Galerie traf ich La Vrillière; er stand allein vor seinem Gemach. Überrascht, ihn dort zu finden, fragte ich ihn, was es denn gebe. Er sagte mir, er habe dem Duc d'Orléans eine Mitteilung zu machen. Kurz darauf betrat ich das Arbeitszimmer. Der Regent war allein. Er machte den Eindruck, als sei er bedrückt. Ich fragte ihn, was der Auftritt in der kleinen Galerie zu bedeuten habe. »Jetzt geht's aufs Ganze!« erwiderte er mir. – »Was meinen Sie damit?« – »Die Verbannung des Duc de Noailles.« – »Wie denn, nachdem Sie meine Argumente voll und ganz gebilligt haben? Das kann doch nicht Ihr Ernst sein?« Ich versuchte abermals, ihn zu überzeugen, während er auf und ab gehend ein paar schwache Einwände erhob. Das währte eine Viertelstunde. Darauf folgte Schweigen. Er drückte die Stirn an die Fensterscheibe, dann wandte er sich mir zu und sagte in traurigem Ton: »Der Wein ist gekeltert, man muß ihn trinken.« Ich sah, daß er mit sich gerungen hatte, daß er mir recht gab, daß er aber den Kardinal Dubois fürchtete, der ihm die Angelegenheit entwunden hatte.

Die Entscheidung war also gefallen. Der Duc de Noailles bekam noch am selben Abend Bescheid, zog sich am anderen Morgen auf seine Ländereien in der Grafschaft Turenne zurück, wo er den Gottgefälligen spielte, im Chorrock an den Prozessionen und an den Gesängen seiner Pfarreien teilnahm und sich in Paris verhöhnen ließ, wo er, wie man wußte, um sich beim Duc d'Orléans lieb Kind zu machen, seit Beginn der Regentschaft eine Komödiantin unterhielt, nachdem er seit seiner Rückkehr aus Spanien das Brevier gelesen, die Fasten eingehalten, die

Vespern besucht hatte, um sich mit dem König und seiner Tante wieder auszusöhnen.

Vom Duc de Noailles befreit, versuchte der Kardinal Dubois, der sich des Marschalls de Villeroy nicht auf solche Weise entledigen konnte, diesen für sich zu gewinnen. Jeder Tag, den sich seine Ernennung zum Premierminister verzögerte, erschien ihm wie ein Jahr. Dennoch wagte er den großen Schritt nicht zu beschleunigen, ehe er sich nicht gegen das Geschrei abgeschirmt hatte, das der Marschall de Villeroy anstimmen und das für viele andere, die von sich aus nicht den Mund aufgetan hätten, ein Alarmsignal sein würde. Er gedachte also, den Kardinal de Bissy einzuspannen, den er durch sein Verhalten bei der Konstitution und durch die Wahl des königlichen Beichtvaters auf seine Seite gebracht hatte. Er beklagte sich bei jenem über Villeroys Härte ihm gegenüber und bat ihn, ihm zu helfen, den Marschall freundlicher zu stimmen. Bissy begab sich daraufhin zu Villeroy, und Villeroy erklärte sich bereit, mit Bissy zusammen Dubois aufzusuchen.

Im Vorzimmer des Kardinals begegneten sie sämtlichen auswärtigen Gesandten, die alle auf eine Audienz warteten. Dubois verhandelte gerade mit dem russischen Botschafter. Man wollte den Kardinal von dem ungewöhnlichen Besuch Villeroys benachrichtigen, aber dieser verhinderte das und setzte sich mit Bissy auf ein Kanapee. Als die Audienz beendet war, kam Dubois aus dem Gemach heraus, um dem Gesandten das Geleit zu geben, und sein Blick fiel auf das fein garnierte Kanapee. Stracks ging er auf den Marschall zu, überschüttete ihn in Gegenwart aller Anwesenden mit tausend Komplimenten und bat ihn und Bissy, in sein Arbeitszimmer einzutreten. Inzwischen entschuldigte er sich bei den Gesandten, erklärte ihnen, sie möchten sich gedulden, da dem Marschall de Villeroy sein Amt nicht gestatte, den König auf längere Zeit zu verlassen. Alsdann zog er sich wieder zurück. Zunächst abermals gegenseitige Komplimente, dann kam der Kardinal de Bissy auf die Sache zu sprechen. Es folgten Beteuerungen des Kardinals Dubois und Entgegnungen des Marschalls, aber im Laufe der Entgegnungen ließ Villeroy sich von seinem Wortschwall hinreißen, schien darauf erpicht, Wahrheiten zu sagen, und je mehr er sich in Harnisch redete, desto böser wurden die Wahrheiten, die schon fast nach Beleidigungen klangen. Dubois, der recht verblüfft war, tat, als verstünde er nicht; aber da die Angriffe sich ständig verschärften, suchte Bissy zu unterbrechen, die Sachlage zu erklären und den Marschall an sein Vorhaben zu erinnern. Doch die unablässig steigende Flut verwirrte den Marschall vollends, er stieß nur noch Beleidigungen und böseste Anwürfe aus. Vergebens suchte Bissy ihn zum Schweigen zu bringen, ihm zu bedeuten, was er ihm versprochen und was er beabsichtigt habe. Jedes Wort Bissys stachelte den Marschall nur um so heftiger an. Bis er alles ausspie, was Unverschämtheit und Mißachtung ihm an Extravaganzen eingab. Verwirrt und wie betäubt zog Dubois sich wortlos in sich zusammen, und Bissy, der zu Recht wütend war, versuchte vergeblich zu unterbrechen. In seinem jähen Zornesanfall hatte der Marschall sich so aufgestellt, daß er ihnen den Ausgang versperrte, und überschüttete sie beide mit weiteren Wortkaskaden. Der Beleidigungen überdrüssig, verlegte er sich nunmehr auf Drohungen und Verhöhnungen, er sagte zu Dubois, daß es nun keine Möglichkeit mehr gebe, sich miteinander auszusöhnen. Er könne ihm jetzt schon sagen, daß er ihm früher oder später den größten Schaden zufügen werde, doch wolle er ihm in aller Aufrichtigkeit noch einen guten Rat geben: »Ich weiß«, fügte er hinzu, »Sie sind allmächtig. Alles beugt sich vor Ihnen, niemand widersteht Ihnen; was sind selbst die Größten im Vergleich zu Ihnen. Also lassen Sie mich verhaften, wenn Sie es wagen. Wer könnte Sie schon daran hindern? Lassen Sie mich verhaften, sage ich Ihnen; es bleibt Ihnen nichts weiter übrig.« Dann gab er schmückende Kommentare, führte sich auf, als sei er ernstlich überzeugt, zwischen dem Versuch, den Himmel zu stürmen und ihn zu verhaften, bestünde keinerlei Unterschied. Man kann sich denken, daß all diese befremdlichen Reden nicht ohne Unterbrechungen und heftige Vorhaltungen seitens des Kardinals de Bissy vonstatten gingen. Aber er vermochte den Sturzbach nicht aufzuhalten. Außer sich vor Grimm und Unmut gegen den Marschall, packte er ihn schließlich an den Schultern, zog ihn bis zur Tür, öffnete diese, schob ihn hinaus und folgte. Mehr tot als lebendig kam Dubois hinter ihnen her.

Ich hatte eine Weile mit dem Duc d'Orléans gearbeitet und geplaudert. Er war in seine Garderobe gegangen; ich stand hinter seinem Schreibtisch und war dabei, die Papiere zu ordnen, als der Kardinal Dubois wie ein Wirbelwind hereinbrauste. Die Augen traten ihm aus dem Kopf, und er schrie mehr, als er fragte, wo der Duc d'Orléans sei. Ich sagte ihm, er sei in seiner Garderobe, und fragte ihn, was ihm widerfahren sei. »Ich bin verloren! Ich bin verloren!« schrie er und stürzte auf die Garderobe zu. Der Duc d'Orléans, der ihn bereits gehört hatte, kam ihm entgegen und fragte ihn, was es gebe. Seine Antwort, die er im üblichen, aber durch die Wut noch verstärkten Stottern erteilte, war die ausführliche Darstellung der Szene, die ich soeben geschildert habe. Seine Königliche Hoheit, erklärte er dem Regenten, müsse sich nun entscheiden und zwischen ihm und Villeroy wählen, denn er könne sich nicht weiterhin mit den Regierungsgeschäften befassen noch in Ehre und Sicherheit bei Hofe bleiben, wenn nach dem, was sich ereignet habe, der Marschall gleichfalls am Hofe bliebe.

Gleichviel auf welche Weise der Marschall de Villeroy diese Szene auch heraufbeschworen haben mochte, er hatte das Schwert gegen den Regenten erhoben und mit Getöse den Rubikon überschritten. Das zu dulden und den Marschall in seinem Amt zu belassen hieß sträfliche Schwäche und Furcht beweisen, ihm alle Unzufriedenen und all jene, die sich Hoffnung auf das Mündigwerden des Königs machten, in die Arme zu treiben; hieß, das Parlament in seinen vormaligen Übergriffen und Usurpationen bestätigen; hieß, eine gewaltige Partei gegen sich selbst aufzustellen; hieß, alle Autorität im Innern zunichte zu machen; hieß sich der Verachtung ganz Frankreichs und des Auslands preisgeben. Man war sich also darüber im klaren, daß es keine andere Möglichkeit gab, als den Marschall zu verhaften.

Am Sonntag, dem 12. August, begab sich der Duc d'Orléans am Spätnachmittag zum König, um mit ihm zu arbeiten, wie er das mehrmals in der Woche zu tun pflegte. Als sie die Arbeit, bei der Marschall de Villeroy stets zugegen war, beendet hatten, bat der Duc d'Orléans den König, ihn in das kleine Nebengemach zu begleiten, da er etwas unter vier Augen mit ihm besprechen wolle. Sofort erhob der Marschall de Villeroy Einspruch. Der Duc d'Orléans, der ihm eine Falle hatte stellen wollen, sah mit Genugtuung, daß jener hineinging, er gab ihm höflich zu bedenken, der König sei nun bereits in dem Alter, bald selbst die Regierung zu ergreifen, es sei also an der Zeit, daß derjenige, der bisher sein Sachwalter gewesen, ihm Rechenschaft ablege über Dinge, die vor keinem Dritten, so vertrauenswürdig dieser auch sei, erörtert werden könnten; er bäte den Marschall also, dieser so unerläßlichen Unterredung, die er, der Regent, nur mit Rücksicht auf ihn nicht schon früher geführt habe, kein weiteres Hindernis in den Weg zu legen. Der Marschall ereiferte sich, schüttelte seine Perücke und erklärte, er könne es nicht dulden, daß seine Königliche Hoheit sich unter vier Augen mit dem König unterhalte; er, der Marschall, müsse alles hören, was dem König gesagt würde, ein Tête-à-tête in einem Gemach, das er nicht einsehen könne, sei ohnehin ausgeschlossen, denn es sei seine Pflicht, den König keinen Augenblick aus den Augen zu lassen, da er die volle Verantwortung für ihn trage. Darauf sah ihn der Regent scharf an und meinte in überlegenem Ton, daß er sich im Irrtum befinde und sich offenbar vergesse. Er möge bedenken, mit wem er spreche, und seine Worte entsprechend wählen. Der Respekt und die Gegenwart des

Königs hindere ihn, ihm die gebührende Antwort zu erteilen. Es sei besser, die Unterredung nun zu beenden.

Als der Marschall de Villeroy am anderen Morgen mit dem üblichen Getöse erschien, waren bereits alle Vorkehrungen zu seiner Verhaftung getroffen. Er trat auf wie ein Komödiant, blieb stehen, sah sich im Kreise um, tat einige Schritte. Man kam ihm entgegen und umringte ihn. Er fragte in autoritärem Ton, wo der Duc d'Orléans sei, man antwortete ihm, er habe sich eingeschlossen und arbeite. Der Marschall wurde lauter und erklärte gebieterisch, er müsse ihn unbedingt sprechen und würde hineingehen. Als er auf die Tür zusteuerte, stellte La Fae, der Gardehauptmann des Duc d'Orléans, sich ihm in den Weg, verhaftete ihn und bat ihn um seinen Degen. Der Marschall begann zu toben, alle Anwesenden gerieten in Erregung. Im selben Augenblick erschien Le Blanc. Sein Tragstuhl, den man verborgen gehalten hatte, wurde vor den Marschall hingestellt. Er schrie, konnte sich kaum auf den Beinen halten. Man warf ihn in den Tragstuhl, den man verschloß, und im Nu trug man ihn durch eine rückwärtige Fenstertür in den Garten.

Nach dem Mittagessen in Meudon sagte mir mein Kammerdiener, daß ein Bote des Kardinals Dubois einen Brief gebracht habe. Ich öffnete den Brief. Der Kardinal bat mich, ihn umgehend in der Oberintendanz in Versailles aufzusuchen und einen zuverlässigen Mann mitzubringen, den man gegebenenfalls nach La Trappe schicken könne.

Als ich an der Oberintendanz anlangte, sah ich den Kardinal Dubois bereits am Fenster stehen. Er erwartete mich. Er kam herunter. Während wir zusammen die Treppe hinaufstiegen, erzählte er mir, der König höre gar nicht mehr auf zu weinen, da nun auch sein Präzeptor verschwunden sei; er habe nicht in Versailles genächtigt, und man könne ihn nirgends finden. Der König sei verzweifelt und sie alle in größter Verlegenheit. Sie könnten sich diese Flucht gar nicht erklären. Aber vielleicht hielte er sich in La Trappe verborgen, wohin man jemand schicken müsse, um sich zu erkundigen, ob er dort sei.

Nach endlosem Klagen flehte Dubois mich an, einen Brief nach La Trappe zu schreiben. Ich zog mich zurück, setzte mich an einen Schreibtisch; als ich den Brief gerade beendet hatte, erschien Pezé und rief: »Man hat ihn gefunden! Man hat ihn gefunden!« Der Brief erübrigte sich. Man habe, erzählte mir Pezé, von Courson erfahren, daß Fleury am Vorabend nach Bâville gefahren sei, um den Präsidenten Lamoignon zu besuchen.

Nach einer kleinen Beratung ermahnte Dubois den Duc d'Orléans, dem König nun diese frohe Botschaft zu überbringen und ihm zu versprechen, daß man sofort jemand nach Bâville schicken würde, um seinen Präzeptor zurückzuholen.

Der Regent ging zum König hinauf, während ich mit Dubois auf seine Rückkehr wartete. Nachdem wir eine Weile über dieses Ereignis gesprochen hatten, erzählte er mir, was sie über Villeroy gehört hatten. Er habe den ganzen Weg über getobt, habe sich an das auf ihn verübte Attentat, über die Dreistigkeit des Regenten und über seine, Dubois', Unverschämtheit beschwert; dann habe er die Manen des verstorbenen Königs beschworen, dessen Vertrauen in ihn gepriesen, die Bedeutung des Postens hervorgehoben, zu dem der Monarch ihn vor allen anderen erwählt hatte; ein so tolldreistes Unterfangen, das die Machtbefugnisse des Regenten vollkommen überschritt, würde Paris und ganz Frankreich in Aufruhr versetzen; es folgten Klagen über das Los des Königs und des Königreiches; dann Wutausbrüche, dann Beleidigungen; dann Lobeshymnen auf seine Dienste, seine Treue, seine Standhaftigkeit, seinen Pflichteifer. Am Ende war er derart verblüfft, derart verwirrt, derart enttäuscht und wütend, daß er ganz außer sich geriet und sich nicht mehr fassen konnte.

Der Duc d'Orléans kam vom König zurück und teilte uns mit, die Nachricht, die er ihm gebracht, habe den König sehr beruhigt. Nach einer weiteren Beratung kam man überein, Fleury freundlich zu empfangen, ihm zu erklären, weshalb die Verhaftung des Marschalls de Villeroy notwendig gewesen, ihn zu bitten, dem König die Sache begreiflich zu machen und ihm überdies anzukündigen, daß der Duc de Charost zu seinem neuen Erzieher bestimmt sei, dem er, Fleury, mit Rat und Tat beistehen würde. Als Villeroy von dem neuen Erzieher erfuhr, geiferte er gegen Charost, schon allein, weil dieser eingewilligt habe, sein Amt zu übernehmen; vor allem aber wütete er gegen M. de Fréjus, den er schlicht als Verräter und Schurken bezeichnete. Ich will nun nur noch abschließend bemerken, daß Villeroy aus diesem Zustand, in den er durch seine eigene Tollheit geraten, nie mehr herauskam und daß er den Rest seines Lebens in Verbitterung, mit Klagen und Verachtung verbrachte. Er hatte dem König eingeredet, man sei bestrebt, ihn zu vergiften, und nur seine, Villeroys, Wachsamkeit und Umsicht könne ihm das Leben erhalten; daher der Tränenausbruch, als man ihm Villeroy entzog, und seine Verzweiflung über Fleurys Verschwinden: der junge Monarch war überzeugt, daß man die beiden nur entfernt habe, um das Verbrechen leichter begehen zu können; doch die Tatsache seiner unverminderten Gesundheit und die rasche Rückkehr Fleurys behoben dann seine Furcht. Der Präzeptor, dem soviel daran gelegen war, den

König bei der Stange zu halten, und der sich durch Villeroys Kaltstellung ungemein erleichtert fühlte, vermied es, diesen düsteren Argwohn gänzlich zu zerstreuen, ließ vielmehr das ruchlose Gift auf jenen zurückfallen, der diesen Argwohn geweckt hatte. Er fürchtete, Villeroy könne, sobald der König majorenn wäre, wieder zurückkehren: endlich von seinem Joch befreit, wollte er es nicht abermals erdulden. Er wußte sehr wohl, daß Villeroys großspuriges Gehaben, seine albernen Witzeleien und sein autoritärer Zugriff in der Öffentlichkeit dem König unerträglich waren und daß der Marschall sich nur durch diese aberwitzigen Verdächtigungen hatte halten können. M. de Fréjus verstand es also, die rechten Mittel anzuwenden, um sich ein für allemal vor einer Wiederkehr des Marschalls zu schützen und den König rückhaltlos an sich zu binden.

Der Kardinal Dubois wiederum sah, nun endlich von Villeroy befreit, kein Hindernis mehr, sich zum Premierminister ernennen zu lassen.

Am gewohnten Tag begab ich mich nachmittags um vier Uhr zum Duc d'Orléans. Nachdem wir ein wenig miteinander geplaudert hatten, legte ich die Akten, die ich bearbeitet hatte, vor ihn hin. Er setzte sich an den Schreibtisch, ich mich ihm gegenüber. Da ich den Eindruck hatte, daß er zerstreut sei, fragte ich ihn nach der Ursache; er stammelte ein paar Worte, redete hin und her, zauderte und gab keine klare Auskunft. Ich lächelte und fragte ihn, ob vielleicht die Gerüchte zuträfen, die ich vernommen hatte; ob er nun doch daran dächte, einen Premierminister zu ernennen, und Dubois dazu ausersehen habe. Mir schien, als komme ihm meine Frage sehr gelegen, als befreite ich ihn aus der Verlegenheit, entweder stillzuschweigen oder seinerseits auf das Thema zu sprechen zu kommen. Seine Miene erhellte sich, und er erklärte, es sei wahr. Der Kardinal lechze geradezu danach. Und was ihn selbst betreffe, so sei er sowohl der Regierungsgeschäfte überdrüssig als auch des Zwanges, die Abende in Versailles zu verbringen, wo er nicht wüßte, was er anfangen solle, während er sich in Paris bei zwanglosen Soupers zerstreuen könne, nach der Arbeit immer Gesellschaft fände oder in die Oper gehen könnte; aber den ganzen Tag über Regierungsgeschäften zu brüten, um sich dann abends zu Tode zu langweilen, das übersteige seine Kräfte und stimme ihn geneigt, sich durch einen Premierminister zu entlasten, denn dann habe er am Tag mehr Ruhe und abends die Möglichkeit, sich in Paris zu vergnügen. Ich brach in Lachen aus und versicherte ihm, ich fände diesen Grund äußerst stichhaltig, es gebe nichts darauf zu erwidern. Er merkte natürlich, daß ich mich über ihn lustig machte, und entgegnete mir, ich könnte mir weder die Mühsal seiner Tage noch die fast ebenso drückende Leere seiner Abende vorstellen. Es herrsche nichts als ödeste Langeweile bei der Duchesse d'Orléans, er würde schier den Verstand verlieren.

Ich erwiderte, daß ich der Duchesse d'Orléans seit dem Throngericht zu fern stünde, um mich über sie äußern zu können, aber ich fände ihn recht bejammernswert, wenn er bei all seinem Geist, bei all seinen Möglichkeiten keine andere Anregung, keine anderen Zusammenkünfte ersinnen könne. Als Regent des Königreiches stünde ihm doch alles zur Verfügung, er brauche nur unter den Besten zu wählen. Es bedürfe, betonte ich, lediglich einer Entscheidung, nämlich die gute Gesellschaft der schlechten vorzuziehen. Diese auszuzeichnen und anzulocken durch heitere Soupers. Jedenfalls, so schloß ich, sei die Langeweile seiner Abende in Versailles durchaus vermeidbar; und die Orgien, nach denen er sich hier sehne und die er in Paris zu veranstalten pflegte, würden jeden Privatmann, der auch nur halb so alt wäre wie er, von aller Gemeinschaft abschneiden; er möge doch das, was er zwar Gott zuliebe nicht hatte aufgeben wollen, wenigstens für die Menschen und um seiner selbst willen unterlassen. Nichts würde ihn hindern, in Versailles für die vornehmsten Leute des Hofes und für die beste Gesellschaft ein Souper zu veranstalten, an dem alle liebend gern teilnehmen würden, sofern dort keine unanständigen und gottlosen Reden gehalten würden und nicht alles in Besäufnis ende. Zum Schluß bat ich ihn, sich zu erinnern, daß ich jahrelang über seinen persönlichen Lebenswandel geschwiegen hätte und daß ich jetzt nur davon spräche, weil er mich dazu gezwungen habe, indem er mich auf den Abgrund hinwies, in den ihn dieser sein Lebenswandel zu stürzen drohe: sich von den Regierungsgeschäften abzuwenden aus Langeweile und aus Sehnsucht nach den Pariser Soirées und dem traurigen Zustand zu entrinnen versuchen, indem man die Last auf einen Premierminister abwälze.

Der Duc d'Orléans hörte mich, die Ellenbogen auf den Tisch gestützt und den Kopf in die Hände gelegt, geduldig bis zu Ende an. Dann meinte er, das sei alles richtig, aber es gebe noch Schlimmeres, er habe nämlich, fügte er hinzu, Frauen gar nicht mehr nötig, und Wein bedeute ihm nichts mehr, ja, bereite ihm sogar Übelkeit. »Aber Monsieur«, entfuhr es mir, »so hat Sie also der Teufel in den Klauen, um Sie für diese und jene Welt zu verderben, durch die beiden Lockmittel, durch die er jedermann verführt, die aber, wie Sie gestehen, weder Ihren Neigungen noch Ihren Kräften mehr entsprechen? Aber wozu dient denn all Ihr Verstand, alle Ihre Erfahrung? Zu was dienen schließlich Ihre Sinne, die zu schlaff sind, Sie zu verderben und Ihnen das wider Willen zu verstehen geben? Und was kann Sie bei diesem Ekel vor dem Wein, bei dieser Absage an Venus denn noch an jenen Soiréen und Soupers reizen, es sei denn das Gelärm und die Zotenreißerei, vor denen sich jeder andere die Ohren zuhalten würde? Das sind nur Hirnsinnlichkeiten, sind Schimären, eine Lust, die der Wind verweht, nichts als das Erbteil eines alten impotenten Lüstlings, der seiner Ohnmacht aufhilft durch armselige Erinnerungen, die beim Anhören all der Unflätigkeiten alle wieder erwachen?«

Ich schwieg ein paar Augenblicke, dann flehte ich ihn an, sich vorzustellen, was der Hof, die Stadt, ganz Frankreich und das Ausland sagen würden, wenn ein Regent seines Alters, der sich als so fähig erwiesen, einfach abdanken und einem anderen sein Amt überlassen würde, um sich mit mehr Freiheit und Muße den Ausschweifungen hingeben zu können.

Mir schien, daß ich genug, vielleicht sogar schon zuviel gesagt hatte, und ich beschloß, die Wirkung meiner Worte abzuwarten. Nach einem kurzen Schweigen richtete der Regent sich in seinem Stuhl auf und erklärte: »Also schön, ich werde in Villers-Cotterêts meinen Kohl pflanzen.« Er erhob sich, ging im Gemach auf und ab, ich neben ihm. Ich fragte ihn, wer ihm denn versichern könne, daß man ihn in Ruhe, ja in Sicherheit seinen Kohl pflanzen ließe. »Das wäre vielleicht zu bedenken«, meinte er. Dann, am Ende seines Gemachs angelangt, packte er mich am Arm, zog mich auf einen der beiden Schemel, die dort standen, setzte sich selbst auf den anderen, wandte sich mir jählings zu und fragte mich lebhaft, ob ich mich noch erinnere, wie glücklich sich Dubois seinerzeit als Diener von Laurent gefühlt habe. Und er zählte alle Etappen von Dubois' Aufstieg her. Dann rief er: »Und dennoch ist er nicht zufrieden! Er läßt mir keine Ruhe, drängt mich, ihn zum Ministerpräsidenten zu ernennen; doch ich bin sicher, wenn er es ist, wird er noch immer nicht zufrieden sein. Was zum Teufel indes könnte er denn darüber hinaus noch werden? Sich selbst zu Gott Vater machen, wenn das ginge!« – »Ganz gewiß«, antwortete ich, »damit muß man rechnen. Es liegt an Ihnen, Monsieur, der Sie ihn so gut kennen, ob Sie bereit sind, seinen Steigbügelhalter zu spielen, damit er Ihnen auf den Kopf steigt.« – »Oh, ich werde ihn schon daran hindern!« erwiderte er. Abermals ging er im Zimmer umher und sagte kein Wort. Und ich, ganz beschäftigt mit diesem »ich werde ihn schon daran hindern«, sagte gleichfalls nichts.

Schließlich nahm er wieder seinen Platz vor dem Schreibtisch ein, und ich setzte mich ihm gegenüber. Er stützte wie zuvor die Ellenbogen auf den Tisch und hielt den Kopf in den Händen vergraben. So verharrte er fast eine Viertelstunde, reglos und ohne den Mund aufzutun. Das endete, indem er, ohne sich weiter zu bewegen, den Kopf hob und in leisem beschämten Ton und mit entsprechendem Blick zu mir sagte: »Aber weshalb denn noch abwarten? Weshalb soll man ihn nicht sofort ernennen?« Das also war die Frucht dieses Gespräches: »Ah, Monsieur, welch großes Wort! Wer drängt Sie denn so sehr? Ist es nicht immer noch Zeit dazu? Denken Sie doch wenigstens noch einmal nach über das, was wir soeben besprochen haben!« Er legte, ohne ein Wort zu entgegnen, den Kopf langsam wieder in die Hände zurück. Wiewohl ich nach alledem, was er selbst über den Aufstieg und den Ehrgeiz des Kardinals Dubois gesagt hatte, über den jähen Entschluß erschüttert war, ahnte ich, daß das Heil, wenn überhaupt noch ein solches zu erhoffen stand, nicht in Gegenargumenten lag, die alle erschöpft waren, sondern einzig im Aufschub. Er war kurz, denn nach einer kleinen Weile erhob sich der Regent und sagte: »Nur Mut! Kommen Sie also morgen Punkt drei Uhr wieder, damit wir nochmals über alles beraten. Und wir werden uns Zeit dazu nehmen.« Ich ergriff die Papiere, die ich zu bearbeiten hatte, und ging. Er lief hinter mir her und rief: »Auf alle Fälle morgen um drei. Vergessen Sie das nicht!«

Anderntags, am 22. August, kam ich zum Rendezvous. Ich fand Belle-Isle noch in dem großen Gemach. Er hatte auf mich gewartet und bedrängte mich, die Angelegenheit des Kardinals zu Ende zu führen. Ich gab ihm zu verstehen, daß ich es eilig hätte, zum Duc d'Orléans hineinzugehen. Er war allein und spazierte mit entspannterem Ausdruck als am Vorabend im Zimmer auf und ab.

»Nun also«, sagte er, mir entgegenkommend, »was haben wir noch über die Sache von gestern zu reden? Mir scheint, daß alles gesagt ist und daß man den Premierminister auf der Stelle ernennen sollte.« Ich wich zwei Schritte zurück und sagte, für eine Angelegenheit von solcher Tragweite sei das ein rascher Entschluß. Er antwortete, er habe lange über alles nachgedacht, und alles, was ich gesagt habe, sei ihm gegenwärtig. Aber er könne einfach nicht mehr. Den ganzen Tag die Geschäfte, des Abends die Öde, und stets und ständig die Verfolgungen des Kardinals Dubois. Ich erwiderte, der letzte Punkt sei wohl der entscheidende. Das Drängen des Kardinals Dubois verwundere mich kaum, desto mehr aber dessen Sieg über ihn. Ich führte ihm nun etliche Beispiele für das unheilvolle Wirken der Premierminister an. Er ging wie stets auf und ab, ohne etwas zu sagen. Doch wie verblüfft war ich, als er sein Schweigen schließlich brach. Er blieb stehen, wandte sich mir halb zu und erklärte in leisem traurigem Ton: »Es muß ein Ende haben. Es bleibt nichts übrig, als ihn sofort zu ernennen.« – »Monsieur«, erwiderte ich, »Sie sind gütig und weise und darüber hinaus der Herr. Haben Sie mir nichts für Meudon mitzugeben?« Dann machte ich meine Verbeugung und ging hinaus, während er mir nachrief: »Aber ich sehe Sie bald wieder, nicht wahr!« Ich antwortete nichts und schloß die Tür hinter mir. Der treue und geduldige Belle-Isle stand noch am selben Platz, wo ich ihn zwei Stunden zuvor verlassen hatte, ohne die Zeit zu rechnen, die er vorher auf mich gewartet hatte. Er schoß sofort auf mich zu und fragte mich leise und eindringlich: »Nun, wie steht die Sache?« – »Zum besten«, antwortete ich ihm, wobei ich mich nach Kräften beherrschte. »Ich nehme an, die Würfel sind gefallen, und er steht kurz vor der Ernennung.« – »Das ist ja großartig«, entgegnete er, »da werde ich bald einen Überglücklichen sehen.« Ich beauftragte ihn mit nichts und beeilte mich, fortzukommen, um mich nach Meudon zu retten und mich dort allein zu erholen.

*Pléneuf und seine Frau. – Die Tochter heiratet den Marquis de Prye,
wird die Mätresse von Monsieur le Duc, was Dubois sich zunutze
macht, um bestimmte Leute zu stürzen.*

Um zwei Uhr nachmittags, am 23. August, einen Tag nach dem
Gespräch wurde der Kardinal Dubois vom Duc d'Orléans zum Premierminister ernannt und von ihm als solcher dem König vorgestellt.
Diese Ernennung wurde vom Hof, von der Stadt und von ganz Frankreich schlecht aufgenommen. Der Premierminister war darauf gefaßt,
doch er war dem zuvorgekommen. Er hatte erreicht, was er wollte, und
er spottete über die Mißbilligung und über das Geschrei der Öffentlichkeit, das weder durch Furcht noch Vorsicht zurückzuhalten war. Aber
verlassen wir ihn hier, sich seiner Genugtuung und Allmacht erfreuend,
um eine Geschichte einzuschieben, die beweist, welch merkwürdige Folgen aus unbedeutenden Ursachen entstehen können.

Pléneuf war ein Berthelot, das heißt einer jener Leute aus der untersten sozialen Schicht, die sich bereichern, indem sie das Volk aussaugen,
und die über kleinste Handlangerdienste allmählich durch Arbeit und
Talent in die höheren Etagen der Steuereinnehmer und dann der
Finanzleute gelangen. Alle diese Berthelots waren durch gegenseitige
Hilfe hochgekommen, die einen weniger, die anderen mehr. Dieser hier
hatte sich in etlichen Metiers und schließlich als Heereslieferant weidlich
vollgestopft. Dabei hatte er Voysin, der gerade Staatssekretär des Krieges geworden war, kennengelernt und war zu einem seiner wichtigsten
Handlanger geworden. Die Frau, die er geheiratet hatte, stammte aus
dem gleichen Milieu wie er. Sie war gut gewachsen, hatte ein reizvolles
Gesicht, war geistreich, anmutig, höflich, besaß Lebensart und hatte
Sinn für Intrige. Kurzum, sie war wie geschaffen, sich am Opernhimmel
als Göttin bewundern zu lassen. Der Ehemann, ein gescheiter Kuppler,
beanspruchte zwar den besten Teil seiner Frau, war im übrigen aber
nicht lästig. Seine ungeheuren Gewinne ermöglichten ihm mühelos, eine
delikate und überreiche Tafel zu halten, alle Launen und Bedürfnisse
einer schönen Frau zu befriedigen und die Pracht eines reichen Finanz-

mannes zu entfalten. Das Haus wurde viel besucht; jeder fühlte sich angelockt; und die geschickte Frau duldete aus Gefälligkeit auch die plumpen Freunde ihres Ehemannes, der seinerseits Leute anderer Art empfing, die nicht zu ihr kamen. Sie war gebieterisch und gedachte nur Gäste zu empfangen, mit denen sie Ehre einlegte; sie wollte keinerlei Abstriche machen.

Bis aufs äußerste von sich eingenommen, erheischte sie auch die Zustimmung der anderen. Unter ihren Bewunderern verstand sie zu wählen. Sie hatte ihr Reich mit soviel Geschick errichtet, daß das vollkommene Glück nach außen hin nie die Grenzen der Achtung und der Wohlanständigkeit überschritt. Und daß keiner der ausgewählten Truppe jemals Eifersucht oder Kummer zu zeigen wagte. Jeder hoffte, daß auch er einmal drankäme, und in der Zwischenzeit wurde die mehr als beargwöhnte Wahl von allen gutgeheißen, ohne daß es zu den geringsten Verärgerungen zwischen ihnen kam. Es ist erstaunlich, wie viele beachtliche Freunde sie sich auf diese Weise erwarb, Freunde, die ihr, ohne daß je etwas anderes als Freundschaft im Spiel war, stets zugetan blieben und die sie notfalls auch bereit fand, ihr in schwierigen Geschäften zu Diensten zu sein. Sie lebte also, soweit das der Ehefrau eines Pléneuf möglich war, in der besten Gesellschaft, und sie hat sich immer dort halten können, trotz aller wechselnden Umstände, die ihr widerfuhren.

Sie besaß mehrere Kinder, darunter eine sehr schöne Tochter, die noch bezaubernder war als sie selbst. Die Mutter war begeistert von ihr und tat alles, dieser Tochter eine vorzügliche Erziehung angedeihen zu lassen. Aber als sie erwachsen geworden, erregte sie allgemeines Gefallen, und in dem Maße wie sie gefiel, mißfiel sie der Mutter. Diese konnte in ihrem Haus keine Huldigungen ertragen, die nicht ihr galten. Die Reize der Jugend erbosten sie. Die Tochter, die das zu spüren bekam, litt unter ihrer Abhängigkeit, ertrug die Launen der Mutter sowie den Zwang. Aber sie wurde trotzig. Es entschlüpften ihr böse Bemerkungen über die Eifersucht der Mutter, die man dieser wiedererzählte. Sie war sich der Lächerlichkeit dieser Situation bewußt und geriet in Harnisch. Die Tochter setzte sich zur Wehr. Aber Pléneuf, besonnener als die beiden, fürchtete einen Skandal, der die Verheiratung seiner Tochter beeinträchtigen könnte, und nötigte die beiden Frauen, sich zusammenzunehmen, was zur Folge hatte, daß die Atmosphäre im Familienkreis unerträglich wurde, so daß Pléneuf eiligst versuchte, die Tochter unterzubringen.

Es boten sich mehrere Partien. Man bevorzugte den Marquis de Prye.

Er besaß so gut wie nichts, aber er hatte Geist und verfügte über Kenntnisse. Er war Offizier, doch die Friedenszeiten waren einer schnellen Karriere hinderlich. Da er ehrgeizig war, liebäugelte er mit einem Gesandtschaftsposten. Doch verfügte er nicht über die Geldmittel, um ihn bestreiten zu können; die fand er nun bei Pléneuf. Und Pléneuf, der sich von dem Paten des Königs, von seiner vornehmen Herkunft, von der so nahen Verwandtschaft zur Duchesse de Ventadour blenden ließ, hielt ihn in hohen Ehren. Die Sache war also bald beschlossen. Die Braut wurde von der Duchesse de Ventadour dem Monarchen vorgestellt. Ihre Schönheit erregte Aufsehen. Ihre Klugheit und ihr bescheidenes Auftreten zeichneten sie aus.

Fast unmittelbar darauf wurde de Prye zum Gesandten von Turin ernannt, und die beiden begaben sich schleunigst dorthin. Man war sehr zufrieden mit dem Gemahl, die Frau hatte großen Erfolg, gleichviel, ihr Aufenthalt währte nur kurze Zeit. Der Tod des Königs und das böse Erwachen der Finanzleute zwangen sie zur Rückkehr, denn der Gesandtschaftsposten ließ sich nur mit der Börse des Schwiegervaters durchhalten. Mme. de Prye hatte nun also die gute Gesellschaft, die französische und die ausländische, kennengelernt. Sie hatte den Ton und das Gebaren einer Gesandtengattin und einer vornehmen Dame angenommen. Sie hatte überall Anklang gefunden. Sie war nicht mehr von ihrer Mutter abhängig, sie verachtete sie und ging so mit ihr um, daß diese voll und ganz den Unterschied zwischen einer jungen Schönheit und den verblühenden Reizen einer alternden Frau, überdies den vollen Abstand zwischen einer Marquise de Prye und einer Mme. Pléneuf zu spüren bekam. Man kann sich vorstellen, in welchen Zorn die Mutter geriet; es kam zur Kriegserklärung; die Anbeter ergriffen Partei; es wurde ein echter Skandal. Fehltritt und Flucht Pléneufs folgten unmittelbar. Das wirkliche oder scheinbare Elend und die ärgerlichsten Verwicklungen brachten Mme. Pléneuf an den Rand des Abgrunds.

Mme. de Prye indessen wurde die offizielle Mätresse von Monsieur le Duc, und ihr Gemahl, der von dem wunderbaren Erfolg des M. de Soubise geblendet war, entschloß sich, jenen zu imitieren. Aber Monsieur le Duc war nicht Ludwig XIV. Er ließ den Liebeshandel nicht im geheimen und unter dem Mantel der Wohlanständigkeit. Sobald es Mme. de Prye gelungen war, Monsieur le Duc vollkommen zu beherrschen, schloß sie Frieden mit ihrem Vater und veranlaßte ihn zur Rückkehr. Sie liebte ihn, und er schonte sie in der glänzenden Situation, in der sie sich befand. Denn diese Art Leute – und leider auch noch ganz andere – sehen vor allem auf den Nutzen und erachten die Ehre für nichts. Er und seine Tochter hatten großes Interesse daran, möglichst viel vom Vermögen zu retten. Dieses gemeinsame Interesse und die Situation von Monsieur le Duc, über den sie souverän verfügte, schlossen Vater und Tochter immer enger zusammen, zum Nachteil der Mutter. Die Tochter, der es nicht genug war, sich für die Eifersüchteleien und den Hochmut der Mutter zu rächen, hegte eine Aversion gegen die Anbeter ihrer Mutter, und die Furcht, die sie ihnen einflößte, veranlaßte etliche, sich davonzumachen.

Zu deren ältesten und begünstigsten gehörten Le Blanc und Belle-Isle, daher rührte auch beider Verbindung. Alle beide waren wie geschaffen zum Aufstieg. Beide waren begabt, beide glaubten, einander zu brauchen oder einander nützlich zu sein. Das bewirkte ihre vollkommene Einigkeit, deren Mittelpunkt stets Mme. de Pléneuf war. Le Blanc sah in seinem Freund alles, was ihm Größe verschaffen konnte, und Belle-Isle sah in dem Posten, den Le Blanc einnahm, etwas, um ihn dahin zu bringen, so daß sie stets im besten Einvernehmen unter gegenseitigem Sich-Stützen und Voranstoßen unter Leitung der Göttin, die sie beide ohne Eifersucht anbeteten, merklich weiter kamen. Das reichte aus, um sie Mme. de Prye verhaßt zu machen. Da diese es nicht vermochte, die beiden ihrer Mutter abspenstig zu machen, beschloß sie, sie zu vernichten, ein – wie es schien – kühnes Unterfangen gegen derart geschickte Männer, deren einer seit langem Staatssekretär war und vom Duc d'Orléans zu allen Geheimaufträgen verwandt wurde. Le Blanc war wendig, nie um Auswege verlegen, der einfallsreichste Mann für bestimmte Machenschaften, zu denen er unablässig verwandt wurde. Zudem stand er ganz auf seiten des Kardinals Dubois, dessen Vertrauen er in dem Maße genoß, daß auch Belle-Isle mit einbezogen wurde und daß beide die späten Abendstunden bei Dubois zubrachten, um zu dritt noch eine Menge Geschäfte zu beraten und zu beschließen. Aber bei alledem stand Le Blanc dem Duc d'Orléans zu nahe, als daß der Kardinal sich damit abfinden konnte. Ich habe schon mehrfach gesagt, daß es Dubois' Plan war, all diejenigen vom Duc d'Orléans zu entfernen, die auf zu vertrautem Fuß mit ihm standen. Es war ihm bereits gelungen, den Duc de Noailles davonzujagen, sowie Canillac und Nocé, seine drei ältesten und wichtigsten Freunde, die ihm in den Sattel geholfen hatten. Bei keiner dieser Kaltstellungen war er auf so viele Schwierigkeiten gestoßen wie bei Le Blanc und mir. Mich schonte er, weil er nicht wußte, wie er es anfangen sollte, mich vom Duc d'Orléans fernzuhalten. Er erwies mir die Höflichkeit des Zyklopen, während er auf eine Gelegenheit wartete! Le Blanc war ihm weit lästiger. Die Unterwürfigkeit und

Beflissenheit, die dieser ihm gegenüber an den Tag legte, wiegten ihn nicht in Sicherheit, denn letzten Endes war Le Blanc ganz auf den Duc d'Orléans eingeschworen, ein Grund mehr, ihn zu fürchten und ihn infolgedessen auszuschalten. Ganz und gar mit seinem Vorhaben und den inneren Angelegenheiten beschäftigt, wußte Dubois genau Bescheid über Le Blancs und Belle-Isles enge Bindung zu Mme. Pléneuf, über den grimmigen Haß zwischen Mutter und Tochter und über die Tatsache, daß Mme. de Pryes Zorn sich vornehmlich auf diese beiden Anbeter ihrer Mutter richtete. Der Kardinal beschloß also, sich das zunutze zu machen. Während er nach geeigneten Mitteln suchte, begann er, Monsieur le Duc zu hofieren.

Bald danach erfuhr er, welche Unordnung in La Jonchères Finanzen herrschte. Dieser Mann war ein Kriegsschatzmeister. Er genoß Le Blancs unbedingtes Vertrauen, war von diesem lanciert und protegiert worden, und er sowie Belle-Isle hatten sich seiner des öfteren bedient. Ich habe nicht herausbekommen, ob der Kardinal auch etwas gegen Belle-Isle hatte oder ob er nur gegen ihn war, weil er mit Le Blanc befreundet war und weil beide von Mme. de Prye gehaßt wurden, jedenfalls schien es ihm, daß Belle-Isle zu großen Nutzen aus Le Blancs Freundschaft gezogen hatte, daß er also nicht geschont werden durfte bei der Klärung der Angelegenheiten von La Jonchère, in dessen Rechnungsbüchern sich viele Unklarheiten fanden, und das unter der Obhut und Autorität Le Blancs.

Anstatt die Sache nun zu unterdrücken und Abhilfe zu schaffen, um das Ansehen dieses für die allgemeinen Staatsgeschäfte so wichtigen Teils aufrechtzuerhalten, griff Dubois den Fall auf, um eine Waffe gegen Le Blanc zu haben und Monsieur le Duc und Mme. de Prye den Hof zu machen. Er schlug Lärm; drängte Le Blanc, die Affäre aufzuklären, und verdächtigte ihn alsbald, an dem ganzen Durcheinander mitschuldig zu sein. Le Blanc und mit ihm sein Freund Belle-Isle sowie der Duc d'Orléans sahen sich in großer Verlegenheit. Aber die Vorbereitung für die Königsweihe in Reims zögerte die Angelegenheit eine Zeit hinaus.

Nach der Art und Weise, wie sich alles seit Beginn der Regentschaft abgespielt hatte, begriff ich, daß die Königskrönung, bei der der Stand und Rang der Pairs besonders hervorzutreten hat, sich für diese nur als Tag der Schmach erweisen könne.

Tod von Madame. – Porträt.

Madame, deren Gesundheit gut und widerstandsfähig gewesen, befand sich seit einiger Zeit gar nicht wohl. Sie fühlte sich derart elend, daß sie überzeugt war, sie würde sich aufs Krankenbett legen, um nie wieder aufzustehen. In ihrer Neigung zu allem Deutschen, an der sie stets festgehalten, hegte sie eine besondere Vorliebe zur Duchesse de Lorraine und deren Kindern, welche sie fast noch mehr liebte als den Duc d'Orléans und dessen Kinder. Sie verzehrte sich vor Sehnsucht nach dieser Tochter und deren Kindern, die sie noch gar nicht kannte, und sie freute sich ungeheuer darauf, ihre Enkel in Reims zu sehen, wohin sie die Duchesse de Lorraine, die der Königskrönung beizuwohnen gedachte, mitbringen sollte. Aber da Madame sich so wenig wohlfühlte, schwankte sie hinsichtlich der Reise. Sie beabsichtigte, einige Tage vor dem König in Reims anzulangen, um länger mit der Duchesse de Lorraine und deren Kindern zusammensein zu können. Man erinnert sich, daß sie nach Monsieurs Tod die Marschallin de Clérambault und die verstorbene Comtesse de Beuvron zu sich nahm, die sie beide stets sehr geliebt und die Monsieur, der beide sehr haßte, davongejagt hatte. Die Marschallin de Clérambault glaubte aufgrund ihrer kleinen Berechnungen, genaue Kenntnisse von der Zukunft zu haben. Da ich Gott sei Dank nicht weiß, wie sie das bewerkstelligte, werde ich mich hüten, das Verfahren zu erklären, in das auch Madame sehr sehr viel Vertrauen setzte. Sie befragte also wegen der Reise nach Reims die Marschallin, die ihr eindeutig zuriet: »Reisen Sie nur, Madame, es kann nichts geschehen, denn ich meinerseits befinde mich sehr wohl.« Sie behauptete nämlich, aufgrund ihrer kleinen Berechnungen zu wissen, daß sie vor Madame sterben würde, so daß diese sich nun getrost nach Reims begab, wo sie zusammen mit der Duchesse de Lorraine in der schönen Abtei von Saint-Pierre untergebracht wurde und wo der König die beiden zweimal aufsuchte. Madame wohnte dann mit der Duchesse de

Lorraine und deren Kindern auf der Tribüne der Krönung bei; aber als sie aus Reims zurückkehrte, verlor sie die Marschallin de Clérambault, die am 27. November in ihrem neunundachtzigsten Jahr starb. Sie war bis zuletzt vollkommen gesund und ganz wie vor vierzig Jahren im Vollbesitz all ihrer Sinne.

Madame war von dem Verlust dieser alten Freundin um so mehr betroffen, als sie wußte, daß deren kleine Berechnungen immer vorhergesagt hatten, daß sie die Marschallin zwar überleben würde, aber nur kurze Zeit. In der Tat folgte sie ihr sehr bald. Die Wassersucht, die erst spät bemerkbar wurde, machte in wenigen Tagen solche Fortschritte, daß sich Madame mit frommer Standhaftigkeit zum Sterben rüstete. Sie wünschte ständig, den früheren Bischof von Troyes, den Bruder der Marschallin, um sich zu haben. Und sie sagte zu ihm: »Eminenz, welchen schlechten Streich haben wir da gespielt, die Marschallin und ich.« Sie starb am 8. Dezember morgens um vier Uhr mit beinahe einundsiebzig Jahren in Saint-Cloud. Sie hatte sich die Autopsie sowie jede pomphafte Leichenfeier verbeten. So wurde sie am 10. in einer Karosse, von den Schweizern, dem königlichen Stallmeister und zwei Pagen geleitet, im Fackelschein nach Saint-Denis gebracht.

Madame glich weit mehr einem Mann als einer Frau. Sie war kräftig, mutig, durch und durch deutsch, offen und geradezu, gut und wohltätig, nobel und groß in ihrem ganzen Gehabe, aber ungeheuer kleinlich, was die ihr gebührende Achtung betraf. Sie war ungesellig, war meist mit Schreiben beschäftigt, abgesehen von den kurzen Stunden, in denen sie Empfänge gab, im übrigen blieb sie mit ihren Damen allein; hart und rauh, faßte sie leicht eine Abneigung gegen jemanden und wurde gefürchtet wegen der bösen Bemerkungen, die sie zuweilen über ihre Umgebung zu machen pflegte, keinerlei Entgegenkommen, keinerlei Witz, obwohl es ihr nicht an Geist fehlte; keinerlei Geschmeidigkeit und wie gesagt bis in die kleinste Kleinigkeit eifersüchtig bedacht auf alles, was man ihr an Ehrerbietung schuldete. Äußere Erscheinung und bäurisches Betragen wie ein Schweizer, und dennoch der zärtlichsten und unverbrüchlichsten Freundschaft fähig. Der Duc d'Orléans liebte und achtete sie sehr, er wich während ihrer Krankheit nicht von ihrer Seite. Und er hat ihr immer die größte Ehrerbietung bezeugt, aber er ließ sich von ihr nicht beeinflussen. Er war über ihren Tod tief betrübt. Als ich ihn am Tag danach in Versailles besuchte, sah ich ihn bitterlich weinen.

Mme. de Cany, die Schwester des Duc de Mortemart und Witwe von Chamillarts einzigem Sohn, die viele Kinder besaß, war es überdrüssig, den Namen ihres Gemahls zu tragen, und im Handumdrehen schloß sie die Ehe mit dem Prince de Chalais, einem spanischen Granden: da er nichts besaß als die Grandenwürde, keinen militärischen Dienstgrad, der ihn etwas mehr erhoffen lassen konnte als seine mäßige Pension, hatte er sich seit kurzem für immer in Frankreich niedergelassen. Sämtliche Mortemarts schienen sehr einverstanden mit dieser Heirat.

*(1723). – Verändertes Verhältnis Saint-Simons zum Duc d'Orléans.
– Erkrankung und Tod Dubois'.*

Dieses Jahr, mit dessen Ausgang ich die Memoiren zu beenden gedenke, hat weder die Fülle noch den Reichtum der vorhergehenden. Ich war verärgert über die Neuerungen bei der Königskrönung. Ich stellte fest, daß die Bastarde wieder zu Ehren kamen; es zerriß mir das Herz zu sehen, wie der Regent an seinen unwürdigen Premierminister gekettet war und nichts ohne ihn zu unternehmen wagte; wie der Staat dem Interesse und der Narrheit dieses Unseligen zur Beute fiel, ohne daß es irgendeine Abhilfe gegeben hätte. So viele Erfahrungen ich auch mit der erstaunlichen Schwäche des Duc d'Orléans gemacht hatte, sie war, als er diesen Premierminister ernannt hatte, nach allem, was ich ihm darüber gesagt und was er selbst darüber geäußert hatte, vor meinen sehenden Augen bis ins Übermaß gewachsen. Ich näherte mich diesem armen, mit so vielen großen und nützlichen Talenten begabten Prinzen nur noch mit Widerwillen; unwillkürlich fühlte ich mich ihm gegenüber, wie sich die Israeliten in der Wüste fühlten. »Es ist kein Brot noch Wasser hier, und unsere Seele ekelt vor dieser mageren Speise.« Ich hatte keine Lust mehr, mit ihm zu sprechen. Er merkte das; ich spürte, daß es ihn quälte; er suchte sich mir wieder zu nähern, doch ohne es zu wagen, über Staatsgeschäfte anders als im oberflächlichsten Ton zu reden. Ich nahm mir nicht einmal die Mühe, darauf zu antworten; ich kam kaum mehr zu den Audienzen und kürzte sie ab; ich ließ seine Vorwürfe kaltblütig über mich ergehen. Und in der Tat, was hätte ich mit einem Regenten, der nicht einmal sich selbst, geschweige denn das Königreich beherrschte, noch reden oder diskutieren sollen?

Der Regentschaftsrat löste sich auf, der Staatsrat bestand nur noch aus dem Duc d'Orléans, dem Duc de Chartres, Monsieur le Duc, dem Kardinal Dubois und dem neu ernannten Staatssekretär Morville.

Wiewohl der Gesundheitszustand des Kardinals Dubois nicht gerade der beste war, hielten ihn seine Passionen derart gefangen, als sei es ihm vergönnt, noch mindestens vierzig Jahre zu leben. Er verfolgte also die Affäre von La Jonchère weiter unter dem Vorwand, daß Monsieur le Duc fest entschlossen sei, Le Blanc und Belle-Isle zu ruinieren. Und Belle-Isle sah sich durch die Aussagen La Jonchères und seiner beiden Gehilfen, die mit ihm verhaftet worden waren, wirklich in die Enge getrieben. Er mußte mit zwei gleichfalls belasteten Untersuchungsrichtern vor den Kommissaren und vor der Chambre de l'Arsenal erscheinen. Sie wurden mehrfach verhört. Belle-Isle erklärte, daß er, als er mit dem Marschall de Berwick nach Guipuzcoa und nach dem spanischen Navarra aufgebrochen sei, seine Banknoten und Aktien La Jonchère überlassen habe, damit dieser mit ihnen arbeiten könne, um sie ihm nach einiger Zeit wieder zurückzugeben. Das war durchaus legitim. Bei den beiden anderen fand man auch nichts Schlimmeres. Das wirkte enttäuschend, schürte indes den Eifer weiterzusuchen nur noch mehr; man wollte die beiden nicht aus den Fängen lassen, aber man konnte nicht weitergehen, geschweige denn sie verhaften lassen.

Der Kardinal Dubois hatte zwar sein Leiden geheimgehalten, so gut er konnte; doch seit er bei der Parade des Königs aufs Pferd gestiegen, hatten seine Schmerzen ein solches Ausmaß angenommen, daß er sie den Ärzten, von denen allein er Hilfe zu erwarten hatte, nicht mehr verhehlen konnte. Gleichwohl tat er alles, seinen Zustand der Gesellschaft weiterhin zu verbergen; er ging sooft als möglich in den Staatsrat und ließ den Gesandten mitteilen, daß er nach Paris komme, obwohl er keineswegs kam. In seinen eigenen vier Wänden machte er sich unsichtbar, und er brach in furchtbare Wutanfälle aus gegen jeden, der sich einfallen ließ, ihn, während er in seiner Sänfte saß, zwischen dem alten und dem neuen Schloß, wo er wohnte, anzusprechen.

Am Samstag, dem 7. August, war sein Befinden so schlecht, daß die Chirurgen und die Ärzte ihm erklärten, er müßte sich einer Operation unterziehen, die ganz unerläßlich sei und ohne die er höchstens noch ein paar Tage zu leben habe, da der Abszeß in der Blase an dem Tag, als er zu Pferd gestiegen, geplatzt sei; und sie beharrten darauf, daß man ihn auf der Stelle nach Versailles bringen müsse, um dort den Eingriff vornehmen zu können. Das Entsetzen über diese schreckliche Ankündigung schlug Dubois derart nieder, daß man ihn nicht am Sonntag, dem 8., sondern erst am Montag, dem 9., um fünf Uhr früh transportieren konnte.

Nachdem man ihn ein wenig hatte ausruhen lassen, schlugen die Ärzte und Chirurgen ihm vor, die Sakramente zu empfangen, damit sie dann sofort die Operation durchführen könnten. Das wurde alles andere als friedfertig aufgenommen; er war seit dem Tage der Parade ständig in gereizter Stimmung, und diese Gereiztheit hatte sich, als ihm die Operation angekündigt worden war, bis zur Tobsucht gesteigert. Gleichviel ließ man bald darauf einen Franziskanermönch aus Versailles holen, mit dem er ungefähr eine Viertelstunde allein blieb. Für einen so tugendsamen, so gut vorbereiteten Mann war das freilich genug. Zudem ist das das Vorrecht der letzten Beichten aller Premierminister. Als man sein Zimmer betrat, riet man ihm, das Sakrament zu empfangen. Er ereiferte sich; das sei leicht gesagt, aber bei Kardinälen bedürfe es einer Zeremonie, die er nicht kenne; man müsse jemanden nach Paris schicken und anfragen lassen. Alle blickten einander an und begriffen, daß er nur Zeit gewinnen wollte, aber da die Operation keinen Aufschub duldete, ermahnten sie ihn, keine Umstände mehr zu machen. Er wies sie unter Schimpfen und Toben aus dem Zimmer und wollte von der Sache nichts weiter hören.

Die Ärzte, die die unmittelbare Gefahr jeder weiteren Verzögerung erkannten, schickten eine Botschaft an den Duc d'Orléans, der den ersten besten Wagen nahm und nach Versailles eilte. Er empfahl dem Kardinal dringend, sich operieren zu lassen, dann fragte er die Ärzte, was tatsächlich dabei zu erhoffen stünde. Alle erwiderten einstimmig, daß sie über den Ausgang nichts Gewisses zu sagen vermöchten, daß der Kardinal jedoch keine zwei Tage mehr zu leben habe, wenn man nicht auf der Stelle die Operation vornehme. Der Duc d'Orléans kehrte an das Bett des Kranken zurück und drang so sehr in ihn, daß jener schließlich einwilligte. Die Operation wurde also von Peyronie, dem Ersten Chirurgen des Königs, um fünf Uhr innerhalb von fünf Minuten durchgeführt, unter Oberaufsicht von Mareschal und in Anwesenheit Chiracs und einiger anderer berühmter Mediziner. Der Kardinal keifte und zeterte nach Leibeskräften. Der Duc d'Orléans kam alsbald wieder ins Zimmer zurück, wo die Ärzteschaft ihm nicht verhehlte, daß der Kranke nach der Art der Wunde und nach dem, was aus ihr herausfloß, nur noch kurze Zeit zu leben habe. In der Tat starb er genau vierundzwanzig Stunden später, am 19. August um fünf Uhr abends, voller Ingrimm gegen die Ärzte und vor allem gegen Chirac. Man brachte ihm dennoch die letzte Ölung. Von der Kommunion konnte nicht mehr die Rede sein.

So endete sein Leben voller Verzweiflung und Wut darüber, daß er es verlassen mußte. Das Schicksal hatte ihm weidlich mitgespielt. Die riesige Machtfülle, die er sich teuer und langsam durch mancherlei Art von Mühen, Opfern, Rücksichten, Machenschaften und Gedankenarbeit erkauft hatte und die sich ihm endlich in einem Sturzbach von Ämtern, Würden, von Macht und unermeßlichem Reichtum darbot, war ihm nur vier Jahre vergönnt, um ihm dann im besten Gedeihen und am Ziel seiner Wünsche im Alter von sechsundsechzig Jahren entrissen zu werden. Er starb als unumschränkter Beherrscher seines Herrn, und er war fast mehr als ein Erster Minister, da er in völliger Unabhängigkeit und ausgestattet mit der ganzen königlichen Autorität die Macht ausübte.

Was er an Einnahmen aus seinem Amt als Premier- und Postminister herauszog, ist unermeßlich. Dazu kommen die Summen, die er als Kardinal bezog. Er besaß ungeheure Mengen an Silber- und Goldgeschirr, kostbares Mobiliar, erlesenes Geschmeide aller Art, schönste und seltene Pferde, und er veranstaltete, obwohl von Natur und aus System sehr mäßig, die üppigsten Gastgelage. Welch monströser Aufstieg! Und von so klein her! Auf ihn könnte man buchstäblich den Vers des Psalms anwenden: »Ich habe gesehen einen Gottlosen. Der war trotzig und breitete sich aus und grünte wie ein Lorbeerbaum. Als man vorbeiging, da war er hin. Ich fragte danach, da ward er nirgends zu finden.«

Sein Tod war für groß und klein, ja für ganz Europa eine Befreiung. Am meisten von allen fühlte der Duc d'Orléans sich befreit und erleichtert. Er hatte im geheimen schon seit langem unter der Last einer so harten Herrschaft und unter den Ketten, die er sich selbst geschmiedet, geächzt.

Der Tod des Duc d'Aumont. – Gesundheitszustand des Regenten gibt zur Besorgnis Anlaß. – Zukunftsperspektiven. – Tod des Duc de Lauzun. – Porträt.

Am 13. August kehrte der Hof von Meudon wieder nach Versailles zurück, und zehn oder vierzehn Tage später suchte ich den Duc d'Orléans dort auf. Sobald ich in sein Gemach trat, kam er mir entgegen und fragte mich eindringlich, ob ich ihn denn verlassen wolle. Ich erwiderte ihm, daß ich mich, solange sein Kardinal gelebt habe, für recht überflüssig erachtet hätte und mir das für meine Freiheit und meine Ruhe zunutze gemacht hätte, aber daß ich ihm nun, da dieses Hindernis nicht mehr vorhanden sei, meine bescheidenen Dienste jederzeit wieder zur Verfügung stellen wolle. Ich mußte ihm versprechen, mit ihm zu leben wie zuvor, und ohne noch mit einem Wort auf den Kardinal zu sprechen zu kommen, verbreitete er sich über den augenblicklichen Stand der Regierungsgeschäfte.

Nocé wurde aus dem Exil zurückgeholt. Der Duc d'Orléans, der ihn immer geliebt und der ihn nur wider Willen entfernt hatte, entschädigte ihn durch ein Geschenk von fünfzigtausend Livres in Silber und zweitausend Taler Pension. Bald darauf kam auch Canillac wieder und schließlich der Duc de Noailles. Man erzählte sich allerlei Schwänke von seinem Treiben auf seinen Ländereien und seinen Versuchen, die Leute dort mit frommen Erbaulichkeiten zu speisen. Nicht umsonst nannte man ihn Hans Dampf in allen Gassen.

Acht Tage nach seiner Mutter starb der Duc d'Aumont im Alter von zweiunddreißig. Er hinterließ nur zwei kleine Söhne, deren jüngster bald darauf ebenfalls starb. Ich interessierte mich sehr für seine Hinterlassenschaft wegen des Duc d'Humières. Man hatte mir das ganze neue Schloß in Meudon völlig möbliert hinterlassen, seit der Hof nach Versailles zurückgekehrt war. Der Duc und die Duchesse d'Humières lebten dort bei uns. Der Duc d'Humières bat mich nun, ich möchte ihn nach Versailles mitnehmen, damit er dem Regenten seinen Dank abstatten könne. Wir trafen den Duc d'Orléans, als er sich gerade ankleiden wollte und sich noch in dem kleinen Gemach im Erdgeschoß aufhielt, aus dem er seinen Abtritt gemacht hatte. Umgeben von seinen Dienern und von zwei oder drei Offizieren saß er auf seinem Nachtstuhl. Ich war erschrocken über seinen Anblick. Ich sah einen Mann, der gesenkten Hauptes mit purpurrotem Gesicht, völlig stumpfsinnig vor sich hinstarrte, ohne überhaupt zu merken, daß ich auf ihn zukam. Seine Leute machten ihn darauf aufmerksam. Er wandte mir langsam den Kopf zu, fast ohne ihn zu heben, und fragte mich in lallendem Ton, was mich zu ihm führe. Ich sagte es ihm. Ich war nur eingetreten, um ihn zu bitten, in sein Ankleidezimmer herüberzukommen, damit der Duc d'Humières nicht länger zu warten brauchte. Ich war so verblüfft, daß ich mich gleich wieder zum Gehen anschickte.

Ich zog Simiane, den Ersten Kammerherrn, in eine Fensternische, um ihm mein Erschrecken und meine Furcht ob des Zustandes des Duc d'Orléans zu verstehen zu geben. Simiane erwiderte mir, das sei nichts Besonderes, der Regent befände sich schon seit langem des Morgens in einer solchen Verfassung; ich sei nur so überrascht, weil ich ihn niemals um diese Zeit sähe; sobald er sich beim Ankleiden ein wenig hin und her bewegte, sei alles wieder verflogen. Als er sich angekleidet hatte, machte er jedoch noch immer denselben Eindruck. Den Dank des Duc d'Humières nahm er mit erstaunter und gelangweilter Miene entgegen, und er, der stets zu jedermann so zuvorkommend und höflich war, er, der sich so gut und so genau auszudrücken verstand, gab kaum eine Antwort. Wir, der Duc d'Humières und ich, zogen uns bald wieder zurück.

Der Zustand des Duc d'Orléans gab mir entschieden zu denken. Das war die Frucht seiner Soupers. Ich wußte, daß Chirac ihm klipp und klar erklärt hatte, daß er, wenn er mit diesen Soupers so fortführe, einem Schlaganfall oder einer Herzwassersucht erliegen würde. Ein anderer Mann in so unmittelbarer Lebensgefahr hätte sich nun einer mäßigen, gesunden Lebensweise befleißigt, die ihm bei seinem Temperament noch ein langes und angenehmes Dasein hätte bescheren können. Aber der unglückliche Prinz war auf zwiefache Weise verblendet.

Da ich in enger Beziehung zu M. de Fréjus stand und da es, falls der Regent sterben sollte, eines anderen Herrn bedurfte, bis der König regieren konnte oder wollte, schien es mir angebrachter, dieser Prälat übernähme die Regierung als irgendein anderer. Ich suchte ihn also auf und berichtete, in welcher Verfassung ich den Duc d'Orléans am Morgen gesehen; der Regent, sagte ich, würde es kaum mehr lange machen. Sein Ende könne sehr plötzlich und ohne Vorankündigung eintreten.

Ich riet also Fleury, ohne Zögern seine Vorkehrungen zu treffen, sich mit dem König ins Einvernehmen zu setzen, um in der Nachfolge des Regenten die Stelle des Premierministers zu bekleiden, was ihm um so leichter fallen dürfte, da er der Zuneigung des Königs gewiß sei. Der Prälat schien offensichtlich dankbar für diesen Hinweis, aber er fand, das Amt sei zu anspruchsvoll und stehe ihm nicht zu. Er erkärte mir, er habe das alles wohl bedacht, aber man könne, ohne den Neid, die Eifersucht und den Widerspruch der Öffentlichkeit zu erregen, nur einen Prinzen von Geblüt zum Premierminister ernennen. Seiner Ansicht nach käme allein Monsieur le Duc in Frage. Ich erhob Einwände. Ein Prinz von Geblüt, sagte ich, würde keinerlei Rücksichten nehmen, niemand vermöchte ihm zu widerstehen, und sein Anhang würde nur auf Beute aus sein. Ich fügte hinzu, mit welcher Gier die Prinzen von Geblüt seit dem Tode des Königs die Finanzen ausgeplündert, mit welcher Verbissenheit sie Law und alles, was ihren räuberischen Absichten zupasse kam, begünstigt hatten und mit welcher Dreistigkeit sie sich in jeder Weise bereichert hätten. Danach könne er beurteilen, wie ein Prinz von Geblüt, und zumal Monsieur le Duc, als Premierminister die Verwaltung handhaben würde. M. de Fréjus hörte meine Bemerkung voller Gelassenheit an. Er meinte, es sei sicher etwas Wahres an meinen Behauptungen, aber Monsieur le Duc sei so schlecht nicht, er sei ehrenhaft und ihm freundlich gesinnt. Man könne einfach nur einen Prinzen von Geblüt wählen, und unter diesen sei Monsieur le Duc der einzige, der alt genug und imstande sei, diesen wichtigen Posten auszufüllen.

Ich kehrte alsbald mit dem Duc d'Humières nach Meudon zurück, fest überzeugt, daß M. de Fréjus nur aus Schüchternheit so zurückhaltend war, daß er gleichviel auch nach der Macht strebte. Er ging von dem Gesichtspunkt aus, daß, wenn Monsieur le Duc Premierminister würde, er, Fleury, durch seine Beziehungen zum König eigentlich das Heft in der Hand hielte, daß jener nichts anfangen könne, ohne ihn zu Rate zu ziehen. Dies erzählte ich auch Mme. de Saint-Simon, vor der ich kein Geheimnis hatte und die die Lage genauso beurteilte wie ich.

Am 19. November starb der Duc de Lauzun im Alter von neunzig Jahren und sechs Monaten. Das herzliche Verhältnis, in dem die beiden Schwestern, die er und ich geheiratet hatten, zueinander standen, sowie der stete Aufenthalt bei Hofe, wo wir in Marly sogar einen festen Pavillon für uns vier hatten, bewirkte, daß wir im engsten Umgang miteinander standen, und seit dem Tode des Königs sahen wir uns fast jeden Tag in Paris. Er ist eine so außerordentliche und in jeder Hinsicht einzigartige Persönlichkeit gewesen, daß La Bruyère in seinen »Caractères« von ihm sagte, nicht im Traum könne man leben, so wie er gelebt hat, und jedem, der ihn, selbst in seinem Alter, kennengelernt hat, scheint dieser Ausspruch durchaus berechtigt, das veranlaßt mich dann, hier des längeren von ihm zu sprechen.

Der Duc de Lauzun war ein kleiner strohblonder Mann mit hochmütigem Ausdruck, sehr geistreich, sehr eindrucksvoll, aber in keiner Weise anziehend; voller Ehrgeiz, Launen und Phantastereien, eifersüchtig auf alles, schoß er stets über das Ziel hinaus, niemals mit etwas zufrieden, ohne geistige Anmut, ohne Belesenheit, melancholisch, einsiedlerisch und ungebärdig, sehr nobel in seinem ganzen Gehabe, doch bösartig von Natur aus und noch mehr aus Eifersucht und Ehrgeiz; gleichviel, ein guter Freund, wenn er es war; gewöhnlich feindselig, selbst gegen Leute, die ihn nichts angingen, und grausam im Aufdecken und Bezeichnen von Verfehlungen und Lächerlichkeiten; ungewöhnlich tapfer, ja sogar waghalsig, ein Höfling, beflissen bis zur Sklaverei, ein Spötter voller Listen, Eifer und Ränke, deshalb den Ministern gefährlich und bei Hofe von allen gefürchtet; voller grimmiger Einfälle und bissiger Bemerkungen, mit denen er niemanden verschonte.

In jugendlichem Alter verließ er unter dem Namen Marquis de Puyguilhem seine Provinz, die Gascogne, und kam ohne jedes Vermögen an den Hof. Der Marschall de Gramont, ein Vetter seines Vaters, nahm ihn bei sich auf. Der Comte de Guiche führte ihn bei der Comtesse de Soissons ein, und schon in kurzer Zeit wurde er der Favorit des Königs, der ihm ein Dragonerregiment, das er seinethalben aufstellte, übergab, ihn bald darauf zum Brigadegeneral ernannte und für ihn die Charge des Generalobersten der Dragoner schuf.

Als der Duc de Mazarin, der sich bereits 1669 vom Hofe zurückgezogen hatte, seine Charge als Großmeister der Artillerie abgeben wollte, bekam Puyguilhem als erster davon Wind und bat den König, ihm dieses Amt zu übertragen; der König versprach es ihm, aber unter der Bedingung, die Sache geheimzuhalten. An dem Tag, an dem ihn der König, wie er gesagt, ernennen wollte, wartete Puyguilhem bis zum Ende des Finanzrates in einem Zimmer, zu dem sonst niemand Zutritt hatte. Dort traf er Nyert, den Ersten Kammerdiener, der ihn fragte, welcher Zufall ihn hierher geführt habe. Puyguilhem, der glaubte seiner Sache sicher zu sein, meinte sich diesen Ersten Kammerdiener geneigt zu machen und vertraute ihm also an, was zu seinen Gunsten geschehen sollte. Nyert gratulierte ihm, zog alsdann seine Uhr heraus, sah sie an und erkärte, daß er noch Zeit habe, einige dringende Angelegenheiten zu erledigen, die der König ihm aufgetragen habe. Eilig stieg er eine kleine Treppe hinauf, oberhalb derer das Büro lag, in dem Louvois den ganzen Tag über zu arbeiten pflegte. Nyert betrat das Büro und teilte Louvois mit, daß Puyguilhem nach Beendigung des Finanzrates, an dem Louvois nicht teilnahm, zum Großmeister der Artillerie ernannt werden sollte.

Louvois haßte Puyguilhem, der mit Colbert befreundet war, und er fürchtete dessen Günstlingsstellung sowie dessen Dünkel in einem Amt, das so unerläßliche Beziehungen zu seinem Kriegsministerium hatte. Er umarmte Nyert, dankte ihm, schickte ihn alsbald wieder fort, ergriff ein beliebiges Aktenstück, das ihm als Vorwand dienen sollte, stieg hinunter und fand Puyguilhem und Nyert in besagtem Raum. Nyert tat, als sei er überrascht, und erklärte, daß die Ratssitzung noch nicht beendet sei. »Gleichviel«, erwiderte Louvois, »ich habe dem König etwas sehr Dringendes mitzuteilen«, und alsbald ging er hinein. Erstaunt, ihn erscheinen zu sehen, fragte der König, was es denn gebe, und kam ihm entgegen. Louvois zog ihn in eine Fensternische und sagte ihm, er wisse, daß Puyguilhem, der im Nebenzimmer das Ende der Ratssitzung abwarte, zum Großmeister der Artillerie ernannt werden wolle. Seine Majestät sei zwar vollkommen Herr über alle Gunstbezeugungen, er seinerseits halte es jedoch für seine Pflicht, ihn auf die Widersächlichkeiten, die zwischen ihm und Puyguilhem bestünden, und auf dessen Launen und Dünkel hinzuweisen. Diese Charge habe eine so enge Beziehung zum Kriegsministerium, daß es ihm bei Puyguilhems ständigen Phantastereien und dem offenkundigen Mißverhältnis zwischen dem Großmeister und ihm, dem Staatssekretär des Krieges, unmöglich erscheine, daß die Geschäfte sich weiterhin reibungslos abwickeln könnten. Seine Majestät würde ständig durch ihre beiderseitigen Reibereien und Ansprüche belästigt und jeden Augenblick zum Schiedsrichter aufgerufen werden.

Der König war sehr verärgert, daß sein Geheimnis jenem offenbar war, dem er es vor allem hatte verbergen vollen; er antwortete Louvois mit strenger Miene, die Sache sei durchaus noch nicht entschieden, entließ ihn und begab sich wieder in den Ratssaal zurück. Nachdem die Sitzung aufgehoben war, kam der König heraus, um in die Messe zu gehen. Er sah Puyguilhem, ging aber an ihm vorbei, ohne ihn anzusprechen. Baß erstaunt wartete jener den ganzen Tag, und als er merkte, daß die versprochene Ernennung ausblieb, fragte er den König beim kleinen Coucher danach. Der König antwortete ihm, die Sache sei noch nicht spruchreif, er würde schon sehen; die Doppeldeutigkeit der Antwort und der trockne Ton des Königs beunruhigten Puyguilhem. Er stand auf gutem Fuß mit den Damen; er begab sich also zu Mme. de Montespan, der er von seinen Sorgen erzählte und die er beschwor, etwas für ihn zu tun. Sie versprach ihm das Blaue vom Himmel herunter und hielt ihn auf diese Weise mehrere Tage hin.

Des Wartens und der Unsicherheit überdrüssig und außerstande zu erraten, worin die Ursache seines Mißgeschicks wohl lag, faßte er einen tollkühnen Entschluß. Da ihm alles recht war, um ins Bild gesetzt und um protegiert zu werden, schlief er mit der Lieblingskammerfrau der Mme. de Montespan und unternahm die kühnste aller Kühnheiten. Trotz aller seiner Liebschaften teilte der König weiterhin das Schlafgemach mit der Königin. Er kam oft spät, aber er kam immer, deshalb begab er sich, um es bequemer zu haben, am frühen Nachmittag auf das Lager seiner Mätressen. Puyguilhem ließ sich also von dieser Kammerfrau unter dem Bett verstecken, in das sich dann der König mit Mme. de Montespan legte; er hörte die beiden reden und erfuhr, welchen Widerstand Louvois seiner Ernennung entgegengestellt hatte, wie sehr der König verärgert war, daß sein Geheimnis ausgeplaudert und daß er sich, um den Streitigkeiten zwischen Puyguilhem und Louvois sowie den fortwährenden Belästigungen zu entgehen, nun entschlossen habe, ihm die Artillerie nicht zu geben. Er hörte alles, was der König und seine Mätresse über ihn äußerten, und wie schlecht jene, die ihm ihre Hilfe versprochen hatte, über ihn redete. Ein leiser Husten, die kleinste Bewegung, der harmloseste Zufall hätte diesen Waghalsigen verraten können. Und was wäre dann mit ihm geschehen?

Er hatte mehr Glück als Verstand und wurde nicht entdeckt. Der König und seine Mätresse erhoben sich schließlich, der König kleidete sich an und begab sich in seine Gemächer; Mme. de Montespan machte Toilette, um zu einer Ballettaufführung zu gehen, bei der der König, Königin und der ganze Hof anwesend sein sollten. Die Kammerfrau zog Puyguilhem, der nun auch das Bedürfnis verspürte, sich zu Hause zurechtzumachen, unter jenem Bett hervor. Alsbald kam er zurück und stellte sich unmittelbar vor die Zimmertür der Mme. de Montespan.

Als sie herauskam, reichte er ihr die Hand und fragte sie voller Sanftheit und Ehrerbietung, ob er sich schmeicheln dürfe, daß sie den König an ihn erinnert habe. Sie versicherte ihn dessen und flunkerte ihm vor, was alles sie für ihn getan habe. Hin und wieder unterbrach er sie, mit anscheinend gutgläubigen Fragen, um sie besser einkreisen zu können. Plötzlich näherte er sich ihr und sagte ihr ins Ohr, sie sei eine Lügnerin, eine abgefeimte Person, eine Hure; und er wiederholte ihr Wort für

Wort das Gespräch, das sie mit dem König geführt hatte. Mme. de Montespan war darüber so verstört, daß sie kein Wort zu erwidern vermochte; nur unter größter Anstrengung gelang es ihr, das Zittern ihrer Beine und ihres ganzen Körpers zu beherrschen, so daß sie in dem Raum, wo das Ballett vor sich ging, auf der Stelle in Ohnmacht fiel.

Der Hof war schon vollständig versammelt. Der König eilte ganz erschrocken zu ihr, und man hatte Mühe, sie wieder zum Bewußtsein zu bringen.

Am Abend erzählte sie dem König, was ihr widerfahren war. Sie zweifele, sagte sie, nicht daran, daß hier der Teufel im Spiel sei. Der König war äußerst betreten über die Beleidigungen, die Mme. de Montespan hatte einstecken müssen, und konnte nicht begreifen, auf welche Weise Puyguilhem dieses Gespräch so rasch und so genau hatte erfahren können.

Puyguilhem seinerseits schnaubte vor Zorn, weil er die Artillerie nicht bekommen hatte; so war das Verhältnis zwischen ihm und dem König einigermaßen gestört. Das konnte nicht so bleiben. Da Puyguilhem freien Zutritt hatte, spähte er eine Gelegenheit aus, um den König unter vier Augen zu sprechen. Er sprach ihn auf die Artillerie an und machte ihm tollkühnerweise sein gegebenes Wort zum Vorwurf. Der König erwiderte ihm, er fühle sich nicht daran gebunden, da er es ihm unter der Bedingung der Geheimhaltung gegeben habe. Darauf entfernte sich Puyguilhem einige Schritte, drehte dem König den Rücken, zog seinen Degen, zerbrach die Klinge unter dem Fuß und schrie wutentbrannt, er denke nicht mehr daran, einem Fürsten zu dienen, der auf so schändliche Weise wortbrüchig würde. Der König, der sehr zornig war, beging in diesem Augenblick die vielleicht schönste Tat seines Lebens: er machte eine Kehrtwendung, öffnete das Fenster, warf seinen Stock hinaus, sagte, es würde ihn reuen, wenn er einen Edelmann schlüge, und ging hinaus.

Am anderen Morgen wurde Puyguilhem, der sich seitdem nicht mehr hatte sehen lassen, verhaftet und in die Bastille geführt. Guitry, mit dem er befreundet war, wagte, beim König ein Wort für ihn einzulegen. Es gelang ihm, den König davon zu überzeugen, daß er Puyguilhem um den Verstand gebracht habe durch die Verweigerung einer so hohen Charge, auf die Puyguilhem so fest gerechnet hatte; dergestalt daß der König diese Verweigerung wiedergutzumachen gedachte. Er ließ Puyguilhem als Entgelt die Charge des Hauptmanns der Leibgarde anbieten. Als Puyguilhem von dieser unvorstellbaren und raschen Sinneswandlung des Königs vernahm, war er dreist genug, sich zu schmeicheln, noch größeren Vorteil daraus ziehen zu können, und lehnte ab. Der König regte sich darüber nicht weiter auf. Guitry ging in die Bastille, um seinem Freund gut zuzureden, und brachte ihn mit größter Mühe soweit, daß er gnädigst geruhte, das Angebot des Königs anzunehmen. Daraufhin verließ er die Bastille, ging zum König, leistete einen Eid auf sein neues Amt und verkaufte die Dragoner.

Ich spreche hier nicht über seine Abenteuer mit Mademoiselle, denn von diesen hat sie selbst freimütig in ihren Memoiren berichtet; auch nicht von der außerordentlichen Torheit, die er beging, die Hochzeit mit ihr hinauszuzögern, wodurch Monsieur, der von Monsieur le Prince aufgestachelt worden war, Zeit gewann, Einwände zu erheben, die den König zwangen, seine Zusage zurückzunehmen, so daß die Ehe zum Scheitern kam. Mademoiselle spie Feuer und Flamme, aber Puyguilhem, der sich nach dem Tod seines Vaters Comte de Lauzun nannte, brachte dem König bereitwillig dieses große Opfer.

Unter dem Vorwand, seine Festungen in Flandern zu besichtigen, gedachte der König 1670 zusammen mit den Damen, begleitet von einem Armeekorps und sämtlichen Truppen des Königlichen Hauses, eine triumphale Reise zu unternehmen, worauf in den Niederlanden eine schreckliche Aufregung entstand, die der König sofort zu beruhigen trachtete; er übergab dem Comte de Lauzun, den er zum Armeegeneral ernannte, die Oberleitung der Expedition. Dieser erfüllte seine Aufgaben mit großer Umsicht, Zuvorkommenheit und außerordentlicher Prachtentfaltung. Aber der Riesenaufwand und die so deutliche Auszeichnung Lauzuns gaben Louvois, den Lauzun in keiner Weise schonte, einigermaßen zu denken. Der Minister verband sich also mit Mme. de Montespan, die Lauzun jene Entdeckung von damals, und die grausamen Beleidigungen, die er ihr zugefügt, niemals verziehen hatte. Sie und Louvois stellten es so geschickt an, daß sie beim König die böse Erinnerung an den zerbrochenen Degen wieder weckten und an die Unverschämtheit, so kurz hernach und noch in der Bastille das Angebot des Hauptmanns der Garde abgelehnt zu haben. Sie behaupteten schließlich, Lauzun sei ein wegen seiner Kühnheit höchst gefährlicher Mann, der sich in den Kopf gesetzt habe, durch seine Prachtentfaltung, durch die Dienste, die er den Offizieren geleistet, und die Art und Weise, wie er mit allen in Flandern gelebt und sich hatte von ihnen verehren lassen, die Truppen für sich zu gewinnen. Sie rechneten es ihm als Frevel an, daß er nach wie vor eng mit der Comtesse de Soissons befreundet war, obwohl sie vom Hofe verbannt und der Verbrechen des Giftmordes verdächtig war. Aller Wahrscheinlichkeit nach mußten sie Lauzun auch ein Verbrechen unterstellt haben, was ich aufgrund der barbarischen Behandlung, die sie ihm am Ende angedeihen ließen, vermuten würde.

Diese Machenschaften dauerten das Jahr 1671 an, ohne daß Lauzun im Ausdruck des Königs oder dem der Mme. de Montespan das geringste hätte wahrnehmen können, denn beide behandelten ihn mit der üblichen Zuvorkommenheit und Vertraulichkeit. Lauzun war ein Kenner von Edelsteinen, und er verstand es trefflich, sie schön zu fassen, womit Mme. de Montespan ihn oft beauftragte. Als er eines Abends, Mitte November 1671, aus Paris zurückkam, wohin ihn Mme. de Montespan am Morgen wegen des Ankaufs von Edelsteinen geschickt hatte, betrat, kaum daß er aus dem Wagen gestiegen und in sein Zimmer gegangen war, der Marschall de Rochefort den Raum, um ihn zu verhaften. Vollkommen verblüfft wollte Lauzun den Grund erfahren, wollte den König oder Mme. de Montespan aufsuchen oder ihnen wenigstens schreiben. Beides wurde ihm abgeschlagen. Er wurde in die Bastille verbracht und von da nach Pignerol.

Man kann sich vorstellen, in welchem Zustand ein Mann wie Lauzun sich befand, der im Nu aus so großer Höhe in ein Verlies von Pignerol gestürzt war, ohne jemanden sehen zu können und ohne sich im geringsten vorstellen zu können, warum. Er blieb vier oder fünf Jahre in diesem Loch.

Gefangene kommen auf allerlei Schliche. Bald fanden jene, die unter, neben und über ihm hausten, Mittel und Wege, sich mit ihm zu verständigen. Um die Unterhaltung zu erleichtern, bohrten sie ein wohlverborgenes Loch, das sie dann, um ihn auch besuchen zu können, verbreiterten. Der Oberintendant Foucquet war in ihrer Nachbarschaft eingekerkert, seit man ihn im Dezember 1664 aus der Bastille dorthin geführt hatte, wohin er aus Nantes, wo man ihn am 5. September 1661 in Gegenwart des Königs verhaftet hatte, gebracht worden war; er erfuhr von seinen Nachbarn, die eine Möglichkeit gefunden hatten, auch ihn zu besuchen, daß Lauzun in Pignerol eingesperrt war. Foucquet, der keinerlei Nachrichten aus der Außenwelt bekam, hoffte von Lauzun einige Neuigkeiten zu hören und wollte ihn unbedingt sehen. In seiner Erinnerung war Lauzun ein junger Mann, der vom Marschall Gramont gerade bei Hofe eingeführt, von der Comtesse de Soissons bestens aufgenommen und vom König, der stets und ständig bei jenem weilte, bereits sehr huldvoll behandelt wurde. Die Gefangenen, die mit Lauzun Beziehungen angeknüpft hatten, überredeten diesen, sich durch ihr Loch hinaufziehen zu lassen, um Foucquet bei ihnen zu treffen, wozu

Lauzun seinerseits durchaus bereit war. Da hockten sie nun also zusammen! Lauzun erzählte Foucquet von seinem steilen Aufstieg und von seinen Mißgeschicken. Der unglückselige Oberintendant sperrte Mund und Nase auf, als er von diesem gaskognischen Jüngling, der sich glücklich gepriesen, von dem Marschall Gramont aufgenommen und beherbergt zu werden, nun vernahm, daß er es zum Dragonergeneral, Hauptmann der Garde und sogar bis zum amtierenden Armeegeneral gebracht hatte. Foucquet wußte nicht mehr, woran er war, hielt Lauzun für verrückt und glaubte, er spräche im Wahn, als dieser ihm schilderte, auf welche Weise ihm die Artillerie entgangen und was sich danach ereignet hatte. Doch als er ihm dann von seiner Heirat mit Mademoiselle erzählte, in die der König bereits eingewilligt, und von der Riesenmitgift, die sie ihm zugesichert, und wie die Sache dann zum Scheitern gekommen, glaubte Foucquet, Lauzun sei vollends übergeschnappt, so daß er sich sogar fürchtete, mit ihm allein zu sein. So kühlte sich das Verhältnis zwischen den beiden ein wenig ab, da Foucquet Lauzun als Irren ansah und alles, was jener ihm berichtete, für Hirngespinste hielt. Die Gefangenschaft des unglückseligen Oberintendanten war kurz nach der Einlieferung Lauzuns etwas gemildert worden. Seine Ehefrau und einige Beamte von Pignerol bekamen Erlaubnis, ihn zu besuchen. Alsbald kam er auf jenen beklagenswerten Puyguilhem zu sprechen, den er als recht vielversprechenden jungen Mann noch bei Hofe gesehen habe, der aber inzwischen verrückt geworden sei und dessen Wahnsinn man eben in diesem Gefängnis geheimhalte. Doch wie groß war sein Erstaunen, als alle ihm die Wahrheit dessen, was Lauzun ihm erzählt hatte, bestätigten. Er faßte es nicht und war geneigt, sie samt und sonders für geistesgestört zu halten. Es bedurfte einiger Zeit, bis er überzeugt war. Lauzun seinerseits wurde nun auch aus seinem Loch geholt, bekam ein Zimmer und bald darauf dieselbe Freiheit, die man Foucquet zugestanden hatte, so daß sie sich sehen konnten, sooft sie wollten. Ich habe niemals erfahren können, wodurch Foucquet Lauzuns Mißfallen erregte, aber er verließ Pignerol als sein Feind und hat ihm bis zu dessen Tod alles Schlechte nachgesagt, und später seiner Familie.

Mademoiselle war über diese lange und harte Gefangenschaft untröstlich, und sie unternahm alle nur möglichen Schritte, um den Comte de Lauzun zu befreien. Der König kam schließlich auf den Einfall, sie zu zwingen, das hoch zu bezahlen, in dem er sich diese Situation für den Duc du Maine zunutze machte. Er ließ ihr vorschlagen, sie möge dem Duc du Maine und dessen Nachkommenschaft die Grafschaft Eu, das Herzogtum Aumaule und das Fürstentum Dombes zusichern. Die Stiftung war ungeheuerlich. Mademoiselle hatte überdies die beiden ersten Besitztümer Lauzun zugesichert, und sie hätte ihn dazu bewegen müssen, auf Eu und Aumaule zu verzichten, ehe sie diese an den Duc du Maine abtreten konnte. Schließlich kam man darauf, daß Lauzun in Freiheit sein müsse, um Mademoiselles Mitgift persönlich zu entsagen. Man gab vor, er müsse, ebenso wie Mme. de Montespan, die Bäder von Bourbon aufsuchen; dort sollten beide über die Angelegenheit beraten. Lauzun wurde, von einer Abteilung Musketiere bewacht, nach Bourbon gebracht. Er besuchte Mme. de Montespan mehrfach. Aber die Ausplünderung, die sie zur Bedingung seiner Freilassung machte, empörte ihn derart, daß er nach langen Disputen nichts mehr von der Sache hören wollte und ganz so, wie er gekommen, wieder nach Pignerol zurückgeführt wurde.

Diese Standhaftigkeit entsprach durchaus nicht der Rechnung, die der König sich für seinen vielgeliebten Bastard gemacht hatte. Er schickte Lauzuns Schwester, Mme. de Nogent, die sich mit Drohungen und Versprechungen einmischte, nach Pignerol. Das bewirkte, daß Lauzun sich schließlich bereit erklärte, im Herbst 1680 eine zweite Reise nach Bourbon zu unternehmen. Lauzun willigte nun in alles ein; Mme. de Montespan kehrte triumphierend zurück. Maupertuis und seine Musketiere nahmen in Bourbon Abschied vom Comte de Lauzun. Diesem erlaubte man, sich von dort nach Angers zu begeben, und alsbald wurde sein Exil dergestalt erweitert, daß er sich frei in Anjou und in der Touraine bewegen konnte. Die Regelung der Angelegenheit wurde bis Anfang Februar 1681 aufgehoben.

Vier Jahre durfte Lauzun, dem man Hoffnung auf mildere Behandlung gemacht hatte, in diesen beiden Provinzen vor sich hinleben, wo er sich kaum weniger langweilte als Mademoiselle in seiner Abwesenheit. Mademoiselle ereiferte sich gegen Mme. de Montespan und deren Sohn, beschwerte sich laut, man habe sie ausgeraubt und nun betrüge man sie, da man Lauzun von ihr fernhielte. Sie schlug soviel Lärm, daß man Lauzun schließlich wieder die volle Freiheit schenkte und ihm erlaubte, nach Paris zurückzukehren unter den Bedingungen, sich allen Stätten, wo der König sich aufhielt, nicht weiter als bis auf zwei Meilen zu nähern. Er begab sich also nach Paris und besuchte regelmäßig seine Wohltäterin. Aber die Langeweile dieses wiewohl gemilderten Exils veranlaßte ihn, sich dem Spiel zu ergeben. Er hatte außergewöhnliches Glück, er spielte immer ehrlich, ohne zu betrügen, und gewann enorme Summen. Monsieur, der sich zuweilen in Paris aufhielt, um sich dort gleichfalls dem Spiel zu widmen, gestattete ihm, zum Spielen ins

Palais-Royal und im Sommer zu ihm nach Saint-Cloud zu kommen. So verbrachte Lauzun mehrere Jahre, und er gewann und er verlieh auf diese Weise viel Geld; aber je näher er dem Hof und der großen Gesellschaft rückte, um so qualvoller wurde ihm das Verbot, sich dorthin zu begeben. Schließlich konnte er es nicht länger ertragen. Er ließ beim König um Erlaubnis bitten, nach England reisen zu dürfen, wo man viel und mit hohem Einsatz spielte. Er erhielt die Erlaubnis und nahm reichlich Geld mit, so daß man ihn mit offenen Armen in London empfing, wo er nicht weniger Glück hatte als in Paris.

Jakob II., der damals noch regierte, behandelte ihn mit Auszeichnung. Doch die Revolution gärte bereits, und als Lauzun acht oder zehn Monate in England weilte, brach sie aus. Es schien, als sei sie eigens für ihn gemacht, denn sie verhalf ihm zu einem großen Erfolg. Als Jakob II., von seinen Favoriten und seinen Ministern verraten, von der ganzen Nation im Stich gelassen, nicht mehr wußte, was aus ihm werden sollte, da der Prinz von Oranien die Herzen, die Truppen sowie die Flotten beherrschte und kurz davorstand, in London einzuziehen, gab der unglückliche Monarch das Teuerste, was er besaß, die Königin und den Prinzen von Wales, Lauzun in Obhut, dem es dann gelang, die beiden glücklich nach Calais zu bringen.

Die Königin schickte alsbald einen Kurier nach Versailles, sie betonte in ihrem Brief, daß sie bei aller Freude, sich in Sicherheit und zusammen mit ihrem Sohn unter dem Schutz des Königs zu wissen, doch betrübt sei, ihm denjenigen, dem sie und der Prinz von Wales ihre Rettung verdankten, nicht vorstellen zu dürfen. Die Antwort des Königs lautete, er teile ihre Gefühle, was er ihr baldigst bezeugen werde, da er den Comte de Lauzun sehen und ihm seine Gunst wieder schenken wolle. In der Tat, als sie Lauzun dem König auf der Ebene von Saint-Germain vorstellte, wo er ihr mit der Königlichen Familie und dem ganzen Hofe entgegenkam, behandelte er Lauzun ausgezeichnet, gewährte ihm sogar wieder freien Zutritt, versprach ihm eine Wohnung im Schloß von Versailles, die er ihm unmittelbar darauf zukommen ließ; auch hatte Lauzun von diesem Tage an noch eine weitere in Marly und eine andere in Fontainebleau, dergestalt daß er den Hof bis zum Tode des Königs nicht mehr verließ. Er besaß überdies noch eine Wohnung in Saint-Germain, das für den Aufenthalt dieses verbannten englischen Hofes gewählt wurde und wo auch bald darauf Jakob II. eintraf.

Als geschickter Höfling verstand es Lauzun, die Situation auszunutzen, und es gelang ihm, sich durch den Hof von England Gelegenheit zu verschaffen, häufig mit dem König sprechen zu können und zu Aufträgen zu kommen. Endlich war es soweit, daß der König ihm erlaubte, in Notre-Dame in Paris den Hosenbandorden aus der Hand des englischen Königs entgegennehmen zu dürfen, und ihm zubilligte, diesen Monarchen bei seiner zweiten Reise nach Irland als General seiner Hilfsarmee zu begleiten.

Wieder nach Frankreich zurückgekehrt, wurde er im Mai 1692 zum Herzog ernannt. Welch wunderbare Schicksalswende! Doch was war das schon im Vergleich zu der offiziellen Heirat mit Mademoiselle, der Mitgift ihrer unermeßlichen Reichtümer, dem Titel und dem darauffolgenden Rang eines Duc und Pair de Montpensier! Welch ungeheuerlicher Sockel! Und wer weiß, welcher Höhenflug Lauzun mit Kindern aus dieser Ehe noch beschieden gewesen wäre.

Lauzun war von Natur aus in allem ungewöhnlich und gefiel sich darin, dies noch bis in die kleinste Kleinigkeit seines Hauswesens und seines Gehabes zu betonen. Um besser hören und sehen zu können, ohne daß man ihm mißtraute, mimte er den Tauben und Blinden, und er vergnügte sich damit, die Dummköpfe, selbst die hochstehendsten, zu verspotten, indem er ihnen ganz aberwitzige Reden hielt. Seine Manieren und sein Gehabe waren sehr maßvoll, reserviert, einschmeichelnd, sogar ehrerbietig; aber in leisem, honigsüßem Ton brachte er bittere Späße vor, die wegen ihrer Treffsicherheit und Schärfe niederschmetternd wirkten, und das alles in zwei oder drei Worten, wobei er zuweilen einen kindlichen oder zerstreuten Ausdruck annahm, so als ob er sich gar nichts dabei dächte.

Er durfte sich bis zu seinem Ende größten Ansehens sowie eines stattlichen Vermögens und der Lebensführung eines sehr großen Herren erfreuen. Aber all das genügte ihm nicht. Nie wieder kam er auf vertrauten Fuß mit dem König; er spürte, daß Geist und Herz des Monarchen sich gegen ihn sperrten und daß weder sein Eifer noch seine List diese Entfremdung aufzuheben vermochten.

Ein Jahr vor dem Tod des Königs hatten wir Mlle. de Malauze, die Enkelin einer Schwester des Marschalls de Lorge, mit dem Comte de Poitiers, dem letzten Sproß dieser großen berühmten Familie, verheiratet. Der Comte de Poitiers starb, was sehr zu bedauern war, dann im gleichen Jahr wie der König. Im folgenden Sommer hielt der Duc d'Orléans mit dem Garderegiment in der Ebene längs des Bois de Boulogne eine Revue ab. An der anderen Seite des Bois liegt Passy, wo M. de Lauzun ein hübsches Haus besaß. Dort weilte Mme. de Lauzun mit einigen Freunden, und auch ich war am Vorabend der Revue dorthin gekommen. Mme. de Poitiers, die eine junge Person war und noch nichts gesehen hatte, lechzte danach, auch zu der Revue zu gehen; aber da sie sich noch im ersten Trauerjahr befand, wagte sie nicht, sich öffentlich blicken zu lassen. Wir berieten gemeinsam, wie man die Sache bewerkstelligen könne, und wir fanden, daß Mme. de Lauzun sie, im Fond ihrer Kutsche verborgen, sehr wohl mitnehmen könne. Während dieses heiteren Beisammenseins kam M. de Lauzun aus Paris, wohin er des Morgens gefahren war. Man zögerte, ihm den Plan zu eröffnen. Als er ihn dann erfuhr, geriet er vor Zorn außer sich, warf seiner Frau in nicht nur sehr harten, sondern ebenso ungerechten und sinnlosen Worten die gemeinsten Beleidigungen an den Kopf. Sie entzog sich unmerklich seinen Blicken, Mme. de Poitiers brach in herzzerreißendes Schluchzen aus, die ganze Gesellschaft war sehr bestürzt; der Abend dehnte sich wie ein Jahr in die Länge; das traurigste Klostermahl war ein Freudenschmaus im Vergleich zu diesem Souper; es herrschte Unruhe inmitten des tiefsten Schweigens; jeder war bedrückt und sagte nur ab und an ein Wort zu seinem Nachbarn. Lauzun stand wie gewöhnlich, als die Früchte aufgetragen wurden, vom Tisch auf und ging zu Bett. Nun verspürte jeder das Bedürfnis, sich ein wenig Luft zu machen und sich zu der Szene zu äußern; aber Mme. de Lauzun gebot in aller Ruhe Einhalt und ließ, um jede weitere Bemerkung abzubiegen, sofort Spielkarten verteilen.

Andertags begab ich mich in aller Frühe zu M. de Lauzun, um ihm gehörig meine Meinung zu sagen; ich kam gar nicht soweit. Sobald er meiner ansichtig wurde, streckte er mir die Hände entgegen, rief aus, ich sähe einen Narren, der nicht meinen Besuch, sondern das Irrenhaus verdiene, sang ein Loblied auf seine Frau, sagte, er sei ihrer nicht würdig und müsse die Spur ihrer Füße küssen. Dann erklärte er mit Tränen in den Augen, er verdiene eher Mitleid als Zorn; er müsse mir all seine Schande und sein Elend gestehen; er sei nun über achtzig Jahre alt, habe weder Kinder noch Nachkommen, ehemals sei er Hauptmann der Garde gewesen, nun sei er, auch wenn er diese Charge noch hätte, außerstande, seine Funktion zu erfüllen, das wisse er wohl. Dennoch könne er sich seit all den Jahren nicht darüber trösten, seine Charge verloren zu haben; das sei stets ein Dolch in seinem Herzen geblieben. Alles, was ihn daran erinnere, brächte ihn völlig außer sich, und als er gehört habe, seine Frau führe mit Mme. de Poitiers zu einer Revue des Garderegiments, in dem er nichts mehr gelte, habe es ihm den Sinn verwirrt und ihn in eben jenen Zustand versetzt, in dem ich ihn gesehen hätte. Nach dieser Irrsinnsszene wage er es nicht mehr, sich vor jemandem blicken zu lassen. Er flehe mich an, seine Frau aufzusuchen und sie zu bitten, mit einem sinnverwirrten Greis, der vor Kummer und Scham stürbe, Erbarmen zu haben. Dieses so aufrichtige und schmerzliche Geständnis, das ihm sicher schwerfallen mußte, rührte mich tief. Ich war nur noch bemüht, ihn wiederaufzurichten und zu trösten.

Diese Gelegenheit gab mir Anlaß, darüber nachzudenken, welch großes Elend es ist, sich in Weltsüchtigkeit zu verstricken, und in welchem ungeheuerlichen Zustand ein Ehrgeiziger lebt, den weder der Reichtum noch die angenehmste Häuslichkeit noch die erworbene Würde noch das Alter noch körperliche Ohnmacht von diesem Treiben abzubringen vermögen. Und der, anstatt das, was ihm beschieden, gelassen zu genießen und das ihm gewährte Glück auszukosten, sich in Sehnsucht und unnützer Verbitterung verzehrt, der sich nicht vorstellen kann, daß ohne Kinder und so nahe vor seinem Ende der Besitz dieses ersehnten Postens nichts weiter wäre als ein trügerisches Band, zu nichts gut, als ihn an das entgleitende Leben zu fesseln und den Abschiedsschmerz zu verstärken. Aber man stirbt, wie man gelebt hat. Das ist der Lauf der Welt. Wir sollten also beizeiten alles daransetzen zu lernen, der Welt und ihrem Glanz zu entsagen, ehe uns beides samt dem Leben entgleitet. Wir sollten lernen, ohne sie auszukommen in dem Bemühen und in der Hoffnung auf einen guten Tod.

Als es Lauzun drei oder vier Jahre vor seinem Tod einmal sehr schlechtging, erkühnten sich Biron und dessen Ehefrau, die Tochter der Mme. de Nogent, auf Zehenspitzen in sein Zimmer zu schleichen. Sie hielten sich hinter Vorhängen verborgen, damit er sie nicht sehen könne. Aber er erblickte sie im Spiegel über dem Kamin, während sie überzeugt waren, weder gesehen noch gehört zu werden. Der Kranke schätzte zwar Biron, aber er mochte dessen Frau, die immerhin seine Nichte und Haupterbin war, gar nicht. Er hielt sie für selbstsüchtig, und ihr ganzes Gehabe war ihm sowie auch vielen anderen unerträglich. Dieses hinterhältige Einschleichen in sein Zimmer empörte ihn, denn er wußte nur allzugut, daß sie ungeduldig auf die Erbschaft wartete und sich selbst überzeugen wollte, ob er nicht bald stürbe. Er gedachte ihr einen Denkzettel zu verpassen und sich selbst einen Spaß zu machen. So begann er plötzlich mit lauter Stimme, ganz als ob er sich allein glaubte, ein Stoßgebet; er bat Gott um Verzeihung für sein verflossenes Leben; er sprach wie ein Mensch, der seines nahen Todes gewiß ist; und der alles sagt, was Schmerz, Ohnmacht und Bußfertigkeit ihm eingeben; er wolle, rief er aus, all das, nun zumindest die Güter, die Gott ihm geschenkt, dazu verwenden, sich von seinen Sünden loszukaufen; wolle seinen gesamten Besitz den Hospitälern vermachen; dies sei der einzige

Weg, den Gott ihm offen gelassen habe, um sein Heil zu gewinnen nach einem so langen Leben, in dem er nie an das Jenseits gedacht, und er danke seinem Schöpfer für dieses letzte Mittel, das er ihm gewährt und das er nun freudigen Herzens ergreifen wolle. Er brachte dieses Gebet und seinen Entschluß in so überzeugtem und festem Ton vor, daß Biron und seine Frau keinen Augenblick daran zweifelten, er würde seine Absichten ausführen und sie damit ihrer ganzen Erbschaft berauben. Sie verspürten nicht die geringste Lust mehr, weiter die Beobachter zu spielen, und begaben sich bestürzt zur Duchesse de Lauzun, um ihr von dem grausamen Urteilsspruch, den sie soeben vernommen hatten, zu erzählen und sie zu beschwören, eine Milderung zu bewirken. Derweilen schickte der Kranke nach Notaren, was Mme. de Biron vollends aus der Fassung brachte.

Eben das war Lauzuns Absicht. Er ließ die Notare warten, dann bat er sie einzutreten und diktierte sein Testament; ein tödlicher Schlag für Mme. de Biron. Gleichviel schob er die Unterzeichnung noch hinaus, und da es ihm zunehmend besser ging, unterzeichnete er es am Ende gar nicht mehr. Diese Komödie machte ihm viel Vergnügen, und er lachte, als er wiederhergestellt war, oft mit seinen Freunden darüber. Trotz seines hohen Alters und seiner so schweren Krankheit wurde er wieder völlig gesund.

Seine angeborene Schwermut und Labilität, die sich durch das Gefängnis und das lange Alleinsein noch verstärkt hatten, machten ihn zum Träumer und Einzelgänger, dergestalt daß er selbst die unterhaltsamste Gesellschaft Mme. de Lauzun überließ und sich ganze Nachmittage lang mutterseelenallein zurückzog, meistens ohne ein Buch, denn er las nur selten und immer nur phantastisches Zeug, so daß er nichts weiter wußte als das, was er selbst erlebt hatte. Tausendmal habe ich beklagt, daß er so gar nicht imstande war, etwas von dem aufzuschreiben, was er erlebt und mitgemacht hatte. Das wäre ein Schatz der ausgefallensten Anekdoten geworden. Aber er konnte sich nicht konzentrieren und besaß keine Ausdauer. Ich habe oft genug versucht, wenigstens einige Brocken aus ihm herauszuholen. Doch da gab es ein weiteres Mißgeschick: er begann zu erzählen, klammerte sich im Erzählen zunächst an die Namen irgendwelcher Leute, die an dem Ereignis beteiligt waren. Alsbald schweifte er vom Hauptthema ab, um sich auf eine bestimmte Person zu fixieren, dann auf eine andere, die in Beziehung zu dieser ersten stand, und dann auf eine dritte; und so verwob er in der Art von Romanen ein Dutzend Geschichten, die alle in der Luft hingen und niemals zu Ende kamen. Seine letzte Krankheit trat unvermittelt ein. Sie war das schrecklichste aller Leiden, ein Mundkrebs. Doch er, der sich selbst so unerträglich war, ertrug diese Heimsuchung bis zuletzt mit großer Standhaftigkeit und unglaublicher Geduld, ohne Klage und ohne üble Laune. Als er merkte, daß es mit ihm zu Ende ging, zog er sich in ein Gemach im Kloster der Kleinen Augustiner zurück, wo er sich zuvor eingemietet hatte. Er war nur noch bestrebt, sich seinen furchtbaren Zustand zunutze zu machen, und wandte alle seine Zeit auf erbauliche Gespräche mit seinem Beichtvater und einigen Mönchen, auf gute Lektüre und alles, was ihn auf den Tod vorbereiten konnte. Und diese tapfere und friedvolle Gelassenheit hielt er bis zu seinem Ende vier Monate lang durch. Er empfing die Sakramente mit großer Frömmigkeit und blieb bis zum letzten Augenblick bei vollem Bewußtsein.

Es fällt mir jetzt auf, daß ich mich recht weitschweifig über diesen Mann geäußert habe, doch schien es mir, daß er es wegen der Besonderheit seines Lebens wohl verdient habe, um so mehr als er auf der politischen Bühne eine zu kleine Rolle gespielt hat, um die Aufmerksamkeit der Geschichtsschreiber erregen zu können. Und noch ein anderes Gefühl hat mich bewogen, diese Erzählung auszudehnen. Ich gelange nun zum Schluß, den zu erreichen ich fürchte, weil meine Wünsche sich nicht mit der Wahrheit in Einklang bringen lassen. Meine Wünsche sind glühend und folglich schmerzhaft, da dieser Abschluß furchtbar ist, da es kaum eine Möglichkeit gibt, sich hier etwas vorzumachen. Meine Angst, dorthin zu gelangen, hat mich zögern und zu Eis erstarren lassen. Man begreift wohl, daß ich nun auf den Tod und die Todesart des Duc d'Orléans zu sprechen kommen muß.

Rascher Tod des Duc d'Orléans. – Monsieur le Duc zum Premierminister ernannt. – Beileidsbesuche. – Abschließende Bemerkungen zu den Memoiren.

Man schaudert bis ins innerste Mark bei der Vorstellung, daß Gott in seinem Zorn ihn erhört haben könnte. Ich sagte bereits, daß sich der Duc d'Orléans vor einem langsamen Tod, der sich von ferne ankündigt und der bei der rechten Einstellung eine Gnade sein kann, fürchtete; und daß er dem plötzlichen, unerwarteten Tod den Vorzug gab. Ach, er wurde ihm zuteil, und rascher noch als dem verstorbenen Monsieur, dessen Körper länger Widerstand leistete. Ich fuhr am 2. Dezember sofort nach Tisch von Meudon nach Versailles zum Duc d'Orléans. Ich verbrachte drei Viertelstunden allein mit ihm in seinem Arbeitszimmer. Wir gingen auf und ab und besprachen Regierungsgeschäfte, über die er an eben jenem Tage dem König Rechenschaft ablegen sollte. Ich fand ihn unverändert; er war zwar seit einiger Zeit dicker und schwerer geworden, aber geistig rege und scharfsinninig wie eh und je. Ich kehrte alsdann wieder nach Meudon zurück, unterhielt mich noch eine Weile mit Mme. de Saint-Simon. In dieser Jahreszeit hatten wir nur wenig Gäste. Ich ließ dann Mme. de Saint-Simon in ihrem Gemach und begab mich in das meine. Etwa eine Stunde später vernahm ich plötzlich Lärm und Stimmengewirr. Ich ging hinaus. Mme. de Saint-Simon kam verstört auf mich zu und brachte einen Pferdeknecht des Marquis de Ruffec mit, der aus Versailles kam und mir meldete, der Duc d'Orléans habe einen Schlaganfall erlitten. Ich war tief bestürzt, aber keineswegs überrascht. Ich hatte mich, wie man weiß, seit langem darauf gefaßt gemacht. Ich ließ eiligst anspannen und fuhr sofort davon. Am Parktor erschien ein weiterer Bote des Marquis de Ruffec und teilte mir mit, daß schon alles zu Ende sei. Da stand ich, starr und reglos, über eine halbe Stunde, tief in Trauer und Gedanken versunken. Dann raffte ich mich auf und faßte den Entschluß, nach Versailles zu fahren, wo ich mich alsbald in mein Appartement einschloß.

Kurz zuvor noch, so erfuhr ich, war Nangis, der Erster Stallmeister werden wollte, beim Duc d'Orléans gewesen, dann war Mme. de Falari gekommen, eine der Mätressen dieses unglücklichen Prinzen, eine sehr hübsche Abenteurerin, die mit dem Bruder der Duchesse de Béthune, ebenfalls ein Abenteurer, verheiratet war. Der Duc d'Orléans hatte seine Akten schon bereitgelegt, und da ihm noch eine Stunde Zeit blieb, ehe er zum König gehen mußte, plauderte er mit Mme. de Falari. Sie saßen, jeder auf einem Sessel, ganz nahe beieinander, als er plötzlich gegen sie fiel und nicht wieder zu Bewußtsein kam. Zu Tode erschreckt, rief die Falari aus Leibeskräften um Hilfe. Da niemand antwortete, richtete sie den armen Prinzen auf, stützte ihn, so gut sie konnte, und lagerte ihn zwischen die beiden Armlehnen. Dann lief sie in das große Kabinett, in das nächste Gemach und in das Vorzimmer, ohne jemandem zu begegnen. Schließlich rannte sie in den Hof und in die Galerie. Da der Duc d'Orléans um diese Zeit mit dem König zu arbeiten pflegte, waren seine Bedienten sicher, daß niemand zu ihm käme und daß er sie nicht brauchen würde, weil er stets allein über die kleine Treppe aus seiner Garderobe zum König hinaufging. Endlich begegnete die Falari Menschen, fand aber keine Hilfe.

Der Zufall oder besser gesagt die göttliche Vorsehung hatte bewirkt, daß dieses düstere Ereignis in eine Zeit fiel, wo jeder seinen Geschäften nachging oder Besuche machte, so daß eine gute halbe Stunde verrann, ehe man einen Arzt und einen der Diener des Duc d'Orléans auftreiben konnte. Die Ärzte gaben ihn schon nach dem ersten Blick verloren. Man legte ihn in aller Eile auf das Parkett und ließ ihn dort zur Ader, aber was man auch mit ihm anfing, er gab nicht das kleinste Lebenszeichen mehr von sich. Kaum hatte man von dem Ereignis vernommen, schon kamen alle möglichen Leute herbei; das große und das kleine Kabinett füllten sich mit Menschen. Aber in knapp zwei Stunden war alles vorüber, und nach und nach war die Leere so beklemmend wie zuvor die Fülle. Sobald Hilfe gekommen war, machte sich die Falari aus dem Staub, um sich, so schnell sie konnte, nach Paris zu begeben.

La Vrillière hatte als einer der ersten von dem Schlaganfall erfahren. Er benachrichtigte sofort den König und den Bischof von Fréjus, und dann, als Höfling, der kritische Augenblicke zu nutzen weiß, auch Monsieur le Duc. Immerhin lag es nahe, daß jener Premierminister werden könne. Daraufhin eilte er nach Hause, setzte in aller Eile die Ernennungsurkunde auf, mit dem gleichen Text wie für den Duc d'Orléans. Als man ihm mitteilte, daß der Regent tot sei, ließ er sofort Monsieur le Duc benachrichtigen und begab sich zum König, wo angesichts der unmittelbar drohenden Gefahr bereits die entscheidenden

Persönlichkeiten des Hofes zusammengeströmt waren. Schon bei der ersten Nachricht vom Schlaganfall hatte Fleury mit dem König die Ernennung von Monsieur le Duc zum Premierminister abgesprochen, so daß man, als dieser nun erschien, die kleine Anzahl von Leuten, die sich vor der Tür des Gemachs versammelt hatten, eintreten ließ; wobei die Umstehenden bemerkten, daß der König sehr traurig war und gerötete und tränenerfüllte Augen hatte. Kaum war die Tür geschlossen, erklärte Fleury dem König laut und vernehmlich, nach dem traurigen Verlust, den Seine Majestät durch den Tod des Duc d'Orléans – den er nur mit spärlichem Lob bedachte – erlitten habe, könne der König nichts Besseres tun, als den hier anwesenden Monsieur le Duc zu bitten, sich mit der Bürde der Staatsgeschäfte zu beladen und in der Nachfolge des Duc d'Orléans das Amt des Premierministers zu übernehmen. Ohne ein Wort zu erwidern, sah der König Fleury an und nickte zustimmend mit dem Kopf, worauf Monsieur le Duc seinen Dank zum Ausdruck brachte. La Vrillière, der sich zu seiner schnellen Reaktion und seinem politischen Scharfsinn beglückwünschte, hatte die Ernennungsurkunde samt dem Eidestext, so wie ihn der Duc d'Orléans schon geleistet hatte, in der Tasche und schlug nun Fleury mit dröhnender Stimme vor, Monsieur le Duc sofort zu vereidigen. Fréjus ging darauf ein und legte es dem König nahe; alsbald leistete Monsieur le Duc den Eid. Kurz darauf ging er hinaus. Alle, die im Gemach gewesen, folgten ihm, und die Menge, die sich in den umliegenden Räumen aufhielt, schloß sich an. Es war fortan nur noch von Monsieur le Duc die Rede.

Der Duc de Chartres, der damals sehr ausschweifend und unerzogen war, lebte in Paris bei einer Ballettänzerin, die er aushielt. Dort erfuhr er durch einen Boten vom Schlaganfall seines Vaters. Unterwegs teilte ein weiterer Bote ihm dessen Tod mit. Als er aus dem Wagen stieg, war keine Menschenmenge versammelt, er traf nur den Duc de Noailles und den Duc de Guiche, die ihm freimütig ihre Dienste anboten. Er behandelte sie wie lästige Insekten, deren er sich rasch zu entledigen suchte. Er ging unverzüglich zu seiner Mutter hinaus, der er erklärte, er sei zwei Männern begegnet, die ihn reinlegen wollten, doch er habe sie einfach abblitzen lassen. Dieser bemerkenswerte Beweis von Klugheit, Urteilsvermögen und Diplomatie versprach schon genug, was dieser Prinz dann später auch einlösen sollte. Man hatte alle Mühe, ihm beizubringen, daß er eine große Torheit begangen; er machte stets wieder dieselben Torheiten.

Ich meinerseits begab mich, nachdem ich eine schreckliche Nacht durchwacht hatte, zum Lever des Königs, nicht um mich dort zu zeigen, sondern um mich möglichst sicher und bequem mit Monsieur le Duc unterhalten zu können. Ich bedeutete ihm durch ein Zeichen, daß ich ihn zu sprechen wünschte, und sofort bahnte er sich einen Weg durch die Menge. Ich zog ihn in eine Fensternische und sagte ihm dort, ich wolle ihm nicht verhehlen, daß ich zu Tode betrübt sei, gleichviel dürfe er überzeugt sein, daß ich, wenn ich einen Premierminister hätte wählen müssen, keine andere Wahl getroffen hätte, worauf er mir mit vielen Freundschaftsbeteuerungen dankte.

Dann ging ich zur Duchesse de Sforza, mit der ich, obwohl ich die Duchesse d'Orléans, wie ich seinerzeit gesagt habe, seit langem nicht mehr besuchte, nach wie vor eng befreundet war. Ich sagte ihr, sie wisse, in welchem Verhältnis ich zu dieser Prinzessin stände; ich hätte durchaus nicht die Absicht, etwas daran zu ändern; hielte es jedoch bei diesem traurigen Anlaß für geboten, der Witwe des Duc d'Orléans meinen Beileidsbesuch zu machen; es sei mir übrigens vollkommen gleichgültig, ob sie mich empfangen wolle oder nicht, da mir das Bewußtsein genüge, meine Pflicht getan zu haben. Sie versicherte mir, die Duchesse d'Orléans würde sich gewiß sehr über meinen Besuch freuen, sie wolle mich sofort bei ihr melden. Da die Duchesse de Sforza unmittelbar neben der Duchesse d'Orléans wohnte, wartete ich ihre Rückkehr ab. Sie sagte mir, die Duchesse d'Orléans würde mich herzlich gern empfangen; ich begab mich also unverzüglich zu ihr. Sie lag in ihrem Bett, einige Damen, einige Höflinge und der Duc de Chartres weilten im Zimmer. Ihr Benehmen war so taktvoll, daß man es fast für Trauer halten konnte. Als ich mich ihr näherte, sprach sie von dem Unglück, das uns gemeinsam widerfahren sei; kein Wort über das, was zwischen ihr und mir stand; so hatte ich es mir ausbedungen. Der Duc de Chartres zog sich in seine Gemächer zurück. Ich beendete das mühsam sich hinschleppende Gespräch, sobald der Anstand es mir erlaubte.

Dann suchte ich den Duc de Chartres auf. Man sagte mir, er habe sich eingeschlossen. Ich kam im Laufe des Vormittags noch dreimal wieder. Beim letztenmal schämte sich der Erste Kammerdiener dann doch und meldete mich wider meinen Willen bei dem Prinzen. Er erschien auf der Schwelle seines Gemachs, in dem er mit irgendwelchen gewöhnlichen Leuten zusammensaß; das war genau die Sorte, die er brauchte. Ich sah mich einem störrischen, unzugänglichen Mann gegenüber, der keinerlei Trauer an den Tag legte. Ich sprach ihm laut und vernehmlich mein Beileid aus. Er hielt offensichtlich auch mich sowie den Duc de Noailles und den Duc de Guiche für irgendeinen Beutejäger und gab mir nicht die Ehre, auch nur ein Wort zu erwidern. Ich wartete ein paar Augenblicke, aber als ich sah, daß nichts aus diesem Ölgötzen herauskam, machte ich ihm meine Reverenz und zog mich zurück.

Am folgenden Tag begab sich die Duchesse de Saint-Simon nach Versailles, um dem König, der Duchesse d'Orléans und deren Sohn ihren Beileidsbesuch zu machen. Als Fleury hörte, daß sie für einen Tag nach Versailles gekommen war, suchte er sie alsbald auf. Aber so anerkennend er auch von mir und über mich sprach, glaubte sie doch zu verstehen, daß er mich lieber in Paris als in Versailles sähe. La Vrillière, der mich noch mehr fürchtete als Fleury, gab das, da er weniger klug und gewitzt war als jener, ganz unverblümt zu verstehen, was Mme. de Saint-Simon wegen seiner Undankbarkeit mir gegenüber besonders empörte. Dieser ärmliche Kriecher meinte Monsieur le Duc durch seine Dienstbeflissenheit eingewickelt und sich so sein Herzogspatent gesichert zu haben.

Ich begab mich nach Paris, fest entschlossen, vor dem neuen Herrn des Königreichs nur selten zu erscheinen, und nur wenn dringende Umstände und unerläßliche Schicklichkeit es erforderten. Das war ich mir und meiner Würde schuldig. Zu meinem Glück hatte ich die vollkommene Veränderung meiner Lage nie aus den Augen verloren. Denn, um die Wahrheit zu sagen, der Verlust des Duc de Bourgogne und all das, was ich in der Politik dann vor sich gehen sah, hatten mich, als ich dieses teuren Prinzen beraubt wurde, gegen jeden weiteren Verlust dieser Art unempfindlich gemacht. Ich war ebenso alt wie mein Vater, als dieser Ludwig XIII. verlor, das heißt, mein Vater war sechsunddreißig Jahre alt und sein König einundvierzig. Ich verlor mit siebenunddreißig einen Prinzen, der noch keine dreißig alt war; kurz bevor er den Thron hätte besteigen sollen, um Gerechtigkeit, Ordnung und Wahrheit wieder in die Welt einzuführen; und dann verlor ich den Regenten des Königreiches, mit dem ich, so wie wir miteinander standen, gut ein Jahrhundert hätte in Freundschaft leben können und der noch keine sechs Monate älter war als ich. Alles hatte mich darauf vorbereitet, mich selbst zu überleben, und ich habe versucht, daraus Nutzen zu ziehen.

Der Tod des Duc d'Orléans erregte im In- und Ausland große Bestürzung; aber das Ausland erwies dem Regenten weit mehr Gerechtigkeit und betrauerte ihn viel mehr als die Franzosen.

Obwohl auch die Ausländer seine Schwäche kannten und obwohl die Engländer diese hinlänglich ausgenutzt hatten, waren sie aufgrund ihrer Erfahrung von der Weite und Richtigkeit seiner Konzeption, von der Größe seines Genies, von seinen Plänen, seiner bemerkenswerten Hellsichtigkeit und seiner klug abwägenden Politik stets überzeugt. Der König, den die unwandelbare Ehrerbietung des Regenten, sein unablässiges Bemühen um ihn, seine Art, mit ihm zu reden und zu arbeiten, tief gerührt hatte, betrauerte ihn und war über seinen Tod sehr bestürzt.

Die überwiegende Mehrzahl des Hofes betrauerte den Regenten nicht, die einen, weil sie der Gegenkabale angehörten, die andern, weil sie sich von der Anstößigkeit seines Lebenswandels beleidigt fühlten. Alles Leute, die grundlos unzufrieden waren, ein Haufen Undankbarer, von denen die Welt voll ist und von denen es zumal an den Höfen wimmelt; Leute, die glaubten, sich von dem Nachfolger für ihr Fortkommen und ihre Pläne mehr versprechen zu können, und schließlich einer Menge neuigkeitsbesessener Dummköpfe.

Auf seiten der Kirche waren die Betbrüder und auch die Frommen froh, von dem Skandal, den seine Sitten, sowie von dem Beispiel, daß er den Libertins gab, befreit zu sein. Und die Jansenisten sowie die Anhänger der Konstitution fühlten sich aus Dummheit oder aus Ehrgeiz allesamt sehr getröstet.

Die untergründige und düstere Freude des Parlaments tat sich keinen Zwang an, nachdem es sich endlich von einer Regierung befreit sah, der es zwar so manches entrissen hatte, der indessen noch nicht das letzte abgetrotzt zu haben es nicht verwinden konnte, zumal es nicht vermocht hatte, seinen Status eines einfachen Gerichtshofes in den des Parlaments von England – mit dem Oberhaus unter seinem Joch, versteht sich – zu verwandeln.

Das Militär, fast in Gleichförmigkeit erstickt angesichts der Massenverleihung von Orden und Auszeichnungen, die für jedermann zu haben waren, und dennoch fast am Hungertuche nagend, denn die Solderhöhung blieb wirkungslos angesichts der erhöhten Kosten gerade für die lebensnotwendigsten Dinge – dieser für die Erhaltung des Staates so eminent wichtige Stand mußte ganz einfach in der Hoffnung auf Veränderung erleichtert aufseufzen.

Paris schließlich und die Provinzen, verzweifelt über die sinnlosen Finanzoperationen und das unaufhörliche Eintreiben allen Silbers, was in alle Familien Verwirrung trug, alle Vermögen ins Wanken brachte und zudem noch die Kosten ausnahmslos weiter steigerte – Paris und die Provinzen stöhnten seit langem schon nach einer Erlösung, die sie sich ebenso vergeblich wie zuversichtlich im Übermaß von Not und Sehnsucht ausmalten.

Eine derart auf die Spitze getriebene Situation war nicht danach angetan, die Öffentlichkeit zur Trauer über den Tod desjenigen zu bewegen, den sie als den Urheber allen Übels betrachtete.

Am Tag nach seinem Ableben wurde der Leichnam des Duc d'Orléans von Versailles nach Saint-Cloud übergeführt, und am Tag darauf begannen die Trauerfeierlichkeiten.

So bin ich denn endlich bis zu jenem Punkt gelangt, bis zu dem ich mir vorgenommen hatte diese Memoiren zu führen. Gute Memoiren kann es nur geben, wenn sie zugleich vollkommen wahr sind, und wahre gibt es nur, wenn sie von jemandem geschrieben sind, der die Dinge, die er beschreibt, selbst miterlebt und mitgestaltet oder zumindest von Leuten erfahren hat, die des höchsten Vertrauens würdig sind und die sie ihrerseits miterlebt und mitgestaltet haben; überdies muß der Memoirenschreiber die Wahrheit so sehr lieben, daß er bereit ist, ihr alles zu opfern. Für diesen letzten Punkt wage ich mir selbst das Zeugnis auszustellen und zu behaupten, daß keiner, der mich gekannt hat, dem widersprechen würde. Diese Wahrheitsliebe hat meinem Fortkommen sogar am meisten geschadet, habe ich doch die Wahrheit allem anderen vorgezogen und konnte mich zu keinerlei Verstellung verstehen; ich kann sogar sagen, daß ich die Wahrheit gegen mich selbst verteidigt habe. Sicher wird man in den Memoiren Entstellungen bemerken, Täuschungen, auf die ich hereingefallen bin, zuweilen sogar ganz grobe, weil ich durch eine Freundschaft oder durch das Wohl des Staates verführt wurde, dem ich rückhaltlos jeder anderen Art von Gesichtspunkt den Vorzug gab, und immer auch allem persönlichen Interesse.

Ein Wort noch zur Unparteilichkeit, diesem so wesentlichen und so schwer, ich möchte fast sagen unmöglich durchzuhaltenden Gesichtspunkt für jeden, der beschreibt, was er gesehen und miterlebt hat; man ist bezaubert von aufrechten und ehrlichen Leuten, man ist erbost über die Schurken, von denen die Höfe voll sind; noch mehr ist man es über diejenigen, die einem Böses angetan haben. Das Stoische ist eine schöne und eitle Schimäre. Ich blähe mich also nicht ob meiner Unparteilichkeit, es wäre vergebens. Man fände in diesen Memoiren alsbald heraus, ob ich von jemandem affiziert bin, daß sie das eine oder andere Mal frostiger sind bei Leuten, die mir gleichgültig sind, doch daß sie immer voller Anteilnahme sind für die Tugend und gegen Unehrbare, je nach dem Maß ihrer Laster oder ihrer Tugend. Dennoch würde ich mir zugute halten, daß das Gewebe dieser Memoiren all das bestätigen wird, daß ich gegenüber meinen Vorlieben und Abneigungen stets unendlich auf der Hut gewesen bin, daß ich nicht nur versucht habe, nichts zu überziehen, sondern nichts zu vergröbern und zu vergrößern, mich selbst zu vergessen, mir selbst zu mißtrauen wie einem Feind, genauestens Gerechtigkeit zu üben und in allem die reinste Wahrheit zum Vorschein zu bringen.

Was die Genauigkeit und die Wahrheit dessen anlangt, was ich erzähle, so geht ja aus diesen Memoiren bereits hervor, daß fast alles, woraus ich schöpfe, zuvor sozusagen durch meine Hände gegangen ist und daß alles übrige auf die Dinge zurückgeht, die ich von jenen erfahren habe, die die berichteten Ereignisse miterlebt haben. Ich nenne diese Personen namentlich, und ihr Name ebenso wie meine Verbindung zu ihnen ist über jeden Verdacht erhaben. Das weniger Gewisse nenne ich auch so, und was mir verborgen blieb schäme ich mich nicht zuzugeben. Auf diese Weise sind meine Memoiren aus erster Hand. Ihre Wahrheit, ihre Echtheit können nicht in Zweifel gezogen werden, und ich glaube sagen zu dürfen, daß es bislang noch kein Memoirenwerk gegeben hat, das so viele verschiedene Bereiche gründlicher und detaillierter behandelt hätte und ein lehrreicheres oder wissenswerteres Ganzes bildete.

Ich werde es nicht mehr erleben, was liegt daran; aber wenn diese Memoiren jemals das Licht der Welt erblicken, so werden sie gewißlich den stärksten Abscheu und Protest erregen. Schließlich ist ein jeder den Seinen verbunden, hängt seinen persönlichen Interessen und Ansprüchen, ja seinen Luftschlössern nach, und in alledem vermag man keinerlei Widerspruch zu ertragen. Ein Freund der Wahrheit ist man nur, solange sie einen in ein günstiges Licht rückt, und das ist bei alledem nur selten der Fall. Diejenigen, von denen man Gutes sagt, wissen einem keinen Dank: die Wahrheit erheischte es ja! Und die viel größere Zahl jener, von denen man nicht so spricht, geraten in um so größere Wut, je stärker das Schlechte durch Tatsachen erwiesen ist; und da zu jener Zeit, da ich schrieb, vor allem gegen Ende, alles zur Dekadenz, zur Wirrnis, zum Chaos strebte, das seither nur noch gewachsen ist, und diese Memoiren andererseits Ordnung, Regelhaftigkeit, Wahrheit und feste Prinzipien verkörpern und alles bloßlegen, was im Gegensatz zu ihnen steht, muß das Aufbegehren gegen diesen Spiegel der Wahrheit unweigerlich ganz allgemein sein. Sie sind ja auch nicht gemacht für jene Geißeln des Staatswesens, die es vergiften und in ihrem Wahnsinn, ihrem Eigennutz auf allen Wegen, die den Untergang zu beschleunigen vermögen, in den Abgrund hetzen, sondern für jene, die Aufklärung suchen, um solche Geißeln zu vermeiden; indessen gerade sie werden unglückseligerweise von den Mächtigen sorgsam beiseite geschoben, denn nichts fürchten diese mehr als die Aufklärung und als Männer, die allem Eigennutz entsagen – einzig zugunsten von Wahrheit, Gerechtigkeit, Vernunft, Ordnung und weiser Politik zum Wohle des Volkes allein.

Es bleibt mir noch eine Bemerkung anzuschließen über die Unterhaltungen, die ich mit vielen Leuten geführt habe, vor allem mit dem Duc de Bourgogne, dem Duc d'Orléans, M. de Beauvillier, den Ministern, einmal mit dem Duc du Maine, drei- oder viermal mit dem verstorbenen König, schließlich mit Monsieur le Duc und vielen hochmögenden Personen, auch über die Absichten, die ich dabei geäußert, angenommen oder bestritten habe. Es gibt in den Memoiren etliche solcher Gespräche, die ein Leser, der mich nicht kennt, begreiflicherweise versucht sein wird unter jene künstlichen Reden einzuordnen, wie sie die Historiker häufig Armeegeneralen, Gesandten, Senatoren, Verschwörern in den Mund legen, um ihre Bücher vermeintlich zu beleben. Ich kann hingegen mit allem Nachdruck bestätigen, und die Wahrheit lenkt mir dabei wie bisher meine Feder, daß jedes dieser Gespräche, die ich geführt und wiedergegeben habe, in meinen Memoiren mit der kleinlichsten Genauigkeit aufgezeichnet ist; und wenn ich mir irgend etwas vorzuwerfen hätte, dann höchstens den Umstand, daß ich meinen Anteil an den Gesprächen eher verkleinert als vergrößert habe, denn in der Erinnerung verliert sich manches, während man beim Sprechen, angeregt von Menschen und Dingen, viel lebhafter und kraftvoller argumentiert als bei der späteren Wiedergabe. Ich füge noch hinzu, daß wohl niemand, der mich gekannt und mit mir gelebt hat, irgendeinen Zweifel an der Treue meiner Berichterstattung hegen und mich nicht Zug um Zug darin wiedererkennen würde.

Ein Mangel an diesen Memoiren hat mir stets mißfallen: bei Beendigung seiner Lektüre verliert der Leser die Hauptpersonen aus den Augen, von denen am meisten die Rede war, während er doch sogleich wissen möchte, was aus ihnen geworden ist, ohne erst anderwärts suchen zu müssen, eine Mühewaltung, die die Trägheit auf Kosten der Neugier verbieten wird. Dem möchte ich noch abhelfen, so Gott mir die Zeit läßt. Das wird dann nicht mehr mit der gleichen Genauigkeit geschehen können wie zu der Zeit, da ich noch mitten im politischen Leben stand. Zwar hat mir der Kardinal Fleury nichts verborgen, wenn ich etwas über die auswärtigen Angelegenheiten zu wissen begehrte, ja er selbst fing sogar fast immer als erster davon zu reden an, auch über einige Affären bei Hofe, ich selbst jedoch verfolgte alles das meinerseits so lässig und gleichgültig, und mehr noch im Hinblick auf die Minister und andere Eingeweihte, zudem mit so großen Unterbrechungen, daß ich allen Anlaß habe zu befürchten, dieses Supplement zu meinen

Memoiren werde äußerst langweilig, schlecht unterrichtet und ganz anders wirken als das, was ich bis jetzt zu Papier gebracht habe. Immerhin, man wird wenigstens sehen, was aus den Personen geworden ist, die in den Memoiren aufgetreten sind, und das ist mein ganzes Ziel bis zum Tode des Kardinals Fleury.

Vielleicht noch ein Wort zum Stil? Über seine Nachlässigkeit, die Wiederholung zu nahe beieinander stehender Wörter, mitunter von allzu gehäuft auftretenden Synonymen, vor allem über die Undurchsichtigkeit, die oft mit der Länge der Sätze sich einschleicht? Über Wiederholungen? Diese Mängel waren mir bewußt; sie zu vermeiden war unmöglich, stets vom Gegenstand mitgerissen, weniger bedacht auf die Art seiner Wiedergabe als darauf, ihn genau zu erklären. Ich habe mich nie akademisch gemessen bewegen, nie dem Schnellschreiben entsagen können. Wollte ich meinen Stil korrigieren und dadurch aufpolieren, müßte ich das ganze Werk umschmelzen, und diese Arbeit überstiege meine Kräfte; sie wäre unter Umständen auch umsonst. Um das Geschriebene gut korrigieren, muß man gut schreiben können; man wird unschwer erkennen, daß ich mich dessen nicht habe rühmen können. Nur an Genauigkeit und Wahrheit habe ich gedacht, und ich wage zu behaupten, daß sich die eine wie die andere eng miteinander verwoben in meinen Memoiren finden, daß sie deren Gesetz und deren Seele sind und daß der Stil zu ihren Gunsten wohlwollende Nachsicht verdient. Und die wird er um so nötiger haben, als ich für die in Aussicht genommene Fortsetzung keinen besseren versprechen kann.

Gonzague Truc:
Saint-Simon im Spiegel der Kritik
(Zur Rezeptionsgeschichte der Memoiren von Saint-Simon)*

I. Saint-Simon. – Leben und Charakter. – II. Memoiren: Abfassung, Inhalt, historischer Wert. – III. Saint-Simons Kunst und die Nachwelt. – IV. Textgeschichte.

I. Saint-Simon, jene bedeutende Persönlichkeit, die sich selbst noch viel mehr Bedeutung beimaß, wurde in der Nacht vom 15. auf den 16. Januar 1675 in einem Haus an der Stelle der jetzigen Nummer 48 in der Rue des Saints-Pères geboren. Er war das einzige Kind aus der zweiten Ehe des Claude de Saint-Simon mit Charlotte de l'Aubespine. Aus der ersten Ehe stammten eine mit dem Duc de Brissac verheiratete Tochter und zwei früh verstorbene Kinder. Saint-Simon wurde am 29. Juni des gleichen Jahres getauft; Paten waren der König und die Königin. Er erhielt den Namen Louis de Rouvroy sowie den Titel eines Vidame de Chartres.

Seine wahrhaft erstaunliche Diskretion, was das Alter seines Hauses und den Ursprung seines Adels angeht, auf den er ansonsten doch so großen Wert legte, ist oft bemerkt worden, und tatsächlich war diesem Adelsgeschlecht bislang noch keine Glanzrolle beschieden gewesen. Kühne und nur allzu eigennützige Genealogen mögen bis auf Karl den Großen zurückgegriffen haben. Die Edition Boislisle ist vorsichtig genug, erst von Mathieu de Rouvroy, genannt der Einäugige, auszugehen, der Herr auf Plessier-sur-Saint-Just und Coivret war und gegen 1370 als Gatte von Marguerite, Dame de Saint-Simon et d'Estouilly, gestorben ist. Der herzögliche Zweig stammt von Gilles her, Seigneur de Rasse, du Plessis-Choisel und anderen Ländereien, Kammerherr Karls IV., der 1477 als Gemahl von Jeanne de Flocques de Grumesnil gestorben ist.

Aber das große Vermögen der Saint-Simon geht auf den Vater des Memoirenschreibers, Claude, zurück, den Günstling Ludwigs XIII., der seine Gunst ziemlich wenig heroischen Umständen verdankte. Sein Sohn weiß zu berichten, er habe, schon im Dienst des Königs stehend, für diesen einen Trick erfunden,

---

* Text aus: Gonzague Truc, Introduction. In: Saint-Simon, Mémoires. (Band I, Paris 1953) S. I–XXXIII. Mit freundlicher Genehmigung der Editions Gallimard (Paris). © Editions Gallimard 1947. Übersetzt von Erika Höhnisch.

wie man auf der Jagd leichter und schneller das Pferd wechseln kann. Tallemant schreibt weit ungenierter, der Fürst habe ihn deshalb gemocht, weil er sich aufs Weidwerk gut verstand und »nicht ins Horn sabberte, wenn er es für den König trug«. In jedem Falle machte ihn der König zu seinem Vertrauten und beschenkte ihn überreichlich. Er ernannte ihn zum Großjägermeister bei der Wolfsjagd, zum Ersten Kammerherrn, Mitglied in seinem Rat, Ordensritter und Herzog und gab ihm die Statthalterschaft von Meulan und von Blaye. Auch die reichlich freizügigen Ratschläge, die Saint-Simon dem König erteilte, als dieser verliebt war, wurden ihm verziehen.

Saint-Simons Vater war neunundsechzig Jahre alt, als dieser Sohn geboren wurde, ein nicht unwesentliches Faktum, das sich auf die physische und psychische Konstitution unseres Memoirenschreibers prägend auswirkte. Unter alten Leuten erzogen, übernahm Saint-Simon deren Sorgen, Anliegen und Vorurteile, ja selbst deren Sprache. Sein Vater hatte sich in politisch schwierigen Zeiten zwar klug durchzuschlängeln verstanden, doch nicht gezögert, den Glanz seines Standes zu verteidigen, so daß ihn die Herzöge und Pairs 1660 zu ihrem Sprecher bei der Verteidigung ihrer bedrohten Privilegien erwählten. Zu diesem Zweck hat er sogar ein Memorandum verfaßt. Damit war die Berufung des Sohnes vorgezeichnet. Zudem mußte sich dieser der Führung einer ziemlich herrschsüchtigen Mutter unterwerfen, die sich in diesem Punkt ihr Leben lang treu blieb. Chéruel schreibt, Saint-Simon habe sich noch mit fast fünfzig Jahren als Mitglied des Regentschaftsrates der Autorität jener Charlotte de l'Aubespine gebeugt, als diese gegen den Willen Saint-Simons und seiner Frau die Heirat ihrer Enkelin mit dem Comte de Chimay betrieb. Er selbst schreibt darüber ganz knapp: »Meine Mutter war anderer Meinung und daran gewöhnt, die Entscheidungen zu treffen.«

Er erhielt eine nicht gerade außergewöhnliche, aber gründliche, vielleicht etwas strenge Erziehung. Als er noch keine neun Jahre zählte, überreichte ihm sein Erzieher, ein René de Gogue, Sieur de Saint-Jean, zu seinem Namenstag eine »Instruktion«, in der er ihn an seine Pflichten erinnerte und hinzufügte: »Sie neigen zum Jähzorn: bemühen Sie sich, ihn zu mäßigen und sanftmütig zu werden. Denken Sie immer daran, daß, wenn Sie Ihre Leute schlagen, Sie sich selbst ein viel größeres Unrecht zufügen als jenen Schmerzen.« Gut gesagt, aber vielleicht weniger gut befolgt, zumindest was die Sanftmut angeht.

Als Schüler machte er Fortschritte, wenn auch ohne Begeisterung für die Sache. Immerhin konnte er Latein genug, um später anläßlich seiner Gesandtschaft in Spanien unvorbereitet auf eine Rede in dieser Sprache zu antworten. Eines jedoch ist signifikant: sobald er lesen konnte, stopfte er sich mit Geschichte voll, las alles, was ihm in die Hände fiel, Memoiren und Traktate. Für die Wissenschaften hatte er wenig Neigung. Die einzige, in der er sich hervortat, war die genealogische, und man muß ihn einfach über das Kornblumenblau im Wappen derer von Bar haben reden hören!

Im christlichen Glauben erzogen und stets ein praktizierender Katholik war er doch dem Salbungsvoll-Mystischen eher abhold und faßte die theologischen

Streitigkeiten seiner Epoche nicht als Theologe auf. Indessen hatte er in einem Jesuiten, dem Pater Sanadon, einen ausgezeichneten Beichtvater, und schon frühzeitig machte er die Bekanntschaft des Abtes von La Trappe, Rancé, der ihm einen starken Eindruck hinterließ. Diese Bekanntschaft sollte er hinfort stetig vertiefen und dem Abt eine immerwährende Verehrung und Freundschaft bewahren.

Als Jüngling trat er in die Ritterakademie ein, das heißt in die Reitschule. 1691 – mit sechzehn Jahren – wurde er bei Hofe vorgestellt, und der König ließ ihn trotz seines kleinen Wuchses bei seinen grauen Musketieren zu, die sonst nur ausgesprochen schöne Mannsbilder aufnahmen. Und er machte einen Feldzug mit. Im Gefolge des Hofes erlebte er die Belagerung von Namur. 1693 kaufte er dann eine Kavalleriekompanie des Royal-Roussillon und nahm an der Schlacht von Neerwinden teil, die siegreich für den Duc de Luxembourg ausging. Er wurde zum Regimentsobersten ernannt, was etwa dem heutigen französischen Kolonelsgrad entspricht. Aus seinem eigenen Bericht über seine Soldatenzeit im Felde geht hervor, daß er dieses Leben im Feldlager zwar ohne große Begeisterung mitgemacht hat, daß es ihm indessen auch nicht unbedingt mißfiel. Die Militärlaufbahn schlug er jedoch nicht ein. 1702 reichte er seinen Abschied ein. Als Vorwand diente eine angeblich widerrechtlich nicht erfolgte Beförderung: als er an der Reihe war, wurde er nicht zum »Brigadier« ernannt. Der König mochte solche Abtrünnigen nicht und ließ es auch später noch gelegentlich spüren.

Von nun an hat Saint-Simon keine eigene Geschichte mehr, oder vielmehr: seine Geschichte ist die eines Höflings. Er macht alle Bewegungen des Hofes mit und folgt pünktlich dem Stundenplan, findet sich am Morgen beim Lever ein, steht Spalier, wenn der König sich zur Messe oder in den Conseil begibt, ist bei den Spaziergängen dabei, auf der Jagd und abends beim Coucher, wo er mitunter die Ehre hat, den Leuchter zu halten. Er fährt mit nach Fontainebleau und gehört zu den Auserwählten für Marly. Auf dem Gipfel dieser Gunst wird ihm 1710, nachdem er solange nur Leihwohnungen innehatte, ein Appartement in Versailles zuteil. Zu handeln hat er wenig Gelegenheit, aber er beobachtet.

Es geziemte sich für ihn zu heiraten, und zuerst dachte er an eine der Töchter des Duc de Beauvillier. Als nun keine frei war, hielt er sich an Gabrielle de Durfort, die älteste Tochter des Marschalls de Lorge, den Neffen Turennes. Er heiratete sie am 8. April 1695. Es war keine Liebesheirat, aber die Verbindung war dauerhaft, und es stellte sich eine starke innerliche Beziehung ein.

Bevor sich für ihn dann andere Zukunftsaussichten abzeichneten, wurde sein Leben eigentlich nur durch jene Rangstreitigkeiten bewegt, in die er sich mit aller Leidenschaft stürzte. Er war die Hauptfigur in jenem Prozeß, der im Jahre 1693 aus eben diesem Anlaß die Herzöge und den Marschall de Luxembourg vor den Schranken des Gerichts sah. Er machte sich M. le Grand, das heißt Louis de Lorraine, zum Feind, als er sich bei einer ähnlichen Gelegenheit unerschrocken gegen diesen großen Günstling auflehnte. Die Princesse de Lorraine und die Princesse de Bouillon weigerten sich beide, bei der königlichen Messe die Almosen einzusammeln, was als ein Privileg galt. Die Herzoginnen wollten ihrem Beispiel folgen. Daraufhin befahl der König M. le Grand, er möge seine Tochter umstimmen. M. le Grand gehorchte auch, ließ sich aber die Gelegenheit nicht entgehen, seinen eigenen Eifer hervorzukehren und gleichzeitig Saint-Simon eins auszuwischen, der die Affäre angezettelt haben sollte. Der Monarch war ungehalten über diesen rückfällig gewordenen Störenfried und mehr als einmal nahe daran, ihn hart zu bestrafen. Er beschuldigte ihn, »nur an Rangfragen zu denken und aller Welt einen Prozeß anzuhängen«, und sagte zu Saint-Simon, als dieser sich über üble Nachrede beschwerte: »Aber, Monsieur, Sie reden und tadeln doch auch; daher kommt es, daß man auch über Sie Schlechtes spricht . . .« Saint-Simon zog sich durch ein paar direkte und freimütige Worte aus der Affäre. Ludwig XIV. trug es ihm nicht allzusehr nach, allerdings kann man auch kaum behaupten, daß er ihm besondere Sympathie entgegenbrachte.

Indessen traten Ereignisse ein, die ihm bislang unerwartete Möglichkeiten eröffneten. 1711 stirbt der Dauphin, und der Duc de Bourgogne, zu dessen engstem Kreis Saint-Simon gehört, wird seinerseits Dauphin. Ein Jahr später stirbt auch der Duc de Bourgogne, und Saint-Simon verliert überdies seine verläßlichsten Freunde, die Herzöge de Beauvillier und de Chevreuse, den Kanzler Pontchartrain, der sich von den Geschäften zurückzieht, Chamillart, der in Ungnade fällt, und den Marschall de Boufflers. Es bleibt ihm der Duc d'Orléans, der ihm charakterlich so fern steht und mit dem ihn dennoch eine einzigartige und unerschütterliche Zuneigung verbindet. Doch der Duc d'Orléans wird bis aufs Messer bekämpft und steht in völligem Mißkredit. Der König weiß Saint-Simon indessen Dank dafür, daß er Orléans ein guter Berater ist, und spendet ihm Beifall, als es ihm gelingt, den Herzog zur Aufgabe seines skandalösen Verhältnisses mit Mme. d'Argenton zu bewegen. Schließlich verschwindet Ludwig XIV. 1715 von der Szene, und der neue Herr ist der Duc d'Orléans! Welch ungeheure Schicksalswende!

Saint-Simon war diesen neuen Umständen nicht gewachsen, und es wurde nur allzu deutlich, daß seine ganze Politik aus seiner Adelsmanie bestand, die eben nicht einherging mit einer – unterdessen auch unhaltbar gewordenen – Auffassung vom Adel als einer moralisch besonders hochstehenden Klasse. Das hatte man klar erkennen können, als er – unter die Ratgeber des Duc de Bourgogne berufen – alles seiner eigenen Schimäre unterordnete und die zukünftigen Räte mit Präsidenten aus dem Hochadel unter Ausschluß der Habenichtse besetzt sehen wollte. Und eben solche Räte wurden auf sein Betreiben eingerichtet, als sein Freund Philippe d'Orléans zur Macht kam, und der wichtigste darunter war der Regentschaftsrat, in dem auch Saint-Simon seinen Platz hatte. Die Erfahrungen waren durchschlagend: diese Institution mußte nach drei Jahren aufgelöst werden.

Wenn Saint-Simon zur Aktion schritt, war seine persönliche Betroffenheit unverkennbar. Seine Feinde wurden nicht geschont. So lud er das Unrecht auf sich, den Sohn seines Freundes Pontchartrain zu vertreiben, der ihm mit einer amtlichen Maßnahme in seiner Statthalterschaft Blaye Schaden zugefügt hatte;

auch an den Noailles ließ er sich aus – wieder wegen Adelsstreitigkeiten. Seine entfesselte Wut gegen die Bastarde verzeiht man noch eher, wenn auch die unerbittliche Grausamkeit erschreckt, mit der er ihrer Enteignung und ihrer Demütigung – zuerst in jener Parlamentssitzung, wo man am 2. September 1715 Ludwigs XIV. Testament annullierte, dann vor Gericht, als im August 1718 ihre Degradierung ausgesprochen wurde – Vorschub leistete. Dasselbe Ungestüm kennzeichnete auch des weiteren seine Ratschläge, die weder sonderlich weise noch sonderlich angebracht waren. So schlug er den Staatsbankrott als rettendes Mittel vor, verlangte, daß man dem Duc und der Duchesse du Maine nach der Verschwörung von Cellamare den Prozeß machte, widersetzte sich der Rückberufung der Protestanten, veranlaßte den Erzbischof von Paris, sich gegen den Papst aufzulehnen und wegen der Bulle Unigenitus das Konzil anzurufen. Besser beraten war er, als er sich für Spanien und gegen die Allianz mit England aussprach und sich als unermüdlicher Feind Dubois' erwies, der aber trotzdem triumphierte. Seine größte Sorge war aber auch weiterhin sein Rang, und inmitten so großer politischer Schwierigkeiten legte er dem Regenten ein Memorandum über die den Herzögen und Pairs unter der früheren Regierung entzogenen Prärogativen vor, deren Rückerstattung trotz ausdrücklicher Versprechen nicht erfolgt war. Das Schriftstück war ungezeichnet, doch schnell hatte man den Verfasser erraten. »Umsonst«, so schrieb ein Widersacher, »distanziert sich der Duc de Saint-Simon von diesem Memorandum. Sein Stil: lakonisch, trocken, hart, sprudelnd und unbedacht ähnelt ihm zu sehr, als daß man sich irren könnte.«

Im übrigen aber war er ehrlich und vollkommen uneigennützig, was man in seinem Leben immer wieder feststellen kann. Vergeblich bot ihm Law die Aktien seiner Handelsgesellschaft gratis an. Er verzichtete darauf, die Siegel zu übernehmen oder den Platz des Königlichen Erziehers. Alles was er annahm, war jene Gesandtschaft nach Spanien, ein reiner Ehrenauftrag.

Der Tod des Regenten im Jahre 1723 bedeutet für Saint-Simon das Ende seiner öffentlichen Karriere. Er hatte nichts dabei gewonnen, dem hellen Rampenlicht ausgesetzt zu sein. Man hatte in ihm in erster Linie den fordernden und intransigenten Adligen gesehen, und seine beiden Söhne, die in einem ungeheuren Dünkel wetteiferten, waren nicht dazu angetan, sein Ansehen zu verbessern. Gemeinsam griff man sie an, verspottete sie in Chansons, nannte ihn einen »Knirps« oder »Zwerg«, einen »Schelm« und »Taugenichts«, ja einen »Hasenfuß«. Er brachte für diese verächtlichen Dinge nur Verachtung auf, und sie versöhnten ihn nicht gerade mit seiner Zeit.

Der nunmehr zum Staatschef gewordene Minister, der Duc de Bourbon, begegnete ihm zunächst nicht sonderlich abweisend. Schon bald aber ließ man ihn spüren, daß seine Anwesenheit bei Hofe wenig Gefallen erregte. So zog er sich denn vom Hofe zurück und lebte hinfort bald in Paris, Rue Saint-Dominique, bald in seinem Schloß La Ferté-Vidame bei Chartres, das ihm in seiner feudalen Atmosphäre angemessener erschien.

Im Jahre 1743 verlor er seine Frau, ein herber Verlust. Er wünschte sich für sie eine Grabplatte, auf der stehen sollte, welche »unvergleichlichen Tugenden sie besaß, ihre ein Leben lang unwandelbare Frömmigkeit, ihre Wahrhaftigkeit, Einfachheit, Beständigkeit, ihr Gleichmaß, ihr zuverlässiges, bewundernswertes und einmalig liebenswertes Wesen, das sie für alle, die sie gekannt haben, zu einem Gegenstand der Wonne und Verehrung machte«. Daß er es ehrlich meinte und recht hatte, konnte man später nur allzu deutlich an dem Chaos erkennen, in das seine privaten Angelegenheiten gerieten. Kurz vor seinem Tode verfügte er, daß man ihrer beider Särge mit einer Eisenkramme zusammenfügen sollte. Zusammen wurden sie auch 1794, als das Volk ihre Särge plünderte, in ein Massengrab geworfen.

An seinen Kindern, die von Geburt an bösartig waren und es auch blieben, hatte er wenig Freude – eine fast mißgestaltete Tochter und zwei Söhne, die noch kleiner waren als er und allgemein »die zwei Pintscher« hießen. Ein gewisser Trost war es ihm, sie gut verheiratet zu wissen. Seine Tochter heiratete 1723 den Prince de Chimay, sein Ältester, der Duc de Ruffec, 1727 die Princesse de Bournonville, Tochter des Marschalls de Gramont und Nichte des Duc de Noailles, sein Jüngster 1723 die Witwe des Marquis de Maisons. Den ältesten Sohn verlor er 1746, den jüngsten – den Marquis de Ruffec – 1754 nach einer langen grausamen Krankheit. Seine Enkelin hat 1794 den Sohn des Duc de Valentinois geheiratet.

Von seinen letzten Lebensjahren ist wenig bekannt. Wie wir wissen, dachte er an eine Fortsetzung seiner Memoiren. Er hatte die Beziehungen zu den Marschällen Coigny und Brancas ebensowenig abreißen lassen wie die zum Duc de Luynes und dem Generalprokurator beim Parlament, Joly de Fleury. Am 2. März 1755 starb Saint-Simon mit achtzig Jahren. Zur allgemeinen Überraschung ergab sich in seiner Hinterlassenschaft ein Defizit, während noch das beim Tode seiner Frau erstellte Inventar eine Rente von 173 000 Livres auswies. Ein weiterer Beweis für die kluge Haushaltsführung der Mme. de Saint-Simon, an die seine eigene nicht heranreichte.

Saint-Simon war körperlich ein kleiner Mann, fast muß man sagen: ein sehr kleiner Mann, mit lebhaftem Blick, eckigen Gesichtszügen, abrupten Gesten, schriller, etwas scharfer Stimme, würdig zwar im Auftreten, doch wenig imponierend und feierlich; sein Äußeres muß in ziemlich auffälligem Gegensatz zu seinem Rang, seinen Forderungen und Ansprüchen sowie auch zu seinem echten moralischen Wert gestanden haben. Die Maler hat er nicht eben inspiriert, seine Ikonographie weist lediglich einen zweifellos falschen und zudem mittelmäßigen Van Loo auf, dazu das Porträt in der Saint-Simon-Ausgabe von Chéruel.

Bei der moralischen Würdigung Saint-Simons muß man sich vor Übertreibungen hüten, zu denen seine eigenen verleiten könnten. Daß er sensibel, leicht erregbar und leidenschaftlich war, ist nur allzu gewiß. Wir haben schon gesehen, wozu ihn diese Leidenschaft unter Umständen hinreißen konnte, wenn er ihr frönen durfte. Das ging bis zur reinsten Grausamkeit, und wir müssen hier wie stets jene erstaunlichen Zeilen zitieren – nichts könnte deutlicher Zeugnis ablegen –, in denen er sich, mindestens in diesem Punkt, voll und ganz selbst darstellt:

»Derart gezügelt, voller gespanntester Aufmerksamkeit die Luft all derer atmend, die mich umgaben, aller Vorgänge und meiner selbst klar bewußt, unbeweglich, an meinen Sitz geheftet, meinen Körper vollkommen in der Gewalt, durchdrungen von allem, was einem die Freude am spürbarsten und lebendigsten zu machen vermag, durchdrungen auch von einem geradezu körperlichen Aufruhr, einer im Übermaß und dauernd ersehnten Wollust, schwitzte ich vor Angst wegen des Zwanges, den ich meinem Überschwang auferlegte, und selbst diese Angst noch war von einer Wollust, wie ich sie nie vorher oder nachher empfunden habe. Wie sehr sind doch die Freuden der Sinne jenen des Geistes unterlegen, und wie wahr ist es, daß sich die Proportionen der Leiden an den sie beendenden Freuden bemessen!«

Wie sehr sind doch die Freuden der Sinne jenen des Geistes unterlegen!... Wir sollten diese Worte im Ohr behalten. Saint-Simon ist keineswegs sinnlich veranlagt gewesen, und Frauen scheinen in seinem Leben keine Rolle gespielt zu haben. Indessen gibt es eine Sinnenhaftigkeit, die mit dem Körperlichen nichts mehr zu tun hat und dennoch um nichts lebhafter ist. Ein Philosoph genießt seine Ideen in vollen Zügen; Eifersucht, Ehrgeiz und Haß sind Leidenschaften, die sich auf einer anderen als der materiellen Ebene Befriedigung verschaffen; und in den Memoiren lesen wir, daß Mme. de Nemours den Prince de Conti ihre Überlegenheit »mit der ganzen Wollust von Verdruß und Rache« spüren ließ. Eben diese Wollust verspürte auch Saint-Simon mehr als einmal in seinem Leben. Seine Sinnlichkeit war eher noch geistiger als seelischer Natur. Sie war deshalb nicht weniger erregbar oder verwundbar, doch nahm sie eine etwas hysterische Färbung an, als sie sich auf jenen eitlen Streit um die gesellschaftliche Rangfolge kaprizierte.

Saint-Simon war indessen weder ein Ehrgeizling noch ein Dummkopf. Wie wir sahen, arbeitete er sich nicht etwa in die eigene Tasche, als er gegen die Usurpatoren zu Felde zog oder sich der Aufgabe verschrieb, jene zu erniedrigen, die seiner Meinung nach im Übermaß erhöht worden waren. Indessen erträumte er nicht etwa die Rückkehr zum Feudalismus. Es ist immer wieder bemerkt worden, daß er Richelieu dazu beglückwünschte, »die Autorität der Großen gebrochen zu haben, die jene des Königs überschattete und verdüsterte, und sie auf ihr rechtes Maß zurückgeführt zu haben, auf Ehren und Auszeichnungen«... Eben jenes Maß sieht er in der Folgezeit immer mehr schwinden. Und da an seine Stelle immer mehr die Schnörkel der Etikette treten, braucht man sich auch gar nicht zu wundern, wenn er sich mit diesen Schnörkeln identifiziert, so daß er nicht mehr schlafen kann, wenn er daran denkt, daß der Erste Präsident beim Parlament seine »Mütze« vor einfachen Richtern zieht, sich gleichzeitig aber weigert, dieselbe Ehre den Herzögen und Pairs zu erweisen.

Dabei war er selbst erst nach dem Tode seines Vaters Herzog geworden, und seine Schwiegermutter war recht mittelmäßiger Herkunft. Vielleicht wurde ihm darum diese jüngst erworbene Würde nur um so teurer. Jedenfalls ist in diesen bis zur Lächerlichkeit getriebenen Streitigkeiten keinerlei niedrige Gesinnung zu erkennen, und selbst in dem besonderen Haß, mit dem er die Bastarde verfolgte, spürt man so etwas wie Würde und die echte Entrüstung eines Edelmannes.

Sieht man ab von diesen Auswüchsen, für die man ihn jedoch auch nicht vorschnell entschuldigen sollte, war er das genaue und vollkommene Bild eines Edelmannes seiner Zeit. Zwar irrt er sich manchmal in den Personen, ist ungenau und ungerecht, und Geschichten, die ihm zupasse kommen, nimmt er allzu leicht auf, doch niemals ertappt man ihn bei einer Lüge oder einer Verleumdung. Und wenn ihm die Leidenschaft die Perspektiven verschiebt, macht er echte Anstrengungen, sich an die wahren Gegebenheiten zu halten. Er blickt um sich, beobachtet, verschafft sich Unterlagen. Es ist nicht allein seine Schuld, wenn sich sein Blick, derart gereizt, mitunter verwirrt und wenn er seine Unterlagen etwas zu vorschnell nutzt.

Seine Feinde wußte er zu hassen, seine Freunde zu lieben, und auf den Umgang mit ihm war Verlaß. In seiner Zuneigung muß er sogar zu besonders feinfühligen Aufmerksamkeiten fähig gewesen sein; denken wir nur daran, mit welch ergreifender Erfindungsgabe er heimlich durch Rigaud ein Porträt von Rancé anfertigen läßt! Zwar kommt er seinen Höflingspflichten bei Ludwig XIV. emsig nach, doch ein Schmeichler ist er gewiß nicht gewesen. Er bewahrt diesem König gegenüber die Treue, obwohl er sein Tun mißbilligt, denn er verehrt in ihm das Königtum an sich. Seine Anwesenheit bei Hofe entspringt zunächst seinem Pflichtbewußtsein. Sein Vorwurf gegen Ludwig XIV.: er lege zu wenig Wert auf Größe, umgebe sich in eben seiner Größe mit zu schlechtem Umgang und kompromittiere sich und sie mit der »gemeinen Bourgeoisie« ...

Er ist ein Grandseigneur, und er urteilt auch als Grandseigneur, was weder Gerechtigkeit noch Einfachheit ausschließt. Er verweigert niemand Achtung und Wertschätzung, vorausgesetzt, ein jeder hält sich an seinen Platz im sozialen Gefüge, so wie er selbst das auch tut. Nur auf das Laster hat er es abgesehen, auf das Verbrechen und auf jene, die sich ihm auf dem Wege über Titel, Macht und Anmaßung anheimgeben.

Ohne es zu ahnen, ist er ein großer Schriftsteller, und das findet in seiner intellektuellen und psychischen Haltung keinerlei Niederschlag. Bei all seiner etwas speziellen historischen Gelehrsamkeit zeigt er doch nur gewöhnlichen Geschmack an Dingen des Geistes, und für Racine verblaßt der Autor sehr schnell vor dem Vertrauten Ludwigs XIV., der ihn am meisten interessiert. Über sein Genie erfahren wir auf anderem Wege.

Aus alledem hat sich das Bild eines Menschen geformt, eines zutiefst achtbaren Menschen, mit all seinen Tugenden und all seinen Grenzen und mit seinem ureigensten Daimon, wenn man so sagen darf. Sainte-Beuve hat ihn seiner Gewohnheit gemäß in wenigen entschiedenen Zeilen charakterisiert:

»Saint-Simon«, schreibt er, »... war aufs ganze gesehen kein absolut überragender Mann, denn trotz seiner überragenden Geistesgaben und besonderen Talente hat er das Ganze doch nicht beherrschen, nicht gliedern können noch seinen Ansichten die Proportion und Harmonie verliehen, die Eitelkeit und Vorurteil den ihnen gebührenden Platz zuweisen und dafür den Verstand leuchten lassen. Er war irgendwie das Opfer seiner selbst, seiner Instinkte und Talente; doch erstrahlen diese darob nur um so wunderbarer und seltsamer ...«

Was man für eine abschließende Beurteilung Saint-Simons und seines Werkes vor allem berücksichtigen muß, ist jene schier unglaubliche Fähigkeit zu sehen, die aus seinem Temperament im Verein mit seiner Leidenschaft resultiert. Sie ist es, die es ihm ermöglicht hat, in unauslöschlichen Pinselstrichen die Züge einer Gesellschaft festzuhalten; es ist dies ein Sehen, das ganz auf den Menschen beschränkt ist – alles was die Natur angeht, ausgenommen die moralische Natur, bleibt fast überall unbeachtet –, aber es ist bis aufs Äußerste getrieben, noch die feinsten Anzeichen werden registriert, auch die skurrilsten, wenn sie den Seelengrund verraten. Wir haben es hier mit einem seltenen und glücklichen Zusammentreffen der innersten Anlagen eines Wesens und der äußeren Umstände zu tun, die es jenen gestatten, zutage zu treten, und so muß man sich letztlich dazu beglückwünschen, daß Saint-Simon Herzog und Pair und zudem von der Adelsmanie besessen war, die uns so lächerlich dünkt – denn sonst wäre er eben nicht Saint-Simon.

II. – Saint-Simon gibt uns selbst ein Datum an für den Beginn seiner Memoiren. Es war, schreibt er, »im Juli 1694, als ich Regimentsoberst im Feldlager von Ginsheim bei der vom Marschall de Lorge befehligten Armee war«. Er war also neunzehn Jahre alt. Wie war dieser Vorsatz in ihm entstanden, oder vielmehr welche Umstände bestimmten ihn endgültig dazu, denn an sich war er ja selbst durch seine bekannte Vorliebe für die Historie schon geneigt genug, Memoiren zu schreiben? Angeblich war die Lektüre der Memoiren von Bassompierre, die so ganz anders sind, als die seinen es werden sollten, der ausschlaggebende Faktor. Außer einer Ermunterung fand er in ihnen auch einen Hinweis. Bassompierre sagt nämlich von diesem *Journal de ma vie*, das nicht früh genug begonnen zu haben er an dieser Stelle bedauert: »Es hätte mir sonst als künstliches Gedächtnis dienen können, nicht nur was die Orte angeht, durch die ich gekommen bin, als ich reiste, Gesandtschaften nachging, im Kriege war, sondern auch hinsichtlich der Personen, die ich dabei getroffen habe, meiner privaten und öffentlichen Handlungen und der bedeutendsten Ereignisse, die ich miterlebt habe oder von denen ich gehört habe, eine Kenntnis, die heute für mich sehr nützlich, und eine Erinnerung, die mir lieb und teuer wäre.« Saint-Simon wollte sich ein gleiches Bedauern ersparen und setzte das Programm in die Tat um.

Sicher ist, daß er damals anfing, ein paar Fragmente zu redigieren. Fünf Jahre später, also 1699, wendet er sich, von Skrupeln gepackt, an Rancé, macht ihm Mitteilung von seinem Unternehmen und legt ihm ein zweifellos recht lebendiges Textstück vor, denn es ist der Bericht über den Prozeß der Herzöge und Pairs gegen Luxembourg. Zuvörderst aber ist er dabei, Material zu sammeln und sich seiner verschiedensten Informationsquellen zu versichern.

Die erste Quelle – und die Hauptquelle – ist die direkte Beobachtung, der er mit solchem Eifer nachgeht, daß sich seine Freude hieran verrät. Unermüdlich ist er überall zugegen, beobachtet er alles, fragt er jeden aus; seine Gesprächspartner heizt er vorsichtig an, bis sie mitteilsam werden, er hat gewisse Listen zur Hand, – die reinsten Reportertricks. Er nimmt von seinen großen Freunden – Chevreuse, Beauvillier, Chamillart –, was er nur kriegen kann, doch sie sind häufig, sei es aus natürlicher Diskretion, sei es wegen des Berufsgeheimnisses, recht widerspenstig. Er wendet sich an Pontchartrain, an Torcy, an den Pater Tellier, auch an den Chirurgen Mareschal, an Bontemps, den Kammerdiener, an die Bediensteten im Schloß. Er schwänzelt um die Frauen herum, aber eben aus jenem anderen Motiv. »Im allgemeinen beschloß ich meinen Tag damit«, schreibt Saint-Simon, »daß ich zwischen elf Uhr und Mitternacht die Töchter Chamillarts zu einem Schwatz aufsuchte, wobei ich oft genug etwas erfuhr.« Er stürzt sich auf Reisende, sobald sie von ihrer Reise zurück sind, und sobald wie irgend möglich informiert er sich bei Leuten, denen irgend etwas Besonderes zugestoßen ist, direkt nach dem Vorgefallenen. Als er Louville, der aus Spanien zurückkam, auf diese Weise dingfest gemacht hatte, nahm er ihn mit auf einen Spaziergang und ließ ihn nicht wieder los. »Ich stellte ihm so viele Fragen«, fügt er hinzu, »daß er völlig die Stimme verlor und zu Hause kein Wort mehr sprechen konnte.« Weiter kann man wohl kaum gehen.

Neben so drängenden und lebendigen Befragungen verblaßt natürlich jede andere Art von Dokumentation. Doch bei allem, was er dem gesprochenen Wort abgewinnt, vernachlässigt Saint-Simon keineswegs das geschriebene Dokument. Er hinterläßt 98 Aktenbündel, die er selbst mit den verschiedensten Aufschriften versehen hat. Hier nur die bezeichnendsten: Königskrönungen, feierliche Entrées und Empfänge, Hochzeiten, Geburten, Feste, Audienzen ... Rang und Vorrang der Souveräne, Ritterorden, Einrichtung von Pairschaften. Hinzu kommen weitere Dokumentensammlungen über andere Gegenstände, dann die 37 Folio-Bände des mit Anmerkungen versehenen *Journal* von Dangeau. Das Ganze beläuft sich, wenn man die elf handschriftlichen Bände seiner eigenen Memoiren mitzählt, auf insgesamt 277 Bände, Bündel und Akten. Mit seinen unveröffentlichten Werken hat man allein eine achtbändige Oktavausgabe füllen können, und doch muß sehr viel verlorengegangen sein, denn von seiner Korrespondenz ist so gut wie gar nichts mehr vorhanden. Ein weiteres Zeichen seines Eifers: er läßt die Register des Zeremonienmeisters Dreux-Brézé kopieren, und anläßlich der Thronbesteigung Philipps V. in Spanien weist er selbst auf »die Arbeiten hin, die er über die Namen und Wappen der großen Familien des Landes verfaßt hat«.

Wir sehen Saint-Simon also direkt vor Ort. Wie verhält er sich? Er meditiert, braut zusammen, bringt Ordnung in das umfängliche Material, macht Zusätze. Art und Ton mögen durchaus bestimmt worden sein durch das *Journal* Dangeaus, das ihm der Duc de Luynes 1730 zustellte.

Dangeau und sein *Journal* sind ein Begriff. Dangeau ist ein Edelmann mittleren Herkommens, dem seine Gewandtheit beim Spiel, seine Weltläufigkeit, seine Gefälligkeit und seine reichlich mit Lobhudelei versetzte Treue die königliche Gunst eintrugen. Jede Stunde des täglichen Lebens bei Hofe ist ihm geläufig; er ist bei allen Ereignissen, allen Festen zugegen; der König gewährt ihm Zutritt zu seinem intimsten Lebensbereich, seinem Leben mit den Mätressen, wobei er ihn als Mittler benutzt. Dieser Höfling führt genau Buch, Tag für Tag, über alles, was er sieht und hört und was sich abspielt. Er gefällt sich im Detail, noch in der geringsten Kleinigkeit. Man begreift wohl, wie wertvoll er für den Historiker ist. Für Saint-Simon ist er es ganz bestimmt, denn er greift auf dessen Chronologie, Rahmen und Informationen zurück, behilft sich manchmal damit und kopiert ihn zuweilen. Doch bedient er sich des *Journal* durchaus auf seine eigene Weise, und die Art, in der er es zuvor mit Randglossen versehen hat, besonders die allzu liebenswürdigen und allzu platten Seiten, zeigen seine ganze Verachtung und die Gefühle, die sie in ihm wachrufen. Dangeau gießt nämlich sein Wohlwollen über alles und alle aus, ist jedermanns Freund, vor allem der Freund der Freunde seines Herrn, und Feind nur dessen Feinden. Saint-Simon huscht darüber, und mit einem Federstrich rückt er etwas gerade, urteilt und verurteilt er. »Letzte Nacht starb der Comte de Gramont in Paris«, schreibt Dangeau am 30. Januar 1707; da wirft Saint-Simon am Rande unter anderen Schmähungen hin, Gramont sei ein alter Taugenichts und Speichellecker bei Hof und in der Gesellschaft gewesen. In zwei vorsichtigen Zeilen entwirft Dangeau so etwas wie das Totengebet für Mme. de Maintenon: »Sie war eine Frau von so außerordentlichen Verdiensten, die, als sie in Gunst stand, soviel Gutes getan und soviel Schlechtes verhindert hat, daß man gar nicht genug darüber sagen kann.« Immerhin geht es um Mme. de Maintenon, und da platzt Saint-Simon: »Das heißt«, korrigiert er, »abgeschmackt und schmutzig, ja stinkend aus vollem Halse lügen.« Das ist der Ton.

Dieses *Journal* – das von 1684 bis 1720 reicht – vor Augen, dazu noch andere Dokumente, die er mit der gleichen Leidenschaft interpretiert, sowie seine eigenen Notizen, vor allem aber aus seinen Erinnerungen schöpfend, beginnt Saint-Simon mit der Redaktion seiner Memoiren. Einige Berichte darin kann man auf das Jahr 1691 zurückdatieren, aber erst 1739 erfolgt die endgültige Zusammenstellung und die regelmäßige Arbeit daran. Sie setzt sich bis 1749 fort, mit einer Unterbrechung von mehreren Monaten nach dem Tode seiner Frau.

Bevor wir diese Arbeit beurteilen, wollen wir uns zunächst ein Bild davon machen, was ihr Urheber selbst darüber dachte, was er – zumindest seiner Absicht nach – damit bezweckte. Saint-Simon, dem man den Titel eines Historikers so oft streitig gemacht hat, will selbst durchaus ein solcher sein und macht sich eine hohe Vorstellung von der Geschichte. In seinen merkwürdigen Vorbemerkungen, die er 1743 geschrieben hat und in denen er sich, wiewohl lebhaft und pittoresk, doch sehr ernst gibt, rechtfertigt er zuerst die Gattung, und es ist keineswegs als Scherz aufzufassen, wenn er sich, um seine Memoiren zu legitimieren, auf den Heiligen Geist beruft, der die Heilige Schrift diktiert hat. Hernach stellt er Maximen auf, legt seine Methode fest und seine Regeln – Regeln, wie sie die moderne Wissenschaft ebenso mit größter Strenge vorschreibt und die auch seiner Meinung nach nur ein Ziel haben dürfen: die Wahrheit ans Licht zu bringen. An eben diesen Prinzipien mißt er bei Beendigung seines Werkes im Jahre 1749 das Ergebnis und mißbilligt es nicht. »So bin ich nun endlich bis zu jenem Punkt gelangt, bis zu dem ich mir vorgenommen hatte diese Memoiren zu führen. Gute Memoiren kann es nur geben, wenn sie zugleich vollkommen wahr sind, und wahre gibt es nur, wenn sie von jemandem geschrieben sind, der die Dinge, die er beschreibt, selbst miterlebt und mitgestaltet oder zumindest von Leuten erfahren hat, die des höchsten Vertrauens würdig sind und die sie ihrerseits miterlebt und mitgestaltet haben; überdies muß der Memoirenschreiber die Wahrheit so sehr lieben, daß er bereit ist, ihr alles zu opfern. Für diesen letzten Punkt wage ich mir selbst das Zeugnis auszustellen und zu behaupten, daß keiner, der mich gekannt hat, dem widersprechen würde.« Selbst die Unparteilichkeit gesteht er sich ohne Umschweife zu und behauptet, er sei gegen seine Vorlieben und Abneigungen unendlich auf der Hut gewesen. Und als er über Form und Inhalt redet, heißt es: »Nur an Genauigkeit und Wahrheit habe ich gedacht, und ich wage zu behaupten, daß sich die eine wie die andere eng miteinander verwoben in meinen Memoiren finden, daß sie deren Gesetz und deren Seele sind und daß der Stil zu ihren Gunsten wohlwollende Nachsicht verdient.«

Die Nachwelt hat einige Schwierigkeiten gehabt, diese Befriedigung zu teilen, und das Urteil, das sie über ihn als Historiker gefällt hat, ist eher ungünstig gewesen. Chéruel, der ihn am eingehendsten studiert hat und ihm nicht abgeneigt gegenübertrat, meinte seine lange Untersuchung in diesen Worten resümieren zu dürfen:

»Die Mängel sind so zahlreich wie die Meriten: Saint-Simon versteht sich weder auf die Kriegskunst noch auf die Politik. Frankreich reduziert sich für ihn auf den Adel, der Adel wiederum auf Herzöge und Pairs, und diese auf Louis de Rouvroi, Nachkomme Karls des Großen über die Grafen Vermandois. Sein Patriotismus ist aufrichtig, aber höchst seltsam; von den Generalständen, der Bourgeoisie, dem Volk und der Beamtenschaft nimmt er keinerlei Notiz. Er sieht nur den Mißbrauch der monarchischen Einheit. Mit seinem Haß verfolgt er sowohl Staatssekretäre, Instrumente des Despotismus, wie Parlamente, die das Königtum repräsentieren – und auf der königlichen Lilie thronen. Alle Schöpfungen einer Regierung, die sich ganz allmählich aus den Fängen des Feudaladels befreit hat, um zur Einheit zu gelangen, erscheinen ihm lediglich als unerträgliche Usurpation gegenüber der Autorität der Herzöge und Pairs. Er gefällt sich darin, die Mängel eines Königtums aufzuzählen, wie es am Ende einer langen Phase des Despotismus dasteht. Als er aber selbst zur Macht gelangt, ist er unfähig, diese Regierungsform durch eine andere zu ersetzen: der fehlgeschlagene Versuch einer Räteregierung zur Zeit der Régence belegt seine politische Unfähigkeit zur Genüge. – Ein Schriftsteller, der weder die traditionelle Politik Frankreichs noch sein militärisches Genie verstanden hat, kann kein Historiker sein.«

Damit ist eine Debatte eröffnet, in der man unseren Herzog und Pair nur allzu leicht in Verlegenheit bringen kann, womit allerdings noch gar nichts gegen seine Wahrhaftigkeit gesagt ist, denn schließlich kann er ja genau sein, auch wenn er anfechtbare Ideen äußert. Aber auch in diesem Punkt der Aufrichtigkeit und der Gerechtigkeit ist Chéruel ein strenger Richter und legt einen ganzen Katalog von Ungerechtigkeiten und Irrtümern vor. Er hat keine große Mühe, ihn auf frischer

Tat zu ertappen oder Übertreibungen festzustellen, zu denen ihn seine Leidenschaftlichkeit getrieben hat. Chéruel hebt Saint-Simons erbitterte Feindschaft gegen Mazarin hervor, dem er letzten Endes sogar vorwirft, die Fronde angezettelt zu haben, und dabei stellt er ihm in seiner Böswilligkeit auch noch Anne d'Autriche an die Seite, und das alles, weil Claude de Saint-Simon, sein Vater, Schwierigkeiten mit beiden hatte. Chéruel zeigt auch, daß er, ebenfalls aus persönlichen Motiven, gegen Louvois und die Präsidenten Lamoignon und Novion zu Felde zieht; und an die ständige Wut gegen Mme. de Maintenon braucht er nur beiläufig zu erinnern. Er macht darauf aufmerksam, mit welcher Leichtigkeit Saint-Simon beim Tode von Madame die These von ihrer Vergiftung aufgreift, eine häßliche Beschuldigung gegen Genlis und Barbezieux, denen man einen Verrat zur Last legt, demzufolge »Barcelona Spanien erhalten geblieben« sein soll. Chéruel widerspricht Saint-Simon bei manchen Tatsachen unter Anführung eines anderen zeitgenössischen Zeugnisses, der Briefe nämlich jener Liselotte von der Pfalz, die ihm eigentlich aus den gleichen Gründen charakterlich mindestens genauso suspekt hätte erscheinen müssen. Am Beispiel Chavignys versucht er die von ihm gebrandmarkte Verfahrensweise so zu definieren:

»Es kann einem«, schreibt er, als er die wenigen Zeilen der Zusätze zum *Journal* Dangeaus über Chavigny mit den entsprechenden Seiten in den Memoiren Saint-Simons vergleicht, »unmöglich das Verfahren Saint-Simons entgehen: er betont das Detail der Erzählung und vertieft Züge, die kaum angedeutet waren. Mitunter reißt ihn dieses Erweiterungsverfahren zum Gebrauch von Ausdrücken hin, deren offensichtliche Übertreibung und Heftigkeit uns vor diesem Historiker auf der Hut sein lassen. In der Randnotiz zu Dangeaus *Journal* ist nur von einer absichtlichen Unterlassung Chavignys die Rede. Die Memoiren aber sprechen von seinem »Verbrechen« und stellen ihn als »viel zu gemein« dar, als daß ein Claude de Saint-Simon sich an ihm rächen könnte. Hier ertappen wir den Autor *in flagranti,* denn diese Erweiterung ist überdies lügenhaft.«

Diesen Punkten der Anklage stand zu allen Zeiten ein Plädoyer gegenüber, und wir wollen diese Texte der Reihe nach durchgehen:

»Saint-Simon«, schreibt Sainte-Beuve, »will die Wahrheit sagen; er glaubt sie auch zu sagen, er sucht sie und gibt sich alle Mühe von der Welt, sie zu finden. Doch seine Informationen täuschen ihn, die Leidenschaftlichkeit reißt ihn hin, sein Koloristentemperament geht mit ihm durch, und schon haben wir die übertriebene Pinselführung und materielle Irrtümer, wie sie notwendigerweise Memoiren enthalten müssen, die nicht auf der Grundlage von Quellenmaterial entstehen, sondern nach Notizen und Ondits geschrieben sind ...«

Und dennoch: und sei die Wahrheit auch derart entstellt, daß man sie nicht wiedererkennt, empfängt sie dann nicht eine andere Art von Leben, das an die Stelle der Genauigkeit tritt? Prägt sich einem das Bild nicht in so ergreifender Weise ein, daß es endlich viel mehr Erleuchtung bringt als das präzise, trockene Dokument? Retten Talent und Genie nicht vor dem Tatsachenirrtum, vor dem Exzeß der Feder, oder vielmehr: erbringen sie nicht eine wunderbare Kompensation? Die Minuziosität des Protokolls ist das eine, das andere aber ist die Kraft des Sehens, und man sollte zwischen ihnen keine Hierarchie errichten, die nur enttäuschen kann. Es ist eben ganz und gar nicht wahr, daß die eine auf die andere folgen muß. Ein solches Talent kennt gegenüber der exakten Information und gestrengen Rechtsauffassung seine eigenen Rechte, seine Intuitionen und Wunder. Und dieses Talent allein verleiht jenen seelenlosen Texten, die es zum Quell seiner Inspiration erwählt, so etwas wie Leben, selbst wenn es sie mißdeutet. Saint-Simon hat in Wirklichkeit in einer bestimmten Parlamentssitzung gar nicht so geredet, wie er behauptet? Aber: »Was nimmt er nicht alles auf den Bänken um sich her wahr, was liest er nicht alles aus den Falten auf einer Stirn, aus jener Vielzahl von Masken heraus, in denen zu lesen die Natur ihm gegeben hatte? Auf diese Weise verleiht er allem, was er sieht und später beschreibt, jenes Unvergleichliche: Leben, Gesicht, Feuer.« Sainte-Beuve fährt fort und zitiert aus einem schönen Porträt La Feuillades: »Ich weiß nicht«, fügt er hinzu, »ob das die historische Wahrheit ist, eins aber steht fest: es ist wirkliche, großartige Geschichte!« Zuvor schon hatte er sich zusammenfassend so geäußert: ». . . auch wenn man Chéruel in allen Punkten recht gegeben hat . . . ändert sich nichts am Verdienst Saint-Simons. Er ist und bleibt Saint-Simon, der wunderbarste aller Porträtmaler, der König einer jeden historischen Galerie!«

Was sollen nun wir, als unparteiische Zuschauer, die Zeit und Erfahrung geläutert haben, über Saint-Simon sagen? Sieht man von allem Wohlwollen ab, so ist festzustellen, daß er ganz offensichtlich nicht über die ganze Breite der Informationen verfügt wie ein moderner Historiker noch über die Methoden der Quellenkritik, die heute angewendet werden. Er nimmt alles, wie es sich ihm bietet, ohne große Nachprüfung. Was er gern glauben möchte, glaubt er nur allzu schnell und macht keinerlei Anstalten, einen Irrtum aufzudecken. Und das Material, das er gesammelt hat oder das er ganz beiläufig benutzt, behandelt er nicht gerade vorurteilsfrei oder bedachtsam, sondern mit ziemlicher Ungeniertheit; mitunter bringt er alles durcheinander oder setzt diese Materialien ganz einfach so, wie sie sind, da ein, wo sie sich am besten machen. Dangeau folgt er nicht nur im chronologischen Aufbau, man trifft auch auf wortwörtliche Anleihen. Emile Bourgeois hat in einer kurzen bemerkenswerten Studie gezeigt, auf welche Art Saint-Simon sich die Papiere Torcys anverwandelt hat. Er entnimmt ihnen nicht nur Material nach Belieben, es kommt auch vor, »daß der Text der Memoiren letzten Endes Torcys Text ist, nicht etwa in überarbeiteter oder gekürzter Form, sondern einfach in Ausschnitten eingefügt.« Nach 1715 soll Torcy das *Journal* Dangeaus für Saint-Simon ersetzt haben, und selbst da, wo man unter Umständen über Saint-Simons Sprache sich verbreitet, handelt es sich in Wahrheit um Torcys.

Boislisle rechtfertigt die mannigfaltigen Fehler Saint-Simons, den er verehrt, mit historischen Unzulänglichkeiten. Er erinnert an Montalembert, der von der Notwendigkeit sprach, »den gewissenhaften Leser vor den Irrtümern Saint-Simons, was Tatsachen und Urteile angeht, zu warnen, Irrtümer, von denen die Memoiren nur so wimmeln.« Und die Maßnahmen, die er selbst ergreift, um sich zu schützen, verdeutlichen sein Gefühl für diese Gefahr.

Soll man noch weiter gehen und Saint-Simon, nachdem man ihm die historische Strenge und Unparteilichkeit abgesprochen hat, auch noch jene Tiefgründigkeit und jenen Sinn fürs Allgemeine rauben, die den wahren Historiker ausmachen? Er selbst gibt uns hierauf eine Antwort. Er hat uns mit seinem *Vergleich der drei Bourbonenkönige*, der über den Memoiren allzu leicht vergessen wird, obwohl sich darin, dem Ton und dem Umfang des Gegenstandes angemessen, sein ganzes Talent und seine Verve wiederfinden, ein Buch hinterlassen, das man der Vergleichenden Geschichte zurechnen möchte, ein Werk, in dem er sich sowohl über Charaktere wie über zusammenhängende Ereignisse äußern mußte. Gewiß, auch hier enthüllt seine Absicht eben seine Grenzen, denn er unternimmt diesen Vergleich mit dem Ziel, den letzten dieser Könige, Ludwig XIV. nämlich, den beiden anderen, also Ludwig XIII. – vor allem diesem – und Heinrich IV., zu opfern. Indessen entbehrt das von ihm gezeichnete Porträt keineswegs der Frische, ist sogar äußerst genau und verrät den erfahrenen Blick des Moralisten. Und so offenkundig die apologetische Absicht bei Ludwig XIII. auch ist, das Bild, das Saint-Simon von diesem Fürsten zeichnet, entspricht ganz und gar nicht dem traditionell überlieferten; es könnte der Wahrheit viel näher sein, wer weiß? Zwar tut er sich schwerer mit Ludwig XIV., will ihn stets so sehen, wie er ihn sich zurechtgemacht hat, doch gelingt es ihm nicht zu verbergen, daß er von ihm eigentlich unterjocht war. Er diffamiert ihn, ohne sein Bild zu fälschen, beläßt ihm seine Größe. Ebenso verhält es sich mit der Bedeutung des Richelieuschen Werkes, die er durchaus wahrnimmt, wiewohl er diesen Minister nicht ausstehen kann. Über die Aufhebung des Edikts von Nantes schreibt er – nachträglich zwar, als die Auswirkungen schon bekannt waren – Seiten, die ganz dem Urteil der Nachwelt entsprechen. Überdies schreibt er die Kriege jener Epoche der Notwendigkeit zu, in der sich Louvois befand, seinen Ruf zu untermauern – und in den Memoiren bringt er einen dieser Kriege gar mit der Geradlinigkeit einer Fensterflucht in Zusammenhang. Nein, an Intelligenz mangelt es ihm wahrlich nicht. Nur läßt er sich allzu leicht von einer zügellosen Leidenschaftlichkeit hinreißen, will immer richtige, abgeklärte, majestätische Urteile fällen.

Er ist kein Historiker, sondern ein Historienmaler, und hebt ihn das nicht über alle Historiker hinaus? Was ist die Historie? Wir haben sie zu einer Wissenschaft machen, mit den Methoden der Naturwissenschaften ausstatten wollen, mindestens aber sie der strengsten Kontrolle zu unterwerfen, sie soweit als möglich von unseren wechselnden Stimmungen, unseren Vorurteilen, Interessen und Wunschvorstellungen zu lösen gesucht, ihr nur mit größter Reserve und äußerster Vorsicht gestattet, über das Dokument hinwegzudenken. Aber könnte man sie sich nicht ebenso vernünftigerweise als eine Kunst vorstellen und sie in der Aktion und der Tradition eines Michelet wiederfinden, in einer lebendigen wogenden »Auferstehung« der Vergangenheit? Sollte das »Historienbild« denn nicht Historie sein, der »Historienmaler« kein Historiker? Saint-Simon ist kein Michelet. Er besitzt eine andere Art von Genauigkeit, eine andere Art von Leben. Er gerät nicht ins Schwärmen, hüllt Menschen und Ereignisketten nicht in lyrischen Parteiensingsang. Aber gerade das Leben ist es, und zwar das leidenschaftlich erlebte Leben, das er zum Prinzip und zur Substanz seines Werkes erhebt. Dafür bringt er vielleicht nicht die Gelehrsamkeit und die Fähigkeiten mit, die unsere Professoren verlangen würden, doch diesen Mangel macht er wieder wett: durch seine Sehkraft und eben seine Leidenschaftlichkeit. Er ist kein so guter Politiker, daß er über Politik urteilen könnte – weder über Innen- noch über Außenpolitik – genaugenommen schert er sich recht wenig darum; er ist auch nicht Theologe genug, um den religiösen Affären der Zeit als Theologe zu begegnen, selbst bei der Genealogie irrt er zuweilen – wo er doch Spezialist zu sein schien. Das alles aber hindert ihn nicht, uns vom Hof Ludwigs XIV. ein Bild zu entwerfen, das wir so nirgends sonst vorgefunden hätten und dessen Fehlen eine Lücke gerissen hätte, die durch nichts zu schließen wäre; oder Fénelon in einem unvergleichlichen Porträt vor unseren Augen erstehen zu lassen und selbst Prozessen und adlige Vorrangstreitigkeiten noch die Spannung großer Kriminalprozesse zu verleihen.

So bringt er also in die Geschichte jene Urtugend der Historie wie jeder anderen geistigen Disziplin ein, die wir schon früher benannt haben: Leben. Wenn wir Chéruels und andere Aufzählungen aller Übertreibungen und Irrtümer Saint-Simons gelesen haben, müssen wir uns allerdings davor hüten anzunehmen, sein Urteil sei stets gleichbleibend falsch und zügellos. Nicht auf jeder Seite kann Boislisle derartige Irrtümer anzeigen, und wenn, so betreffen sie zumeist Detailfragen. Selbst bei seinen schlimmsten Ungerechtigkeiten und den grausamsten Verurteilungen gelingt ihm nie die vollständige Täuschung des Lesers; immer läßt er irgend etwas – häufig das Wichtigste – vom Wesen jenes Unglücklichen durchschimmern, den er aburteilt. Zwar liebt er Ludwig XIV. ganz und gar nicht und verübelt es ihm außerordentlich, daß er den Adel derart reduziert hat, daß er von Bürgerlichen regiert wird – und dennoch: Ludwig XIV. geht aus allen Schmähungen so hervor, wie er wirklich war, umgeben von einem Hauch der Größe. Zwar verfolgt er Mme. de Maintenon mit frenetischem Haß, doch selbst ihre besten Freunde kommen nicht umhin zuzugeben, daß sich in der scheußlichen Fratze, die ihnen vorgeführt wird, gewisse Züge der Ähnlichkeit finden . . . So sehr hat das Auge seine Sicht bestimmt.

Und im Laufe der Memoiren kommt es sogar vor, daß Saint-Simon gleichgültig ist oder wohlwollend. Die Vorteile sind dann auf seiner Seite, sein auf Milde gestimmtes Genie übt sich im Wahren, und er gibt sich seinem Naturell hin, das eben keineswegs schlecht ist. Wenn ihm auch der Haß, und der gestillte Haß, eine derartige Szene diktiert wie die der Entmachtung der Bastarde, wenn ihn auch eine allzu lebhafte Neugier und nur unzureichend gezähmte Hoffnungen Versailles beim Tode des ersten Dauphin so sehen lassen, wie er es gesehen hat und wie er es auch uns sehen läßt, so findet er doch, um von seinen Freunden oder von seinen Freundschaften zu sprechen, oder von einfachen Leuten, die ihre Meriten haben und die er zu schätzen weiß, stets den rechten Ausdruck, der ihm sowohl wie seinen Modellen alle Ehre macht. Man erinnere sich nur der behutsamen Art, in der er Rancé dazu bringt, sich von Rigaud porträtieren zu lassen.

Solche Aspekte und solche Töne nimmt die Geschichte also bei Saint-Simon an. Man findet die Lektüre nicht immer gleichermaßen kurzweilig, denn oft genug treten genealogische Forschungen auf, lange Ausführungen über Rangfolge und Etikette, die einen entschieden mehr langweilen als den Autor. Selten aber schwinden Vergnügen und Neugier gänzlich, ja es ist geradezu wunderbar, daß Menschen, die längst zu Staub geworden sind, daß Ereignisse einer längst vergangenen Epoche und Interessen, die wir uns kaum mit Phantasie noch vergegenwärtigen können, uns heute noch mit solcher Macht zu berühren vermögen. Es ist dies die doppelte Wirkung einer ungewöhnlich originellen Sensibilität einerseits und jener Kunst andererseits, der wir uns nun zuwenden wollen.

III. Von alledem, was Saint-Simon sich – und auch nur für sein Nachleben – erhofft hat, wurde ihm gerade das am reichlichsten zuteil, was er wahrscheinlich am wenigsten erwartet und am wenigsten gewünscht hätte. Er erträumte sich, ein Zeugnis zu hinterlassen, und zwar ein seiner Meinung nach gerechtes, wenn auch oft rächendes Zeugnis dessen, was er gesehen oder erfahren hatte, und dabei kümmerte er sich weit mehr darum, was er zu sagen hatte, als um die Art, es auszudrücken. Der ausgesprochen literarische Ruhm war also seine letzte Sorge. Gerade der aber ist ihm beschieden gewesen, und man kann heute nicht einmal ermessen, ob es ihn nicht, wenn er das ganze Ausmaß dieses Nachruhms sähe, höchlichst verdrießen würde, den Schriftstellern – und seien es die großen – eher zugeordnet zu werden als den Historikern.

In dieser Hinsicht nimmt er eine Sonderstellung innerhalb der Literatur ein, und das liegt an seiner Einmaligkeit und dem Gebrauch einer Sprache, die nur ihm zu eigen sein soll und der er eine unverwechselbare Besonderheit gegeben hat. Diese Besonderheit und eine gewisse Unzulänglichkeit fielen ihm selber auf, und er meinte sich dafür entschuldigen zu müssen. Insofern war er hierin sein erster Richter. In seinen letzten Zeilen schreibt er: »Vielleicht noch ein Wort zum Stil? Über seine Nachlässigkeit, die Wiederholung zu nahe beieinander stehender Wörter, mitunter von allzu gehäuft auftretenden Synonymen, vor allem über die Undurchsichtigkeit, die oft mit der Länge der Sätze sich einschleicht? Über Wiederholungen? Diese Mängel waren mir bewußt; sie zu vermeiden war unmöglich, stets vom Gegenstand mitgerissen, weniger bedacht auf die Art seiner Wiedergabe als darauf, ihn genau zu erklären. Ich habe mich nie akademisch gemessen bewegen, nie dem Schnellschreiben entsagen können. Wollte ich meinen Stil korrigieren und dadurch aufpolieren, müßte ich das ganze Werk umschmelzen, und diese Arbeit überstiege meine Kräfte; sie wäre unter Umständen auch umsonst. Um das Geschriebene gut korrigieren, muß man gut schreiben können; man wird unschwer erkennen, daß ich mich dessen nicht habe rühmen können.«

Das heißt sich selbst recht gut kennen, die Natur seiner Schwächen sowie deren Ursprung und Kompensation wahrnehmen und ihnen keine übermäßige Bedeutung beimessen –, sich einfach als Weltmann entschuldigen, nicht vom Fach zu sein! Sollen wir das so hinnehmen? Sollte dieser große Künstler wirklich keinerlei Sorgfalt auf seinen Stil verwandt, ja kaum Kenntnis von den Mitteln und Kunstgriffen des Literaten gehabt haben? »Ich bin kein Akademiker«, schreibt er. Das wollen wir gern glauben. »Ich kann mich nicht rühmen, gut zu schreiben«, fügt er hinzu, und tatsächlich, er schreibt nicht immer gut, wenn »gut schreiben« die korrekte Anwendung der Grammatik beinhaltet. Allein, schon bei seiner Selbstkritik legt er den Finger direkt auf die Wunde; er redigiert früher geschriebene Stücke später neu und weiß sie zu verbessern; er stellt seine Bilder und Charaktere im besten Licht dar, in ihrer klarsten Zeichnung, in ihren lebhaftesten Farben. Viele Seiten von Saint-Simon sind wahre Meisterwerke, sowohl was die Disposition des Ganzen angeht wie im Hinblick auf das pittoreske Detail. Gelingt einem das auch ohne Kunst oder durch unbewußte Kunst?

Prüfen wir also zuerst den Grundbaustoff des Werkes, die Sprache in ihrer Struktur, Vokabular und Syntax. Dabei wird uns die wertvolle Studie von Pierre Adam über die Sprache Saint-Simons in den Memoiren gute Dienste leisten.

Was einem an dieser Sprache sofort auffällt, ist ihr anachronistischer Charakter. In dem Moment, da Saint-Simon die Redaktion seiner Memoiren beginnt, ist er – auch wenn man die Tatsache unberücksichtigt läßt, daß er frühere Notizen und Redaktionen benutzt – mit seinen achtundvierzig Jahren ein »fertiger« Mann, was Sprache und Geist angeht. Demnach gehört er weit mehr dem Jahrhundert Ludwigs XIV. an als dem Ludwigs XV., und auf Grund seiner frühesten Erziehung, die man ihm stets anmerkte, reicht er sogar in jene erste Regierungszeit Ludwigs XIV. zurück, die so schnell altmodisch wirkte. Das bleibt nicht ohne Folgen für sein Vokabular. So können wir 1720 Wörter feststellen, die nicht nur für uns, sondern damals schon veraltet waren, ebenso aber Neologismen, die eben auftauchten und Fuß fassen konnten. Eine Sache für sich sind persönliche Wendungen des Autors, selbst einzelne Ausdrücke, die sich als zu individuell nicht halten konnten.

Pierre Adam erstellt einen ganzen Katalog charakteristischer Vokabeln. Er weist auf eine Eigenart Saint-Simons hin; den ziemlich freien und etwas übermäßigen Gebrauch von Wortkompositionen durch Ableitung vom Adjektiv oder vom Verbum. Er entlehnt einen Teil seines Vokabulars aus den verschiedensten Disziplinen und Institutionen, der großen Gesellschaft ebenso wie den Künsten, dem Krieg, der Marine, der Jagd, der Wappenkunde usw. Adam untersucht die Originalität der Stilfiguren, und was sie über die Sensibilität und Vorstellungswelt des Autors verraten. Wir können dem hier nicht im Detail nachgehen. Was indessen aus dieser Untersuchung hervorgeht, ist ein verbaler Reichtum ganz eigener Prägung und das Sich-Bestätigen eines Geistes und eines Wortes, die dem Konkreten wunderbar nahe sind.

Pierre Adam widmet sich der Syntax Saint-Simons weniger eingehend als dem Vokabular, und vielleicht unterstreicht er deshalb nicht nachdrücklich genug jenen Hang zum Elliptischen, der für Saint-Simons Stil charakteristisch ist, ja geradezu dessen Definition und Originalität, Kraft und Farbigkeit ausmacht, wiewohl er auch seine Unbequemlichkeiten und Schwächen, ja seine Entgleisungen hat. Hier nur ein Beispiel: so heißt es von M. de Beauvillier: »der vertrauliche

Augenblicke und allein beim König verbrachte«, statt: »wo er allein mit ihm blieb«.

Diese Stilfigur, die Ellipse, ist das Charakteristikum von Saint-Simons Schreibweise, so etwas wie ein »unveränderliches Kennzeichen« bei der Personenbeschreibung. Mehr noch als alles andere eignet sie sich für den hastigen, stets fieberhaft hochgepeitschten Rhythmus des Denkens und Fühlens. Sie ermöglicht und begünstigt jenes Abgehackte, das Brodeln und Sprudeln der Sprache, jene Verkürzungen, die einen mitunter stören, oft genug aber gerade einem plötzlich eintretenden Umstand seine Konturen verleihen.

Diese Art des Schreibens schließt jedes Polieren von Sätzen aus, das nur dazu diente, sie gerundeter erscheinen zu lassen. Saint-Simon ist nun einmal kein geduldig am Detail feilender Geistesarbeiter. »Er schreibt auf Teufel komm raus für die Nachwelt«, notiert Chateaubriand, und diese pointierte Formulierung hat man später nur allzu oft und allzu gern wiederholt. Indessen ist sie weit origineller als richtig zu nennen. Saint-Simon schreibt nämlich nicht »auf Teufel komm raus«. Er weiß genau, was er sagt, tut und bezweckt; er korrigiert, verdichtet und verstärkt, und wenn er sich gehenläßt, so geschieht das zugunsten eines Ungestüms, das indessen viel zu komponiert ist, um an Saint-Simons Unbeteiligtsein glauben zu machen. Er arbeitet also durchaus an seinem Produkt, doch ist das Ziel größere Durchschlagskraft und größeres Gewicht, und nicht eine grammatikalische Exaktheit, an der zu feilen ihn angeödet hätte.

So schreibt Pierre Adam: »Saint-Simons Verdienst ist es, die Sprache seiner Zeit ohne übermäßige Retouchen benutzt zu haben, das heißt ohne sie literarisch zu präparieren, was notwendigerweise zu einer sofortigen Verarmung hätte führen müssen.« Das ist gewiß richtig – doch nicht das einzige Verdienst Saint-Simons, und das kommt in diesen Zeilen nicht genügend zum Ausdruck. Seine Kunst ist nämlich in gewisser Weise instinktiv und spontan geblieben, verschont zum Glück von aller literarischen Skrupelhaftigkeit, die seine Sensibilität nur an der Entfaltung hätte hindern können.

Und wir entdecken noch weitere Tugenden. Vor allem ist sein Stil keineswegs immer der gleiche, weder im Ton noch in der Komposition. Er ist stets den Ereignissen angepaßt, folgt in allem den Stimmungen des Autors. Er wird sowohl dem Erzählerischen und Deskriptiven wie dem Dialektischen gerecht. Er reicht von einer Serie lebhafter und kurz hingeworfener Pinselstriche, vom Plädoyer und Verhör, bis hin zur Demonstration, zur Beweisführung und einer Art von Periode. Aber Vorsicht! Es ist nicht die akademische Periode, auch nicht jene harmonische Kadenz des mächtigen Kanzelredners Bossuet, sondern viel eher eine Aneinanderreihung von Relativ- und Zwischensätzen. Neben wirkungsvollen Verkürzungen stehen ganze Seiten von Ausführungen und Deduktionen – man denke an die detaillierte Abhandlung der widersprüchlichen Argumente anläßlich der Debatte über die Annahme der spanischen Krone im Conseil! – und Saint-Simon ist sich darüber im klaren gewesen, wie lästig solche Längen sein könnten. Doch all diese verschiedenen Aspekte werden von derselben Flamme genährt. Notiert Saint-Simon nur beiläufig ein unwesentliches Detail, ist er an einer ausführlichen Beschreibung oder Diskussion nicht interessiert, so spürt man doch selbst da die verhaltene Bewegung. Sobald er aber in Aktion tritt, sobald seine Leidenschaft stärker entfacht wird, lodert die Flamme auf und weitet sich zu einer wahren Feuersbrunst, in deren Schein die verschiedenen Bilder im gleichen Glanz erstrahlen.

Dieser Autor, der einem professionellen Schriftsteller so ferne scheint, besitzt doch dessen Sinn für die Gliederung seines Stoffes. Seine Berichte sind klar, seine Diskussionen verlaufen geordnet, seine Dramen sind echte Dramen samt Bühne, Haupt- und Nebenpersonen, samt Peripetien und, wenn nötig, samt Katastrophe im Finale. Mitunter trifft man auch auf die reinste Komödie, wie beim Bericht über die Aufnahme Novions in die Akademie.

Beim Porträt zeigt Saint-Simon vielleicht erst so richtig, was er kann, da übertrifft er sich zuweilen selbst und gibt uns sozusagen den Schlüssel zu seinem Geheimnis an die Hand. Es ist ja bekannt, wie beliebt das Porträt als literarische Gattung in jenem Jahrhundert der Moralisten gewesen ist. Saint-Simons Porträts stimmen indessen mit dieser Mode und ihren Konventionen in nichts mehr überein. Ob knapp oder ausführlich, ob Kleinstgemälde oder Fresken, immer entspringen sie der unbarmherzigen Sicht eines Auges, dem kein Detail entgeht. Dabei wendet der Künstler sein ganzes Raffinement auf die Kunst der Zeichnung, mitunter der Karikatur, setzt die ganze Palette seiner Farben ein, bis hin zu den grellsten, doch nuanciert er sie auch bis zum Äußersten von wahr und falsch. Vom Porträt Fénelons war schon die Rede, man vergegenwärtige sich hier nur die vielen Fürsten- und Höflingsporträts in den Memoiren.

Und hier wie anderswo – aber hier vielleicht mehr noch als anderswo – muß man auf der Hut sein: vor der Gewandtheit, ja der Kunstfertigkeit der Wendungen, in denen Saint-Simon in der Art eines Zauberkünstlers der Sprache ungeahnte Bedeutungsmöglichkeiten abgewinnt. Die Begriffe jagen einander, bauen gradweise aufeinander auf, werden immer präziser, spezieller, treffsicherer und entschiedener, bis der letzte Hieb sitzt, das Bild vollendet ist, so daß die Figur vor unseren Augen ersteht, und zwar in ihrer ganzen sinnlichen Erscheinung, den wesentlichen Zügen ihres Charakters, und wir sie nie wieder vergessen können. Und wenn es um die Beschreibung von Handlungen geht und dieselbe leidenschaftliche Manier angewendet wird, trägt sie dieselben Früchte, ermöglicht sie dieselbe fast erschreckende Durchdringung der Fakten. »Während der Sitzung durchbohrte ich ihn (den Ersten Präsidenten) mit meinen Blicken, die ich beharrlich auf ihn *losließ* und *abschoß. Die* Beleidigung, *die* Verachtung, *der* Abscheu, *der* Triumph wurden aus meinen Augen bis tief in sein Innerstes getragen; oft senkte er den Blick, wenn er den meinen begegnete; ein oder zweimal heftete er ihn auf mich, und ich brachte ihn mit meinem *verstohlenen,* aber *finsteren* Lächeln vollends zur Weißglut. Ich weidete mich an seiner Wut und genoß es, ihn das spüren zu lassen.« Es heißt, man könne die Grausamkeit nicht weiter treiben. Und dabei war Saint-Simon kein Bösewicht!

Einzig das Leben selbst konnte derart frenetische Zeilen diktieren, und eben das Leben und die Sensibilität sind und bleiben das einzige Prinzip eines jeden

Werkes, das Gültigkeit beansprucht und überlebt. Im allgemeinen aber wird diese Sensibilität im Verlauf der literarischen Ausarbeitung und unter dem Einfluß des Verstandes allmählich stumpfer und kühler, weil sie sich einer Ordnung fügt und dadurch die Lebendigkeit ihrer Urkraft einbüßt. Hier aber, bei Saint-Simon, bleibt sie stets so präsent und unmittelbar, so zitternd von Leben; sie entnimmt der Sprache, was diese nur zu bieten vermag: am liebsten das Feurigste und Farbigste, aber auch das Gewöhnlichste oder Seltenste, zur Not auch das Allerspeziellste oder Vulgärste, wobei der Schriftsteller dieses Material keiner Aufbereitung unterzieht, keiner allzu strengen grammatikalischen Kontrolle. Bei ihm quillt alles hervor wie aus einer Quelle. Genauso drückt sich Sainte-Beuve aus, als er Saint-Simons Randbemerkungen zu Dangeaus *Journal* bespricht, und mit wenigen Korrekturen könnte man dasselbe auf die Memoiren übertragen: »Saint-Simons Stil ist in diesen schnell hingeworfenen Notizen unbändiger, eiliger, holpriger als irgendwo sonst, man spürt, daß er zuviel, ja daß er alles mit einem Mal sagen will. Er ist wie eine sprudelnde Quelle, die durch eine zu enge Öffnung muß und ins Gurgeln gerät. Zwar kommen ihm treffliche Einfälle, doch nimmt er sich nicht die Zeit, seine Sätze auf sichere Füße zu stellen.« Halten wir fest: in den Memoiren verbessert sich Saint-Simon, er überwacht sich selbst, er bemüht sich, seinen Sätzen eine Struktur zu geben, sie Regeln zu unterwerfen, und wenn schon nicht untadelig zu machen, so doch in gewisser Weise den Sturzbach einzudämmen. Doch das Charakteristikum bleibt auch hier bestehen. Sainte-Beuves Ausdrücke: *unbändig, holprig* benötigt man auch hier, und man müßte eigentlich noch weitere hinzufügen, um das Wesentliche einer so ganz und gar spontanen Produktion ohne jedes Kalkül zu kennzeichnen. Das Bild der *sprudelnden Quelle,* die durch eine *zu enge Öffnung* muß und ins *Gurgeln* gerät, ist nur allzu treffend.

Das Ganze und alle schönen Passagen, die wir in Erinnerung gerufen haben, sind die Frucht eines glücklicherweise kaum gekünstelten Ingeniums. Und eben diese Persönlichkeit, die beim geringsten Kontakt mit einer originellen Reaktion aufwartet, zeigt sich in allem durch unerwartete Einfälle und erstaunliche Funde. Saint-Simon spricht von Barbezieux, der »bei lebendigem Leibe« starb, von Brulart, der ein »so sprechendes« Ende hatte, und sagt von Mme. de Nemours, die ihrer Unbelehrbarkeit wegen verbannt war: »Herrin beachtlicher Ländereien und zugleich Untertanin eines großen Königs zu sein, das läßt sich nur schwer unter einen Hut bringen, wenn man sich *als das fühlt* und das sein will, was man ist.« Und von Dangeau heißt es: ». . . seine natürliche Fadheit, auf die niedrige Gesinnung des Höflings gepfropft und mit dem Hochmut eines geschwätzigen Edelmannes übertüncht, ergab eine Mischung, die der Großmeisterwürde des St.-Lazarus-Ordens wohlanstand.« Er spricht von einer »Erhebung« und von einem »Forschen des Denkens, das atemlos macht, so wie es einem in der dünneren Luft höherer Regionen widerfährt.« Es gelingen ihm also nicht nur dann Entdeckungen, wenn ihn wütende Besessenheit treibt, sondern auch bei ruhigerer Betrachtung, wenn er sich einfach seinem Ingenium anvertraut.

Die Größe dieses Schriftstellers erwächst also zuerst aus seiner zutiefst ursprünglich gebliebenen Persönlichkeit. Seine Haupttugend ist es, daß er sich selbst als Künstler mehr schuldet als der Disziplin, die er seiner Kunst vielleicht auferlegt hat, und daß er auch dann noch höchst natürlich bleibt, wenn er diesem Naturell heftigsten und farbigsten Ausdruck verleiht. Jenes Talent, das er empfangen hat, alles Erlebte so eindrucksvoll und bildhaft wieder lebendig zu machen, hat er nicht zum Vergnügen genutzt; es war ihm nur ein Mittel, jene verdrängten Gefühle freizusetzen, die in ihm immer dann entstanden, wenn ihm das Leben den Verdruß bereitete, nicht den ihm nach Rang oder Verdienst zustehenden Platz eingeräumt zu bekommen. Vom reinen Ästheten, den sein Spiel mehr interessiert als sein Gegenstand, ist er meilenweit entfernt. In seinem Fall hat gerade dieser Gegenstand seine Berufung bestimmt. Immer ist er selbst da, immer präsent und leidenschaftlich bewegt von dem, was er sagt; ja, er sagt es nur, um seiner Leidenschaft Genüge zu tun. Die einfachste und gerechteste Art, ihn in seiner Kunst zu beurteilen, ist es daher, in dieser Kunst die *direkte* Frucht eines Temperaments zu sehen.

Die etwas wildwüchsige Kraft und die seltsam-befremdende Art der Memoiren Saint-Simons hat seine ersten Leser schockiert und setzt auch heute noch all jene in Erstaunen, die gewohnheitsmäßig an klassischeren Formen hängen. Mme. du Deffand, der man Fragmente aus den Memoiren zugänglich machte, war viel zu geistreich und schlau, um sich nicht daran zu ergötzen, doch welches Urteil! »Die Memoiren Saint-Simons«, schreibt sie an Walpole, »sind noch immer mein Zeitvertreib, und da ich sie gern in Gesellschaft lese, wird diese Lektüre sich noch eine Weile hinziehen. Auch Sie würden sich amüsieren, obwohl der Stil abscheulich ist und die Porträts viel zu wünschen übriglassen. Der Autor war kein geistreicher Mann, aber da er über alles auf dem laufenden war, sind die Dinge, die er erzählt, recht spannend und interessant ...«

»Schlecht geschrieben«, das war der allgemeine Aufschrei. Man sollte ihn noch lange hören. Sainte-Beuve fängt ihn auf, wundert sich aber nicht darüber: »Saint-Simons Form wich zu sehr von den Stilgewohnheiten der Literaten im 18. Jahrhundert ab ... Diese ganzen Herrschaften hatten doch ihre Rhetorikschule mehr oder weniger bei Voltaire durchgemacht.« Man muß eben, um Saint-Simon ohne Skrupel zu genießen, einem gewissen Perfektionsdenken entsagen, und das ist ein weiterer Punkt auf seinem Schuldkonto.

Später erst hat man Reserven gegen den Inhalt, sind die Argumente historischer Art. Als Montalembert anläßlich der Notwendigkeit einer zuverlässigen und vollständigen Edition der Memoiren jenen Bedenken Ausdruck gibt, die wir schon weiter oben angeführt haben, sagt er: »Seine Leichtgläubigkeit ist bisweilen exzessiv, sein lebhafter und beharrlicher Haß auf Laster, Heuchelei und niedrige Gesinnung hat ihn mehr als einmal blind gemacht. Seine Meinungen müssen daher stets einer aufmerksamen Kontrolle unterzogen werden. Seine wachsende Popularität erlegt den Freunden historischer Wahrheit die Verpflichtung auf, dafür zu sorgen, daß das Gros der Leser seine Urteile nicht etwa als Evangelium aufnimmt.« Und dann führt er die Vorsichtsmaßnahmen auf, die zu treffen sind, denn er meint, in wenigen Jahren würde man die Memoiren »genausoviel lesen und genauso gut kennen wie heute die Briefe der Mme. de Sévigné«, ja man werde »seine Worte, seine Porträts, seine Bilder« auswendig wissen.

Wir haben schon gesehen, mit welchem Schwung Chéruel zu Werke ging. Andere Spezialisten, die Sainte-Beuve zitiert, so Eudore Soulié, Dussieux, Lavallée, kehrten eine ähnliche Strenge hervor und eine vielleicht noch deutlichere Abneigung, denn sie wollen vor allem den Mittelpunkt ihrer eigenen Forschungen, Dangeau und Mme. de Maintenon, vor einem schrecklichen Ankläger schützen. Doch Montalembert hatte nur allzu richtig gesehen, als er den Erfolg des Buches voraussagte, das soeben das Tageslicht erblicken sollte. Saint-Simon behauptete sich und sprengte den Rahmen der Geschichte. Nisard beurteilte ihn in diesem Sinne, und das ist gar nicht so übel für eine akademische Kritik:

»Sein subtiler, durchdringender, doch bitterer Geist ist sozusagen das natürliche Instrument, mit dem er in der Korruption wühlt, dazu bringt er den Sinn des Beichtvaters für hartnäckige Nachforschungen mit sowie die philosophische Freiheit des Historikers. Noch seine Fehler – sein schwieriger Charakter, seine Skrupel, seine Verbohrtheit, was Titel angeht, die beinahe größere Angst, Adelsprivilegien zu verwirken, als Böses zu tun, ein Ehrgeiz, der nur sporadisch und wie zum Versuch eingesetzt wird, sei es, daß es ihm lieber war, einer Stellung für fähig gehalten zu werden, als sie zu bekleiden, sei es, daß es seiner Berufung entsprach, sich ihr weit genug zu nähern, um festzustellen, was gespielt wurde, doch sie niemals zu erreichen, um Zeit zu haben, darüber zu schreiben – alles schien ihn zum großen Maler einer Epoche der Dekadenz zu stempeln ...«

Und das nennt er dann »seine Ähnlichkeit mit Tacitus«. Sainte-Beuve haben wir nun oft genug zitiert. Taine studiert, als er sich Saint-Simon vornimmt, nacheinander das Jahrhundert, den Menschen, den Schriftsteller und bleibt schon mit dieser Gliederung seiner Methode treu. Er führt die Umstände aus, die uns Saint-Simon so beschert haben, wie wir ihn kennen. »Er war«, schreibt Taine, »Historiker von Natur, aber auch durch seine Lebensumstände; seine geistigen Neigungen machten ihn ebensosehr zum Schriftsteller wie seine gesellschaftliche Position. Er war zu leidenschaftlich, um ein Mann der Tat zu werden. Praxis und Politik lassen sich mit ungestümem Schwung und jähen Bewegungen nicht gut vereinbaren, die Kunst hingegen zieht daraus ihren Nutzen. Eine geschärfte Sensibilität ist schon das halbe Genie.« Nun, diese Hälfte wird man Saint-Simon kaum absprechen können.

Wir lassen weitere Stimmen zu Saint-Simon aus und kommen mit Emile Faguet zu einem der intelligentesten und gründlichsten Kenner und Kritiker des Memoirenschreibers. In seiner Zusammenfassung heißt es: »Seine Fehler sind seinem Talent zugute gekommen. Im Innersten dieses Intrigenspinners, der stets auf dem Quivive war, lebte eine immense Neugier – stets in Hochspannung. Und alles in ihm verschärfte diese Neugier noch: der Drang zu wissen und zu erraten, einem jeden zu entreißen, was er weiß, oder auch, was er nicht weiß; das Bedürfnis, Intrigen zu spinnen und zu diesem Behufe alles Dienliche beziehungsweise alles Schädliche zu kennen; das Bedürfnis, zu verachten und zu diesem Behufe alle Masken zu lüften, alle Mienen zu durchdringen, alle Herzen zu erforschen, den trügerischen Schein zu zerstören; das Bedürfnis, zu hassen und zu diesem Behufe ungeduldig nach der Schwachstelle zu suchen, nach dem verborgenen Fehler, der geheimen Schande, dem inneren Laster ...«

Und zum Schriftsteller heißt es: »Denn wenn es auch stimmt, daß das lebhafte Gefühl für Lebendiges zum Urgrund des Künstlers gehört, so macht es doch noch nicht den ganzen Künstler. Eine gewisse Fähigkeit, seine Empfindungen zu beherrschen, ohne daß sie schwinden oder erkalten, die Gabe, sich den Dingen ganz und gar hinzugeben, ohne sich ihnen indessen zu unterwerfen, sich im gewünschten Augenblick wieder zurückzuziehen, um ihnen Ausdruck zu verleihen; das Geschick, sie sich anzueignen, ohne daß sie von einem Besitz ergreifen; die Heiterkeit des Geistes mitten im Sturm der Gefühle, die klare Bewußtheit des Denkens, auch wenn einen die Gefühle bestürmen und bedrängen, das erst macht den ganzen, den überlegenen Künstler aus. Saint-Simon ließ sich zu sehr von seinen eigenen Kräften tyrannisieren, um sie in Genie verwandeln zu können. Er ist für uns ein wundervoll begabter Mann, an dem teilweise der große Künstler durchschimmert.«

So richtig dieses Urteil ist, so wenig versöhnlich ist es auch; in der Strenge des Tones bleibt nicht genügend Raum für eine immerhin mögliche große Sympathie. Andere Kritiker haben ihr Urteil mit mehr Nachsicht und Wertschätzung zu nuancieren gewußt. Zum Charakter des Menschen Saint-Simon ist immer wieder darauf hingewiesen worden, daß seine Exzesse vor allem verbaler Natur sind und daß seine Grausamkeit keinen Eingang in sein Verhalten gefunden hat. André Le Breton nennt ihn deshalb einen »ungefährlichen Megalomanen« und betont, daß er letzten Endes nur ein Opfer auf dem Gewissen hat – und noch dazu ein reichlich uninteressantes –, nämlich jenen Sohn Pontchartrains, den er seines Amtes entheben ließ. Und der Engländer Edwin Cannan schließt sein nützliches kleines Buch über Saint-Simon mit der Feststellung, er stehe trotz seiner Irrtümer und Übertreibungen doch haushoch über der Zeit, die er miterlebt und die er beurteilt hat – genauer gesagt: über der Zeit, in der er die Memoiren redigierte! – vielleicht hätten eine reinere Atmosphäre und ein edlerer Gegenstand seinem Genie Gelegenheit zu ganz anderen Proben seines Könnens gegeben. Das mag eine großmütige Einschätzung sein, wir aber können uns Saint-Simon ohne die Gegenstände, die seine Verve und seine Wut erregten, überhaupt nicht vorstellen.

Über den Literaten ist das Urteil ziemlich einhellig, ja vielleicht nuanciert man hier etwas zu wenig. »Von Bousset abgesehen«, schreibt Edmond Biré, »ist Saint-Simon wahrscheinlich der größte Schriftsteller Frankreichs; ich sage wahrscheinlich, weil ich an Mme. de Sévigné denke.« Es fällt ihm nicht weiter auf, daß er durch diesen gefährlichen Vergleich Grenzen zieht, denn in Bossuet sehen wir einen Großen des Denkens, in Mme. de Sévigné die Anmut der Form, die wir hier vermissen, so daß wir uns mit der Feststellung bescheiden müssen – was seine Verdienste indessen in nichts schmälert –, daß Saint-Simon durch seinen Sinn fürs Konkrete, für die präzise Zeichnung und Farbe sicherlich derjenige unserer Schriftsteller ist, dem die Bezeichnung »Maler« am ehesten zukommt.

Levis-Mirepoix entdeckt an ihm sogar einen ganz und gar modernen Zug und stellt ihn Stendhal und Proust an die Seite. Ja, er gibt ihm den Vorzug, findet er ihn doch weitaus spontaner, seine Analyse mindestens ebenso genau, wiewohl gesünder, die Beherrschung von Konzept und Gegenstand viel souveräner. Dazu wäre allzu vieles zu sagen, als daß wir in die Diskussion überhaupt eintreten können. Wir halten hier nur fest, daß Saint-Simons Originalität ganz und gar auf seiner ureigensten Persönlichkeit beruht wie auch auf seinem höchst eigentümlichen Schriftstellertalent und daß er innerhalb unserer Literatur eine Sonderstellung einnimmt wie in der Geschichte, wie im Leben.

IV. Was hat sich Saint-Simon von seinen Memoiren erhofft, warum hat er sie geschrieben? Mit Sicherheit hat er nicht daran gedacht, sie zu Lebzeiten drucken zu lassen. Zwar spricht er an einer Stelle von seinem Publikum, aber damit meint er ein hypothetisches Publikum, das noch in der Zukunft liegt. Wenn er sich über sein Vorhaben und dessen Durchführung erklärt und entschuldigt, wie ein Autor, der sein Werk aufs Spiel gesetzt sieht, so ist das als ein Monolog anzusehen, in dem er auf eine ferne Nachwelt blickt, an die er sich womöglich tatsächlich wenden wollte.

Sein Fall steht nicht isoliert da, erinnert vielmehr an all die Menschen seiner Zeit, die es verstanden haben, sich durch Schreiben dafür schadlos zu halten, daß sie nicht sprechen durften. Da sie zu sehr im Rampenlicht standen oder eine viel zu hohe Stellung bekleideten, um, ohne Aufsehen zu erregen, in die Arena der Literatur hinabzusteigen, vertrauten sie in der Stille und Einsamkeit ihres Kabinetts alles, was sie nicht aussprechen konnten, dem Papier an: all ihre Rachegelüste, ihre Bitternis und Ranküne, jene Geheimnisse, die man loswerden möchte, ohne doch jemanden zu finden, der sich mit ihnen belasten will. All das findet sich bei Saint-Simon wieder, und doch noch mehr: denn dieser Grandseigneur folgt einer künstlerischen Berufung.

Jedenfalls war die Existenz seines Werkes, als er verschied, noch ein tiefes Geheimnis, das erst ganz allmählich gelüftet wurde. Baschet hat das in einem Buch von über 500 Seiten erschöpfend dargelegt. Wir müssen seine Ergebnisse hier kurz zusammenfassen, wobei freilich das romanhafte Interesse abhanden kommt, das seiner vollkommen authentischen Erzählung eignet.

Beim Tode des Duc de Saint-Simon wurde seine Pariser Wohnung bis zur Testamentseröffnung und der danach erfolgenden Bestandsaufnahme versiegelt. Dabei fanden sich Papiere – zu denen noch andere aus La Ferté-Vidame kamen –, die eine ziemlich heikle Rechtsfrage aufwarfen. Sollte man ihre Prüfung dem Erben überlassen – der darauf bestand –, oder sollte man jene Dokumente, die vermutlich noch lebende Zeitgenossen und die Staatsgeschäfte tangierten, gesondert behandeln? Die Sache beschäftigte das Parlament von Paris, und dieser Gerichtshof befand, die Manuskripte und Briefe seien in fünf Kisten bei Maître Delaleu, Notar seines Zeichens, in der Rue Sainte-Croix-de-la-Bretonnière zu deponieren. Das war am 30. Juni 1755. Erst 1760 wurden die Papiere auf königliche Anordnung in das Depot der Auswärtigen Angelegenheiten verbracht. Das hinderte sie nicht am Reisen: bald sind sie im Louvre, bald in Versailles, bald wieder in Paris.

Natürlich nahm man Kenntnis von ihnen, und man merkte, daß die Neugier, die sie erregt hatten, nur allzu berechtigt gewesen war. Der Minister Choiseul beauftragte Voisenon mit der Anfertigung von Auszügen, wobei dessen Auswahl recht kurios ausfiel, wenn auch ganz im Sinne der Zeit. Voisenon war bei Mme. de Pompadour sehr angesehen, und man darf annehmen, daß sie als erste Kostproben seiner Arbeit zu sehen bekam. Andere waren die Nutznießer, so die Historiographen des Königs, Marmontel und Duclos. Ersterer scheute sich nicht, diese neuartigen Texte nach Kräften auszuschlachten, der zweite ging auf die Quellen zurück und begriff wohl als erster die Tragweite des Werkes, das er vor Augen hatte. Wir haben schon erwähnt, daß Teile des Ganzen auch Mme. du Deffand mitgeteilt worden sind und wie sie sie aufgenommen hat.

Ganz allmählich aber kamen die Memoiren ans Tageslicht, wenn auch auf eine recht seltsame Art. 1781 begann ein Sammelwerk mit dem Titel *Interessante und wenig bekannte Stücke zum Nutzen und Frommen der Historie* zu erscheinen, darin unter anderem ein *Auszug aus dem Memorial oder der Anekdotensammlung des Duc de* . . . Die folgenden Initialen beließen den Urheber im Dunkeln. 1786 nannten sich drei anonym erschienene Bände: *Galerie des alten Hofes oder Memoiren und Anekdoten aus der Regierungszeit Ludwigs XIV. und Ludwigs XV.* Beides, die *Interessanten Stücke* wie die »Memoiren« aus der *Galerie* waren von Saint-Simon, und zwar seine Memoiren; der Herausgeber, Soulavie, behandelt den Text mit denkbar lebhafter Phantasie. Schließlich deckt Soulavie sein Geheimnis auf und nennt den Autor, als er 1788, wieder in drei Bänden, die *Memoiren des Duc de Saint-Simon, oder Der wahrheitsgetreue Beobachter, über die Regierungszeit Ludwigs XIV. und die ersten Jahre der folgenden* publiziert, und 1789 dann in vier Bänden ein *Supplement zu den Memoiren des Duc de Saint-Simon, dem Originalmanuskript treulich folgend* . . . Diese letzte Bemerkung war von beispielloser Frechheit, denn A. Baschet hatte später keine große Mühe nachzuweisen, daß sich kein anderer Herausgeber Saint-Simons mit derart schamloser Phantasie an seine Aufgabe gemacht hatte.

Ein viel ernster zu nehmender Mann, Anquetil, bekam zu eben jener Zeit Kenntnis von den echten Memoiren Saint-Simons, mindestens in Kurzform, und wünschte sich nichts sehnlicher, als daß man sie unter Zugrundelegung des Originals edieren möge. Damit hatte es jedoch noch lange Zeit. Lemontey arbeitete die kostbaren Papiere während des Ersten Kaiserreiches durch und entdeckte dabei die Randnotizen zu Dangeaus *Journal*. 1818 erschien eine weitere Ausgabe der Memoiren, von einem gewissen Laurent, sie war nicht mehr wert als die anderen, denen sie in allen Irrtümern folgte. Im Jahr darauf kam es zu einer Intervention, die, wenn auch erst viel später, zu einer Entscheidung führen sollte.

Der General Henry-Jacques-Victor de Rouvroy, Marquis de Saint-Simon und entfernter Nachfahre des Herzogs, verlangte in den Besitz von dessen Papieren eingesetzt zu werden und erhielt Ludwigs XVIII. Zustimmung. Doch mußte er sich mit dem Mangel an gutem Willen in der Verwaltung herumschlagen, denn nur ungern ließ man von einem Schatz, mit dem man andererseits überhaupt nichts anfing; so wurde die Übergabe hinausgezögert, und schließlich erfolgte sie sozusagen tröpfchenweise. Der General mußte 1820 öffentlich Beschwerde einlegen, als wieder eine Edition der Memoiren nach dem Muster der früheren erschien, und seine Absicht erklären, endlich einen zuverlässigen Text herauszubringen. Erst 1828 kam er in den Besitz der bislang immer zurückgehaltenen letzten drei Bände. Im übrigen handelte es sich dabei nur um die Memoiren, und er scheint, was die übrigen Papiere angeht, gar nicht weiter insistiert zu haben.

Er machte nun Front gegen die erklärte Absicht des Buchhändlers Hivert, die Edition von 1828 neu aufzulegen, und verständigte sich selbst mit dem Buchhändler und Verleger Sautelet, so daß im Mai 1829 die ersten beiden Bände der von ihm vorbereiteten Publikation erschienen, die den Titel trugen: *Die vollständigen und authentischen Memoiren des Duc de Saint-Simon über die Epoche Ludwigs XIV. und die Régence, zum ersten Mal nach dem vollständig mit eigener Hand vom Autor geschriebenen Originalmanuskript veröffentlicht* vom Marquis de Saint-Simon, Pair von Frankreich. Zum allererstenmal hatte man, abgesehen von wenigen Nachlässigkeiten und Auslassungen, einen genauen Text der Memoiren von Saint-Simon in der Hand.

Der Weg war nun also bereitet, und niemand konnte mehr von ihm abweichen, bis hin zu der Edition von Chéruel, der auf Grund neuerlicher Manuskriptforschungen die *editio princeps* publizierte. Sie erschien in den Jahren 1856 bis 1858 in 20 Oktavbänden mit einem Vorwort von Sainte-Beuve. Bis 1865 kamen noch viele Neuabdrucke des Textes in anderem Format bei Hachette heraus, wo bereits zuvor in der Reihe »Bibliothèque des chemins de fer« (Kleine Eisenbahnbibliothek) zwei Bände mit Auszügen aus den Memoiren herausgekommen waren. Unterdessen erwarb dieses Verlagshaus vom Druckhaus La Hure, dem es der General de Saint-Simon 1860 vekauft hatte, das Manuskript der Memoiren. Das kam einer zweiten Auflage der Chéruel-Ausgabe zugute, an der zwischen 1873 und 1875 auch Adolphe Regnier der Jüngere mitarbeitete. Zu guter Letzt nahm man in der Reihe »Les Grands Ecrivains de la France« (Die großen Schriftsteller Frankreichs) die Edition Boislisle in Angriff, die 41 Bände zählt, deren erster 1879 erschien, die zweite Auflage 1923 – ein grundlegendes Werk von größter Akribie, ausgezeichnet durch seine ebenso im Detail wie im großen Zusammenhang vorbildliche Gelehrsamkeit, von nun an ein unerläßliches Arbeitsinstrument des Historikers und ein Ehrenmal des französischen Buchhandels. Das Manuskript wurde danach in der Bibliothèque nationale niedergelegt.

Wir geben hier der Kuriosität halber die Beschreibung jenes berühmten Dokuments wieder, wie sie in der Edition Boislisle zu finden ist:

»Das handschriftliche und einzige Manuskript der Memoiren von Saint-Simon ... besteht aus 173 Heften in Folio, 36 cm hoch und 24 cm breit. Jede Seite umfaßt etwa 56 Zeilen von 17,5 cm Länge zu mitunter 40 Silben. Jedes dieser Hefte ist sehr regelmäßig und gleichförmig beschrieben und von 1 bis 2854 paginiert. Sie sind in elf Mappen aus gehämmertem Kalbsleder mit dem Wappen und den Initialen des Herzogs gesammelt und werden jeweils von grünen Schnüren zusammengehalten. In einer zwölften Mappe befindet sich ein ebenfalls handschriftlich gefertigtes Inhaltsverzeichnis . . .«

Allein das Manuskript dieser Memoiren ist dem General de Saint-Simon seinerzeit ausgehändigt worden; es blieb noch die Masse jener »Papiere«, von denen im einzelnen die Rede war. Sie war an den verschiedensten Orten verstreut, immer wieder aufgeteilt, doch von den Interessierten argwöhnisch verfolgt worden. 1843 entdeckte Feuillet de Conches die Randnotizen zu Dangeaus *Journal* und plante ihre Veröffentlichung. Das Unternehmen wurde 1854 Wirklichkeit, als das Verlagshaus Firmin-Didot 19 Bände unter dem Titel *Journal des Marquis de Dangeau, zum ersten Mal vollständig mit den unveröffentlichten Anmerkungen des Duc de Saint-Simon herausgegeben* publizierte. Der Archivar Bordier erstellte im Jahr darauf ein Inventar der seinerzeit offenbar noch zusammen existierenden Papiere, aber die Verwaltung schien dieser Fortschritt zu beunruhigen, und sie wurde in bezug auf ihre Schätze noch knauseriger und schien jeden Zugang verbieten zu wollen. Sie richtete es so ein, daß Barthélémy aus seiner amtlichen Genehmigung, Einblick zu nehmen in Saint-Simons Papiere über Spanien, nur sehr mageren Gewinn zu ziehen vermochte, und Chéruel traf, als er seine Edition vorbereitete, auf das gleiche Hindernis. Die Herausgeber der Edition Boislisle müssen trotz all ihrem Eifer und Erfindungsreichtum ihren Mißerfolg angesichts der verschlossenen Türen eingestehen und äußern lebhafte Zweifel an der Nützlichkeit dieser »fortgesetzten Beschlagnahme«.

Vielleicht ergibt sich eine Erklärung für dieses Geheimnis, wenn man einen kleinen Vorfall berücksichtigt. Im Jahre 1880 ging der berühmte Publizist und Polemiker Edouard Drumont, als er die *Unveröffentlichten Papiere, Briefe und Depeschen Saint-Simons betreffend seine Gesandtschaft in Spanien* herausgab, zum wiederholten Male auf die Geschichte dieser »Papiere« ein und legte sich in seinem Ärger über ihre Beschlagnahme ohne Umschweife mit dem Direktor der Archive, M. Prosper Faugère, an. Er meinte, dieser Beamte hätte sich nicht mit solcher Hartnäckigkeit darauf versteifen dürfen, derartige Dokumente für sich allein zu behalten, auch wenn er selber daran dächte, sie zu nutzen, und einen Rivalen fürchtete. Er setzte hinzu:

»M. Faugère war da anderer Meinung. Er selbst wollte diese Papiere edieren. Setzen wir uns nicht aufs hohe Roß: es wäre ja alles gut, wenn er es täte!«

Und tatsächlich, er edierte! Noch im gleichen Jahre erschien der erste Band von Saint-Simons *Unveröffentlichten Schriften,* darin der *Vergleich der drei Bourbonenkönige.* Bis 1883 erschienen insgesamt acht Bände. Von nun an besaßen die Leser und die Gelehrten eine umfassende Ergänzung zu den Memoiren und die Möglichkeit, jene zu verbessern und zu kommentieren. Soll man es glauben, daß Faugères Vorgänger genauso eigennützige Ziele verfolgten wie er? Jedenfalls ist ihm die Verlängerung einer ohnehin ärgerlichen Verzögerung anzulasten, und in Ausnutzung seiner Stellung konnte er ganz nach seinem Belieben, und ohne auf störende Dritte Rücksicht nehmen zu müssen, schalten und walten: »Als vor bald zwölf Jahren«, so schreibt er, »die Suche nach den Papieren Saint-Simons einsetzte...«

Wir können kaum behaupten noch glauben, daß auf diese Weise wirklich die Gesamtheit der Papiere zutage gefördert wurde. Von einer »Fortsetzung«, die Saint-Simon erwähnt, war nichts zu erblicken, und wahrscheinlich existierte sie auch nie, wenigstens nicht in ausgearbeiteter Form. Doch erscheint es fragwürdig, daß die ganze Masse der einst inventarisierten Papiere in den acht Bänden der *Unveröffentlichten Schriften* hat erfaßt werden können, so kompakt sie auch sein mögen; ein einziger Band Briefe vermittelt nicht gerade den Eindruck einer »ungeheuren und weit verzweigten« Korrespondenz, von der Lemontey gesprochen hatte. Von Zeit zu Zeit tauchen denn auch in Sammelwerken neue Briefe und neue Dokumente auf. Die Jagd ist also noch nicht zu Ende. Man müßte alle, die guten Willens sind, aber als Einzelgänger arbeiten, in einer Gesellschaft der Freunde Saint-Simons zusammenführen, denn er verdient es, Freunde um sich zu scharen. Mit diesem Wunsch wollen wir schließen.*

---

* Inzwischen ist es tatsächlich zur Gründung einer *Société Saint-Simon* (Sitz in Château de Sceaux) gekommen. Ihr gehören neben Mitgliedern des französischen Hochadels auch namhafte Literaturwissenschaftler an. Die Gesellschaft gibt seit 1973 eine Zeitschrift heraus, die *Cahiers Saint-Simon*. (Anm. d. Übers.)

Zeittafel

1638	Geburt Ludwig XIV.
1643	Tod Ludwig XIII.
1648–1653	Bürgerkrieg der Fronde
1648	Oktober: Westfälischer Friede; Frankreich erhält Metz, Toul und einen großen Teil des Elsaß
1654	Ludwig XIV. in Reims gekrönt
1658	Leopold I. römisch-deutscher Kaiser; schließt Rheinbund zwischen Frankreich, Holland und einigen deutschen Fürsten
1659	Pyrenäenfrieden
1660	Heirat zwischen Ludwig XIV. und Maria Theresia, Infantin von Spanien
1661	Tod Mazarins; Ludwig XIV. Alleinherrscher. Colbert Finanz- und Wirtschaftsminister; Louvois Kriegsminister; Foucquet wird verhaftet und zu lebenslänglicher Festungshaft verurteilt
1665	Colbert Generalkontrolleur der Finanzen, Tod Philipps IV. von Spanien; Karl II. wird König
1666	Tod der Königinmutter, Anna von Österreich. Der König lernt Mme. de Montespan kennen
1667/68	Revolutionskrieg
1669	Wiederbeginn der Hugenottenverfolgung in Frankreich
1672	Louvois kommt in den Staatsrat; Le Tellier wird Kanzler; Pomponne Außenminister
1675	Geburt Louis de Rouvroy Duc de Saint-Simon
1678	Friede von Nimwegen
1679–1683	Politik der Réunionskammern; erfunden von Croissy, weiter ausgebaut von Louvois
1680	Beginn der Dragonaden
1682	Der Hof zieht nach Versailles, wo dann 1684 7000 Edelleute wohnen, im Gegensatz zu den 600 von 1638
1683	Tod der Königin Maria Theresia
1684	Heimliche Ehe Ludwigs XIV. mit Mme. Scarron; Mme. de Maintenon

1685	Oktober: Widerruf des Edikt von Nantes
1686	Augsburger Liga
1688	Jakob II. von England abgesetzt
1689	Wilhelm von Oranien wird König von England; Sieg des konstitutionellen Rechts über das Gottesgnadentum
1690	Plan Ludwig XIV.; Verteidigung am Rhein; Schaffung eines Glacis in der Pfalz; Offensive in den Alpen (Catinat), und im Norden (Luxembourg) Erfolglose Seeschlacht, um Jakob II. von England wiedereinzusetzen
1692/93	Eine Serie von Mißerfolgen, hervorgerufen durch die Niederlage bei Hoek von Holland
1694	Tod Arnaulds; Quesnel Führer der Jansenisten. Saint-Simon beginnt mit den Notizen für seine Memoiren im Lager von Ginsheim
1695	Saint-Simon heiratet Mlle. de Lorge
1697	Friede von Ryswijk; zwischen Frankreich und Spanien, England und Holland. Ludwig XIV. trat Lothringen an den Herzog Leopold ab; Casal und Nizza an den Herzog von Savoyen; Luxembourg an Spanien; er behielt Straßburg und Saarlouis
1697–1700	Im Hinblick auf die spanische Erbfolge verzichtete Ludwig XIV. auf einen Teilungsvertrag mit Wilhelm von Oranien ohne Kaiser Leopold. Der König von Spanien vermachte 1698 sein Erbe dem jungen Max Emanuel von Bayern. Der Tod dieses Prinzen erforderte einen zweiten Vertrag 1700
1699	Papst verurteilt den Quietismus (aus politischen Gründen) ohne das Wort Häresie oder den Namen Fénelon zu nennen
1700	November: Karl II. stirbt und hinterläßt unter dem Einfluß des Kardinals Portocarrero sein Reich dem Enkel Ludwig XIV., Philipp von Anjou
1700	Leopold I. und Ludwig XIV. erheben Erbansprüche auf Spanien
1701–1714	Spanischer Erbfolgekrieg
1701	Tod Jakobs II.; Haager Allianz
1702–1709	Aufstand der Hugenotten in den Cevennen
1702	Saint-Simon quittiert den Dienst
1703	Beitritt Savoyens zur Großen Allianz
1704	Schlacht von Höchstädt; Frankreich und Bayern verlieren die Schlacht gegen Marlborough und Prinz Eugen (erste einschneidende Niederlage Frankreichs; Verlust der Hegemonie)
1705	Päpstliche Bulle gegen Jansenius auf Veranlassung Ludwigs XIV.
1706	Niederlage bei Ramillies und bei Turin; Verlust der Niederlande und der italienischen Besitzungen

1707	Sieg bei Almanza; ohne wesentliche Bedeutung
1708	Oudenaarde; dabei Verlust von Lille
1709	Epidemie, Hungersnot, Tod des Pater de La Chaise; Niederlage bei Malplaquet; Zerstörung von Port-Royal
1710	Hungersnot. Erhebung des Zehnten. Vendômes Sieg bei Villaviciosa. Queen Anne verabschiedet Marlborough
1710	Bolingbroke schickt Geheimagenten Abbé Gautiere nach Versailles. Tod von Monseigneur. Da der Erzherzog Karl III. zum Kaiser gekrönt wird, verliert der Krieg für England an Interesse; man will nicht Wien und Madrid unter demselben Monarchen sehen. Im Dezember Unigenitus
1712	Französischer Sieg bei Denain (Villars)
1714/15	Ludwig XIV., Villars und Torcy träumen von einer möglichen katholischen Tripelallianz – Frankreich, Spanien, Österreich gegen den maritimen protestantischen angloholländischen Block
	Dezember 1714 zweite Ehe Philipps V. von Spanien mit Elisabeth Farnese
	1. September 1715 Tod Ludwigs XIV.
	15. September 1715 erster Regentschaftsrat

Biographisches Personenregister

Abrantès, Augustin d'Alencastro, Duc d'. Gab den Nachfolger von Charles II. bekannt. *I* 258, 259

Aignan, François, Abbé, Kapuziner. Erhielt ein Labor im Louvre, wo er zahlreiche Arzneien herstellte; Übertritt zu den Benediktinern; enge Beziehung zum Kardinal von Fürstenberg; †1709. *III* 260

Alba, Antonio Alvarez de Toledo, VIII. Herzog von; †1701. *I* 400, 401

Alba, Antonio Martin Alvarez de Toledo, IX. Herzog von. Sohn des VIII. Herzogs von Alba; Kammerherr, Großkonnetabel und Großkanzler von Navarra, seit 1703 Gesandter in Frankreich; 1669–1711. *I* 400; *II* 13; *III* 73

Albergotti, Francesco, Comte d'. Gebürtiger Florentiner; Oberstleutnant des Infanterieregiments Royal-Italien; seit 1705 Oberst des Royal-Italien; Günstling von M. de Luxembourg; 1654–1717. *I* 82; *II* 70, 284

Alberoni, Giulio, Abbé, seit 1717 Kardinal. Geboren 1664 in Piacenza; schloß sich dem Duc de Vendôme an, kehrte nach dessen Tod als außerordentlicher Gesandter von Parma nach Madrid zurück, brachte die zweite Heirat Philipps V. zustande; 1717 Bischof von Malaga, Erzbischof von Sevilla, 1715 Premierminister und Grande von Spanien, fiel 1719 in Ungnade. 1664–1752. *II* 41, 42, 153, 156, 158, 160; *III* 169, 200, 209; *IV* 92, 93, 96, 117, 151, 152

Albret, César-Phébus, Maréchal d'. Wurde 1653 Marschall von Frankreich, 1670 Gouverneur der Guyenne; 1614–1676. *III* 303

Alègre, Yves, Marquis d'. Schwiegervater von Barbezieux; seit 1724 Marschall von Frankreich und Chefkommandierender der Bretagne; 1653–1733. *I* 202

Alençon, Duc d'. Sohn des Duc und der Duchesse de Berry. *III* 162

Amelot, Michel-Jean, Marquis de Gournay. 1677 Maître des requêtes, Gesandter in Venedig, 1705–1709 in Madrid, 1722 Präsident des Handelsrates; 1655–1724. *II* 18, 265; *IV* 47

Ancenis, Paul-François de Béthune, Marquis d'. Seit 1724 Duc de Béthune. Sohn des Armand de Béthune, Duc de Charost; 1682–1759. *IV* 123, 124

Angervilliers, Nicolas-Prosper Bauyn d'. 1697 Maître des requêtes, 1702 Intendant von Alençon, 1705 der Dauphiné, 1715 des Elsaß; 1675–1740. *II* 18

Angoulême, Marie-Henriette de la Guiche, Duchesse d'; 1600–1682. *I* 13

Anjou, Louis de France, Duc d' siehe *Louis XV.*

Anjou, Philippe de France, Duc d' siehe *Philippe V.*

Anna Stuart, Prinzessin von Dänemark, 1702 Königin von England. Tochter Jakobs II. von England, heiratete 1683 Georg, Prinz von Dänemark und Duke of Cumberland; 1664–1714. *I* 338, 340; *III* 182

Antin, Louis-Antoine de Gondrin de Pardaillan, Marquis, seit 1711 Duc d'. Sohn von Mme. de Montespan aus der Ehe mit dem Marquis de Montespan. 1702 Generalleutnant, Gouverneur von Orléans und Amboise, 1708 Generaldirektor der Bauten, 1711 Herzog und Pair; 1665–1736. *I* 255, 256, 317; *II* 99, 109, 110, 112–117, 119, 139–142, 164–166, 168, 230, 240, 250, 262, 263, 286; *III* 28, 29, 33, 38, 57, 60, 62, 89, 117, 139, 162, 183, 229, 230, 332; *IV* 22–24, 68, 69, 102, 120, 180

Aquin, Antoine d'. 1677 Leibarzt der Königin und des Königs, fiel 1693 in Ungnade; 1632–1696. *I* 48; *III* 305, 319

Argenson, Marc René de Voyer, Marquis d'. Maître des requêtes 1694, 1697 Generalleutnant der Polizei, 1718 Großsiegelbewahrer, 1720 Staatsminister und Generalinspekteur der Polizei; 1652–1721. *I* 146; *II* 94, 212, 214, 242, 277, 296, 297; *IV* 82, 88, 108, 157, 169, 170

Argenton, Marie-Louise-Madeleine le Bel de la Boissière de Séry, Comtesse d'. 1696 Ehrendame von Madame, Mätresse des Duc d'Orléans, seit 1709 Comtesse d'Argenton; 1680–1748. *II* 59, 60, 62, 74, 123, 266, 268, 299, 301; *III* 11, 15–18, 24, 26, 27, 30, 31, 37, 49, 144, 219, 225

Armagnac, Charlotte de Lorraine d'. Tochter von Louis de Lorraine; 1678–1757. *I* 86, 90, 329, 330

Arnoul, Pierre. 1675 Marineintendant nach dem Tode seines Vaters, 1710 Generalintendant der Galeeren und des Handels in Marseille; 1651–1719. *I* 220

Arnoul, Françoise de Soissan de la Bédosse; zweite Frau von Pierre A. *I* 220

Arpajon, Catherine-Henriette d'Harcourt-Beuvron, Duchesse d'; 1631–1701. *I* 63, 64, 95, 130–132, 134

Artagnan, Pierre de Montesquiou d' siehe *Montesquiou d'Artagnan*

Asturies, Louis-Philippe de Bourbon, Prince des; Sohn Philipps V. aus seiner ersten Ehe, wurde nach der Abdankung seines Vaters 1724 König; 1707–1725. *IV* 184, 188, 191, 198, 200, 201, 207

Asturies, Louise-Élisabeth d'Orléans, genannt Mlle. de Montpensier, Princesse des; Tochter Philipps II. d'Orléans; heiratete 1722 den Prince des Asturies; 1709–1742. *IV* 184, 185, 188, 191, 193, 198–202, 207, 208

Aubespine de Châteauneuf d'Hauterive, Charlotte de l'; zweite Frau des Duc de Saint-Simon, Mutter des Autors; 1640–1725. *I* 13, 35, 55, 56, 61, 90, 95, 162, 222; *II* 198; *III* 63; *IV* 112

Aubigné, Charles, Comte d'. Bruder der Mme. de Maintenon. Gouverneur von Cognac 1677, von Berry 1691; 1634–1703. *I* 36, 162–164

Aubigné, Geneviève-Philippe Piètre, Comtesse d'. Ehefrau des Comte d'Aubigné; 1662–1728. *I* 163, 164

Aubigné, Françoise-Charlotte, Demoiselle d'; Tochter der Ebengenannten siehe *Noailles*, la Duchesse de

Aubigny, Jean Bouteroue d'. Stallmeister der Königin von Spanien und Sekretär des Königs, 1710 Sekretär des Königs von Frankreich. *I* 393, 409, 428

August II., 1697 König von Polen; Sohn Johann-Georgs III., Kurfürst von Sachsen; 1670–1733. *I* 172, 176

Aumont, Louis-Marie, Marquis de Villequier, später Duc d'; † 1723. *IV* 235

Auneuil, Nicolas de Frémont d'; Vater der Maréchale de Lorge; 1622–1696 *I* 94, 95

Auvergne, Frédéric-Maurice de la Tour, Comte d'; Sohn des Duc de Bouillon, Bruder des Kardinals de Bouillon. 1677 Generalleutnant; 1642–1707. *I* 75, 439, 440; *II* 29

Auvergne, Elisabeth de Wassenaer. Comtesse d'; zweite Frau des Comte d'Auvergne; 1670–1704. *I* 439, 440

Auvergne, Henri-Oswald de la Tour, Abbé d'; Sohn des Comte d'Auvergne, Abt von Redon, später von Conches, Generalvikar von Tournus, Cluny, Saint-Martin, 1697 Großpropst von Straßburg, 1715 Abt von Cluny, Erzbischof von Wien; 1671–1747. *I* 153, 175–177

Auvergne, Frédéric-Jules de la Tour d', Prince d' siehe *Bouillon*, le Chevalier de

Ayen, Adrien-Maurice de Noailles, Comte d' siehe *Noailles*, le Duc de

Baden, Ludwig-Wilhelm, Markgraf von. General der kaiserlichen Armeen im Kampf gegen die Türken 1687–1691; 1655–1707. *I* 43, 101, 106, 263, 343, 345, 378, 379, 397, 420, 421

Balbien, Nanon. Dienerin der Mme. de Maintenon, als diese noch Mme. Scarron war. *I* 129, 132; *III* 135

Baradat, François de. Erster Stallmeister Ludwigs XIII. *I* 37

Barbançon, Octave-Ignace, Prince de. Oberfalkenmeister der Spanischen Niederlande, 1674 Gouverneur von Namur, fiel 1693 in der Schlacht bei Neerwinden; 1640–1693. *I* 18

Barbezieux, Louis-François-Marie le Tellier, Marquis de; Sohn von Louvois, Bruder der Duchesse de Villeroy. 1685 Staatssekretär des Krieges; 1668–1701. *I* 77–79, 98, 99, 101, 202, 217, 249, 259, 262–267, 323, 374; *II* 28; *III* 27, 278

Barbezieux, Marie-Thérèse-Delphine-Eustachie d'Alègre, Marquise de; Tochter von Yves d'Alègre, zweite Frau des Marquis de Barbezieux; 1680–1706. *I* 202

Bauffremont-Listenois, Desle, Demoiselle de; 1651–1705. *I* 446

Bâville, Nicolas de Lamoignon, Marquis de; Sohn des Ersten Präsidenten Guillaume de Lamoignon. 1666 Advokat, 1670 Parlamentsrat, 1673 Maître des requêtes, 1685–1718 Intendant de Languedoc; 1648–1724. *I* 79, 144, 377, 378; *II* 26; *IV* 71, 73

Bay, Alexandre Maître, Marquis de. Generalmajor im Dienste von Holland, trat später zur französisch-spanischen Armee über; 1650–1715. *III* 72, 73, 75

Bayern, Herzog von Bayern und Kurfürst siehe *Maximilian-Maria Emanuel von Bayern*

Beauvais, Catherine-Henriette Bellier, Baronne de. Erste Kammerfrau der Königinmutter; †1690. *I* 49, 50

Beauvais, Louis, Baron de; Sohn der Baronne de Beauvais. Jagdoberaufseher, Gouverneur der Schlösser im Bois de Boulogne; †1697. *I* 49, 50, 53

Beauvillier, Paul, seit 1679 Duc de; Sohn des Ier Duc de Saint-Aignan. 1685 Königlicher Finanzrat, Gouverneur des Duc de Bourgogne, Erster Kammerherr des Königs, spanischer Grande; 1648–1714. *I* 35, 36, 48, 55–61, 63, 89, 100, 110, 128, 156, 167, 168, 180–185, 190, 191, 209, 216, 218, 234, 259, 295, 296, 315, 374, 394; 395, 401; *II* 43, 85, 119–122, 125, 129–131, 133, 135, 152, 157, 158, 160, 177, 178, 184, 189, 196, 198, 203–206, 209, 225, 227, 234, 237–239, 243, 252, 253, 260, 262, 263, 265, 294, 299; *III* 40, 47–49, 53, 56, 68, 78, 84, 101, 103, 104, 119–123, 125, 127, 136, 138, 141, 146, 154, 155, 161, 178, 186–189, 315, 318, 321; *IV* 21, 46, 260

Beauvillier, Henriette-Louise Colbert, Duchesse de; Tochter des Ministers Colbert, Ehefrau des Duc de Beauvillier; 1657–1733. *I* 55–60, 401; *II* 119, 120; *III* 53, 118, 121, 122, 154, 187; *IV* 46

Béchameil, Louis. 1659 Sekretär des Königs, 1685 Oberintendant der Häuser von Madame und Monsieur; 1630–1703. *I* 75

Bellegarde, Roger de Saint-Lary, Duc de. Oberstallmeister und Erster Kammerherr Ludwigs XIII.; 1563–1646. *I* 30, 40

Belle-Isle, Charles-Louis-Auguste Foucquet, Comte de. Gouverneur von Huningen, später von Metz; 1684–1761. *IV* 209, 210, 221, 222, 226, 227, 232

Bergeyck, Jean de Brouchoven, Comte de. 1688 Generalschatzmeister, 1699 Demission, 1702 Oberintendant der Finanzen, Polizei, Justiz und Militär, Generalkontrolleur des Kriegsministeriums; 1644–1725. *II* 133–135

Beringhen, Jacques-Louis, Marquis de. 1679 Gouverneur der Zitadelle von Marseille, Mitglied des Regentschaftsrates; 1651–1723. *I* 371; *II* 87 *III* 162

Beringhen, Marie-Madeleine-Élisabeth-Fare d'Aumont, Marquise de; Ehefrau des Marquis de Beringhen; 1662–1728. *I* 371; *II* 89

Bernard, Samuel. 1685 Übertritt zum Katholizismus, größter Bankier Europas; 1651–1739. *II* 135, 136, 215

Berry, Charles de France, Duc de; Sohn von Louis, le Grand Dauphin, Enkel von Ludwig XIV.; 1686–1714. *II* 98, 99, 126, 144, 147, 151, 167, 176, 207, 263; *III* 20, 36, 49–55, 59, 62, 97, 102, 104, 105, 109, 110, 112, 113, 115, 140, 141, 144, 153, 159, 160, 161, 165, 166, 171–173, 213, 223, 225, 327

Berry, Marie-Louise-Élisabeth d'Orléans, genannt Mlle. de Valois; Tochter Philipps II. d'Orleans, heiratete 1710 den Duc de Berry; 1695–1719. *III* 20,

35–37, 49, 50, 52, 54, 56, 59, 61–64, 66–68, 96, 97, 101, 103–105, 107, 109, 110, 112–115, 141, 144, 157, 161, 162, 165, 171, 173, 202, 224–226, 230, 257, 320, 327, 337; *IV* 15, 21, 34–38, 115, 129–133, 138–143

Berwick, Jacques-Fitz-James, Maréchal-Duc de. Nach der Revolution von 1688 nach Frankreich geflüchtet, 1693 Generalleutnant, 1703 naturalisiert, 1706 Marschall von Frankreich, 1707 spanischer Grande; 1671–1734. *I* 45, 125, 407, 417, 418; *II* 11, 50, 101, 149, 171, 185, 189, 191, 207, 225, 263; *III* 230, 282; *IV* 138, 232

Béthune, Armand Ier de Béthune, Duc de Charost. Generalleutnant beim Gouvernement Picardie, Boulonnais und Hainaut; Gouverneur von Calais; 1641–1717. *I* 216; *III* 122

Béthune, Marie Foucquet, Duchesse de; einzige Tochter des Oberintendanten Nicolas Foucquet; Ehefrau des Duc de Béthune; war befreundet mit Mme. Guyon; Fénélon hegte große Verehrung für sie; 1640–1716. *I* 110; *II* 121; *III* 122; *IV* 45, 46

Beuvron, François III. d'Harcourt, Marquis de. Generalleutnant beim Gouvernement Haute-Normandie; †1705. *III* 302

Beuvron, Charles d'Harcourt, Comte de; †1688. *I* 333

Beuvron, Lydie de Rochefort de Théobon, Comtesse de. Ehrenfräulein von Madame, 1686 Übertritt zum Katholizismus; †1708. *I* 331, 333; *IV* 228

Bezons, Jacques Bazin, Comte et Maréchal de. 1702 Generalleutnant, Gouverneur von Cambrai, 1709 Marschall von Frankreich, Mitglied des Regentschaftsrates; 1645–1733. *II* 265, 300, 301; *III* 13, 14, 16–20, 22–24, 247; *IV* 23, 26, 59, 102, 104

Bezons, Armand Bazin de. 1685 Bischof von Aire, 1698 Erzbischof von Bordeaux, Mitglied des Regentschaftsrates, 1719 Erzbischof von Rouen; 1655–1721. *IV* 144

Bignon, Jérôme II. Generaladvokat und Großmeister der Bibliothek des Königs 1656, Staatsrat; 1627–1697. *I* 93

Biron, Charles-Armand de Gontaut, Duc et Maréchal de. 1704 Generalleutnant, 1715 Mitglied des Kriegsrates, 1721 Mitglied des Regentschaftsrates, 1723 Herzog und Pair, 1734 Marschall von Frankreich; 1664–1756. *II* 147, 148, 151; *IV* 112, 249, 250

Biron, Marie-Antonine Bautru de Nogent, Duchesse et Maréchale de; Ehefrau des Duc et Maréchale de Biron; †1742. *IV* 249, 250

Bissy, Henri de Thiard, Abbé. 1687 Bischof von Toul, 1704 von Meaux, 1713 Kardinal; 1657–1737. *II* 290; *III* 85, 164, 165, 190, 255, 256; *IV* 19, 59, 213, 214

Blainville, Jules-Armand Colbert, Marquis de; Sohn des Ministers Jean-Baptiste Colbert. 1684 Kommandant des Regiments von Foix, Großzeremonienmeister von Frankreich, Generalleutnant; 1663–1704. *I* 37

Blanc, Louis-Claude. Maître des requêtes 1700, Intendant von Dünkirchen, Mitglied des Kriegsrates, Staatsrat, Kriegsminister 1719–1723 und 1726–1728; 1669–1728. *IV* 120, 122, 124, 170, 216, 226, 227, 232

Blanzac, Charles de la Rochefoucauld de Roye, Comte de. 1682 Übertritt zum Katholizismus, 1704 Generalleutnant, 1721 Gouverneur von Bapaume; †1732. *I* 421–424

Blanzac, Marie-Henriette de Rochefort d'Aloigny, Comtesse de; 1663–1736. *I* 130, 131, 201, 441, 442; *III* 277

Blécourt, Jean-Denis, Marquis de; †1719. *I* 258, 259

Blois, Françoise-Marie de Bourbon, genannt Mlle. de siehe *Orléans,* la Duchesse d'

Blouin, Louis. 1665 Erster Kammerdiener des Königs, 1701 Intendant der Schlösser von Versailles und Marly; †1729. *II* 152, 153, 159, 197, 228, 229, 257; *III* 145, 148; *IV* 68, 134

Boileau, Jean-Jacques, Abbé. Erzbischof von Paris; 1649–1735. *I* 203, 204; *II* 34, 35

Boisguilbert, Nicolas le Pesant de. Parlamentsrat von Rouen; 1647–1737. *II* 83–86; *III* 77

Bonsy, Pierre, Cardinal de. 1659 Bischof von Béziers, 1669 Erzbischof von Toulouse, 1672 Kardinal, 1673 Erzbischof von Narbonne; 1631–1703. *I* 143, 144, 200, 377

Bontemps, Louis-Alexandre. Erster Kammerdiener des Königs, Intendant von Versailles, Gouverneur von Rennes; 1626–1701. *I* 52, 234; *II* 28; *III* 306

Bossuet, Jacques-Bénigne. 1669 Bischof von Condom, Lehrer des Dauphin 1670, Bischof von Meaux 1681, Staatsrat 1697; 1627–1704. *I* 111, 113, 151, 152, 154, 156, 157, 175, 180, 181, 183–185, 190, 208, 210, 350, 351, 406; *II* 109, 290; *III* 107, 314

Bossuet, Jacques-Bénigne; Neffe des Bischofs. 1691 Abt von Savigny, 1716 Bischof von Troyes. *I* 175

Boucherat, Louis. 1643 Maître des requêtes, Intendant verschiedener Généralités, 1662 Staatsrat, 1685 Kanzler von Frankreich; 1615–1699; *I* 84, 111, 112, 221, 215

Bouchu, Étienne-Jean. Maître des requêtes, 1968 Intendant des Dauphiné; 1655–1715. *II* 18, 19, 213; *IV* 161, 162

Bouchu, Elisabeth Rouillé des Meslay, Duchesse de Châtillon; in erster Ehe verheiratet mit Étienne-Jean Bouchu; 1664–1740. *II* 18

Boudin, Jean. Schüler von Fagon, Leibarzt von Monseigneur, 1709 Leibarzt des Königs; †1728. *III* 80, 81, 90, 94, 130, 138, 143

Boufflers, Louis-François; Nach dem Tode seines Bruders 1672 Marquis, 1695 Duc und Pair, 1693 Marschall von Frankreich; 1644–1711. *I* 16, 31, 35, 43, 63, 174, 192, 195, 196, 273, 335, 340, 376; *II* 126, 139, 159, 170, 178, 179, 189–192, 207, 240–242, 244, 249, 261–263, 265, 276–278, 280, 281, 284–288, 299; *III* 55, 189, 229; *IV* 21

Bouillon, Godefroy-Maurice de la Tour d'Auvergne, Duc de. Großkammerherr von Frankreich; 1639–1721. *II* 89, 90, 126, 155, 234, 243, 246, 275; *IV* 172

Bouillon, Marie-Anne Mancini, Duchesse de; Nichte von Mazarin, Ehefrau des Duc de Bouillon; 1650–1714. *I* 279; *II* 90, 155

Bouillon, Emmanuel-Théodose de la Tour d'Auvergne, Cardinal de; Bruder von Godefroy-Maurice, Duc de Bouillon; 1671–1700 Groß-Almosenier von Frankreich, Gesandter in Rom; 1643–1715. *I* 27, 28, 74–76, 114, 153, 154, 167, 175–178, 181, 208, 209, 310; *II* 90, 246; *IV* 172

Bouillon, le Chevalier de siehe *Auvergne,* le Prince d'

Bourbon, Henri-Jules de siehe *Monsieur le Prince*

Bourbon, Mlle. de siehe *Conti,* la Princesse de

Bourdaloue, le Père jésuite; 1632–1704. *I* 83, 156

Bourgogne, Louis de France, Duc de; Sohn des Dauphin Louis, Vater von Ludwig XV., Dauphin 1711; 1682–1712. *I* 109–111, 127, 141, 157, 167, 168, 195, 236, 273, 282, 283, 305, 315, 335, 339, 340, 354, 355, 372, 374, 419, 440, 441, 444; *II* 18, 46–49, 98, 99, 119, 127–133, 144, 146, 148–162, 167, 169, 171, 173, 176, 177, 179, 184–189, 192, 196, 198, 207, 227, 231, 238, 240, 241, 243, 250, 262, 263, 265, 268, 287; *III* 13, 36, 39–41, 47–49, 52, 53, 55, 62, 78, 90, 91, 97, 98, 101–103, 105, 108, 109, 112, 113, 115, 117, 120–127, 130, 132, 133, 135–143, 155, 173, 174, 188, 189, 193, 213, 324; *IV* 21, 30, 256, 260

Bourgogne, Marie-Adélaide de Savoie, Duchesse de; Tochter von Victor-Amédée II. de Savoie, Ehefrau des Duc de Bourgogne; 1685–1714. *I* 140, 141, 165, 167, 168, 181, 192, 195, 196, 232, 236, 238, 248, 249, 264, 272, 273, 280–284, 289, 301, 305, 319, 354–356, 372, 374, 379, 382, 383, 387, 405, 419, 427, 430, 440–444, 448; *II* 11, 14, 18, 46–49, 77, 79, 98, 99, 103–105, 107, 113, 118, 125–127, 131, 132, 143, 150, 151, 157–162, 164–168, 170, 172, 188, 191, 202, 227–231, 240, 248, 250, 261–263, 270, 274; *III* 32, 36, 48, 49, 51–55, 57, 62, 64, 65, 89, 90, 97–101, 103–105, 107–110, 112–118, 125, 130–136, 138–140, 142, 144, 173, 174, 176, 186, 189, 223, 314, 315, 320, 324, 335, 337; *IV* 21, 30

Bracciano, Anne-Marie de la Trémoille-Noirmoutier, Princesse de Chalais, später Duchesse de siehe *Ursins,* la Princesse des

Brancas, Louis de Brancas-Céreste, IIIe Duc de Villars-; 1663–1739. *I* 379, 380; *IV* 38, 51–54

Brancas, Marie de Brancas-d'Oise, Duchesse de Villars; Ehefrau des Duc de Villars-Brancas; 1651–1731. *I* 379, 380

Brancas, Louis-Antoine, Comte, seit 1709 Duc de Villars-; Sohn des IIIe Duc de Villars-Brancas; 1682–1760. *IV* 51–54

Brancas, Marie-Angélique Fremin de Moras, Duchesse de. 1744 Ehrendame der Dauphine; Ehefrau des Duc de Villars-Brancas; 1676–1763. *IV* 52–54

Brancas-Céreste, Louis de, Marquis de. 1710 Generalleutnant; 1672–1750. *III* 200

Braunschweig, Herzog von siehe *Georg-Ludwig,* Herzog von Braunschweig und Hannover

Bressey, Jean-Claude, Baron de. Generalleutnant 1696; †1704. *I* 16
Bretagne, Louis de France, Ier Duc de; Sohn des Duc und der Duchesse de Bourgogne; 1704–1705. *I* 427: *II* 18
Bretagne, Louis de France, II^{er} Duc de; zweiter Sohn des Duc und der Duchesse de Bourgogne; 1707–1712. *II* 77
Breteuil, Louis-Nicolas le Tonnelier, Baron de. 1677 Lektor des Königs; 1648–1728. *I* 198, 199; *III* 202
Brisacier, Jacques Charles de. Doktor der Theologie; †1736. *I* 115, 116
Brissac, Henri-Albert de Cossé, Duc de; 1645–1699. *I* 13
Brissac, Charles-Timoléon-Louis de Cossé, seit 1709 Duc de; 1693–1732. *IV* 137
Brissac, Catherine-Madeleine Pécoil de Villedieu, Duchesse de; Ehefrau des Duc de Brissac; 1707–1770. *IV* 137
Brissac, Albert de Grillet, Marquis de. Page des großen Marstall unter Ludwig XIII., 1693 Generalleutnant; 1627–1713. *I* 216, 292, 293
Broglie, Victor-Maurice, Comte, seit 1724 Maréchal de; Kommandant im Languedoc; 1644–1727. *I* 377, 378; *III* 151; *IV* 37, 38
Broglio siehe *Broglie,* le Maréchal de
Bruyère, Jean de la. Schatzmeister bei der Généralité Caen; Verfasser der »Caractères de Théophraste«; 1645–1696. *I* 126; *IV* 175, 237
Bryas, Jacques-Théodore de. Bischof von Saint-Omer, 1675 Erzbischof von Cambrai; †1694. *I* 107
Budos, Diane-Henriette de. Erste Frau des Duc de Saint-Simon. *I* 13
Bury, Anne-Marie d'Urre d'Aiguebonne, Comtesse de; Tante von Mlle. Choin, Ehrendame der Princesse de Conti; 1633–1724. *I* 66, 69

Callières, François de. Gesandter in Holland, auf dem Kongreß zu Ryswick, am lothringischen Hof; 1645–1717. *II* 33, 34
Canillac, Philippe de Montboissier-Beaufort, Marquis de. Generalleutnant im Bas-Languedoc 1720; 1669–1725; *I* 196; *III* 178, 231, 232; *IV* 19, 30, 31, 38, 40–42, 53, 54, 87, 94, 226, 235
Cantecroix, Béatrix de Cusance, Princesse de; Mutter des Prince de Vaudémont; 1614–1663. *I* 169
Cany, Marie-Françoise de Rochechouart, Marquise de; Palastdame der Königin 1725–1740. *IV* 229, 230
Caretti, Ottavio del Caretto, Marchese von Balestrina. Genoß einen guten Ruf als empirischer Arzt. *I* 83
Carte, François-Gabriel Thibault de la. Stand im Dienst von Monsieur, Gouverneur von Joinville; *1669. *III* 228
Castries, Joseph-François de la Croix, Marquis de. Gouverneur von Montpellier, Königsleutnant für Languedoc, Ehrenritter der Duchesse d'Orléans; 1663–1728. *III* 45, 46
Castries, Marie-Élisabeth de Rochechouart-Vivonne, Marquise de; Nichte der Mme. de Montespan, Ehefrau des Marquis de Castries; 1663–1718. *I* 143–145; *III* 103, 104

Catinat, Nicolas. 1676 Generalmajor der Infanterie, 1677 Brigadier, 1688 Generalleutnant, bis 1696 Oberbefehl über die Armee in Piemont, bis 1702 in Deutschland; 1637–1712. *I* 31, 35, 54, 66, 272, 273, 296, 301–303, 306–308, 335–337, 343, 345, 347, 371

Caumartin, Jean-François-Paul Lefèvre de Caumartin. Abt von Buzay, 1717 Bischof von Vannes; 1668–1733. *I* 70, 71, 73, 74, 198, 199, 221; *II* 47

Cavalier, Jean. Bauer aus der Languedoc. Erst im Dienst des Herzogs von Savoyen, später ging er nach Holland, schließlich nach England, wo er Generalmajor wurde; 1680–1740. *I* 416

Cavoye, Louis d'Oger, Marquis de. Grand Maréchal des logis des königlichen Hauses; 1640–1716. *I* 123–125, 212, 366, 367; *II* 35, 251; *III* 297; *IV* 32

Cavoye, Louise-Philippe de Coëtlogon, Marquise de; Ehefrau des Marquis de Cavoye; 1641–1729. *I* 124, 125, 366, 367; *IV* 32

Caylus, Jean-Anne de Thubières de Pestels de Levis, Comte de. 1686 Menin von Monseigneur, 1702 Generalleutnant, 1704 Kommandant von Louvain; † 1704. *I* 451

Caylus, Marthe-Marguerite le Valois de Villette de Mursay, Comtesse, später Marquise de; Nichte von Mme. de Maintenon, Ehefrau Comte de Caylus; 1671–1729; *I* 451; *II* 15, 16, 80, 205; *III* 106, 244, 259; *IV* 133

Cellamare, Antoine-Joseph-Michel-Nicolas del Giudice, Prince de. Botschafter in Frankreich 1715–1719; 1657–1733. *IV* 117, 118, 120, 126

Céreste, Louis-Bufile Toussaint Hyacinthe de Brancas, Comte de. Gesandter in Schweden und auf dem Kongreß von Soissons; 1672–1754. *IV* 189, 190, 192, 194

Chaise, François d'Aix, genannt le Père de la, Jesuit, 1675 Beichtvater des Königs; 1624–1709. *I* 73, 104, 105, 112, 115, 116, 155, 179, 200; *II* 194–196, 294; *III* 305

Chalais, Adrien-Blaise de Talleyrand, Prince de Chalais; Ehemann der späteren Princesse des Ursins; † 1670. *I* 309

Chalais, Louis-Jean-Charles de Talleyrand, Prince de; Neffe der Princesse des Ursins, 1714 Grande von Spanien; heiratete die Schwiegertochter von Chamillart; 1680–1757. *III* 198; *IV* 230

Chamillart, Michel. Maître des requêtes 1686, Intendant von Rouen 1689, Generalkontrolleur 1699, Staatsminister 1700, Staatssekretär des Krieges 1701; 1652–1721. *I* 227–229, 246, 248, 262, 264, 267, 281, 295–297, 299–301, 303, 316, 317, 320, 326, 330, 331, 334–337, 345, 359, 360, 372, 374, 385, 386, 394–398, 405, 417, 418, 426, 433, 435; *II* 30, 42, 50, 51, 54–56, 63–65, 73, 75, 80–83, 85, 86, 88, 89, 95, 103, 116, 118–123, 127, 129, 132–135, 143, 152, 158–161, 163–166, 172, 173, 175, 176, 184, 185, 190, 191, 193, 203, 204, 208–210, 239–241, 244, 248–253, 255–263, 298; *III* 27, 116, 175, 189, 280, 281, 318, 324

Chamilly, Noël Bouton, Marquis de. 1673 Brigadier, 1674 Gouverneur von Grave, 1678 Generalleutnant, 1685 Gouverneur von Straßburg, 1701 Kommandant der Provinzen Aunis, Poitou und Saintonge, 1703 Marschall von Frankreich; 1636–1715. *I* 362, 363, 369

Chamilly, Élisabeth du Bouchet de Villeflixe, Marquise de; Ehefrau des Marquis de Chamilly; 1656–1723. *I* 363, 380

Chamlay, Jules-Louis Bolé, Marquis de. Marschall des logis; 1650–1729. *II* 134, 190, 193; *III* 205

Champflour, Étienne de. 1702 Bischof von La Rochelle; 1644–1724. *III* 86–88

Chardon, Daniel. 1653 Advokat, konvertierte zum Katholizismus; †1714. *I* 439, 440

Chardon, Marie Caillard, Dame. Tochter eines Advokaten, Ehefrau von Daniel Chardon. *I* 439, 440

Charles II., König von Spanien; Sohn Philipps IV. von Spanien, heiratete 1679 Marie-Louise d'Orléans, 1690 Marie-Anne de Bavière-Neubourg, König seit 1665. *I* 244, 245, 258, 259, 271, 300, 362, 389, 391, 401; *II* 34; *III* 263, 280

Charmel, Louis de Ligny, Comte du. Hauptmann, 1678 Generalleutnant im Gouvernement der Ile-de-France; 1646–1714. *II* 34–37

Charnacé, Jacques-Philippe de Girard, Marquis de. Kaufte eine Leutnantstelle bei den Gardes du corps, wurde 1664 pensioniert; 1640–1720. *I* 187–189

Charolais, Louise-Anne de Bourbon-Condé, Demoiselle de; Tochter von Louis III. de Bourbon-Condé; 1695–1758. *III* 56

Charost, Armand II. de Béthune, Duc de; Sohn von Armand Ier de Béthune, Duc de Charost. 1684 Hauptmann, Generalleutnant der Provinzen Picardie, Boulonnais u. a., 1693 Brigadier, 1702 Generalleutnant; 1663–1747. *III* 122, 123, 229, 251; *IV* 45, 46, 123, 217

Chartres, Philippe d'Orléans, Duc de, später d'Orléans siehe *Orléans*, le Duc d'*Chartres*, le Vidame de siehe *Ruffec*, Jacques-Louis de Rouvroy-Saint-Simon, le Duc de

Chartres, Mlle. de, siehe *Asturies*, la Princesse des

Chartres, Louis Ier, Duc de; Sohn des Philippe d'Orléans; 1703–1752. *IV* 231, 254–256

Châteauneuf, Marie-Marguerite de Fourcy, Marquise de; 1646–1711. *III* 277

Châteaurenault, François-Louis Rousselet, Comte de. 1686 Generalleutnant der Seestreitkräfte, 1703 Marschall von Frankreich; 1637–1716. *I* 362, 365–367

Châteautiers, Anne de Foudras de; stand in der Gunst von Madame; 1660–1741. *I* 25

Châtillon, Alexis-Henri, Chevalier, seit 1685 Marquis de. Hauptmann der Garde des Duc d'Orléans, Erster Kammerherr von Monsieur, fiel 1717 in Ungnade; 1650–1737. *I* 76, 128, 281, 286; *III* 153

Châtillon, Marie-Rosalie de Brouilly-Piennes, Marquise de; Ehefrau des Marquis de Châtillon; 1675–1735. *I* 117

Chaulnes, Charles d'Albert d'Ailly, seit 1653 Duc de. Generalleutnant der Provinz Bretagne 1669, Gouverneur 1670, Gesandter in Rom und Köln; 1624–1698. *I* 88, 89, 223

Chaulnes, Élisabeth le Féron, Duchesse de; heiratete in zweiter Ehe den Duc de Chaulnes; 1629–1699. *I* 89

Chausserais, Marie-Thérèse le Petit de Verno, Demoiselle de. Ehrenfräulein von Madame; 1664–1733. *III* 26, 27, 30, 31

Chétardye, Joachim Trotti, Abbé de la. 1696 Pfarrer von Saint-Sulpice, 1709 Beichtvater von Mme. de Maintenon; 1636–1714. *II* 290; *III* 35, 121

Chevreuse, Charles-Honoré d'Albert, seit 1667 Duc de; Sohn des Louis-Charles d'Albert, Duc de Luynes, Schwager des Duc de Beauvillier. Gouverneur von Guyenne 1696; 1646–1712. *I* 88, 89, 109, 128, 152, 158, 180, 185, 190, 255, 296, 318, 374, 394, 395; *II* 85, 119–121, 125, 157, 177, 178, 184, 196, 198, 203, 234, 238, 252, 253, 260, 262, 263, 294, 299; *III* 49, 53, 68, 84, 121–123, 154–156, 187–189; *IV* 21, 46, 148, 175

Chevreuse, Jeanne-Marie Colbert, Duchesse de; Tochter des Ministers Colbert, Ehefrau des Duc de Chevreuse. 1674 Palastdame der Königin; 1650–1732. *I* 89, 255, 401; *II* 120; *III* 53, 118, 121, 122, 154, 156, 187, 321; *IV* 46

Chirac, Pierre. Professor an der Medizinischen Fakultät von Montpellier, 1715 Leibarzt des Regenten; 1650–1732. *III* 192; *IV* 140, 142, 143, 233, 236

Choin, Marie-Émilie de Joly, Demoiselle de. Ehrenfräulein der Princesse de Conti, Maitresse von Monseigneur; †1723. *I* 66–69, 117, 159, 299, 371; *II* 98, 99, 105, 106, 131, 143, 166, 229, 249, 250, 262; *III* 92, 105–107, 135

Choiseul, Auguste, Chevalier du Plessis, seit 1684 Duc de. 1677 Generalleutnant, Erster Kammerdiener des Duc d'Orléans 1684; 1637–1705. *I* 31, 32

Choiseul, Louise-Gabrielle de la Vallière, Duchesse de; erste Ehefrau des Duc de Choiseul; 1665–1698. *I* 181

Choiseul, Claude, Comte de Choiseul-Francières. 1693 Marschall von Frankreich; 1632–1711. *I* 31, 63, 325, 344, 345

Cinq-Mars, Henri-Coiffier-Ruzé d'Effiat, Marquis de; Sohn des Maréchal d'Effiat. Günstling Ludwigs XIII., 1639 Großstallmeister, 1642 enthauptet. *I* 41

Claude, Jean. Protestantischer Minister, ging 1685 ins Exil; 1619–1687. *I* 350

Clérambault, Louise-Françoise Bouthillier de Chavigny, Maréchale de. 1669 Erzieherin der Kinder von Monsieur und Ehrendame der ersten Gemahlin Karls II. von Spanien; 1633–1722. *I* 331–333, 421–423; *IV* 228, 229

Clermont-Chaste, François-Alphonse, Chevalier, später Marquis de. Günstling von Monseigneur und Mlle. Choin, Erster Kammerdiener des Regenten; 1661–1740. *I* 67–69

Clermont-Tonnerre, François de. Seit 1661 Bischof von Noyon, 1694 Mitglied der Académie française; 1629–1701. *I* 47, 70–74, 113, 114, 117

Cœuvres, le Maréchal de siehe *Estrées,* Victor-Marie, Maréchal-Duc d'

Coigny, Robert-Jean-Antoine de Franquetot, Comte de. Oberbefehlshaber der Moselarmee; †1704. *I* 397, 398

Coislin, Armand du Cambout, seit 1663 Duc de. Gouverneur von Saint-Malo; 1635–1702. *I* 205, 270; *III* 32, 44, 331

Coislin, Pierre de; Bruder von Armand, Bischof von Orléans. 1697 Kardinal; 1630–1706. *I* 114, 115, 167, 204, 205; *II* 30; *III* 331

Coislin, Charles-César, Chevalier de; Bruder von Pierre und Armand. 1641–1699. *I* 204, 205, 212; *III* 331

Coislin, Henri-Charles du Cambout, Abbé de, seit 1697 Bischof von Metz. Erster Almosenier in der Nachfolge seines Onkels Pierre de Coislin, Mitglied der Académie française, Duc und Pair 1710; 1664–1732. *II* 30, 31; *III* 44–46

Colbert, Jean-Baptiste, Minister; Intendant und Testamentsvollzieher Mazarins, 1661 Staatsrat und Intendant der Finanzen, 1664 Oberintendant der Künste und Manufakturen, 1665 Generalkontrolleur der Finanzen, Staatssekretär der Marine, des Handels und des königlichen Hauses; 1619–1683. *I* 91, 222, 223, 231–233, 246, 247, 255, 267, 394, 396; *II* 85, 116, 236, 248; *III* 152, 263–265, 268, 272, 273; *IV* 95, 211, 239

Combe, le Père François de la. Stand in Verbindung mit Mme. Guyon, 1687 kam er in die Bastille, 1689 durch kirchliche Verurteilung zu lebenslänglicher Gefängnishaft verurteilt; 1643–1715. *I* 185

Comte, le Père Daniel-Louis le, Jesuit. Beichtvater der Duchesse de Bourgogne 1696–1700; 1651–1728. *I* 249

Condé, Anne-Marie-Victoire de Bourbon, genannt Mlle. de; Tochter von M. le Prince; 1675–1700. *II* 218

Conti, Marie-Anne de Bourbon, Princesse de; legitimierte Tochter von Ludwig XIV. und Mlle. de la Vallière, heiratete 1680 Louis-Armand Ier de Bourbon, Prince de Conti; 1666–1739. *I* 31, 65–69, 117, 118, 195, 319; *II* 98, 115, 166, 167, 176, 177, 182, 189, 201, 229; *III* 22, 33, 60, 63, 71, 92, 94–96, 106, 136, 162

Conti, François-Louis de Bourbon, Comte de la Marche, 1685, nach dem Tod seines Bruders Louis-Armand Ier, Prince de; 1664–1709. *I* 44–46, 54, 66, 67, 69, 80, 82, 83, 85, 99–101, 143, 159, 177, 189, 190, 201, 240, 279, 330, 368, 374; *II* 43, 56, 62, 98, 106, 131, 177, 194, 199–202, 288

Conti, Marie-Thérèse de Bourbon-Condé, Princesse de; Tochter von M. le Prince, genannt Mlle. de Bourbon, Ehefrau des Prince de C.; 1666–1732. *II* 201, 218; *III* 202

Conti, Louis-Armand II. de Bourbon, Comte de la Marche, seit 1709 Prince de; Sohn von Louis-Armand Ier, Prince de Conti. Mitglied des Regentschaftsrates, 1717 Gouverneur von Poitou, 1719 Generalleutnant; 1695–1727. *II* 201; *III* 34, 38, 88, 116, 178, 285, 324, 327; *IV* 33, 76, 99, 101, 102, 104, 145

Conti, Louise-Élisabeth de Bourbon-Condé, Princesse de; Ehefrau des Prince de Conti; 1693–1775, genannt Mlle. de Bourbon. *III* 50–56, 62, 327

Cosnac, Daniel de. 1658 erster Almosenier von Monsieur, 1687 Erzbischof von Aix; 1627–1708. *II* 12

Cosnac, Marie-Angélique de. *I* 90

Courcillon, Philippe-Égon, Marquis de; Sohn von Dangeau. 1710 Brigadier, 1712 Gouverneur von Touraine; 1687–1719. *II* 75, 76

Courtenay, Louis-Charles, Prince de; 1640–1723. *I* 51–53

Courtenvaux, Michel-François le Tellier de Louvois, Marquis de; Sohn von Louvois; 1663–1721. *II* 28–30

Courtin, Honoré. 1649 Maître des requêtes, 1663–1665 Intendant in Amiens, in Flandern und in Soissons, 1673 Staatsrat; 1626–1703. *I* 402, 403

Crécy, Louis Verjus, Comte de. Staatsrat und Mitglied der Académie française 1679, 1697 Gesandter in Ryswick; 1626–1709. *I* 83

Crenan, Pierre de Perrien, Marquis de. 1682 Generalinspekteur, 1687 Gouverneur von Kassel, 1693 Generalleutnant; †1702. *I* 327–330

Créquy, François de Blanchefort de Bonne, seit 1668 Maréchal de. 1655 Generalleutnant, 1661 General der Galeeren, Gouverneur von Béthune, Metz und Lothringen; 1624–1687. *I* 376

Créquy, François-Joseph, Marquis de; Sohn des Marschalls. 1696 Generalleutnant; 1662–1702. *I* 64

Cresnay, Armand-Jean-Baptiste Fortin de. Freiwilliger in der ersten Kompanie der Musketiere; †1714. *I* 18

Croissy, Charles-François Colbert, Marquis de; Bruder von Jean-Baptiste Colbert. Intendant verschiedener Provinzen, 1669 Staatsrat, 1679 Staatssekretär für Auswärtige Angelegenheiten und Staatsminister; 1629–1696. *I* 233, 234

Dänemark, Christian V., König von Dänemark; 1646–1699. *I* 150

Daguesseau, Henri-François. 1691 Generaladvokat, 1700 Generalprokureur, 1717–1750 Kanzler von Frankreich; 1668–1751. *III* 78, 79, 183–185; *IV* 14, 56, 59, 60, 74, 76, 81–84, 169, 170, 172

Dangeau, Philippe de Courcillon, Marquis de. 1667 Gouverneur von Touraine, Menin des Dauphin 1680, Ehrenritter der ersten Dauphine und der Duchesse de Bourgogne, Mitglied der Académie française; 1638–1720. *I* 54, 70, 132–134, 444; *II* 54, 75; *IV* 174–176

Dangeau, Anne-Françoise Morin, Marquise de; erste Ehefrau des Marquis de Dangeau; †1682. *IV* 175

Dangeau, Sophie-Marie de Bavière, Comtesse de Levenstein, Marquise de; zweite Ehefrau des Marquis de Dangeau, Nichte des Kardinals von Fürstenberg, 1684 Ehrenfräulein der Dauphine; 1664–1736. *II* 75; *III* 106, 244; *IV* 133, 175

Darmstadt, Prinz Georg von Hessen-. Trat zum Katholizismus über, diente in Irland, Spanien und Portugal und fiel bei der Belagerung von Barcelona; 1669–1705. *I* 161, 162, 169

Dauphin (nach Monseigneurs Tod) siehe *Bourgogne,* le Duc de

Dauphin (nach dem Tod des Duc de Bourgogne) siehe *Louis XV.*

Dauphine, Madame la, Marie-Anne-Christine-Victoire de Bavière; Ehefrau von Monseigneur; †1690. *I* 133, 134, 149; *IV* 175

Dauphine, la siehe *Bourgogne,* la Duchesse de

Denonville, Jacques-René de Brisay, Marquis de. 1689 Adjutant des Duc de Bourgogne; 1637–1710. *I* 423, 424, 426

Desgranges, Michel Ancel-, Zeremonienmeister, 1649–1731. *I* 281

Desmaretz, Nicolas; Neffe von Colbert, 1678 Intendant der Finanzen, 1683 in Ungnade gefallen, 1703 Direktor der Finanzen, 1715 erneut in Ungnade gefallen; 1648–1721. *I* 246–248, 372, 394, 395; *II* 85, 118, 120, 122, 123, 135, 136, 138–140, 163, 184, 192, 204, 209, 210, 215, 239, 241, 242, 244, 252, 262, 265; *III* 27, 68, 77–80, 119, 237, 243, 244, 282; *IV* 9, 18, 23, 24, 46

Douzy, le Duc de siehe *Nevers*, Philippe-Jule-François, Duc de

Doyen, M., Gründer einer Brüderschaft im Sprengel von Saint-Sulpice; †1700. *I* 164

Dreux, Thomas II. Freund von Chamillart; 1640–1731. *IV* 10, 11

Dreux, Catherine-Angélique Chamillart; Tochter von Chamillart, Schwiegertochter von Thomas II. Dreux; 1683–1739. *II* 240

Dubois, Guillaume, Abbé. Erzbischof von Cambrai, 1721 Kardinal, 1722 Premierminister; 1656–1723. *I* 21, 22, 362; *II* 17; *III* 214–216; *IV* 15, 40–42, 46, 55, 59, 69, 76, 87, 94, 98, 117, 119, 120, 122, 124, 144–146, 151–153, 163, 164, 166, 169, 184–189, 192, 209–218, 220–222, 226, 227, 231, 232

Duc, Louis III. de Bourbon-Condé, genannt Monsieur le; Sohn von M. le Prince. Gouverneur von Burgund; 1668–1710. *I* 44, 46, 54, 99, 101, 159, 160, 241, 374; *II* 56, 62, 74, 112, 145, 201, 202, 213, 218, 222, 263, 269; *III* 29, 32–39, 43, 44, 88, 116, 178, 285, 324, 327

Duc, Louis-Henri de Bourbon, genannt Monsieur le; Sohn von Louis III. de Bourbon-Condé. Gouverneur von Burgund, Premierminister unter Ludwig XV.; 1692–1740. *III* 33, 80, 84, 256; *IV* 10, 13, 22–24, 33, 53, 73–76, 97–100, 102, 104–107, 111, 114–116, 120–122, 124, 157, 158, 162, 169, 170, 178, 179–183, 187, 225–227, 231, 232, 237, 253–256

Duchesse, Louise-Françoise de Bourbon, genannt Madame la, legitimierte Tochter Ludwigs XIV. und Mme. de Montespans, Ehefrau des Louis III. de Bourbon-Condé; 1673–1743. *I* 65, 66, 117, 118, 159, 195, 240, 241, 280, 451; *II* 74, 79, 98, 99, 105, 112, 115, 119, 131, 141, 142, 145, 166–168, 201, 218, 262, 263, 269; *III* 29, 31–33, 35–37, 50–58, 60, 88, 89, 92, 94, 96, 106, 116, 117, 136, 229, 257, 303, 337; *IV* 21, 22, 44, 53, 69, 76, 115, 157, 169, 180, 182

Duras, Jacques-Henri de Durfort, seit 1675 Maréchal de, seit 1689 Duc de; Bruder des Duc de Lorge, Generalleutnant, 1674 Gouverneur der Franche-Comté; 1626–1704. *I* 96, 135, 150, 218, 269, 270, 304, 323, 324, 340, 396, 431–433, 446–448

Duras, Marguerite-Félice de Levis-Ventadour, Maréchale-Duchesse de. Ehefrau des Duc de Duras; †1717. *I* 446, 447

Effiat, Antoine Coiffier-Ruzé, Marquis d'. Erster Stallmeister von Monsieur und vom Duc d'Orléans, Mitglied im Regentschaftsrat; 1638–1719. *I* 22, 290–292; *III* 146, 147, 205, 228, 247; *IV* 23, 24, 26, 40, 55, 59, 79, 100, 102, 104

Elbeuf, Françoise de Montaut-Navailles, Duchesse d'; 1653–1717. *I* 429, 430, 434, 435, 437, 438; *II* 274, 275

Elbeuf, Henri de Lorraine, Duc d'. 1696 Generalleutnant, Gouverneur von Artois, Picardie und Hainaut; 1661–1748. *I* 84, 85, 105, 169, 170, 202; *III* 129

Elbeuf, Suzanne-Henriette de Lorraine, genannt Mlle. d' siehe *Mantoue,* la Duchesse de

Enghien, le Duc d' siehe *Duc,* M. le, Louis-Henri de Bourbon

Enghien, Demoiselle d' siehe *Vendôme*

England, Königin von England siehe *Anna Stuart* bzw. *Sophie-Dorothee,* Herzogin von Braunschweig und Hannover

Entragues, Hyacinthe de Montvallat, Chevalier d'. 1685 Diener des Königs; † 1702. *I* 328, 329

Érard, Claude. Berühmter Advokat; 1646–1700. *I* 93

Espinoy, Marie-Marguerite-Françoise de Melun, Demoiselle d'; 1671–1759. *I* 433, 434

Espinoy, Élisabeth de Lorraine, Princesse d'; Tochter des Prince de Lillebonne; 1664–1748. *II* 102–105, 132, 176; *III* 92

Estrées, Victor-Marie, Comte d'Estrées, seit 1703 Maréchal de Cœuvres, seit 1707 Maréchal-Duc d'. 1684 Vize-Admiral, 1701 Generalleutnant der spanischen Flotte, 1704 Grande von Spanien; 1660–1737. *I* 362, 365, 400, 450; *II* 13, 50, 96; *III* 230; *IV* 21, 23, 24, 67, 102, 104, 175, 180

Estrées, César, seit 1671 Cardinal d'; 1628–1714. *I* 309, 310, 390–393, 407; *II* 96, 293, 294; *III* 189

Estrées, Jean, Abbé d'. 1703–1704 Gesandter in Spanien, 1711 Mitglied der Académie française, Abt von Saint-Claude; 1666–1718. *I* 407, 409, 420, 427; *II* 13; *III* 230

Évreux, Henri-Louis de la Tour d'Auvergne, Comte d'; Sohn des Duc de Bouillon, 1708 Generalleutnant, 1716 Gouverneur des Poitou, 1719 der Ile-de-France; 1679–1753. *II* 90, 149, 155, 156, 158

Évreux, Marie-Anne Crozat, Comtesse d'. Ehefrau des Comte d'Evreux; 1695–1729. *II* 90

Fagon, Guy-Crescent. Leibarzt der Dauphine, der Königin Maria-Theresia, der Enkel des Königs, 1693 Leibarzt Ludwigs XIV., 1699 Oberintendant über die königlichen Gärten; 1638–1718. *I* 48, 49, 83, 265, 281, 338, 380, 445; *II* 116, 138, 197, 240, 241; *III* 80, 90, 92–96, 143, 147, 148, 171, 242–245, 258, 319

Fagon, Louis, Sohn des berühmten Arztes. 1702 Parlamentsrat, 1709 Maître des requêtes, 1714 Intendant der Finanzen, Generalkommissar der Finanzen im Regentschaftsrat; 1680–1744. *II* 77

Falari, Marie-Thérèse Blonel d'Harcourt, Duchesse de. Mätresse des Regenten; 1697–1782. *IV* 253

Fargues, Baltazar de. † 1665. *II* 25, 26

Farnèse, Élisabeth, Königin von Spanien; zweite Frau Philipps V. von Spanien; 1692–1766. *III* 195–201; *IV* 92, 93, 152, 184, 191–193, 198–201, 207, 208

Félix, Charles-François Tassy, genannt Félix. 1662 erster Chirurg des Königs in der Nachfolge seines Vaters, 1686 nobilitiert, Generalkontrolleur des königlichen Hauses; †1703. *I* 380, 382

Fénelon, François de Salignac de la Mothe-. 1695 Erzbischof von Cambrai, Lehrer von drei Enkeln des Königs; 1651–1715. *I* 60, 107–111, 119–122, 151–154, 156–158, 175, 177–181, 185, 186, 190, 191, 208–210, 216, 296, 339, 401, 402; *II* 121, 144, 158, 195, 196, 262, 290; *III* 84, 85, 119–123, 138, 155, 188, 192–194, 314; *IV* 46

Fénelon, Gabriel-Jacques de Salignac, Marquis de. 1719 Brigadier, 1724 Gesandter in Holland, 1738 Generalleutnant und Staatsrat; 1688–1746. *III* 192

Ferté-Senneterre, Marie-Isabelle-Gabrielle-Angélique de la Motte-Houdancourt, Duchesse de la; 1654–1726. *I* 34, 281; *II* 90, 94

Feuillade, Louis d'Aubusson, Duc de la. 1691 Gouverneur des Dauphiné, 1704 Generalleutnant, 1724 Marschall von Frankreich; 1673–1725. *I* 315–317, 360, 418; *II* 30, 51, 52, 63, 64, 66–71, 73–75, 116, 122, 173, 257; *III* 45, 80, 281, 282; *IV* 30, 31

Feversham, Louis de Durfort-Blanquefort; ging nach England, wurde dort 1663 naturalisiert, 1676 Count of Feversham, soll die Witwe Karls II. geheiratet haben, bei der er Kammerherr war; 1638–1709. *I* 340

Fiesque, Gilonne-Marie-Julie, d'Harcourt-Beuvron, Comtesse de; 1619–1699. *I* 229, 230

Fieubet, Gaspard de. 1649 Parlamentsrat, 1683 Staatsrat; 1627–1694. *I* 402, 403

Finot, Raymond; Leibarzt des Hauses de Condé; 1637–1709. *II* 221, 222

Fleury, André-Hercule, Abbé, seit 1726 Cardinal de. 1678 Almosenier des Königs, 1698–1715 Bischof von Fréjus, 1715 Erzieher von Ludwig XV., 1726 Staatsminister; 1653–1743. *I* 199–201; *II* 202; *III* 80, 84, 194; *IV* 14, 148–150, 153, 154, 188, 216–218, 236, 237, 253–256, 260, 261

Fontaine, Jean de la. Dichter, Advokat am Parlament, Mitglied der Académie française; 1621–1695. *I* 98

Fontaine, Gabriel de la. Steuereinnehmer von M. le Prince. *IV* 24

Fontaine-Martel, Henri Martel, Comte de. Erster Stallmeister der Duchesse de Chartres; †1706. *I* 27, 341; *II* 58

Fontaine-Martel, Antoinette-Madeleine de Bordeaux, Comtesse de; Ehefrau des Comte de Fontaine-Martel; 1661–1733. *I* 341; *III* 61

Fontanges, Marie-Angélique de Scoraille de Roussille, seit 1681 Duchesse de. 1678 Ehrenfräulein von Madame, 1679–1681 Favoritin Ludwigs XIV.; 1661–1681. *III* 301

Fontevrault, Marie-Madeleine-Gabrielle de Rochechouart, 1670, Abbesse de Fontevrault; Tochter des Gabriel de Rochechouart, Duc de Mortemart; 1645–1704. *III* 300

Fontpertuis, Louis-Augustin Angran, Vicomte de; †1747. *II* 123, 124

Force, Henri-Jacques de Caumont, seit 1699 Duc de; 1675–1726. *IV* 100, 102, 104, 169

Fornaro, Ferdinand-François Fornari-Colonna, Duc de. Kam 1678 nach Frankreich, wurde 1687 naturalisiert. *III* 45, 46

Foucquet, Nicolas. Intendant der Justiz, Polizei und Finanzen, 1650 Generalprokureur beim Parlament von Paris, 1653 Oberintendant der Finanzen und Staatsminister, fiel 1661 in Ungnade und wurde inhaftiert; 1615–1680. *III* 122, 263; *IV* 45, 46, 243, 244

Frémont, Nicolas de. 1655 Sekretär des Königs, Schatzmeister von Frankreich; 1627–1696. *I* 91, 97, 137

Frémont, Geneviève Damond, Dame de. Zweite Ehefrau von Nicolas de Frémont, Mutter der Maréchale de Lorge; 1634–1703. *I* 96

Friedrich-August, Kurprinz von Sachsen. *III* 202

Fromenteau siehe *Vauguyon*

Fürstenberg, Wilhelm-Egon, seit 1686 Cardinal de. 1663 Bischof von Metz, später von Straßburg; 1629–1704. *I* 114, 134, 406; *II* 75; *IV* 175

Gacé, Charles-Auguste, Comte de, Maréchal de Matignon. 1684 Gouverneur von Aunis, 1708 Marschall von Frankreich; 1647–1739. *III* 202; *IV* 32, 33

Gaillard, le Père Honoré, Jesuit. Wurde protegiert von Mme. de Bouillon; 1641–1727. *I* 113, 156

Galloway, Henri II. de Massué, Marquis de Ruvigny, 1691 Lord. Wanderte 1686 nach England aus, wurde 1694 dort Generalleutnant; 1648–1720. *I* 146, 147

Genlis, Michel-Hardouin Brûlart de. 1694 Gouverneur von Gironne; †1699. *I* 78, 79

Georg-Ludwig, Herzog von Braunschweig und Hannover, seit 1714 König von England. *I* 87, 88; *II* 144: *III* 182, 209

Gesvres, Léon Potier, seit 1669 Duc de. 1669 erster Kammerherr; 1620–1704. *I* 236–238

Gesvres, Léon Potier, Abbé, seit 1719 Cardinal de; Sohn des Duc de Gesvres, 1694 Erzbischof von Bourges, Doktor der Theologie, 1729 Abt von Saint-Remi; 1656–1744. *I* 236

Gesvres, Bernard-François Potier, Marquis, seit 1703 Duc de Fresnes; Sohn des Léon Potier, Duc de Gesvres. Erster Kammerherr, 1690 Brigadier, 1704 Gouverneur von Paris; 1655–1739. *I* 221, 279, 280

Giron, Gaspard Tellez. 1699 Kammerherr; 1652–1727. *IV* 203–205

Godet des Marais, Paul. 1690 Bischof von Chartres, Beichtvater der Mme. de Maintenon, 1697 Bischof von Blois; 1647–1709. *I* 119–122; *II* 195, 196, 259, 289, 290, 294; *III* 315

Gramont, Philibert, Comte de. Gouverneur von Aunis, Generalleutnant im Gouvernement Béarn; 1621–1707. *I* 214; *II* 77, 78

Gramont, Élisabeth Hamilton, Comtesse de. 1667 Palastdame der Königin Maria-Theresia; 1621–1708. *I* 214–216, 382, 383; *II* 78

Gramont, Antoine-Charles IV., seit 1678 Duc de. Staatsminister in Spanien; 1645–1720. *I* 227, 349, 412–414, 417; *II* 12, 18, 22, 23, 244, 277

Gramont, Anne Baillet de la Cour, Duchesse de; zweite Ehefrau des Duc de Gramont; 1665–1737. *I* 412, 413; *II* 244

Gramont, Antoine V., Duc de Guiche, Maréchal-Duc de siehe *Guiche*, le Duc de

Grand, Monsieur le siehe *Lorraine*, Louis de

Grange-Chancel, François-Joseph de Chancel, Sieur de la. Poet, Verfasser der »Philippiques« gegen den Regenten; 1677–1758. *IV* 126, 127

Grignan, Louis-Provence Adhémar de Monteil, Marquis de. 1700 Gesandter in Lothringen, 1702 Brigadier; 1671–1704. *I* 126

Grignan, Anne-Marguerite de Saint-Amans, Marquise de; Ehefrau des Marquis de Grignan; 1674–1736. *III* 304

Grimaldo, Joseph Guttierez, Marquis. Persönlicher Sekretär von Orry, 1705 Staatssekretär in Spanien, 1707 Kammerherr, 1714 Marquis, 1715 Sekretär der Königin, erster Minister nach dem Sturz Alberonis, 1721 Staatsrat; 1660–1733. *IV* 190, 192, 194

Guethem, Pierre. *II* 87–89

Guiche, Armand de Gramont, Comte de; Sohn des Antoine III. de Gramont. Generalleutnant; 1637–1673. *II* 24, 182; *IV* 238

Guiche, Antoine V. de Gramont, Duc de; Sohn des Antoine-Charles IV., Duc de Gramont, Bruder der Marschallin de Boufflers, 1704 Generalleutnant, 1724 Marschall von Frankreich; 1672–1725. *III* 230; *IV* 102, 238, 243, 244, 254, 255

Guiche, Marie-Christine de Noailles, Duchesse de; Tochter von Anne-Jules, Duc de Noailles, Ehefrau des Duc de Guiche; 1671–1748. *I* 110, 111; *III* 237; *IV* 46

Guilleragues, Gabriel-Joseph de la Vergne, Vicomte de; Vater der Mme. d'O, 1677 Gesandter in Konstantinopel; †1685. *I* 135, 136

Guyet, François. Intendant in Pau und Lyon, 1704–1715 Intendant der Finanzen; 1663–1736. *I* 417, 418

Guyon, Mlle. siehe *O*, Mme. d'

Guyon, Jeanne-Marie-Bouvier de la Motte, Dame. Sie bildete den Mittelpunkt einer mystizistischen Gesellschaft; 1648–1717. *I* 108, 110, 111, 120–122, 151, 156, 157, 185, 190, 376, 377, 401; *II* 290; *III* 122, 155, 188; *IV* 46

Hannover, Herzog von siehe *Georg-Ludwig*, Herzog von Braunschweig und Hannover

Harcourt, Alphonse-Henri Charles de Lorraine, Prince d'; 1648–1719. *II* 21

Harcourt, Marie-Françoise de Brancas, Princesse d'; Ehefrau des Prince d'Harcourt. Palastdame der Königin Maria-Theresia; †1715. *I* 31, 34, 352–357, 430; *II* 20, 21

Harcourt, Anne-Marie-Joseph de Lorraine, Comte d'; Sohn des Prince d'Harcourt; 1679–1739. *II* 20

Harcourt, Marie-Louise-Chrétienne Jeannin de Castille, Demoiselle de Montjeu, Comtesse d'; Ehefrau des Comte d'Harcourt; 1680–1736. *II* 20

Harcourt, Henri, Marquis de Beuvron, Maréchal-Duc d'. 1693 Generalleutnant, 1697 Gesandter in Spanien, 1700 Duc d'Harcourt, 1703 Marschall von Frankreich, 1710 Pair; 1654–1718. *I* 63, 125, 161, 245, 258, 262, 271, 296, 315, 317, 330, 331, 352, 353, 362, 373–375, 391, 392, 451; *II* 12, 35, 36, 125, 163–166, 204–207, 237–241, 249, 261–263, 286, 287; *III* 108, 142, 229, 302, 315; *IV* 21, 23

Harlay, Achille III. de, Comte de Beaumont, Seigneur de Grosbois. 1689 Erster Präsident, wurde 1707 demissioniert; 1639–1712. *I* 147, 221; *II* 26, 79, 90–94, 222; *III* 128

Harlay-Bonneuil, Nicolas-Auguste de. 1683 Intendant von Burgund, 1700 Staatsrat; 1647–1704. *I* 84

Harlay-Champvallon, François de. Erzbischof von Paris, 1674 Duc und Pair, Mitglied der Académie française; 1625–1695. *I* 112–114, 250; *III* 273–275, 306

Harrach, Louis-Thomas-Raymond, Comte de. 1698 Gesandter des Kaisers in Madrid, 1728 Vize-König von Neapel; 1668–1742. *I* 258, 259

Hautefeuille, Gabriel-Étienne-Louis, Marquis d'. 1718 Generalleutnant; 1671–1743. *I* 424

Haye, Louis Bérault de la. Stallmeister des Duc de Berry 1700; 1677–1754. *III* 173

Helvétius, Adrien. Arzt, 1724 nobilitiert; 1662–1727. *III* 168

Hessen, Friedrich von Hessen-Kassel, später König von Schweden; 1676–1751. *II* 282, 283

Horn, Antoine-Joseph, Comte de. 1720 in Paris exekutiert. *IV* 164–166

Humières, Louis IV. de Crevant, seit 1668 Maréchal, seit 1690 Duc d'. Kommandant in Flandern 1690; 1628–1694. *I* 16, 88, 125, 242, 369

Humières, Louis-François d'Aumont, durch seine Heirat Duc d'. Sohn des Duc d'Aumont. 1704 Generalleutnant; 1670–1751. *IV* 112, 235–237

Huxelles, Nicolas de Laye du Blé, Marquis, 1703 Maréchal d'. 1688 Generalleutnant, 1690 Oberkommandierender im Elsaß, 1718 Mitglied des Regentschaftsrates, 1726 Staatsminister; 1652–1730. *I* 362, 369–371, 374, 375; *II* 207, 243, 261, 262, 277; *III* 108, 162, 230; *IV* 21, 23, 40, 43, 55, 99, 102, 104, 155

Infante, Marie-Anne-Victoire de Bourbon-Espagne, genannt l'. *IV* 185, 187, 188, 198, 208, 211

Jacques, le Père, eigentlich Baulot oder Baulien. *I* 348, 349
Jakob II., König von England. 1688 durch seinen Schwiegersohn Wilhelm von Nassau, Prinz von Oranien entthront; 1633–1701. *I* 125, 167, 168, 340; *IV* 246
Jakob III., Sohn Jakobs II., durch Act of settlement 1701 von der Thronfolge ausgeschlossen; 1688–1766. *I* 313, 314
Janson, Toussaint de Forbin, 1690 Cardinal de. 1653 Bischof von Digne, 1668 von Marseille, 1690–1697 und 1700–1706 Gesandter in Rom, 1706 Großalmosenier von Frankreich; 1630–1713. *I* 153; *II* 294; *III* 68
Joly de Fleury, Guillaume-François. Generaladvokat; 1675–1756. *IV* 97
Jonchère, Gérard-Michel, Sieur de la; 1675–1750. *IV* 227, 232
Joyeuse, Jean-Armand, Marquis, seit 1693 Maréchal de. 1677 Generalleutnant, 1685 Gouverneur von Nancy; 1631–1710. *I* 31, 32, 35, 45, 63, 105
Joyeux, Michel Thomassin, genannt Joyeux. 1668 Erster Kammerdiener des Dauphin; † 1706. *I* 64

Königsmarck, Philipp-Christoph, Graf von. Oberst in Schweden, um 1662 am Hofe von Hannover, dann in Frankreich, kehrte nach Hannover zurück, verschwand dann in Sachsen, 1694 durch einen vorgeblichen Brief von Sophie-Dorothea an ihren Palast nach Hannover zurückgerufen, beim Verlassen des Zimmers getötet, aber nicht unter den Umständen, wie Saint-Simon sie schildert; 1640–1695. *I* 87, 88
Kurakin, Boris, Prinz. Russischer Gesandter in Holland, in London, La Haye und Paris; 1676–1727. *IV* 62, 63, 65, 66

Lamoignon, Guillaume de. Erster Präsident, 1635 Parlamentsrat, 1658 Erster Präsident; 1617–1677. *II* 24, 26, 95
Lamoignon, Madeleine Potier. Erste Präsidentin; Ehefrau von Guillaume de Lamoignon; 1623–1705. *II* 24; *III* 206; *IV* 56
Lamoignon, Chrétien de; Enkel von Guillaume und Madeleine de Lamoignon. 1698 Parlamentsrat; 1676–1729. *IV* 216
Lande, Jean-Baptiste du Deffand, Marquis de la. 1690 Brigadier der Dragoner, 1704 Generalleutnant; 1652–1728. *I* 416
Languet de Gergy, Jean-Baptiste-Joseph. 1714 Pfarrer von Saint-Sulpice, Gründer des Hauses Enfant-Jésus für adelige Waisenkinder; 1675–1750. *IV* 129–132
Lassay, Armand de Madaillan, Marquis de; 1652–1738. *III* 88, 116; *IV* 145, 157, 180, 182
Laubanie, Yriex de Margontier de. 1702 Generalleutnant, 1703 Gouverneur von Landau; 1641–1706. *I* 343
Lauzun, Antoine-Nompar de Caumont, Duc de. 1670 Generalleutnant und Oberkommandierender des königlichen Hauses; 1632–1723. *I* 33, 96, 97, 192–194, 329, 360, 366, 367; *II* 24; *III* 70, 177; *IV* 34, 132, 139, 237–251

Lauzun, Geneviève-Marie de Lorge, Duchesse de; Tochter des Duc de Lorge, Ehefrau des Duc de Lauzun; 1680–1740. *I* 93, 96–98, 448; *II* 111, 257; *IV* 247–250

Law, John. Er erhielt nach dem Tode Ludwigs XIV. vom Regenten die Genehmigung zur Errichtung einer Privatnotenbank, gründete 1717 die »Mississippi-Gesellschaft«. Als privilegierte Handelsniederlassung des frz. Kolonialbesitzes in Amerika, unter dem Namen Compagnie des Indes, erhielt diese Gesellschaft das Tabakmonopol, die Generalpacht der Steuern, scheiterte indes, weil die dort hingeschickten Personen falsch ausgewählt waren. Die allgemeine Spekulation auf die Aktien der Gesellschaft führte zur ständigen Neuausgabe von Aktien und Banknoten; die dadurch bewirkte Papiergeldinflation stürzte Frankreich Ende 1720 in eine schwere Wirtschaftskrise. Law war gezwungen, das Land zu verlassen, starb gänzlich verarmt. Seine wirtschaftstheoretische Bedeutung besteht in seiner Theorie des Papiergeldes sowie in seiner Lehre der produktiven Auswirkungen des Kredits; 1671–1729. *IV* 46–49, 61, 62, 76, 79–82, 88, 96, 97, 134–136, 145, 147, 148, 157–161, 166–172, 176, 177–182, 237

Lépineau, Pierre. 1690 Sekretär des Königs; †1702. *I* 320

Lescure, Jean-François de Valderiès de. 1699 Bischof von Luçon; 1644–1723. *III* 86–88

Lesdiguières, Jean-François-Paul de Bonne de Créquy, dernier Duc de. 1703 Brigadier; 1678–1703. *I* 396, 431

Lesdiguières, Louise-Bernardine de Durfort-Duras, Duchesse de; Tochter des Maréchal-Duc de Duras, Ehefrau des dernier Duc de Lesdiguières; 1678–1747. *I* 113, 396, 431–434, 438; *III* 64

Levis, Marie-Françoise d'Albert de Chevreuse, Marquise, später Duchesse de; Tochter des Duc de Chevreuse; 1678–1734. *I* 208; *III* 53, 55, 132, 136; *IV* 133, 148

Lillebonne, François-Marie de Lorraine, Prince de. 1651 Generalleutnant; 1627–1694. *I* 69, 169, 170

Lillebonne, Anne de Lorraine-Vaudémont, Princesse de; legitimierte Tochter Karls IV., Duc de Lorraine, Ehefrau des Prince de Lillebonne; 1639–1720. *II* 93, 98, 102, 103; *III* 181

Lillebonne, Béatrix-Hiéronyme de Lorraine, Demoiselle de; Tochter des Prince und der Princesse de Lillebonne. 1711 Äbtissin von Remiremont; 1662–1738, *I* 66, 69, 297–299, 342, 358, 430, 434; *II* 102, 132, 262; *III* 89, 92, 105, 116

Lionne, Louis-Hugues, Marquis de; †1708. *II* 179, 180

Longueville, Anne-Geneviève de Bourbon-Condé, Duchesse de. Wurde berühmt während der Fronde; 1619–1679. *I* 41, 201

Lorge, Guy de Durfort, Duc et Maréchal de. 1676 Marschall von Frankreich, 1689 Gouverneur von Guyenne, 1694 von Lothringen; 1630–1702. *I* 14, 35, 44, 61, 63, 88, 91, 92, 94–97, 101, 106, 116, 135, 150, 324, 340, 341, 348–351, 356, 360, 443; *II* 47, 234, 260

Lorge, Geneviève de Frémont, Duchesse et Maréchale de; Tochter von Nicolas de Frémont, Ehefrau des Duc de Lorge; 1658–1727. *I* 92, 94–96, 98, 106, 116, 349, 359, 360, 442; *II* 47

Lorge, Mlle. de siehe *Saint-Simon,* la Duchesse de

Lorge, Guy-Nicolas de Durfort, Duc de Quintin, später Duc de; Sohn des Guy de Durfort, Duc de Lorge; 1683–1758. *II* 260; *III* 162

Lorge, Élisabeth-Geneviève-Thérèse Chamillart, Duchesse de Quintin, später de; Tochter von Michel Chamillart, Ehefrau von Guy-Nicolas de Durfort, Duc de Lorge; 1685–1714. *III* 175, 176

Lorge, Guy-Michel de Durfort, Comte de, seit 1728 Duc de Quintin et de Durfort, 1733 de Randan et de Lorge; Sohn des Guy-Nicolas de Durfort aus seiner ersten Ehe mit Élisabeth-Geneviève-Thérèse Chamillart, Neffe von Mme. de Saint-Simon; Marschall von Frankreich; 1704–1773. *IV* 189–191, 194

Lorraine, Charles IV., Duc de. Geliebter der Mme. de Cantecroix; 1604–1675. *I* 169, 170

Lorraine, Léopold, Duc de. Trat 1662 seine Staaten an Ludwig XIV. ab, wurde Duc de Lorraine durch die Verträge von Ryswik 1697; 1679–1729. *I* 198; *II* 21, 37, 102; *III* 116, 225; *IV* 85, 86

..ine, Élisabeth-Charlotte d'Orléans, genannt Mademoiselle, Duchesse de. Tochter von Philippe de France, Duc d'Orléans und Charlotte Élisabeth de Bavière, Schwester des Regenten, Ehefrau von Léopold, Duc de Lorraine; 1678–1744. *I* 198; *IV* 86, 228, 229

Lorraine, Philippe de Lorraine-Armagnac, genannt le Chevalier de. Günstling von Monsieur; 1643–1702. *I* 20–22, 26, 75, 90, 286, 290–292, 298–300, 358; *III* 228

Lorraine, Louis de, Comte d'Armagnac, genannt M. le Grand; 1641–1718. *I* 20, 26, 85, 227, 242, 297, 299, 300, 352, 356, 365, 430, 435; *II* 234

Louis XIII., König von Frankreich; 1601–1643. *I* 13, 25, 26, 37–42, 61, 201, 287, 334; *II* 143, 144; *III* 141, 262, 288, 295; *IV* 16, 26, 75, 256

Louis XIV., König von Frankreich seit 1643; Sohn von Louis XIII. und Anna von Österreich; 1638–1715. *I* 14 passim

Louis XV., König von Frankreich; dritter Sohn von Louis, Duc de Bourgogne, Dauphin seit 1712, König seit 1715; 1710–1774. *III* 32, 140, 145, 152, 166, 202, 203, 245, 246, 256, 257, 259, 260; *IV* 58, 61, 62, 65–67, 69, 74, 75, 79, 96, 97, 99, 106–111, 114, 115, 123, 127, 135, 144, 149, 150, 153, 154, 158, 159, 183–185, 187, 188, 190, 191, 211, 215–218, 223, 228, 236, 237, 252–254, 256, 257

Louis, Dauphin de France siehe *Monseigneur*

Louville, Charles-Auguste d'Allonville, Marquis de. Wurde 1690 dem Duc d'Anjou beigegeben, den er, als dieser zum König ernannt worden war, nach Spanien begleitete; wurde dessen erster Kammerherr. Als er gezwungenermaßen nach Frankreich zurückkehrte, wurde er Kammerherr beim Duc de Bourgogne und beim Duc de Berry; 1664–1731. *I* 56, 59, 182, 311, 312, 315, 342, 362, 392, 393, 401; *II* 180; *IV* 56, 112

Louvois, François-Michel le Tellier, Marquis de. 1662 Staatssekretär des Krieges, 1672 Staatsminister, 1683 Oberintendant der Gebäude, Künste und Manufakturen; 1641–1691. *I* 33, 55, 69, 77, 84, 91, 92, 98, 123, 204, 222, 223, 231–234, 242, 247, 249, 267, 298, 301, 363, 368, 369, 374, 446; *II* 28, 190, 248; *III* 46, 188, 263–266, 268, 272–278, 287, 296, 306, 311, 318; *IV* 211, 239, 240, 242

Louvois, Anne de Souvré, Marquise de; Ehefrau des Marquis de Louvois; Mutter der Duchesses de la Rochefoucauld und de Villeroy; 1646–1715. *I* 98

Lude, Henri de Daillon, Comte, seit 1675 Duc du. 1653 Erster Kammerherr, 1670 Generalleutnant; †1685. *II* 24

Lude, Marguerite-Louise de Béthune, Comtesse de Guiche, später Duchesse du; zweite Frau des Duc du Lude, den sie in zweiter Ehe heiratete. Palastdame der Königin, Ehrendame der Duchesse de Bourgogne; 1643–1726. *I* 27, 128–130, 132, 141, 167, 168, 242; *II* 126, 202

Ludwig XIII., XIV., XV. siehe *Louis XIII., XIV., XV.*

Lusace, Comte de siehe *Friedrich-August* von Sachsen

Luxembourg, François-Henri de Montmorency-Bouteville, Maréchal, durch seine Heirat Duc de Piney-. Gehörte während der Fronde der Partei der Prinzen an, kehrte mit dem Pyrenäenfrieden nach Frankreich zurück, 1675 Marschall von Frankreich, 1691 Gouverneur der Normandie; 1628–1695. *I* 16, 17, 35, 37, 38, 43–46, 54, 63, 66–69, 77, 80–83, 85, 99, 240, 241, 340, 374; *II* 254

Luxembourg, Madeleine-Charlotte-Bonne-Thérèse de Clermont, Maréchale-Duchesse de; Ehefrau des Duc de Luxembourg; 1641–1701. *I* 240, 241

Luxembourg, Angélique-Cunégonde de Montmorency-, Princesse de Neuchâtel; Tochter des Duc de Luxembourg; 1666–1736. *I* 80, 81

Luynes, Louis-Charles d'Albert, Duc de; 1620–1690. *I* 252–254; *III* 154

Luynes, Charles-Hercule d'Albert, Chevalier de; Sohn aus zweiter Ehe des Duc de Luynes mit Anne de Rohan; 1674–1734. Bruder der Comtesse de Verue. *I* 254, 255

Luynes, Charles-Philippe d'Albert, Duc de. 1695–1758. *IV* 176

Madame, Élisabeth-Charlotte, Palatine de Bavière, Duchesse d'Orléans, genannt Madame; zweite Frau von Monsieur; 1652–1722. *I* 20–27, 30, 32, 76, 141, 149, 198, 221, 274–276, 282, 284, 285, 287–293, 319, 331–333, 379, 404; *II* 49, 57, 59, 182, 183, 271; *III* 23, 26, 99, 103, 113, 145, 202, 229, 252, 337; *IV* 15, 37, 67, 85, 89, 114, 115, 132, 138–140, 143, 165, 175, 208, 228, 229

Madame, Henriette-Anne d'Angleterre, Duchesse d'Orléans, genannt Madame; Tochter Charles I., König von England, erste Frau von Monsieur; 1644–1670. *III* 187

Mademoiselle (Tochter von Monsieur und Madame) siehe *Lorraine*, la Duchesse de

Mademoiselle (Tochter des Duc d'Orléans) siehe *Berry*, la Duchesse de

Mademoiselle, Anne-Marie-Louise d'Orléans, Duchesse de Montpensier, genannt la Grande Mademoiselle. Treibende Kraft der Fronde; 1627–1693. *I* 32–34, 75; *IV* 34, 132, 139, 242, 244, 245, 247

Madot, François, Abbé, 1702 Abt von Loroy, 1711 Bischof von Chalon-sur-Saône; 1675–1753. *I* 164

Magnac, Jules Arnolfini, Comte de. 1702 Generalleutnant, 1706 Gouverneur von Mont-Dauphin; 1639–1712. *I* 344

Mailly, Marie-Anne-Françoise de Saint-Hermine, Comtesse de. Ehrendame der Königin; 1667–1734. *I* 27, 130, 143; *II* 36

Mailly, François, seit 1719 Cardinal de. 1693 Abt von Flavigny, 1697 Erzbischof von Arles, 1710 von Reims; 1658–1721. *III* 251

Maine, Louis-Auguste de Bourbon, Duc du; Sohn Ludwigs XIV. und Mme. de Montespans, 1673 legitimiert; 1682 Gouverneur der Languedoc, 1692 Generalleutnant, 1694 Pair von Frankreich, 1714 zum Prinzen von Geblüt erklärt, 1715 Oberintendant der Erziehung des neuen Königs Louis XV.; 1670–1736. *I* 30, 31, 33, 66, 80, 85, 99–105, 144, 159, 190, 255, 334, 371, 428; *II* 42, 44, 56, 57, 62, 79, 95, 103, 106, 107, 109, 110, 112, 132, 152, 158, 159, 163, 200, 202, 218, 225, 238, 249, 263, 287; *III* 33, 37–41, 43, 57, 108, 115, 116, 128, 129, 144, 145, 147, 150, 162, 174, 177, 182–186, 190, 191, 202, 205, 210, 216, 223, 226, 230, 239, 242, 245–248, 253, 254, 256–258, 296, 303, 328, 337; *IV* 10–14, 16, 18, 22–24, 33, 53, 58, 59, 66, 78, 96–101, 106–108, 110, 113, 115, 118–123, 127, 133, 134, 154, 155, 175, 244, 245, 260

Maine, Anne-Louise-Bénédicte de Bourbon-Condé, Duchesse du; Tochter von M. le Prince, Ehefrau des Duc du Maine; 1676–1753. *I* 319, 371; *II* 20, 21, 79, 107, 218; *III* 41, 43, 129, 162, 190, 221, 260; *IV* 22, 33, 53, 78, 96, 97, 115, 119–124, 127, 154, 155

Maintenon, Françoise d'Aubigné, Marquise de. Heiratete 1651 den Poeten Paul Scarron, wurde 1660 Witwe, Mätresse Ludwigs XIV.; 1635–1719. *I* 20, 25, 30, 44, 48, 49, 77, 95, 97, 104, 105, 109–113, 115, 117, 119–122, 127–131, 133, 134, 136, 141, 144, 153, 157, 158, 162–164, 169, 178, 180–185, 195, 196, 210–212, 214, 215, 220, 223–226, 228, 237, 238, 241, 259, 260, 266, 267, 279–283, 287–289, 297, 299, 303, 305, 313, 315, 317, 319, 330, 331, 334, 336, 343, 344, 353–358, 371–373, 380, 382, 383, 385, 386, 388–392, 394, 395, 400, 404, 405, 413, 414, 428–430, 440, 444, 445, 451; *II* 11, 12, 14–17, 20, 23, 28, 42, 43, 46, 47, 49, 51, 55, 57, 65, 75, 76, 80, 89, 95, 99, 102–105, 109, 110, 112–114, 116–119, 121, 122, 125, 126, 133, 134, 140, 141, 143, 146, 157–159, 161, 163–165, 184, 188, 193, 195, 196, 200, 202, 204–207, 225, 227–229, 231, 232, 239, 240, 243, 244, 248–250, 252–255, 257–259, 261–263, 266, 270, 271, 274, 277, 278, 280, 287, 289, 290, 294; *III* 21–24, 26, 38, 39, 41, 50, 54–57, 62, 64, 65, 68, 82, 83, 85, 94–96, 101, 106, 112, 113, 115, 116, 118, 119, 121, 124, 132–137, 140–143, 145, 146, 150, 152, 154, 162, 170, 174, 177, 182–185, 195, 199, 204, 209, 210, 216, 221–226, 228–231, 242–245, 247–249, 253–255, 257–260, 273–277, 296,

302–311, 313–319, 321, 324, 326, 328, 333, 335–337: *IV* 11, 16, 17, 24, 59, 68, 118, 133, 134, 175

Maisons, Claude de Longueil, Marquis de. Parlamentspräsident; 1668–1715. *III* 177–179, 230–232, 253

Maisons, Marie-Charlotte Roque de Varengeville, Marquise et Presidente de; Ehefrau des Marquis de Maisons; 1681–1727. *III* 177, 231

Maisons, Jean-René de Longueil, Marquis et Président de; Sohn des Claude de Longueil, Marquis de Maisons; 1699–1731. *IV* 77

Malauze, Marie-Geneviève-Henriette-Gertrude de Bourbon-, Marquise de Montpezat; 1691–1778. *I* 148

Mansart, Jules Hardouin, erster Architekt des Königs, 1699 Oberintendant der Gebäude; 1644–1708. *II* 137–140, 142; *III* 45, 80, 295, 332

Mansfeld, Heinrich-Franz, Graf von. Kaiserlicher Gesandter in Frankreich 1680–1683, Hofmarschall, Oberbefehlshaber der kaiserlichen Armeen und Gouverneur von Komorn; 1641–1715. *I* 161; *II* 183

Mantoue, Ferdinand-Charles IV. de Gonzague, seit 1665 Duc de; 1652–1708. *I* 428–438: *II* 101, 274

Mantoue, Suzanne-Henriette de Lorraine, Demoiselle d'Elbeuf, Duchesse de; zweite Frau des Duc de Mantoue; 1686–1710. *I* 430–432, 434–437; *II* 101, 274–276

Mantua, Herzog bzw. Herzogin von siehe *Mantoue*, Duc bzw. Duchesse de

Marcillac, François de la Rochefoucauld, Prince de; 1681–1699. *I* 178; *II* 232

Marcin, Ferdinand, Comte et Maréchal de. Generaldirektor der Kavallerie 1695, Generalleutnant und außerordentlicher Gesandter bei Philipp V. 1701, Marschall von Frankreich; 1656–1706. *I* 296, 312, 315, 397, 398, 419–422, 425, 426; *II* 52, 63–70, 72–74, 160

Mareschal, Georges. 1703 Leibarzt des Königs, 1707 nobilitiert; 1658–1736. *I* 349, 380–382: *II* 75, 212, 286, 288, 299, 300; *III* 30, 143, 144, 147, 148, 242; *IV* 233

Maria-Theresia, Königin von Frankreich; Tochter des Königs von Spanien Philipp IV., Ehefrau Ludwigs XIV.; 1638–1683. *I* 124, 200, 429; *III* 70, 262, 285, 293, 299, 301, 304, 305

Marin, Jean, Seigneur de Mouilleron. Mitarbeiter von Colbert, 1668 Brigadier der Kavallerie; *1654. *I* 18

Marlborough, John Churchill, Duke of. Englischer Feldherr, unter der Königin Anna der mächtigste Mann in England, schlug im Verein mit dem Prinzen Eugen die Franzosen bei Höchstädt 1704; 1650–1722. *I* 340, 420–422, 424–426; *II* 52, 144, 151, 169, 171, 186, 189, 279, 282; *III* 70, 182

Marlborough, Sarah Jennings, Duchess of. 1683 erste Ehrendame der Königin Anna; 1660–1744. *I* 340

Marsan, Charles de Lorraine-Armagnac, Comte de; Bruder von M. le Grand; 1648–1708. *III* 277

Matignon, Jacques Goyon, Comte de Torigny, später de. Wurde einer der sechs Edelleute bei Monseigneur, 1693 Generalleutnant; 1644–1725. *I* 297

Matignon, Charlotte de Matignon-Torigny, Comtesse de; Nichte und Ehefrau des Comte de Matignon; 1657–1721. *IV* 64

Matignon, Charles-Auguste-Goyon, Comte de Gacé siehe *Gacé,* Comte de

Maulévrier, François-Édouard Colbert, Chevalier, später Marquis de. 1704 Brigadier der Infanterie; 1675–1706. *I* 442–445; *II* 11, 12, 22, 32, 46–48

Maulévrier, Jean-Baptiste-Louis Andrault, Marquis de. 1720 Generalleutnant, Gesandter in Madrid; 1677–1754. *IV* 190, 193

Maupertuis, Louis de Melun, Marquis de. 1686 Gouverneur von Saint-Quentin, 1693 Generalleutnant; 1635–1721. *I* 15; *IV* 245

Maurepas, Jérôme Phélypeaux de Pontchartrain, Comte de siehe *Pontchartrain*

Maurepas, Jean-Frédéric Phélypeaux, Comte de; Sohn des Comte de Pontchartrain, 1715 Staatssekretär; 1701–1781. *IV* 27, 28

Maximilian-Maria-Emanuel, Herzog von Bayern und Kurfürst. *III* 202

Mazarin, Jules, seit 1641 Cardinal. Premierminister Ludwigs XIII. und Ludwigs XIV. von 1643 bis zu seinem Tod; 1602–1661. *I* 268, 396; *II* 25, 96, 97, 180, 182, 232, 236, 248; *III* 233, 234, 260–262; *IV* 78, 97, 174

Mazarin, Armand-Charles de la Porte de la Meilleraye, Duc. Duc Mazarin durch seine Heirat 1661 mit Hortense Mancini. 1654 Generalleutnant, Gouverneur von Elsaß, La Fère und des Schlosses von Vincennes; 1631–1713. *I* 221; *III* 156, 157; *IV* 238

Mazarin, Hortense Mancini, Duchesse de; Nichte des Kardinals, Ehefrau des Duc Mazarin; 1643–1669. *I* 220, 221, 396, 397; *III* 156

Mecklembourg, Élisabeth-Angélique de Montmorency-Bouteville, Duchesse de Châtillon, später de; Schwester des Maréchal de Luxembourg; 1627–1695. *I* 80, 81

Médavy, Jacques-Léonor Rouxel de Grancey, Comte de. 1702 Generalleutnant, 1707 Gouverneur von Nivernais, 1719 von Thionville, 1720 von Sedan, 1724 Marschall von Frankreich; 1655–1725. *II* 101, 102

Melun, Anne-Julie de Melun-Espinoy, Demoiselle de; 1672–1734. *I* 319; *III* 105

Mesmes, Jean-Antoine III. de. 1712 Erster Präsident des Parlaments, Mitglied der Académie française; 1661–1723. *I* 371; *II* 95; *III* 128–130, 159, 160, 177, 178, 180, 183–185, 191, 230; *IV* 10, 14, 15, 55, 59, 78, 79, 98, 107–110, 172

Mesmont, Godefroy de Romance de. Reitschullehrer. *I* 14

Mignard, Pierre. Erster Maler des Königs; 1610–1695. *I* 98

Monseigneur, Louis, Dauphin de France, genannt Monseigneur; Sohn Ludwigs XIV. und Maria-Theresias; 1661–1711. *I* 16, 18, 24, 25, 27, 34, 35, 43, 45, 63, 64, 66–69, 83, 85, 98, 117, 118, 135, 140, 149, 159, 168, 183, 189, 190, 195, 212, 213, 218, 221, 227, 238, 248, 259, 260, 261, 278, 280, 283, 298–300, 317, 319, 371, 374, 427; *II* 42–44, 74, 75, 89, 98, 103, 105–107, 119, 131, 132, 141–143, 151, 152, 157, 166–168, 175–177, 188, 189, 191, 194, 200, 202, 207, 227, 229–231, 239, 241, 243, 248–250, 259, 261–263, 265, 266, 268, 269, 271, 273, 274, 276, 287, 299; *III* 11, 12, 22, 33, 36,

38–41, 44, 48, 50, 52, 54, 55, 58–62, 78, 80, 81, 89–97, 99–102, 105–117, 119–121, 125, 130, 174, 213, 223, 229, 314, 324, 331, 333, 334; *IV* 21

Monsieur, Philippe, Duc d'Orléans, genannt Monsieur; zweiter Sohn Ludwigs XIII. und Annas von Österreich, Bruder Ludwigs XIV., heiratete in zweiter Ehe Élisabeth-Charlotte, Palatine de Bavière, Vater des Regenten; 1640–1701. *I* 16, 20–27, 32, 33, 36, 65, 66, 75, 76, 88–90, 118, 128, 129, 131, 140, 149, 160, 168, 198, 221, 227, 242, 243, 273–287, 290, 293, 331, 333, 341, 362, 379; *II* 183, 274; *III* 112, 144, 212, 213, 215, 216, 225, 228, 229, 260, 264, 305, 314, 333; *IV* 218, 242, 245, 252

Montal, Charles de Montsaulnin, Comte du. 1667 Gouverneur von Charleroi, 1676 Generalleutnant, kämpfte i.d. Schlacht bei Namur 1692; 1621–1698. *I* 31

Montauban, Charlotte de Bautru, Marquise de Rânes, später Princesse de; 1641–1725. *III* 161

Montausier, Charles de Sainte-Maure, Duc de. Gouverneur in den verschiedensten Provinzen; 1610–1690. *III* 106, 107

Montbron, Charles-François-Anne, Marquis de. Kämpfte in Namur, 1692 Leutnant, 1702 Brigadier der Infanterie; 1674–1704. *I* 28, 29

Montchevreuil, Henry de Mornay, Marquis de. Gouverneur des Regiments des Kardinals Mazarin, Gouverneur des Duc du Maine; 1622–1706. *I* 31, 45; *III* 332

Monteleone, Antoine Cassa de. *IV* 118, 119

Montespan, Louis-Henri de Pardaillan de Gondrin, Marquis de; †1702. *I* 317; *II* 110, 182; *III* 299, 300, 303

Montespan, Françoise-Athénais de Rochechouart, Marquise de; Tochter des Gabriel de Rochechouart, Marquis de Mortemart; Ehefrau des Marquis de Montespan. 1660 Ehrenfräulein der Königin, Mätresse des Königs, Mutter des Duc du Maine und des Comte de Toulouse; 1641–1707. *I* 20, 31, 33, 48, 66, 133, 134, 136, 144, 162, 178, 183, 255, 256, 317; *II* 77, 107, 109, 110–112, 114–116, 182, 194, 232; *III* 38, 70, 220–222, 264, 265, 296, 299–301, 303–305, 313, 327; *IV* 240–243, 245

Montesquiou, Pierre de Montesquiou d'Artagnan. Mitglied des Regentschaftsrates, Kommandant in der Bretagne und im Languedoc, 1709 Marschall von Frankreich; 1640–1725. *III* 68, 150–152

Montfort, Honoré-Charles d'Albert de Luynes, Duc de; Sohn des Duc de Chevreuse. 1696 Brigadier; 1669–1704. *I* 283, 318; *IV* 175

Montigny siehe *Turményes de Montigny*

Montjeu, Demoiselle de siehe *Harcourt*, la Comtesse d'

Montmorency, Charles-François-Frédéric Ier de Montmorency-Luxembourg, Prince de Tingry, Duc de, später Duc de Luxembourg. 1691 Gouverneur der Normandie, 1702 Generalleutnant; Sohn des Maréchal de Luxembourg; 1662–1726. *I* 38, 66

Montpensier, Mlle. de siehe *Asturies*, la Princesse des

Montpensier, Anne-Marie-Louise d'Orléans, Duchesse de siehe *Mademoiselle*, la Grande

Montrevel, Nicolas-Auguste de la Baume, Maréchal de. 1693 Generalleutnant, 1697 Gouverneur von Mont-Royal, 1703 Generalkommandeur der Languedoc, 1704 der Guyenne, 1716 des Elsaß; 1645–1716. *I* 102, 362, 372, 373, 376–378, 405, 406; *II* 260

Morel, Jean, Abbé. 1676 Abt von Saint-Arnoul, begleitete den Kardinal Fürstenberg nach Rom; †1719. *I* 84

Moreuil, Hélène Fourré de Dampierre, Comtesse de. Ehrenfräulein der Königin, später Ehrendame von Madame la Duchesse 1685. *I* 28

Morstein (oder *Morstin*), Marie-Thérèse d'Albert de Luynes, Comtesse de; Tochter des Duc de Chevreuse; 1673–1743. *I* 110

Mortemart, Louis Ier de Rochechouart, Duc de; †1688. *I* 57. *III* 187

Mortemart, Marie-Anne Colbert, Duchesse de; Tochter des Jean-Baptiste Colbert, Schwester der Duchesses de Beauvillier und de Chevreuse, Ehefrau von Louis Ier de Rochechouart; 1665–1750. *III* 187

Mortemart, Louis II. de Rochechouart, seit 1688 Duc de; Sohn von Louis Ier de Rochechouart. 1708 Brigadier, 1710 Erster Kammerherr, 1714 Gouverneur von Le Havre, 1720 Generalleutnant; 1681–1746. *I* 401; *III* 122

Mortemart, Marie-Henriette de Beauvillier, Duchesse de; Tochter des Duc de Beauvillier, Ehefrau von Louis II. de Rochechouart; 1685–1718. *I* 401, 402; *II* 119–121; *III* 122

Morville, Charles-Jean-Baptiste Fleuriau, Comte de. 1709 Parlamentsrat, 1721 Staatsrat, 1723 Staatsminister, Mitglied der Académie française; 1686–1732. *IV* 231

Motte-Houdancourt, Louise de Prie, Maréchale de la. 1664 Gouvernante der Kinder Ludwigs XIV., später der Kinder des Dauphin und des Duc de Bourgogne; 1624–1709. *I* 404, 405

Mouchy, Jean-Charles de Bournel de Namps, Marquis de; 1666–1742. *III* 157; *IV* 141, 143

Mouchy, Marie-Catherine Forcadel, Marquise de Monchy oder de. Heiratete in erster Ehe den Marquis de Mouchy. *III* 157, 225, 226; *IV* 35, 129–133, 140–143

Nancré, Marie-Anne Bertrand de la Bazinière, Comtesse de; 1647–1727. *II* 74

Nancré, Louis-Jacques-Aimé-Théodore de Dreux, Marquis de; Stiefsohn der Comtesse de Nancré. 1705 Kommandant der Schweizer, Februar bis Oktober 1718 Gesandter in Spanien; 1660–1719. *II* 58, 61, 73, 74, 123

Nangis, Louis-Armand de Brichanteau, Marquis de. 1718 Generalleutnant, 1721 Generaldirektor der Infanterie, 1725 Ehrenritter der Königin; 1682–1742. *I* 441–444; *II* 32, 47, 104, 285; *III* 151; *IV* 252

Nanon siehe *Balbien*

Navailles, Suzanne de Baudéan, Maréchale de; 1609–1684. *I* 429; *III* 302

Nemours, Marie d'Orléans-Longueville, Duchesse de; 1625–1707. *I* 80, 81, 201

Nesmond, François-Théodore de. 1661 Bischof von Bayeux; 1629–1715. *III* 206, 207

Neuchâtel, Louis-Henri, Chevalier de Soissons, Prince de. Ritter des Malteserordens; 1640–1703. *I* 80, 81

Neuillan, Louise Tiraqueau, Comtesse de; Mutter der Duchesse de Navailles; 1591–1673. *III* 302

Nevers, Philippe-Julien Mancini-Mazzarini, Duc de; Neffe des Kardinals Mazarin. Gouverneur des Nivernais; 1641–1707. *II* 96, 97

Nevers, Philippe-Jules-François Mancini-Mazzarini, Comte oder Duc de Donzy, Prince de Vergagne, später Duc de; Sohn des Philippe-Julien, Duc de Nevers. Gouverneur des Nivernais, Großstallmeister der Königin von Spanien, Witwe des Louis Ier; 1676–1768. *II* 124

Nicole, Duchesse de Lorraine; erste Frau von Charles IV. de Lorraine. *I* 169, 170

Ninon de Lanclos, Anne, genannt Ninon; 1620–1705. *II* 26–28

Noailles, Anne-Jules, Duc et Maréchal de; 1678 Duc und Pair, Gouverneur des Roussillon, 1681 der Languedoc, 1682 Generalleutnant, 1693 Marschall von Frankreich; 1650–1708. *I* 31, 35, 63, 77–79, 99, 101, 115, 116, 267, 319, 385, 393, 404; *II* 98, 119, 180, 181; *III* 120

Noailles, Marie-Françoise de Bournonville, Maréchale de; Ehefrau von Anne-Jules, Duc de Noailles. Palastdame der Königin Maria-Theresia; 1656–1748. *II* 79, 221; *III* 237

Noailles, Louis-Antoine de; Erzbischof von Paris und Kardinal; Bruder von Anne-Jules, Duc de Noailles. 1679 Bischof von Cahors, 1680 von Châlons, 1695 Erzbischof von Paris, 1700 Kardinal; 1651–1729. *I* 203, 204, 208, 210, 250, 376, 377; *II* 34–36, 180, 194, 195, 207, 290, 294, 295, 297; *III* 85–88, 121, 164, 189, 190, 237; *IV* 19, 20, 24, 59, 130–132

Noailles, Adrien-Maurice, Comte et Duc d'Ayen, seit 1704 Duc de; Sohn von Anne-Jules, Duc de Noailles. 1712 Grande von Spanien, 1715 Präsident des Finanzrates, 1718 Mitglied des Regentschaftsrates; 1678–1766. *I* 178–181, 183–185, 200, 319, 324, 344, 345, 383–385, 404; *II* 119, 263; *III* 72, 127, 131, 132, 143, 179, 230–232, 235, 237, 250–252; *IV* 18, 19, 21, 23, 24, 29, 40–47, 56, 58, 71–74, 76, 81, 83, 84, 87, 94, 99, 100, 102, 104, 134, 209–213, 226, 235, 254, 255

Noailles, Françoise-Charlotte-Amable d'Aubigné, Duchesse d'Ayen, 1704 Duchesse de; Tochter von Charles d'Aubigné, Ehefrau von Adrien-Maurice, Duc de Noailles, Nichte der Mme. de Maintenon; 1684–1739. *I* 178–180, 183, 185, 200, 319, 385

Noailles, Emmanuel-Jules, Comte de; achter Sohn des Marschalls Anne-Jules de Noailles; 1686–1702. *I* 319

Nocé, Charles de, Seigneur de Fontenay. 1719 Erster Kammerherr des Duc d'Orléans, ging 1722 ins Exil; 1664–1739. *IV* 40, 226, 235

Noël, le Père. *III* 133

Nogaret, Marie-Madeleine-Agnès de Gontaut-Biron, Marquise de. 1679 Ehrenfräulein der Dauphine; 1653–1724. *I* 135; *II* 104, 157; *III* 135

Nogent, Diane-Charlotte de Caumont-Lauzun, Marquise de. 1663 Ehrenfräulein der Königin; 1632–1720. *IV* 245
Noirmoutier, Antoine-François de la Trémoïlle, Duc de. 1707 Duc und Pair; 1652–1733. *III* 204
Nôtre, André Le. 1637 Gärtner der Tuilerien, 1644 Generalkontrolleur der Bauten und Gärten; 1613–1700. *I* 250, 251; *III* 265, 266
Noyon, M. de siehe *Clermont-Tonnerre,* Bischof von Noyon
Nyert, Alexandre-Denis de. Erster Kammerdiener; 1710–1744. *IV* 238, 239

O, François d'. 1578 Oberintendant der Finanzen, Erster Kammerherr Heinrichs III., Gouverneur von Paris und der Ile-de-France; 1551–1594. *I* 246
O, Gabriel-Claude, Marquis de Villiers d'; Gouverneur des Comte de Toulouse 1686, Kammerherr 1696, Menin des Duc de Bourgogne 1699, 1707 Generalleutnant der Seestreitkräfte in Toulon; 1654–1728. *I* 136, 450; *II* 149, 153, 160; *III* 183, 332
O, Marie-Anne de la Vergne de Guilleragues, Marquise d'; Ehefrau des Marquis de Villiers d'O; 1657–1737. *I* 135, 136; *II* 32, 77, 172; *III* 53
Oranien, Wilhelm von Nassau, Prinz von. Statthalter von Holland, 1688 König von Holland als Wilhelm III., einer der heftigsten Gegner Ludwigs XIV.; 1650–1701. *I* 43, 45, 87, 101, 147, 170, 171, 173, 244, 245, 307, 314, 315, 338, 340, 362; *II* 78; *III* 264, 266, 280; *IV* 246
Orléans, Philippe de France, Duc d' siehe *Monsieur*
Orléans, Philippe, Duc de Chartres, seit 1701 Duc d'; Sohn von Monsieur. 1715 Regent; 1674–1723. *I* 14, 20–28, 30, 45, 46, 88, 90, 99, 101, 131, 141, 159, 160, 167, 273–276, 278–284, 286, 287, 289, 290, 319, 331, 340, 341, 362; *II* 16, 17, 56–61, 63, 64, 66–74, 82, 88, 100, 101, 123, 124, 145, 146, 182, 184, 198, 200, 207, 208, 243, 263, 266–272, 287, 299–301; *III* 11–27, 31, 33, 35–38, 49–51, 53, 54, 56–65, 98–101, 109, 113, 115, 127, 140, 144–147, 153, 159, 160, 162, 166, 172–174, 178, 179, 185, 186, 192, 202, 204, 205, 210–225, 228–231, 235–237, 239, 245–248, 250, 252, 254, 255, 257, 259, 282, 324, 327, 328, 337; *IV* 9–15, 19–24, 26, 27, 29–31, 33, 36–54, 56, 57, 59, 61–63, 65, 67–69, 71–83, 85–89, 94, 96–107, 109, 111, 112–115, 117–124, 126, 127, 129–132, 134–136, 138–145, 151–160, 163–172, 175, 176, 178–187, 190, 191, 199, 208–212, 214–223, 226–229, 231, 233–237, 247, 251–254, 256–258, 260
Orléans, Françoise-Marie de Bourbon, genannt Mlle. de Blois, Duchesse de Chartres, seit 1701 Duchesse d'Orléans; Tochter Ludwigs XIV. und Mme. de Montespans, heiratete 1692 den Duc de Chartres; 1677–1749. *I* 20, 24–28, 34, 65, 66, 117, 118, 130, 131, 143, 144, 202, 282, 287, 341, 450; *II* 16, 17, 58, 112, 115, 167, 266, 268, 269, 271; *III* 15, 19, 31, 33, 35, 37, 49–52, 55, 56, 59, 60, 62, 63, 65, 93, 98–100, 103, 104, 109, 115, 116, 146, 172, 173, 204, 220–223, 225, 226, 254, 257, 337; *IV* 10, 15, 37, 44, 85, 86, 89, 112–114, 122, 124, 129, 132, 138–143, 199, 208, 219, 255, 256
Orléans, Bischof von siehe *Coislin,* Pierre de
Orry, Jean. 1652–1719. *I* 359, 393, 407–411, 414, 417, 428; *II* 18

323

Parabère, Marie-Madeleine de la Vieuville, Comtesse de; 1693–1755. Mätresse des Duc d'Orléans. *IV* 38, 164

Parme, François Farnèse, seit 1694 Duc de; 1678–1727. *II* 41, 42

Peletier, Claude le. 1678 Staatsrat, 1683–1689 Generalkontrolleur der Finanzen, verließ den Hof 1697; 1631–1711. *I* 223, 247

Peletier, Louis II. le; Sohn des Claude le Peletier. 1687 Parlamentsrat, 1707–1712 Erster Präsident des Parlaments; 1661–1730. *II* 35, 95, 140; *III* 128

Peletier de Souzy, Michel le; Bruder des Claude le Peletier. 1666 Parlamentsrat, 1691–1715 Generaldirektor der Festungen, 1693 Staatsrat, 1702 Mitglied des Finanzrates und des Regentschaftsrates; 1640–1725. *I* 249; *III* 78, 176, 244; *IV* 102

Pellot, Madeleine Colbert, Dame; 1630–1696. *I* 51

Peter I., der Große, Zar von Rußland. Seine persönliche Regierung begann vor den großen Reformen, von denen Saint-Simon redet; aufgrund dieses Erfolges besuchte er inkognito die wesentlichen Vertreter der Seemächte, um Studien zu machen für die Erstellung einer russischen Marine; 1672–1725. *IV* 62–69

Peyronie, François Gigot de la; Arzt; 1678–1747. *IV* 233

Phélypeaux siehe *Pontchartrain*, Jérôme Phélypeaux

Phélypeaux du Verger, Raymond-Balthazar. 1702 Generalleutnant; †1713. *I* 308

Philippe V., 1700 König von Spanien; zuerst genannt Duc d'Anjou; zweiter Sohn des Dauphin und der Marie-Anne-Christine Victoire de Bavière, verheiratet in erster Ehe mit Marie-Louise de Savoie, in zweiter Ehe mit Élisabeth Farnèse; 1683–1746. *I* 260, 262, 271–273, 296, 300, 309, 311, 312, 315, 334, 338, 339, 342, 362, 386–390, 392, 393, 401, 411, 428; *II* 11, 12, 14, 22, 23, 34, 50, 100, 102, 176, 183, 268, 269; *III* 72–76, 115, 150, 153, 168–170, 195, 197, 199, 200, 204, 260, 281–283; *IV* 92–94, 118, 152, 184, 190–195, 197–201, 207

Philippe, Don; Infant von Spanien, Sohn Philipps V. von Spanien; 1712–1719. *III* 149

Piètre, Geneviève-Philippe siehe *Aubigné*, Comtesse d'

Piscatori, Donna Laura; Amme der Königin von Spanien; 1667–1748. *IV* 152

Pléneuf, Jean-Étienne Berthelot de. 1704 Generaldirektor der Artillerie, mußte während der Regentschaft ins Exil gehen; 1663–1727. *IV* 223–226

Pléneuf, Agnès Rioult de Douilly de Curzay, Dame de; Ehefrau von Jean-Étienne Berthelot de Pléneuf; 1679–1758. *IV* 223–227

Poitiers, Ferdinand-Joseph de Poitiers de Rye d'Anglure, Comte de; †1715. *IV* 247

Poitiers, Marie-Geneviève-Henriette-Gertrude de Bourbon, Demoiselle de Malauze, Comtesse de; Ehefrau des Comte de Poitiers siehe *Malauze*

Polignac, Melchior, Abbé, später Cardinal de. 1693–1698 Gesandter in Polen, verfiel bis 1701 in Ungnade, 1704 Mitglied der Académie française, 1710

Gesandter in Utrecht, 1712 Kardinal, 1726 Erzbischof von Auch; 1661–1741. *I* 143, 159; *II* 31, 32, 47, 49, 165, 207, 243

Pompadour, Gabrielle de Montaut-Navailles, Marquise de. Gouvernante der Kinder des Duc de Berry 1712; 1663–1727. *I* 435–437; *III* 171

Pomponne, Simon Arnauld, Marquis de. 1671 Staatssekretär für Auswärtiges, nachdem er 1679 in Ungnade gefallen war, wurde er nach dem Tode Louvois' erneut an den Hof gerufen; 1618–1699. *I* 182, 200, 205, 217–219, 230–234; *II* 248; *III* 188

Pons-Saint-Maurice, Louis, Marquis de; † nach 1770. *IV* 34

Pons-Saint-Maurice, Marie-Guyonne de Rochefort-Théobon, Marquise de; Ehefrau des Marquis de Pons-Saint-Maurice. Ehrendame der Duchesse de Berry. *IV* 34

Pontchartrain, Paul Phélypeaux, Seigneur de; 1569–1621. *I* 221

Pontchartrain, Louis I. Phélypeaux, Sieur de; Sohn des Seigneur de Pontchartrain. 1650 Präsident des Rechnungshofs; 1613–1685. *I* 221, 222

Pontchartrain, Louis II. Phélypeaux, Comte de; Sohn des Sieur de Pontchartrain. 1687 Intendant der Finanzen, 1689 Generalkontrolleur, Staatssekretär des königlichen Hauses und der Marine, Staatsminister, 1699–1714 Kanzler; 1643–1727. *I* 48, 53, 54, 70, 73, 74, 79, 91, 93, 148, 150, 198, 199, 212, 218, 221–226, 259, 260, 281, 325, 326, 332, 363, 372, 403, 433, 449, 450, 451; *II* 36, 43, 83, 139, 188, 205, 244, 249, 252, 253, 260–262, 265, 271–273, 294, 299, 300; *III* 27, 30, 64, 65, 78, 85, 92, 93, 96, 105, 108, 118, 171, 176, 180, 189, 201–203, 243, 244, 246–248, 318; *IV* 9, 23, 26–28, 82

Pontchartrain, Marie de Maupeou, Comtesse de; Ehefrau des Comte de Pontchartrain; † 1714. *I* 199, 222–225, 332, 450, 451; *III* 176, 318

Pontchartrain, Jérôme Phélypeaux, Comte de Maurepas, später de; Sohn des Comte de Pontchartrain. 1691 Parlamentsrat; 1674–1747. *I* 54, 91, 93, 94, 96, 148, 150, 225, 377, 386; *II* 261; *III* 64, 65, 96, 118; *IV* 26–28, 70

Portocarrero, Vincent Acuña, Abbé; † 1723. *IV* 118, 119

Portocarrero, Louis-Emmanuel-Fernandez Boccanegra, Cardinal 1669. 1677 Erzbischof von Toledo, Vize-König von Sizilien, Kanzler von Kastilien, Gesandter in Rom, zweimal Regent von Spanien; 1635–1709. *I* 390–392, 407; *II* 289

Poussin, Jean-Baptiste; 1641–1749. *I* 315

Prince, Henri-Jules de Bourbon, Prince de Condé, genannt Monsieur le; 1643–1709. *I* 16, 30, 33, 35, 36, 41, 42, 70, 80, 160, 238, 240, 241, 268, 269, 430–432, 434, 435; *II* 50, 62, 77, 88, 201, 213, 217–223; *III* 38, 43, 116, 202, 285, 323, 324; *IV* 24, 108, 135, 242

Princesse, Anne, Palatine de Bavière, Princesse de Condé, genannt Madame la Princesse; Ehefrau des Prince de Condé; 1648–1723. *I* 31, 66; *II* 201, 218, 219, 222; *III* 43

Prince of Wales siehe *Jakob III.*

Prinz Eugen siehe *Savoie*, le Prince de

Prye, Louis, Marquis de. 1713–1719 Gesandter in Turin; 1673–1751. *IV* 224, 225

Prye, Agnès Berthelot de Pléneuf, Marquise de; Tochter des Jean-Étienne Berthelot de Pléneuf, Ehefrau des Marquis de Prye. 1725 Palastdame, Mätresse von M. le Duc; 1698–1727. *IV* 224–227

Purnon, Claude Bonneau de. Haushofmeister von Madame, später von Monsieur; 1636–1721. *I* 292

Puységur, Jacques-François de Chastenet, Marquis de. 1696 Brigadier, 1704 Generalleutnant, Oberkommandierender der Provinzen Flandern, Artois, Picardie, Mitglied des Kriegsrates während der Regentschaft; 1655–1743. *I* 82, 407, 408, 410, 417; *II* 127, 133–135, 147, 149, 225–227; *III* 281

Quesnel, le Père Pasquier, Oratorianer, des Jansenismus beschuldigt, zog sich nach Brüssel zurück; 1634–1719. *I* 115, 383, 384; *II* 36, 194; *III* 86, 87, 164

Quintin, Geneviève-Marie de Lorge, Demoiselle de siehe *Lauzun,* la Duchesse de

Racine, Jean. 1673 Mitglied der Académie française; 1639–1699. *I* 210–212

Rancé, Armand-Jean Bouthillier de, Abbé de la Trappe. Doktor der Theologie, erster Almosenier des Duc d'Orléans, zog sich 1662 vom weltlichen Leben zurück und trat dem Zisterzienserorden bei, Abt von La Trappe bis 1695; 1626–1700. *I* 61, 62, 137–140, 222, 256, 257

Ravignan, Joseph de Mesmes, Marquis, später Comte de. 1718 Generalleutnant, 1719 Generaldirektor der Infanterie; 1670–1742. *II* 278, 279, 282

Rebours, Alexandre le; Cousin von Chamillart und seiner Frau; 1661–1736. *I* 417, 418

Remiremont, Mme. de siehe *Lillebonne,* Demoiselle de

Rémond, Nicolas-François. *IV* 40, 41

Retz, Jean-François-Paul de Gondy, Cardinal de. Domherr von Notre-Dame, spielte eine große Rolle während der Fronde, 1651 wurde er Kardinal; 1613–1679. *IV* 97

Retz de Bressolles, Joachim-Louis, Chevalier de. 1719 Brigadier; †1735. *II* 278

Revel, Charles-Amédée de Broglie, Comte de. 1688 Generalleutnant, 1702 Gouverneur von Condé; †1707. *I* 327, 328

Reynie, Gabriel-Nicolas de la. 1661 Maître des requêtes, 1667 Generalleutnant der Polizei, 1686 ordentlicher Staatsrat; 1625–1709. *I* 146, 185, 221; *II* 94

Richelieu, Armand-Jean du Plessis, Cardinal de. 1607 Bischof von Luçon, 1616 Staatssekretär, 1622 Kardinal, 1624 Premierminister; 1585–1642. *IV* 97

Richelieu, Armand-Jean de Vignerot du Plessis, Duc de Fronsac et de Richelieu. 1643 General der Galeeren, 1680 Ehrenritter der Dauphine; 1629–1715. *IV* 32, 33

Richelieu, Anne-Marguerite d'Acigné, Duchesse de; zweite Frau des Duc de Richelieu; 1653–1698. *I* 124, 132

Richelieu, Marie-Charlotte de la Porte de la Meilleraye-Mazarin, Marquise de; Schwiegertochter des Duc de Richelieu; 1662–1729. *II* 220

Ricouart, Louis-Balthazar de, Comte d'Hérouville. Ritter des Malteserordens, 1709 Parlamentsrat von Metz; †nach 1759. *IV* 70, 71

Rigaud, Hyacinthe; seit 1690 erster Maler des Königs; 1659–1743. *I* 137–140

Rions, Armand-Auguste-Antoine-Sicaire-Nicolas d'Aydie, Comte de. 1717 Oberstallmeister der Duchesse de Berry. *IV* 34–36, 115, 129, 130, 132, 133, 138–140, 143

Robinet, le Père Pierre, Jesuit. 1705 Beichtvater Philipps V., fiel 1715 in Ungnade. *III* 169

Rochefort, Henri-Louis d'Aloigny, Maréchal de. Brigadier der Gendarmerie, 1672 Generalleutnant, 1675 Gouverneur von Lothringen, Barrois und Trois Évêchés, 1675 Marschall von Frankreich; †1676. *IV* 114, 243

Rochefort, Madeleine de Montmorency-Laval, Maréchale de; Ehefrau des Maréchal de Rochefort; 1646–1729. *I* 27, 28, 130, 131, 441, 442: *II* 30; *III* 99, 277

Rochefort, Hercule Bidault, Sieur de. Reitschullehrer, Stallmeister Ludwigs XIV. *I* 14

Rochefoucauld, François VII., Prince de Marcillac, seit 1680 Duc de La. 1671 Gouverneur von Berry, 1679 Oberjägermeister; 1634–1714. *I* 32, 116, 126, 135, 150, 169, 178, 212, 325; *II* 95, 125, 126, 188, 232–235, 242, 243; *III* 45, 248

Rohan, Louis, Chevalier de; 1674 enthauptet. *III* 286

Rohan, Hercule-Mériadec de Rohan-Soubise, Prince de, seit 1714 Duc de Rohan-Rohan. Gouverneur und Generalleutnant der Champagne und Brie; 1669–1749. *III* 117, 162, 229

Rohan, Armand-Gaston-Maximilien, Abbé de Soubise, später Cardinal de. Bruder des Prince de Rohan. 1694 Domherr von Straßburg, 1704 Bischof von Straßburg, 1712 Kardinal, 1713 Großalmosenier; 1674–1749. *III* 164, 165, 254–257, 260; *IV* 16, 19, 59, 133

Rolland, Pierre Laporte, genannt Rolland. *I* 416, 417

Roquelaure, Gaston-Jean-Baptiste, Duc de. 1652 Duc und Pair, 1676 Gouverneur von Guyenne; 1615–1683. *I* 88

Roquelaure, Gaston-Jean-Baptiste-Antoine, Comte de Biran, seit 1683 Duc de; Sohn des Gaston-Jean-Baptiste, Duc de Roquelaure. 1696 Generalleutnant, 1706 Oberkommandierender der Languedoc, 1724 Marschall von Frankreich; 1656–1738. *I* 83, 85–87; *III* 44

Roquelaure, Marie-Louise de Montmorency-Laval, Duchesse de; Ehefrau des Duc de Roquelaure. Ehrenfräulein der Dauphine; 1667–1735. *I* 86; *III* 64

Rosen, Konrad von. In Livland geboren, trat in französische Dienste, 1669 Kavallerieoberst, 1688 Generalleutnant, 1703 Marschall von Frankreich; 1628–1715. *I* 267–270, 362, 368, 369

Roucy, François II. de la Rochefoucauld-Roye, seit 1680 Comte de. 1702 Generalleutnant; 1660–1721. *I* 134, 135; *II* 98, 220; *III* 44, 45

Roucy, Catherine-Françoise d'Arpajon, Comtesse de; Tochter der Duchesse d'Arpajon; Ehefrau des Comte de Roucy; 1661–1716. *I* 132, 134, 135, 150, 181, 182

Rouillé de Marbeuf, Pierre. 1690 Präsident des Grand Conseil; 1657–1712. *II* 207, 208, 215, 243, 244

Rouillé du Coudray, Hilaire. 1701 Direktor der Finanzen, 1716 ordentlicher Staatsrat, bis 1718 Mitglied des Finanz- und des Regentschaftsrates; 1651–1729. *II* 207, 208; *IV* 47, 76

Roure, Louis-Scipion, Marquis du. 1690 ermordet. *I* 64

Royan, Marie-Anne de la Trémoïlle, genannt Mlle. de Royan; Nichte der Princesse des Ursins; 1676–1708. *I* 90, 91

Roye, Frédéric-Charles de la Rochefoucauld, Comte de: 1676 Generalleutnant, verließ Frankreich mit Aufhebung des Edikts von Nantes und zog sich nach England zurück; 1633–1690. *I* 149, 150

Roye, Isabelle de Durfort-Duras, Comtesse de; Ehefrau des Comte de Roye; 1633–1715. *I* 149, 150

Rozel, Alexis-François, Chevalier du. 1704 Generalleutnant, 1706 Hauptmann der Garde des Duc du Maine, 1712 zog er sich vom Hof zurück; † 1716. *I* 47, 48

Rubentel, Denis-Louis de, Marquis de. 1688 Generalleutnant, mußte 1697 zurücktreten; 1627–1705. *I* 45

Rue, le Père Charles de la, Jesuit. Beichtvater der Duchesse de Bourgogne 1705, und des Duc de Berry 1712; 1643–1725. *I* 155, 156, 249; *III* 132, 133, 172

Ruffec, Jean-Louis de Rouvroy, Vidame de Chartres, seit 1722 Duc de. Sohn des Autors; 1698–1746. *IV* 185, 189, 190, 192, 194

Ruvigny, Henri Ier de Massué, Marquis de. 1652 Generalleutnant, emigrierte 1686 nach England; 1605–1689. *I* 146, 147

Sabran, Jean-Honoré, Comte de. 1718 Erster Kammerherr des Duc d'Orléans; 1675–1750. *IV* 88

Sabran, Madeleine-Louise-Charlotte de Foix-Rabat, Comtesse de; Ehefrau des Comte de Sabran; 1693–1768. *IV* 87, 88

Sachsen-Zeitz, Christian-August, Herzog von. Trat 1693 zum Katholizismus über, 1695 Bischof von Raab, 1706 Kardinal, 1707 Erzbischof von Gran, 1716 erster Kommissar des Kaisers auf dem Reichstag zu Regensburg; 1666–1725. *I* 175–178

Saint-Aignan, François de Beauvillier, premier Duc de; Vater des Duc de Beauvillier. 1649 Erster Kammerherr des Königs, 1650 Generalleutnant, 1661 Gouverneur von Touraine, 1663 Duc-Pair und Mitglied der Académie française; 1610–1687. *I* 295; *III* 186

Saint-Aignan, Paul-Hippolyte de Beauvillier, Duc de; Sohn aus zweiter Ehe des François de Beauvillier, Bruder von Paul, Duc de Beauvillier; 1684–1776. *III* 159

Saint-Évremond, Charles de Marquetel de Saint-Denis de. Nachdem er in Ungnade gefallen war, lebte er seit 1670 in England; 1613–1703. *I* 396, 397

Saint-Hérem, François-Gaspard de Montmorin, Marquis de. 1655 Großwolfsjägermeister von Frankreich; 1621–1701. *I* 305, 306

Saint-Hérem, Anne le Gras, Marquise de; Ehefrau des Marquis de Saint-Hérem; 1624–1709. *I* 305, 306

Saint-Hérem, Charles-Louis de Montmorin, Marquis de; Sohn des François-Gaspard de Montmorin. Gouverneur von Fontainebleau; 1674–1722. *III* 251

Saint-Laurent, Nicolas-François Parisot de. Erzieher des Duc de Chartres; † 1687. *I* 21, 22; *III* 214

Saint-Mauris, Claude-Joseph, Comte de. Ritter des Malteserordens, 1704 Brigadier; † 1726. *I* 323, 324

Saint-Pierre, Louis-Hyacinthe de Castel, Comte de. Ritter des Malteserordens, 1706 erster Stallmeister von Madame; 1659–1748. *II* 16, 17, 58; *III* 221; *IV* 89

Saint-Pierre, Françoise-Jeanne de Kerven-Kerfily, Comtesse de; Ehefrau des Comte de Saint-Pierre; 1670–1740. *II* 16, 17, 58; *III* 221

Saint-Pierre, Charles-Irénée de Castel, Abbé de; Bruder des Comte de Saint-Pierre; erster Almosenier von Madame 1694, Mitglied der Académie française; 1657–1743. *IV* 89, 90

Saint-Pouenge, Gilbert Colbert, Marquis de. Sekretär und Finanzverwalter der Königin Maria-Theresia, 1701 Großschatzmeister der Orden; 1642–1706. *I* 31, 84; *III* 266

Saint-Simon, Claude de Rouvroy, Duc de; heiratete in erster Ehe Diane-Henriette de Budos, in zweiter Ehe Charlotte de l'Aubespine de Châteauneuf d'Hauterive. 1628 Großwolfsjägermeister von Frankreich, 1635 Duc und Pair; Vater des Autors; 1607–1693. *I* 13, 31, 35–43, 61, 62, 162, 222, 247, 248; *II* 198; *III* 141, 277; *IV* 75, 135, 256

Saint-Simon, Marie-Gabrielle de Lorge, Duchesse de; Tochter des Guy de Durfort, Duc de Lorge, heiratete 1695 den Autor, Louis de Rouvroy, Duc de Saint-Simon. Ehrendame der Duchesse de Berry; 1678–1743. *I* 93–95, 98, 137, 165, 166, 190, 241, 349, 357, 360, 381, 431, 444, 448; *II* 13, 73, 79, 111, 141, 253, 257, 259, 298–300; *III* 30, 59, 63–68, 90–93, 96, 98, 103, 104, 114, 136, 138, 141, 157, 159, 161, 165, 224, 251; *IV* 132, 134, 141, 143, 148, 209, 237, 252, 254, 256

Saint-Simon, Claude de Rouvroy, Abbé; 1695–1760. *IV* 189, 190, 192, 194

Saint-Valéry, Marguerite-Angélique de Bullion de Montlouet, Marquise de. *I* 31

Sanadon, le Père Nicolas. 1674 Eintritt als Novize; 1651–1720. *II* 198

Santeul, Jean-Baptiste de. Domherr von Saint-Victor; 1630–1697. *I* 160

Sassenage, Ismidon-René, Comte de; Ehemann der verwitweten Comtesse de Morstin, Tochter des Duc de Chevreuse. 1694 Erster Kammerherr von Monsieur, 1719 Generalleutnant des Dauphiné; 1670–1730. *I* 76

Saumery, Jacques de Johanne de; 1623–1709. *II* 236–238

Saumery, Jacques-François de Johanne de la Carre, Marquis de; Sohn des Jacques de Johanne. 1690 Untergouverneur der königlichen Enkel, 1715 Untergouverneur Ludwigs XV.; 1651–1730. *I* 339, 447; *II* 236

Saumery, Marguerite-Charlotte de Monlezun de Besmaus, Marquise de; Ehefrau des Marquis de Saumery; 1659–1743. *I* 446, 447; *II* 236

Savoie, Eugène-François, genannt Prinz Eugen. Aus Unzufriedenheit mit dem Hof von Frankreich begab er sich 1683 zu seiner Mutter nach Brüssel, diente bei der kaiserlichen Armee in Ungarn, wurde dort Oberst der Dragoner. 1697 übertrug ihm der Kaiser das Oberkommando der Armee im Türkenkrieg. Als der spanische Erbfolgekrieg ausbrach, schickte er ihn mit 30000 Mann nach Piemont, 1716 wurde er Gouverneur von Mailand, ab 1708 Oberbefehlshaber der flandrischen Armeen; nach dem Frieden von Utrecht übernahm er die Führung der östlichen Armeen, und als der Krieg mit Frankreich 1733 wieder begann, stand er abermals an der Spitze der kaiserlichen Armeen; 1663–1736. *I* 263, 302, 303, 307, 308, 327–329, 342, 343, 358, 420–422, 425; *II* 41, 56, 63–70, 102, 144, 151, 169, 172, 182, 279, 282; *III* 70, 150, 151, 283

Savoie, Victor-Amédée II., Duc de; seit 1675 Duc de Savoie, 1713 König von Sizilien, 1718–1730 König von Sardinien; 1666–1732. *I* 127, 141, 252–255, 272, 296, 307, 308, 386, 405, 419, 440; *II* 51, 63, 71, 77; *III* 140, 266

Savoie, Marie-Adélaide de siehe *Bourgogne,* la Duchesse de

Savoie, Marie-Louise-Gabrielle de, Königin von Spanien; Tochter des Duc de Savoie, erste Frau Philipps V. von Spanien, Schwester der Duchesse de Bourgogne; 1688–1714. *I* 273, 296, 310–312, 315, 359, 386–388, 390, 392, 393, 409, 411, 428; *II* 11, 12, 14, 18, 22, 23, 46, 100, 183; *III* 73, 76, 115, 149, 150, 168–170

Scarron, Paul. Dichter und Schriftsteller, Ehemann der späteren Marquise de Maintenon; 1610–1660. *III* 302

Scarron, Françoise d'Aubigné siehe *Maintenon,* la Marquise de

Schönberg, Frédéric-Armand, Comte et Maréchal de. Diente in Schweden, Holland und schließlich in Frankreich, 1654 Generalleutnant, 1675 Marschall von Frankreich, nach Aufhebung des Edikts von Nantes verließ er Frankreich und ging nach Brandenburg, wo er Staatsminister wurde; 1615–1690. *I* 147

Ségur, Henri-Joseph, Marquis de; †1737. *I* 294, 295

Seignelay, Jean-Baptiste Colbert, Marquis de; Sohn des Generalkontrolleurs Jean-Baptiste Colbert. 1689 Staatsminister; 1651–1690. *I* 64, 123, 200, 223, 242, 246, 247, 255; *III* 273, 311

Séraphin, le Père, Kapuzinermönch; 1636–1713. *I* 126

Séry, Demoiselle de siehe *Argenton,* la Comtesse d'

Seurre, Philippe Robert, Curé de; wurde als Quietist verfolgt. *I* 190

Sévigné, Marie de Rabutin-Chantal, Marquise de; 1626–1696. *I* 126, 127, 153; *III* 304

Sforza, Louis-François-Marie, Duc; 1618–1685. *III* 221, 222

Sforza, Louise-Adélaïde de Damas-Thiange, Duchesse; zweite Frau des Duc Sforza. Ehrendame von Madame; 1654–1730. *III* 221, 222; *IV* 114, 255

Shrewsbury, Charles Talbot, Duke of. Kammerherr von Charles II., fiel unter Jakob II. in Ungnade, wandte sich Wilhelm von Oranien zu und wurde dessen Kammerdiener, 1712 außerordentlicher Gesandter in Frankreich; 1660–1718. *III* 158, 162

Shrewsbury, Adélaïde Paleotti, Duchess of; Ehefrau des Duke of Shrewsbury; †1726. *III* 158

Silly, Jacques-Joseph Vipart, Marquis de; 1718 Generalleutnant; 1671–1727. *I* 426

Soissons, Olympe Mancini, Comtesse de; Nichte des Kardinals Mazarin. Oberintendantin über den Hofstaat der Königin Maria-Theresia. Wurde von der Voysin der Giftmischerei bezichtigt, flüchtete nach Flandern, dann nach Madrid, wo sie laut Saint-Simon 1689 die junge Königin Marie-Louise d'Orléans vergiftete; sie war eine Jugendliebe Ludwigs XIV.; 1640–1708. *I* 34, 161; *II* 182–184, 232; *III* 262, 263, 300; *IV* 238, 242, 243

Soissons, Louis-Thomas de Savoie, Comte de; Sohn der Comtesse de Soissons; zog sich 1694 ins Ausland zurück und wurde 1701 General der kaiserlichen Artillerie; 1657–1702. *I* 81

Sophie-Dorothee, Herzogin von Braunschweig und Hannover, seit 1714 Königin von England; 1630–1714. *III* 205, 209

Sourches, Marie-Louise de Beuchet, Demoiselle de; 1655–1749. *I* 27

Stair, John Dabrymphe, Knight of. *IV* 40–42

Starhemberg, Ernst-Rüdiger, Graf von. 1691 Generalfeldmarschall, einer der wichtigsten Helfer des Prinzen Eugen, kommandierte die kaiserlichen Truppen gegen Philipp V. und den Duc de Vendôme; 1657–1737. *III* 73–76

Sully, Marie-Antoinette Servien, Duchesse de; 1643–1702. *I* 27, 60, 319; *III* 44

Sully, Maximilien-Henri, Duc de Béthune, Chevalier, seit 1712 Duc de; Enkel der Marie-Antoinette Servien; diente bei den Musketieren, 1702 Brigadier, quittierte den Dienst 1706; 1669–1729. *I* 320; *III* 251; *IV* 107

Surville, Louis-Charles d'Hautefort, Marquis de. 1702 Generalleutnant; 1658–1721. *II* 278, 279

Tallard, Camille d'Hostun de la Baume, Duc et Maréchal de. 1677 Brigadier, 1693 Generalleutnant, außerordentlicher Gesandter in England, 1703 Marschall von Frankreich, 1717 Mitglied des Regentschaftsrates, 1726 Staatsminister; 1652–1728. *I* 106, 294, 362, 373, 374, 376, 397, 419–426; *II* 160, 263; *III* 229, 281, 282; *IV* 102, 104

Tallard, Marie-Isabelle-Gabrielle de Rohan-Soubise, Duchesse de; Schwiegertochter des Duc et Maréchal de Tallard. Palastdame der Königin 1725; 1699–1754. *III* 160

Tellier, Michel III. Le, Kanzler. 1638 Maître des requêtes, 1643 Staatssekretär des Krieges, 1661 Staatsminister, 1677 Kanzler von Frankreich; 1603–1685. *I* 222, 233, 259, 260, 396; *II* 248; *III* 263, 311, 319

Tellier, Charles-Maurice Le; Sohn des Kanzlers Le Tellier, Bruder von Louvois, 1671 Erzbischof von Reims, 1679 Staatsrat; 1642–1710. *I* 21, 249, 250

Tellier, le Père Michel Le; Jesuit. 1709 Beichtvater des Königs; 1643–1719. *I* 249, 382; *II* 195–198, 262, 293–297; *III* 55–57, 85–87, 95, 163–167, 176, 189, 190, 249, 253–255, 257, 258

Tencin, Pierre Guérin, Abbé, seit 1739 Cardinal de. 1702 Abt von Vézelay, 1705 Doktor an der Sorbonne, 1724 Erzbischof von Embrun; 1679–1758. *IV* 145–147

Tencin, Claudine-Alexandrine Guérin de; Schwester des Cardinal de Tencin. Domherrin; 1682–1749. *IV* 146, 147

Tessé, René III. de Froullay, Comte, seit 1703 Maréchal de. 1680 Generalleutnant von Maine, 1692 Generalleutnant, 1696 erster Stallmeister der Duchesse de Bourgogne, 1704 Grande von Spanien, 1712 General der Galeeren, 1722 Oberstallmeister der Königin; 1651–1725. *I* 192–194, 263–265, 272, 273, 300–303, 306, 362, 371, 372, 374, 418, 428, 442, 444, 445; *II* 11, 14, 22, 33, 46, 50, 102, 263, 282, 315; *IV* 21, 63, 64, 69

Thiange, Gabrielle de Rochechouart-Mortemart, Marquise de; Tochter des Marquis de Mortemart, Schwester der Marquise de Montespan; 1631–1693. *I* 178; *II* 232; *III* 221, 300, 301

Tiberge, Louis, Abbé. 1691 Abt von Saint-Sauveur d'Andres; †1730. *I* 115, 116

Tonnerre, François-Joseph de Clermont, Comte de; 1655–1705; Neffe des Bischofs von Noyon. *I* 76

Torcy, Jean-Baptiste Colbert, Marquis de. Außerordentlicher Gesandter, 1715–1721 Mitglied des Regentschaftsrates; 1665–1746. *I* 205, 206, 218, 234, 259, 260, 264, 315, 358, 372, 391, 394, 431–434; *II* 13, 22, 43, 47, 49, 158, 205–209, 215, 243, 244, 246, 252, 262, 263, 265; *III* 116, 118, 152, 162, 201, 203, 205, 282, 318, 332; *IV* 23, 37, 102, 120, 151

Toulouse, Louis-Alexandre de Bourbon, Comte de; legitimierter Sohn Ludwigs XIV. und der Mme. de Montespan, 1683 Admiral von Frankreich, 1697 Generalleutnant, 1714 Oberjägermeister; 1678–1737. *I* 59, 79, 80, 88, 89, 99, 104, 136, 190, 240, 248, 256, 335, 400, 428, 450, 451; *II* 50, 62, 107, 112, 263, 271; *III* 33, 40, 41, 162, 202, 257; *IV* 18, 21, 23, 24, 43–45, 68, 71, 72, 74, 100, 101, 105, 110, 113, 114, 124

Tour, le Père Pierre-François d'Arères de la, 1672 Eintritt in den Orden der Oratorianer; 1653–1733. *II* 15, 16, 109, 110, 114, 115, 202, 222; *IV* 91

Tourville, Anne-Hilarion de Costentin, Comte et Maréchal de. 1682 Generalleutnant, 1693 Marschall von Frankreich; 1642–1701. *I* 31

Trémoille, Joseph-Emmanuel, Abbé, später Cardinal de la; Bruder der Princesse des Ursins, 1695 Abt von Lagny, 1706 Kardinal, 1716 Bischof von Bayeux, 1718 Erzbischof von Cambrai; 1658–1720. *III* 208; *IV* 163

Trémoïlle, Marie-Armande-Victoire, Demoiselle de la. *I* 90
Tresmes, François-Joachim-Bernard Potier, Duc de. 1722 Duc und Pair; 1692–1757. *III* 162, 229
Tréville, Henri-Joseph de Peyres, Comte de. Gouverneur von Foix 1672; 1641–1708. *I* 415, 416; *II* 35
Trévou, le Père Pierre du, Jesuit, 1698 Beichtvater von Monsieur, später des Duc d'Orléans und der Duchesse de Berry; 1649–1729. *I* 275, 276, 280
Troisvilles siehe *Tréville,* le Comte de.
Turenne, Henri de la Tour d'Auvergne, Maréchal de. 1643 Marschall von Frankreich, 1652/1653 Staatsminister und Gouverneur des Limousin; 1611–1675. *I* 349–351, 446; *II* 44, 50
Turményes de Montigny, Edme-François de. Kammerherr des Regenten; † nach 1734. *IV* 88

Ursins, Anne-Marie de la Trémoïlle-Noirmoutier, Princesse de Chalais, später Princesse des; verheiratet in erster Ehe mit Adrien-Blaise de Talleyrand, Prince de Chalais. Mächtigste Frau in Spanien 1704–1714, wurde 1715 abgeschoben; 1642–1722. *I* 90–95, 309, 312, 359, 386–393, 407–414, 418, 445; *II* 11–15, 17, 18, 23, 46, 103, 145, 146, 184, 231, 265–268, 270, 289; *III* 72, 116, 150, 168–170, 189, 195–200, 204, 205, 207–209, 227, 229, 324; *IV* 92, 208

Vallière, Louise-Françoise le Blanc de la Baume, seit 1667 Duchesse de la. Mätresse Ludwigs XIV., 1674 zog sich bei den Karmelitern zurück; 1644–1710. *I* 20; *III* 70, 71, 288, 299, 301
Vallière, Charles-François le Blanc de la Baume, seit 1723 Duc de la; Neffe der Duchesse de la Vallière. 1698 Menin des Dauphin, 1709 Generalleutnant, 1711 Menin des neuen Dauphin und Gouverneur von Amboise; 1670–1739. *III* 105
Valois, le Père Louis le, Jesuit. 1695–1700. Beichtvater der Enkel des Königs; 1639–1700. *I* 155
Vardes, François-René du Bec-Crespin, Marquis de. 1654 Generalleutnant, fiel in Ungnade 1664–1683; 1621–1688. *II* 24, 182
Varenne, le Marquis de la. 1716 Gouverneur von Martinique. *IV* 70, 71
Vauban, Sébastian le Prestre, Maréchal de. 1688 Generalleutnant, 1705 Marschall von Frankreich; 1633–1707. *I* 16, 249, 362, 367, 368; *II* 51, 57, 64, 82–86, 279; *III* 77, 331; *IV* 76
Vaudémont, Charles-Henri de Lorraine, Prince de; Sohn des Charles IV. de Lorraine und der Comtesse de Cantecroix. Grande von Spanien, Gouverneur der Niederlande; 1649–1723. *I* 43, 101–103, 169–171, 263, 272, 296, 299–302, 327, 329, 342; *II* 42, 101–103, 106, 132, 152, 159, 167, 170, 274; *III* 116, 227, 229, 281, 282, 315
Vaudémont, Charles-Thomas de Lorraine de; Sohn des Prince de Vaudémont. Diente in der kaiserlichen Armee und wurde dort Generalfeldmarschall; 1670–1704. *I* 302, 327, 329, 342

Vauguyon, André de Bétoulat, Seigneur de Fromenteau, später Comte de la. Gesandter in Spanien; 1629–1693. *I* 49–53

Vendôme, Louis-Joseph, Duc de. 1688 Generalleutnant, 1694 General der Galeeren, 1695–1697 Kommandant der Armeen in Katalonien, 1702–1706 in Italien, 1709–1712 in Spanien; 1654–1712. *I* 54, 66, 78–80, 83, 85–87, 99–101, 104, 115, 126, 159, 189, 190, 212, 227, 331, 334, 363, 372, 376, 386, 405, 419; *II* 38–44, 55–57, 64–66, 99, 103, 106, 130–135, 144, 146–164, 169–173, 175–177, 185–187, 189, 192, 193, 196, 200, 202, 204, 218, 225–231, 238, 246, 261–263, 266; *III* 43, 44, 72, 75, 76, 115, 149, 150, 169, 282, 283; *IV* 92, 161, 162

Vendôme, Marie-Anne de Bourbon-Condé, genannt Mlle. d'Enghien; Ehefrau des Duc de Vendôme, Tochter von M. le Prince; *1678. *II* 218, 228; *III* 43

Vendôme, Philippe de. 1678 Großprior von Frankreich, Bruder des Duc de Vendôme; 1655–1727. *I* 54, 83, 85–87, 100, 189, 190

Ventadour, Charlotte-Éléonore-Madeleine de la Mothe-Houdancourt, Duchesse de. Ehrendame von Madame, Gouvernante von Ludwig XV. 1651–1744. *I* 287–289, 297, 379, 404, 405; *II* 59; *III* 24, 26, 27, 30, 140, 160, 202, 229, 245, 257, 338; *IV* 58, 185, 225

Verneuil, Henri de Bourbon, Duc de; Sohn Heinrichs IV. und seiner Mätresse, der Marquise de Verneuil, Gouverneur und Vize-König der Languedoc; 1601–1682. *I* 27

Verneuil, Charlotte Séguier, Duchesse de Sully, später de; heiratete in zweiter Ehe den Duc de Verneuil; 1623–1704. *I* 27, 28

Verue, N. de Scaglia, Abbé de. 1678–1680 Gesandter des Duc de Savoie in Frankreich, Staatsminister; 1633–1697. *I* 253, 254

Verue, Marie-Joseph-Ignace de Scaglia, Comte de. Kammerherr; †1704. *I* 252–254

Verue, Jeanne-Baptiste d'Albert de Luynes, Comtesse de; Tochter des Louis-Charles d'Albert, Duc de Luynes, Ehefrau des Comte de Verue, Mätresse des Duc de Savoie; †1736. *I* 252–255; *III* 140; *IV* 157, 180, 182

Vienne, François Quentin, genannt de la Vienne, 1670 Bademeister des Königs, 1679 erster Kammerdiener; 1630–1710. *I* 103–105, 189

Villars, Claude-Louis-Hector, Marquis, später Duc et Maréchal de. 1693 Generalleutnant, 1697–1700 außerordentlicher Gesandter in Wien, 1702 Marschall von Frankreich, 1705 Herzog, 1710 Gouverneur von Metz, 1712 der Provence, 1714 Signatar des Friedens von Rastatt, 1715 Mitglied der Académie française, Mitglied des Regentschaftsrates, Grande von Spanien; 1653–1734. *I* 27, 200, 245, 343–348, 376, 378, 379, 397, 398, 400, 405, 406, 416; *II* 52, 59, 63, 207, 239, 241, 242, 249, 263, 278–288; *III* 68–70, 150–153, 230; *IV* 21, 23, 56, 57, 79, 99, 102, 104, 105, 155, 173

Villars, Jeanne-Angélique Roque de Varengeville, Maréchale et Duchesse de; Ehefrau des Duc et Maréchal de Villars; 1675–1763. *II* 253; *III* 177

Villeroy, Nicolas IV. de Neufville, Ier Duc et Maréchal de. Gouverneur von Ludwig XIV. und 1646 Marschall von Frankreich, 1661 Staatsminister und Chef des königlichen Finanzrates; 1597–1685. *III* 188

Villeroy, François de Neufville, Duc et Maréchal de; Sohn von Nicolas IV. de Neufville. 1677 Generalleutnant, 1714 Staatsminister, 1717–1722 Gouverneur des Königs Ludwig XV.; 1644–1730. *I* 31, 35, 44, 45, 55, 63, 84, 86, 99, 101–103, 105, 109, 116, 126, 134, 170, 200, 225–227, 237, 238, 242, 273, 297, 299, 300, 303, 304, 306–308, 326–331, 343, 352, 354, 358, 360, 361, 372–374, 376, 404, 405, 418–420, 424–426, 442, 447; *II* 16, 38, 52–57, 65, 73, 79, 80, 103, 116, 153, 163, 164, 205, 234, 261–263, 299; *III* 26, 45, 141–143, 226–229, 245, 254–256, 259, 281, 282, 315, 328, 338; *IV* 13, 21, 23, 24, 37, 58, 59, 63, 66, 74, 75, 79, 89, 99, 100, 102, 104–106, 153–156, 158, 161, 172, 187, 211, 213–218

Villeroy, Marie-Marguerite de Cossé-Brissac, Maréchale de; Ehefrau des Duc et Maréchal de Villeroy; 1648–1708. *I* 13, 84, 134, 200, 330, 341, 354, 355, 357, 360, 361, 373, 442; *II* 28, 79, 205; *III* 31, 52, 53, 55, 99, 103

Villeroy, Louis-Nicolas de Neufville, seit 1694 Duc de; Sohn von François de Neufville. 1693 Brigadier der Infanterie, 1702 Generalleutnant; 1663–1734. *II* 79, 80; *IV* 173

Villeroy, Marguerite le Tellier de Louvois, Duchesse de; Tochter des Marquis de Louvois, Ehefrau von Louis-Nicolas de Neufville; 1678–1711. *II* 80

Vivonne, Antoinette-Louise de Mesmes de Roissy, Maréchale de; 1641–1709. *III* 129

Vivonne-Mortemart, Mlle. de siehe *Castries*, la Marquise de

Voltaire, François-Marie Arouet, genannt Voltaire; 1694–1778. *IV* 49

Voysin de la Noiraye, Daniel-François. 1674 Parlamentsrat, 1688 Intendant von Hainaut, 1694 Maître des requêtes, 1708 ordentlicher Staatsrat, 1714 Kanzler, 1715 Mitglied des Regentschaftsrates; 1654–1717. *II* 95, 140, 143, 253–257, 259, 261, 265, 278, 287, 296; *III* 27, 68, 105, 116, 118, 140, 141, 151, 176, 177, 183, 243–245, 253–255, 257, 282; *IV* 23, 56, 223

Voysin, Charlotte Trudaine, Dame; Ehefrau des M. Voysin de la Noiraye; 1663–1714. *II* 254–257, 261; *IV* 24

Vrillière, Louis II. Phélypeaux, Marquis de; 1672–1725. *IV* 23, 27, 28, 37, 82, 83, 100, 170, 212, 253–256

Vrillière, Françoise de Mailly, Marquise de; Ehefrau des Marquis de Vrillière. *I* 441–444; *II* 140, 141, 260

Watteville, Jean, Abbé de. 1670 Abt von Saint-Josse; 1613–1702. *I* 320–323

Editorisches Prinzip

Es gab und gibt etliche deutsche Kurzausgaben der Memoiren des Herzogs von Saint-Simon; diese beschränken sich zumeist auf eine Ansammlung von Anekdoten. Das editorische Prinzip, dem ich nachgegangen bin, hält sich an die Struktur der immanenten Zeit. Insofern auch Beibehaltung von Kriegsereignissen, um die Aktion der jeweils Handelnden durchsichtig zu machen; die Generale stünden sonst wie Schemen da. Ich habe die Kriegsereignisse soweit wie möglich beschränkt, habe ferner die Etikettenstreitereien – so wichtig diese auch sind – weitgehend eliminiert. Ich habe überdies die ausschweifenden Schilderungen über die spanischen Granden (Hunderte von Seiten) – wenn man will reine Musik der Etikette – weggelassen. Mir kam es darauf an, die Sinnzusammenhänge, wie Saint-Simon sie sieht, herauszuarbeiten.

Sigrid von Massenbach